"十三五"國家重點出版物出版規劃項目

馬藏

第一部 | 第十一卷

北京大學《馬藏》編纂與研究中心　編纂

科学出版社

北　京

圖書在版編目（CIP）數據

馬藏·第一部·第十一卷 / 北京大學《馬藏》編纂與研究中心編纂. 一北京：科學出版社，2023.8

國家出版基金項目　"十三五"國家重點出版物出版規劃項目

ISBN 978-7-03-075966-5

Ⅰ.①馬…　Ⅱ.①北…　Ⅲ.①馬克思主義-文集　Ⅳ.①A81-53

中國國家版本館 CIP 數據核字（2023）第 123783 號

責任編輯：劉英紅　趙瑞萍/責任校對：賈娜娜
責任印製：霍　兵/封面設計：黃華斌

科 學 出 版 社 出版

北京東黃城根北街 16 號
郵政編碼：100717
http://www.sciencep.com

中國科學院印刷廠印刷

科學出版社發行　各地新華書店經銷

*

2023 年 8 月第 一 版　開本：787×1092　1/16
2023 年 8 月第一次印刷　印張：44 1/2
字數：740 000

定價：580.00 元
（如有印裝質量問題，我社負責調換）

《馬藏》第一部第十一卷

顧　　問　郝　平　　龔旗煌

策　　劃　于鴻君

主　　編　顧海良

副主編　孫代堯　孫熙國　孫蚌珠　仰海峰　劉　軍

本卷編纂人員（以姓氏筆畫爲序）

王保賢　王憲明　仰海峰　孫代堯　孫蚌珠

孫熙國　萬仕國　鞏　梅　劉　軍　劉慶霖

顧海良

北京大學馬克思主義學院組織編纂

總　序

　　《馬藏》是對馬克思主義形成和發展過程中相關文獻進行的彙集與編纂,旨在通過對文獻的系統整理及文本的再呈現,把與馬克思主義在中國和世界傳播與發展的相關文獻集大成地編纂薈萃爲一體。作爲馬克思主義理論研究的重大基礎性學術文化工程,《馬藏》分爲中國編與國際編,中國編是對馬克思主義中國化歷史進程中相關文獻和研究成果的彙纂;國際編是對馬克思主義在世界其他國家傳播和發展過程中産生的歷史文獻和研究著述的彙纂。

　　在十九世紀後期西學東漸的過程中,中國知識界開始譯介各種有關社會主義思想的著作,中國人開始了解和認識馬克思及其社會主義學説,這是馬克思主義在中國傳播的開端。十月革命給中國送來了馬克思列寧主義,中國先進知識分子顯著地增强了對馬克思主義和社會主義文獻的移譯和理論闡釋。中國共産黨成立後,馬克思主義開始在中國得到更爲廣泛的傳播。在中國革命、建設和改革過程中,馬克思主義經典著作的編輯和研究,成爲中國共産黨思想理論建設的重要組成部分。

　　馬克思主義在中國的傳播和發展已經有一百多年的歷史,但學界至今仍然缺乏將這一歷史過程中產生的相關文獻彙集和編纂爲一體的權威典籍，尤其缺乏對早期文獻和相關資料的系統整理與彙纂，以致在中國馬克思主義傳播史和中國近現代思想文化史中大量的有價值的文本幾被埋没；已經發掘出來的一些原始文本，也由於種種原因，在轉引轉述中，多有訛奪、失真，造成有關理論研究的結論有失準確，缺乏説服力。編纂《馬藏》，無論是對中國馬克思主義發展史研究，還是對中國近現代思想文化史研究，都十分必要且刻不容緩。

北京大學是中國最早傳播馬克思主義的基地和中國共產黨的理論發源地，有着深厚的馬克思主義研究和傳播的歷史積澱和文化傳統。編纂一套系統呈現馬克思主義在中國傳播、接受和發展的歷史文獻典籍，推動新時代馬克思主義理論研究和哲學社會科學發展，是北京大學應當肩負的使命和學術擔當。基於此，北京大學啓動了《馬藏》編纂與研究工程，成立了《馬藏》編纂與研究中心，由北京大學馬克思主義學院負責編纂工作的具體實施。

《馬藏》中國編的編纂原則如下：一是突出思想性。按照毛澤東所揭示的馬克思主義中國化歷史過程的"使馬克思主義在中國具體化"和"使中國革命豐富的實際馬克思主義化"的基本特點，編纂堅持尊重歷史、求真拓新，系統編排、科學詮釋。二是體現全面性。《馬藏》力求全面搜集文獻，這些文獻主要包括馬克思主義經典作家著作的中文譯本、國外學者有關馬克思主義和社會主義問題相關著述的中文譯本、中國共產黨領導人和重要理論家的著述、中國學者有關馬克思主義和社會主義問題的研究著述、報紙雜誌等媒體的通訊報道等、中國共產黨成立以後有關馬克思主義中國化的文獻資料，以及其他相關的各種文本，如檔案、日記、書信等。三是彰顯學術性。編纂與研究過程，力求忠實於原始文本，完整呈現文獻內容。對原始文本作學術考證和研究，注重對各種文本及其內容、作者、版本、出版者、流傳和影響等作出基本的、必要的學術考證和研究，同時還對文本中的重要詞彙、用語和關鍵詞的内涵及其演化、流變等作基本的、必要的學術考證和説明。四是力求權威性。對相關文本作出準確説明，注意整理國內已有的研究成果，甄別有爭議的問題，并且提供有助於問題解決的相關文本資料。通過文本再呈現，爲進一步研究提供學術資源和理論依據。對一些有爭議的問題，重於文本引導、考據説明，避免作簡單的判斷。

根據上述原則，《馬藏》中國編分作四部：第一部爲著作（包括譯著）類文本；第二部爲文章類文本；第三部爲各類通訊報道，各種檔案、筆記、書信等文本；第四部爲中國共產黨有關文件類文本。各部之下，按照歷史發展過程分別設卷。

《馬藏》對各文本的編纂，主要分爲三大板塊，即文本呈現、文本校注和文本述評。一是文本呈現，堅持原始文獻以原貌呈現。爲有利於學術研究，凡與馬克思主義在中國傳播和發展相關的有思想價值、學術價值或文本價值的文獻，在内容上依照原貌呈現。對於同一文獻有不同版本的，如有思想價值、學術價值或文本價值，則逐一收録；對於不同時間出版的同一文獻和資料，在内容上没有變化或變動較少的，只收録最初的版本。二是文本校注，以頁下注釋的方式，對原書中的誤譯、誤寫或誤排之處，予以更正；對文本中出現的人名、地名、著述、歷史事件、組織機構和報刊等名詞給予準確而簡要的説明。三是文本述評，以"編者説明"的方式附於相應文本之後，呈現編校者對該文本的述評。"編者説明"對文本形成和流傳情況作出描述，如介紹文本原貌及來源、作者、譯者、歷史背景、出版情況、不同譯本和版本演變情況、文中涉及的重要概念和史實、文本傳播狀況、文本的思想傾向等。"編者説明"也對文本研究狀況作出述評，注重對與該文本及其主要内容相關的國内外學術界研究現狀、主要觀點和各種評價作出述評；力求對已有的研究成果作出思想性和學術性的總體述評。

《馬藏》不是簡單的資料彙編或者是對原有文本的複製，而是强調對所收文本進行必要的研究、考證、注釋和説明，以凸顯《馬藏》彙集與編纂爲一體的學術特色。需要説明的是，由於收集、整理和研究的是繁蕪叢雜的歷史文獻，不可避免地會出現一些缺憾：一是文獻收集過程中，雖然編纂人員盡力收集已見的和可能發掘的所有文獻資料，但因文獻數量龐大，原始文本散落，著録信息不完整等原因，難免會有部分重要文獻遺漏；二是編纂過程中，編纂者雖盡力對文獻的版本、作者、譯者、出版者、翻譯狀况，以及文獻中的人名、地名、事件等作出有根有據的考證、注釋與説明，但因文獻情况複雜，在一些文本中仍有少許問題没能解决，注釋與"編者説明"中也可能存在偏差。

《馬藏》編纂意義重大，可謂功在當代，利在千秋。《馬藏》對於促進馬克思主義學術研究和理論發展，增强馬克思主義理論自信和文化自信，提升中國化馬克思主義的影響力，推進中國哲學社會科學的繁榮發展有着重大而深遠的意義；《馬藏》對中國近現代思想文化史資料的收集與整理，對於促進中國近現代思想文化史、中外文化交流史的研究，對於展現真實而客觀的中國近現代史具有重大意義；《馬藏》翔實的文獻將向人們展示近代以來中國人民是如何歷史地選擇馬克思主義和社會主義，是如何執着地傳播馬克思主義和推進馬克思主義中國化時代化大衆化的，具有以史爲鏡、資政育人的重要意義。

本卷文獻及編纂説明

本卷收録文獻凡三册。

《近世界六十名人》，1907 年巴黎世界社刊行。本册由鞏梅編校。

《維新人物考》，1911 年華承澐編著。本册由鞏梅編校。

《社會經濟學》，日本金井延著，陳家瓚譯，1908 年上海群益書社出版發行。本册由劉慶霖編校。

王保賢、王憲明參與本卷書稿的審讀工作，萬仕國對本卷全部編校稿作了審讀、修改。

鞏梅負責本卷文獻資料總彙。

顧海良主持本卷編纂和審讀，作統修和定稿。

本卷凡例

一、本卷各册文獻原爲竪排版，今均改爲横排版。行文中“如左”“如右”等表述，保持原貌，不作改動。

二、底本中的繁體字一仍其舊，舊字形今均改爲新字形。

三、底本中的異體字原則上不作改動，但過去使用而現在不再使用的異體字，以相應的繁體字替代；“編者説明”中引用的原文，其中的異體字亦如是處理。

四、底本中以“。”“、”表示的句讀，均保持原貌。

五、底本中字旁表示强調的“●”“○”“◎”“、”等符號，今以字下着重號“．”表示；底本標示强調符號時，首字不標句讀的，今在該字前補斷句號“。”。

六、底本中的竪排引號『』和「」，今均改爲横排引號。

七、底本中錯、漏、衍、倒字之處，今保持原貌，另在頁下注中予以補正；底本正文中的個別文字漫漶不清，今以“□”替代，不再出注説明；底本中“己”“已”“巳”及“戊”“戌”“戍”混用的，今根據文意徑改，不出校記。

八、底本中所涉及的國名、人名、地名、報刊名和機構名等與現在通行譯名不一致的，均出頁下注説明。

九、底本中的"支那""夷""蠻",以及"日清戰争"等歷史詞語,均保持原貌。

十、各册文獻扉頁上的内容,由編校者根據底本封面、序言頁和版權頁等所載信息綜合而成。

十一、各册文獻的目録,均依底本目録録入。底本目録與正文標題不一致處,目録和正文標題均保持原貌,在正文標題處出頁下注説明;正文中標題缺漏的,今據文意增補,并以方括號"[ ]"標示。

目録

插圖目錄

近世界六十名人

世界社刊

《近世界六十名人》封面

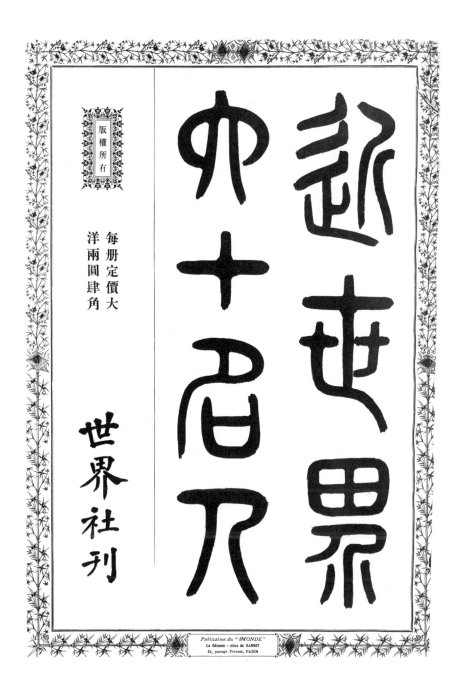

每冊定價大洋兩圓肆角

世界社刊

近世界六十名人

Publication du "MONDE"
La Gérante : Alice de SANOIT
22, passage Prévost, PARIS

《近世界六十名人》扉頁

目
次

右六十人雖不能言可括近數百年歐美名人之全然大畧以東方人心目中或可驚詫之人物尚鮮有遺漏即或畧有所遺非因畫像珍罕而遺者有如歐白尼侖波之類畧有數人俟畫像覓得再取如第二流人物與已刻之第一流人物羿可伯仲此二羿列也顧本社于以上二端正續有所計畫為續編畫像之珍罕者不問古今人往往遍求于倫敦巴黎柏林等之大市曠不可得如六十人中之斯密亞丹孔德龍蒲束諸人之類本社皆會掛壁畫像及名流家中裝置廳事者所攝得之者珍之六十人次以各人生平之先後以便知人者之論世然本社此編重在畫像取可拆嵌鏡架或裝為畫幅故編訂之序無關宏旨每人綴以行畧俾備仰畫像者兼可知其人生平之梗概此乃本編一大特色為向來印刷畫像所稀有而譯名之雜得確音不惟以華字譯西晉絡失其正當卽以西方記音之訛彼此相譯縱字母不更而音讀亦異有如海外哲爾之首英德之音皆殊在法則愛諸如此類不能不謂之殊異此亦止可從各國之習慣在本國自成其畧已盡人力之所可盡晉字譯為華文英便于人名地名則記憶為便我國向時習慣凡譯外國人名地名勾格榮雖云用意所在欲標榜別然藉存繁缺面目冨畧親亦無可諱此之是非今姑不論然因是而貳外史外誌者之困雜耗費之腦力殊多編者之意以苟未欲廢棄國文必譯以華字則人名近似華人地其術名更甚于華人地之名即在物名術語含義譯音亦可畧存畧故編訂氏ソ匯拓都之類取便記憶如徒取音而已無論華音讀南北五殊不得比音密合之益徒貽舟勾格榮之困卽在物名術語含義譯竟用西字原文按取便取母取音亦難也故本編譯名概用華式字尾譯之若姓之若名譯又一為郝智爾哲氏亦有改之不盡者如克林威爾斯密亞丹勿夢特之為服蘭德富蘭克令之為樊克林瓦得之為華特黑智兒木一為海哲爾又一為郝智爾哲昏此例也亦有改之不盡者如克林威爾斯密亞丹嘉富爾之類或ソ因本近雅則可通于複姓或強留久沿之原譯以合習慣亦有原譯本奘因求其愈近似于西音如藥波輕改為柯伯堅之

《近世界六十名人》目次和序言頁

［序言］

　　右六十人。雖不能言可括近數百年歐美名人之全。然大畧我東方人心目中。以爲可儀式①可驚詫之人物。已鮮有遺漏。即或畧有所遺。非因畫像珍罕。一時未能覓②得。即或因其學問功業品性。皆于已列六十人中者。較量之。恰爲第二流。則代表有人。非求適于專門家之考訂。不必將贊同之健者。派分之小宗。一一羅列也。顧本社于以上二端。正續有所計畫。如因畫像珍罕而遺者。有如歌白尼③科侖波④之類。畧有數人。俟畫像覓得。再取第二流人物。與已刻之第一流人物。畧可伯仲者。共取若干人。或更采及歐美以外之人。合成整數。以爲續編。畫像之珍罕者。不問古今人。往往遍求于倫敦巴黎柏林等之大市。曠不可得。如六十人中之斯密亞丹⑤、孔德、龍蒲束⑥諸人之類。本社皆輾轉託人。用重價倩⑦寫真家⑧。向學會掛壁畫像。及名流家中裝置廳事者所攝得。故願得之者珍之。六十人次以各人生年之先後。以便知人者之論世。然本社此編。重在畫像。取可拆嵌鏡架。或裝爲畫幅。故編訂之序。無關宏旨。每人綴以行畧。俾瞻仰畫像者。兼可知其人生平之梗概。此乃本編一大特色。爲向來

---

① "儀式"，以爲標準榜樣。
② "覓"，同"覓"。
③ "歌白尼"，即尼古拉·哥白尼（Nicolaus Copernicus, 1473—1543），波蘭天文學家，以在《天體運行論》中提出日心説而著稱。
④ "科侖波"，即克里斯托弗·哥倫布（Christoforo Columbus, 1451—1506），意大利航海家。
⑤ "斯密亞丹"，即亞當·斯密（Adam Smith, 1723—1790），英國經濟學家、哲學家和作家，著有《道德情操論》《國富論》等。
⑥ "龍蒲束"，即切薩雷·龍勃羅梭（Cesare Lombroso, 1835—1909），意大利犯罪學家、精神病學家，刑事人類學派的創始人。
⑦ "倩"，請人替自己做事。
⑧ "寫真家"，即照相師。

印刷畫像者所稀有。且六十人之行畧。都之亦過二萬餘字。儼然包括一名
人傳狀之精刊。而趣味異常穩深。譯名之難得確音。不惟以華字譯西音。
終失其正當。即以西方記音之國。彼此相譯。縱字母不更。而音讀亦異。
有如海哲爾之首音。英德之音皆海。在法則愛①。諸如此類。不能不謂之
舛殊。此亦止可從各國之習慣。在本國自成其畫一。已盡人力之所可盡。
音字譯爲華文。莫便于人名則畧近于華人。地名則畧近于華地。則記憶爲
便。我國向時習慣。凡譯外國人名地名。例取舟勾格磔②。雖云用意所
在。欲標殊別。然藉存蠻鴃③面目。寓意輕藐。亦無可譁。此之是非。今
姑不論。然因是而與讀外史外誌者之困難。耗費之腦力殊多。編者之意。
以爲苟未欲廢棄國文。必譯以華字。則人名近似華人。地名近似華地。
其術無能更善。不惟人地之名。即在物名術語。舍義譯音。亦可畧存意
味。如嚴氏么匿拓都④之類。取便記憶。如徒取音而已。無論華字音讀。
南北互殊。不得比音密合之益。徒貽舟勾格磔之困。即東文⑤以假名譯
之。雜于漢文。非驢非馬。亦生讀書者之厭倦。不如竟用西字原文。按
母取音。亦無難也。故本編譯名。概用華式。字首譯之若姓。字尾譯之
若名。如培根⑥之爲裴根。莎士比⑦之爲葉斯壁。笛卡兒⑧之爲戴楷爾。奈

---

① “有如海哲爾之首音。英德之音皆海。在法則愛”，“海哲爾”即格奧爾格·威廉·弗里德里
希·黑格爾（Georg Wilhelm Friedrich Hegel，1770—1831）。此句是説，黑格爾“Hegel”的首
個發音，在英文和德文裏大致類似於中文的“海”，在法文裏，因爲“H”字首爲啞音，不發
音，故其發音類似中文的“愛”。
② “舟勾格磔”，“舟勾”，又作“鈎輈”；格磔，又作“格礫”，都是用文字類比鷓鴣的叫聲。
③ “蠻鴃”，“南蠻鴃舌”的省稱，舊時對南方方言的譏侮。語出《孟子·滕文公上》：“今也南蠻鴃
舌之人，非先王之道。”（孟軻以許行爲楚人，譏其語言難懂。）“鴃”，即伯勞鳥，又名“鵙”。
④ “么匿拓都”，嚴復翻譯時采用的譯音而兼含義的譯法，他在《群學肄言》（即斯賓塞的《社會
學研究》）的《喻術》篇中翻譯，“群者謂之拓都。一者謂之麽匿”。麽匿，即 unit 的音譯，拓
都，即 total 的音譯。
⑤ “東文”，指日文。
⑥ “培根”，即弗蘭西斯·培根（Francis Bacon，1561—1626），該書譯爲“裴根”。
⑦ “莎士比”，即威廉·莎士比亞（William Shakespeare，1564—1616），該書譯爲“葉斯壁”“葉
斯壁”。
⑧ “笛卡兒”，即勒奈·笛卡兒（Rene Descartes，1596—1650），該書譯爲“戴楷爾”。

端①之爲牛端。福禄特爾②或勿勞特③之爲服爾德。富蘭克令④之爲樊克林。瓦得⑤之爲華特。黑智兒⑥其一爲海哲爾。又一爲郝智爾。皆其例也。亦有改之不盡者。如克林威爾⑦、斯密亞丹、拿破侖、穆勒約翰、皐利波的⑧、嘉富爾⑨之類。或因本近雅則。可通于複姓。或强留久沿之原譯。以合習慣。亦有原譯本妥。因求其愈近似于西音。如樂波輕⑩改柯伯堅之類乃又一例也。

---

① "奈端"，即伊薩克·牛頓（Isaac Newton，1642—1727），該書譯爲"牛端"。
② "福禄特爾"，即伏爾泰（Voltaire，1694—1778），該書譯爲"服爾德"。
③ "勿勞特"，即伏爾泰。
④ "富蘭克令"，即本傑明·富蘭克林（Benjamin Franklin，1706—1790），該書譯爲"樊克林"。
⑤ "瓦得"，即詹姆斯·瓦特（James Watt，1736—1819），該書譯爲"華特"。
⑥ "黑智兒"，即格奧爾格·威廉·弗里德里希·黑格爾，該書譯爲"海哲爾"。
⑦ "克林威爾"，即奧利弗·克倫威爾（Oliver Cromwell，1599—1658）。英國政治家，英國資産階級革命中資産階級新貴族集團的代表人物，獨立派首領。
⑧ "皐利波的"，即朱澤培·加里波第（Giuseppe Garibaldi，1807—1882），意大利革命家，民主主義者，意大利民族解放運動的領袖，完成了意大利的統一。
⑨ "嘉富爾"，即卡米洛·本索·加富爾（Camillo Benso Cavour，1810—1861），意大利政治家、外交家，意大利統一運動的領導人物，意大利王國的第一任首相（1861）。
⑩ "樂波輕"，即彼得·阿列克謝耶維奇·克魯泡特金（Pyotr Alexeyevich Kropotkin，1842—1921），該書譯爲"柯伯堅"。

貞德①
Jeanne D'Arc.

　　貞德法國女愛國家也。生千四百十二年。卒千四百三十一年。幼爲父牧羊。其時英法"百年之戰"②將終。貞德雖小女子。竊憐查爾斯第二③之窮途。復恨英人殘暴。託于神語。謂見空際明光。隱有神人囑之曰。"貞德往救王。復其國土。"遂自爲負荷天命。欲往見王。其父不許。世父信之。以語衆。衆皆信。貞德遂備刀馬。偕數人詣王。以能解奧良④城之圍自任。久敗之軍。得此而皆奮。乘英兵驕慢不設備。突攻奧良。英人大驚。以爲從天而降。不戰自潰。所佔據者盡失。退守圍城中。未幾城又下。一日進軍岡壁寨⑤。貞德墜馬被擒。英人生焚之。後英人悔且懼。以爲"吾焚聖女。吾失敗矣"。論者曰。貞德事。乃歷史中一大奇聞。然觀于英人之悔言。可見當時人智未開。迷信甚篤。貞德乘其所溺惑而利用之。一爲所鼓舞。一爲所驚駭。遂奏奇偉之功。智哉貞德。不惟勇烈矣。若彼生今之世。固又必以真理之熱誠感人也。

---

① "貞德"，即貞德（Jeanne D'Arc，1412—1431），又譯作"如安""若安""若安達克""約安""冉達克"等。清末關於貞德的介紹主要有：《蜀報》1903 年第 1 期刊載有《法蘭西愛國女子若安傳》；《敝帚千金》1906 年第 16 期載有《愛國女子若安達克的故事》；《新民叢報》1906 年第 4 卷第 2 期刊載了"法國三女杰之救亡女杰貞德"畫像，與該書畫像不同；《競業旬報》1908 年第 27 期刊載了胡適編寫的《世界第一女杰貞德傳》，該報第 28 期刊登有貞德畫像，與該書畫像大同小異。
② "百年之戰"，即英法百年戰爭，指 1337—1453 年，英國和法國之間因王位繼承、領土爭端和對佛蘭德爾的爭奪等原因而發生的長達一百多年的戰爭。
③ "查爾斯第二"，指後來的法國國王查理七世（Charles Ⅶ，1403—1461，1429—1461 年在位），當時是皇太子。
④ "奧良"，即奧爾良（Orléans）。法國中部城市。
⑤ "岡壁寨"，即貢比涅（Compiègne）。法國城市，位於巴黎東北部 80 千米處。

德貞

Jeanne D'Arc.

理之熟誠德人也　　不惟勇烈英若彼生　　奇偉之功固又必以貞　　一爲所驚駭遂奏　　而利用之一爲所諗忿　　篤貞德乘其所滿忿　　時人智未開迷可見當　　英人之悔言可見當　　中一大奇聞然觀于　　者曰貞德亟乃歷史　　聖女吾失敗矣」論　　悔且懼以爲「吾笑　　英人生英之後英人　　鑒案貞德墮馬被縛　　城天一日進軍圍　　失退守闖城中未幾　　敗自潰所佔據者盡　　驚以爲從天而降不　　備突攻奧虜英人大　　久敗之軍得此而音　　奮衆英兵驕慢不設　　土」遂自爲貞荷天　　命欲壯見王復其國　　許世父信王其父不　　神語謂見空際明光　　隱揭英人猥暴託于　　復恨英人殘途　　查審斯第二之劉途　　貞德難此女子嫋嫋　　幼爲父牧羊其時英　　法百年之亂將終　　卒千四百三十一年　　也生千四百三十二　　貞德法國女愛國家

《近世界六十名人》中的貞德

裴根①
François Bacon.

　　裴根英國哲學家也。生千五百六十一年。卒千六百二十六年。其父以名律師。爲英女王愛理查白②朝之尚璽長③二十年。裴氏自少出入宮中。女王愛其聰慧。呼爲小尚璽長。十三歲與其兄同入圜橋大學④。此時即能譏議校中亞理斯多德之學科。以爲"爲學當就真理而得新知。不可但拾古人之唾餘"。人以爲裴氏一生之學問。即全基于少時之片言。自是以來。學者都能崇信實驗之真理。得蔚成科學之世界。而一切架空懸談諸派之哲學。沿習于古説。迷滯于宗教者。摧陷一空。而裴氏實爲其先導也。居于圜橋大學三年。出學未久。隨駐法公使濮來⑤去法。歷游諸州郡。十九歲父暴卒。乃歸。其父愛憐其爲其少子。本欲多與以財產。至是。以暴病不及爲遺書。故彼所分得之遺財甚薄。無以自給。遂入倫敦格來旬法律院⑥

---

① "裴根"，即弗蘭西斯·培根。又譯作"倍根"。清末關於培根的介紹主要有：《亞東時報》1899年第 12 期載有《培根論》；《新民叢報》1902 年第 1 期有《近世文明初祖二大家之學説·上篇：倍根實驗派之學説，亦名格物派》；《萬國公報》1901 年第 151 期刊有《培根新學格致論》；《新民叢報》1902 年第 4 期刊載有"英儒倍根"肖像，與該書畫像不同；《教育世界》1904 年第 73 期刊有《培根氏之教育學説》；《教育世界》1907 年第 160 期刊有《倍根小傳》。
② "愛理查白"，即伊麗莎白一世（Elizabeth Ⅰ，1533—1603），英國女王（1558—1603）。
③ "尚璽長"，即掌璽大臣，掌管英王禦璽的內閣閣員。
④ "圜橋大學"，即劍橋大學，成立於 1209 年。
⑤ "濮來"，即艾米阿斯·鮑萊爵士（Sir Amias Paulet，1532—1588），英國外交家。
⑥ "格來旬法律院"，即格雷律師學院（The Honourable Society of Gray's Inn），簡稱 Gray's Inn，英國四大律師學院之一。

根 裴
François Bacon.

慶根英國哲學家也生
于一五百六十一年卒于
六百二十六年其父以
名律師爲英女王愛理
查白朝之御曆長二十
年慶氏自少出入宮中
女王愛其聰慧呼爲小
尚慶長十三歲與其兄
同入劍橋大學此時即
龍讀讀校中亞理斯多
德之眞理新多「爲學」
當以眞理新知不不「
可但拾古人之唾餘」
人以慶氏一生之學
問即全業于少時之片
言自是于古說迷瀋子宗
教者擺搖一空而慶氏
實爲其先驅也居于劍
橋大學三年出學未久
隨赴法公使館來赴法
隙遊諸州都十九歲父
卒乃賜其父愛矯其
爲其少子本欲多蓄其
財遺蓄迤海無以自給遂
入倫敦格來句法律院
習律格末不能多得遂
訓彼少年未然亦有人
大審院長以墨脫後人
財彊王以清賃貼終身之
果遂有徵詞寫然氏于
晚年失官精研其管理
祟爲明山之人夫認爲新
學界開山之人物敎國
學者之崇拜之在牛端
之右。

《近世界六十名人》中的培根

習律學。由律師累仕至大審院長①。以墨敗②。後人雖辯護其罪。然亦有人謂彼少年不能多得遺財。至以清貧貽終身之累。蓋有微詞焉。然氏于晚年失官。精研其哲理。益爲劬瘁③。故其著述之富。發明之多。共認爲新學界開山之人物。彼國學者之崇拜之。在牛端之右。

① "大審院長"，即總檢察長。培根 1613 年被任命爲總檢察長。
② "以墨敗"，因貪污而丢掉官職。
③ "劬瘁"，意爲"勞累"。

葉斯璧①
William Shakespeare.

　　葉斯璧②英國文學家之工劇曲者也。生千五百六十四年。卒千六百十六年。葉氏爲英倫斯超巫邑③之農家子。少時雖助家人耕牧。然不廢學。年十七。于國文外。更通希臘臘丁文④。十九歲娶霍祖蕙⑤爲妻。霍長葉氏八年。後人以爲奇婚。二十歲後赴倫敦。譜曲于劇場。登臺試歌新聲。名大噪。諸名士爭與之交。居數年。更入牛津大學。研究文學。兼治法伊二國文⑥。既出學。仍赴倫敦。改良戲劇。慘淡經營于歌舞塲者二十年。葉氏所製劇本。不惟全世界梨園譯演。共推爲名劇之冠。而其歌曲之詞格。亦爲英文中最淵妙之傑作。故今英美各大學英文科入學試驗。必通葉氏遺著。始爲及格。中國所譯之吟邊燕語⑦一種。即葉氏著作中有大名者。

---

① "葉斯璧"，即威廉·莎士比亞。1856 年由英國傳教士慕維廉介紹到中國，在其翻譯的《大英國志》中莎士比亞被譯爲"舌克斯畢"，後來又被傳教士譯爲"沙斯皮爾""篩斯比爾""沙基斯庇爾""夏克斯芘爾"等。清末介紹莎士比亞的期刊主要有：《教育世界》1907 年第 159 期的"莎士比傳"；《教育世界》1907 年第 159 期的"世界名人肖像"刊登了莎士比亞肖像，與該書畫像不同。
② "璧"，目次與標題爲"璧"。
③ "斯超巫邑"，即斯特拉福鎮（Stratford-upon-Avon），位於倫敦北方 50 多千米處。
④ "臘丁文"，即拉丁文。
⑤ "霍祖蕙"，即安·哈瑟維（Anne Hathaway，1556—1623）。
⑥ "法伊二國文"，即法國、意大利兩國文字。
⑦ "吟邊燕語"，即英國作家蘭姆姐弟所著《莎士比亞戲劇故事集》（*A Tales from Shakespeare*），林紓與魏易合作翻譯，名爲《吟邊燕語》（商務印書館 1905 年出版）。

戴楷爾①
Réné Descartes.

　　戴楷爾法國哲學家也。生千五百九十六年。卒千六百五十年。幼受教會學校教育。其時即能致疑于古學。故論者謂。戴楷爾幼年在佛賚希校②所發之議論。迨與裴根少時在圜橋大學所發之議論相似。一爲格物派哲學之先導。一爲窮理派哲學之元祖。皆開闢新學界甚有功之人物也。戴氏因學校課程不善。棄而從軍。圖博覽自然之現象。未幾。脫軍籍。專研究數學及哲學。因巴黎不能遂其思想自由。乃屏居荷蘭者二十餘年。既而荷人亦有譖彼爲無神教徒者。驅之出境。甫返巴黎。即有大學牧師等。請國會禁其學說。國會不可。更請于王。王乃許之。戴氏遂亡命瑞士。居僅數月。不勝瑞士之嚴寒而殁。戴氏之學。非特懸想之哲理而已。乃一一多經實驗。彼之名言。爲學界所傳誦者。則曰。"非顯然見其爲真。勿信以爲真。"此不刊之要理。即後世科學之所以成立者也。戴氏之學。可分爲四。一懸想學③。其要義曰。我能有思。是故有我④。二數學。用代數以馭

---

① "戴楷爾"，即勒奈・笛卡兒。清末又譯爲"特嘉爾""特嘉爾德"。當時介紹笛卡兒的報刊主要有：《新民叢報》1902 年第 2 期刊有《近世文明初祖二大家之學説・下篇：笛卡兒懷疑派之學説》；《新民叢報》1902 年第 4 期刊有"法儒笛卡兒"肖像，與該書畫像不同；《新民叢報》1903 年第 42—43 期刊有《笛卡兒之懷疑説》；《教育世界》1905 年第 116 期刊有"十六世紀法國哲學家特嘉爾德"肖像，與該書畫像基本相同。
② "佛賚希校"，即拉夫賴學校，或稱拉弗萊舍學校。
③ "懸想學"，即思辨哲學。
④ "我能有思。是故有我"，即"我思故我在"。

幾何①。三物理學。發明折光之公例②。四天文學。發明行星繞太陽及經星③而轉。其著作宏富。如"思想之趨向"④。"戴氏幾何"等。皆其尤有名者也。

① "用代數以馭幾何"，笛卡兒創立了解析幾何學。
② "折光之公例"，即光的折射定律。
③ "經星"，天文經星簡稱經星，爲恒星的別稱。
④ "思想之趨向"，疑爲《第一哲學沉思集》（*Meditationes de prima philosophia*），簡稱《沉思集》。

克林威爾[①]
Olivier Cromwell.

克林威爾英國共和時代之總監也。生千五百九十九年。卒千六百五十八年。十五歲。入圜橋郡之大學[②]。無所成。早婚。從事耕作于小島。泊英王查爾斯第一[③]。與國會起劇烈之衝突。克氏旋爲反抗黨領袖。處王死刑。又抑壓他民黨。翕聚權勢于一人。以行專斷。然克氏卒却王位之推戴。建設共和政府。而以己爲之總監。自克氏柄政。内則屈服蘇格蘭、愛爾蘭。外則戰勝西班牙、葡萄牙。且破荷蘭海軍。使英之水師稱爲海王。各國震懾。克氏處理内政。亦能全壞舊日之弊制。百務爲之改良。一時稱盛治。克氏容貌粗猛。性豪爽。且多力。人以"鐵肋"稱之。故彼之爲政。名雖爲共和之保障。終不脱專制性質。晚年頗有人欲暗殺之者。

① "克林威爾",即奧利弗·克倫威爾。清末介紹克倫威爾的報刊主要有:《新民叢報》1902 年第18 期刊有"英國前護國將軍克林威爾"畫像,與該書畫像不同;《新民叢報》1903 年曾連續刊載《新英國巨人克林威爾傳》;《國報》1908 年第 1 期刊登"英吉利革新者克林威爾"畫像,與該書畫像不同。
② "圜橋郡之大學",即劍橋大學。
③ "查爾斯第一",即查理一世(Charles Ⅰ,1600—1649),大不列顛和愛爾蘭國王(1625—1649)。

牛端①
Isaac Newton.

　　牛端英國物理學家哲學家及數學家也。生千六百四十二年。卒千七百二十七年。其父爲農家子。先牛氏生數月殁。母氏更適人。而牛氏蓁于父執某氏。十五歲時。其母復寡。牛氏依母氏居。母氏强之離塾習農。牛氏好書。如在學中時。每適他城邑市物。有老傭代之適市。彼乃即書庫飽讀數日。母氏之弟某。圜橋大學高材生也。察得牛氏志。乃告其姊。俾棄農入圜橋大學習業。此時牛氏篤好歐几利得②之學。而以法國戴楷爾之幾何術一書。反復研究之。牛氏于二次式與微分法。已能自有所發明。顧牛氏尤好光學。千六百六十九年。在學卒業僅數年。即舉爲圜橋大學教授。所教授者。爲數理天文地理諸科。以光學爲主要。牛氏于此時。演述白光及七色諸理。皆發前人所未發。復有遠鏡顯微鏡等之構造。千六百七十二年。遂舉爲倫敦國家會會員③。年甫三十。蓋異數也。牛氏發明至多。而西方婦孺皆知者。尤以蘋菓墜地。而悟通吸力。名之曰牛端動例④。牛氏

---

① "牛端"，即伊薩克·牛頓。清末又譯作"奈端""牛登"。這一時期介紹牛頓的報刊主要有：《大陸》報 1902 年第 1 期刊有《奈端軼事》;《江蘇（東京）》1903 年第 1 期刊有《奈端格言》;《新民叢報》1906 年第 4 卷第 7 期刊有"碩儒奈端"畫像，與該書畫像相似。
② "歐几利得"，即歐幾里得（Euclid，約公元前 330—前 275），古希臘數學家，麥加拉學派的創立者。
③ "倫敦國家會會員"，即英國皇家學會會員。
④ "牛端動例"，即牛頓運動定律。

牛　端
Isaac Newton.

《近世界六十名人》中的牛頓

著作。不勝縷書。以"光學"。及"自然哲理之數理"[①]等。爲尤有名。牛氏不惟爲物理數學之巨子耳。雖謂前乎達爾文之科學世界。皆牛氏開之。可也。

孟德斯鳩①
Charles de Montesquieu②

　　孟德斯鳩法國哲學家及著作家也。生千六百八十九年。卒千七百五十五年。初習物理學及博物學。後復從事于道德、政治、歷史諸科。曾投身政界。卒乃潛心著述。歷游他城邑。研求社會風俗。其生平大著作。以"法意"③一書爲最有名。二年之中。重版二十二次。孟氏終身好學。嘗語人曰。"吾能無耗吾一刻之學時。則吾無遺憾矣。"其勤如此。

---

① "孟德斯鳩"，即沙爾·孟德斯鳩（Charles Montesquieu，1689—1755）。清末介紹孟德斯鳩的報刊主要有：《國民報》1901 年第 1 卷第 2 期的《歐洲近代哲學：孟德斯鳩學説》；《北京新聞彙報》1901 年 6 月的《孟德斯鳩之論支那》；《新民叢報》1902 年第 10 期刊有"孟德斯鳩"畫像，與該書畫像不同；《政藝通報》1905 年第 4 卷第 4 期刊載嚴復的《孟德斯鳩列傳》；《政藝通報》1906 年第 5 卷第 12 期刊載有馬叙倫的《論孟德斯鳩三制精神論發微》。
② 此處底本與目次不一致，目次中後有下圓點。後文多存在此類情況，不再一一出注説明。
③ "法意"，即《論法的精神》（*The Spirit of Laws*），1905 年嚴復譯作《法意》，由商務印書館出版。

服爾德①
François de Voltaire②

　　服爾德法國哲學家及著作家也。生千六百九十四年。卒千七百七十八年。幼受學于教會。後以言論開罪于宗教及權貴。曾入獄二次。中年游英三載。思想更大進。洎千七百二十九年歸國。從事戲曲。以之轉移風氣。傳達宗旨。其箸作甚富。所爲戲曲。尤長于"悲劇"。極寫當時之酷刑。服氏純主道德。爲詆教之健將。又以公理與人道。反對專制。名在盧騷③之右。

---

①　"服爾德"，即伏爾泰，在清末又譯作"福禄特爾""勿勞特"等。這一時期介紹伏爾泰的報刊還有：《新民叢報》1902 年第 10 期刊有"福禄特爾"畫像，與該書畫像不同；《大陸》報 1902年第 2 期、1903 年第 2 期刊有《福禄特爾之文章》；《教育世界》1906 年第 117 期刊有"法國哲學家福禄特爾"肖像，與該書畫像不同。
②　"François de Voltaire"，伏爾泰（Voltaire）是筆名，原名弗朗索瓦-馬里·阿魯埃（François-Marie Arouet）。
③　"盧騷"，即讓-雅克·盧梭（Jean-Jacques Rousseau，1712—1778）。法國啓蒙思想家、哲學家，著有《論人類不平等的起源和基礎》《社會契約論》等。關於盧梭的具體介紹見後文。

樊克林①
Benjamin Franklin.

　　樊克林美國哲學家物理學家及政治家也。生千七百六年。卒千七百九十年。少年依其兄習印刷業。以其餘暇。得書讀之。學識大進。後去倫敦。仍從事于印刷業。歸國。創設印字局于費賴特費城②。刊行報紙。兼任撰述工作諸事。復倡建學會醫院。勤于公益。更以暇日。研究物理學。卒以風箏引電。而得避雷鍼之發明。當英美將分離。樊氏爲殖民代表。使倫敦。訴殖民苦狀。不見納。乃宣布英政府虐待殖民之狀。千七百七十六年。美人宣告獨立。樊氏使法。法人接待之甚厚。法國遂告中立。千七百八十年。英美和約成。後五年。樊氏始歸國。樊氏在巴黎久。法人甚欽愛之。故于千七百九十年。樊氏殁。法國國會。議爲服喪三日。以誌哀悼。

---

① "樊克林"，即本傑明·富蘭克林，清末又譯作"富蘭克令"。這一時期關於他的介紹主要有：《教育雜誌》1909 年第 1 卷第 13 期刊有《富蘭克令克己功夫之小史》；《新民叢報》1904 年"新大陸游記"刊有"富蘭克令之墓"的照片。
② "費賴特費城"，即費城（Philadelphia）。

李鼐[1]
Charles Linné.

　　李鼐瑞顛國[2]之博物學家及醫學家也。生千七百七年。卒千七百七十八年。年二十四。即得植物分門[3]之法。旋爲荷蘭植物園監督。適得研究植物之資料。益從事著述。後復歷游英法。歸舉學會長。並爲大學教授。李氏分門之法。先分植物之有花無花。對于有花者。更從陽生殖器之花蕊。陰生殖器之花心。分陰陽二具。同在一花。或不同在一花。花則更分爲整花瓣等。或散花瓣等。隨各植物之性質。共分之爲四十二族。自李氏植物分門之法出。而動物學、地質學家。亦本其法。而爲類屬等之分。別有裨益于博物學者。實非淺鮮。如"植物分班"[4]。"植物學書目錄提要"[5]。"植物哲理"[6]。皆爲李氏之閎著。至今植物學家寶愛之。

---

① "李鼐"，即卡爾·馮·林奈（Carl von Linné，1707—1778）。又譯爲林内、林耐。
② "瑞顛國"，即瑞典。
③ "分門"，即分類。
④ "植物分班"，即《植物種志》（*Species Plantarum*），1753 年初版。
⑤ "植物學書目錄提要"，即《植物學書目》（*Bibliotheca Botanica*），1736 年初版。
⑥ "植物哲理"，即《植物哲學》（*Philosophia Botanica*），1751 年初版。

盧騷①
Jean Jacques Rousseau.

　　盧騷法國哲學家及著述家也。生千七百十二年。卒千七百七十八年。盧氏憤世事之無道。于演説詞中。論人世不平等之原因。力攻貴族。帝王。及俗所謂神聖之法律。謂 "今之所謂文明。徒致人于困苦。野蠻則反覺自由及安樂"。其詞之激昂類如此。著作甚富。而最有大名者。爲 "民約論" ②與 "教育" ③。民約論之大旨。謂 "人本生而自由。今反錮之"。教育則謂 "人性本善。社會使之腐敗"。二書皆重觸時忌。政府議捕罰。乃遁瑞士。論者謂近世專制之摧毀。盧氏爲有功。

---

① "盧騷"，即讓-雅克·盧梭，清末又譯爲 "爾少"。盧梭思想在中國的傳播，主要始於甲午戰爭之後，其著作《社會契約論》有六七個版本問世，主要通過日文轉譯而來。清末雜誌上有關盧梭的介紹和畫像主要有：《譯書彙編》1900 年第 1 期刊有《民約論：盧騷小傳》；《清議報》1901 年連載有《盧梭學案》；《新民叢報》1902 年連載有《民約論鉅子盧梭之學説》；《新民叢報》1902 年第 5 期載有 "政治學大家法儒盧梭（Rousseau 1712—1778）" 畫像，與該書畫像基本相同；《江蘇（東京）》1903 年第 1 期刊有《注譯盧騷氏非開化論》；《政藝通報》1903 年第 2 卷第 2 期刊有《政治學大家盧梭傳》；《教育世界》1904 年第 89 期刊有《法國教育大家盧騷傳》；《教育世界》1906 年第 118 期刊有 "法國哲學大家盧騷" 像，與該書畫像不同；《競業旬報》1908 年第 30 期刊有 "法國盧騷像"，與該書畫像相同；《大同報（上海）》1908 年第 10 卷第 16 期有《法名士盧騷小傳記》。
② "民約論"，即《社會契約論》(*Du contrat social ou principes du droit politique*)。
③ "教育"，即《愛彌兒：論教育》(*Émile，ou，De l'éducation*)。

狄岱麓①
Denis Diderot.

　　狄岱麓法國哲學家及著作家也。生千七百十三年。卒千七百八十四年。狄氏與孟德斯鳩、服爾德、盧騷齊名。爲當時四名家。惟狄氏旨意。尤較高遠。狄氏之父爲冶工。貧甚。故狄氏少學于教會小學。後入中學。精數學及外國語。譯英文百科類典②。即本之起草。爲本國文類典。有名當時。狄氏著作閎富。曾以文字之禍入獄。蓋彼力攻迷信。主張人權。反對上帝與世俗之道德。曰"知其爲善行。惟篤信而力行之可矣"。其説風靡一時。而信從者衆。故論者並以狄氏爲社會新理之先導。

---

① "狄岱麓"，即德尼·狄德羅（Denis Diderot，1713—1784），狄德羅在清末又譯作"底得妻""第特羅""提多羅""狄圖魯"。清末書刊中關於狄德羅的介紹主要有：《大陸》報 1903 年第 2 期刊載了馬君武的《唯物論二巨子之學説　底得妻　拉梅特里》；1905 年雷瑶編輯的《各國名人事略》第 2 版卷 5 收録有"底得妻"小傳，主要是根據馬君武的前文改寫的；1904 年，寧波新學會社以日本阪木健一所編原本爲基礎編譯出版的《外國地名人名辭典》，收録有關於狄德羅的詞條；嚴復 1907 年作《書〈百科全書〉》一文提到，"時法國篤生兩賢，曰狄圖魯，曰達林白"；英國人竇樂安與中國人黃鼎、張在新等人譯述的《世界名人傳略》的《狄德羅傳》是清末最詳細的關於狄德羅的傳記。
② "百科類典"，即百科全書。

斯密亞丹①
Adam Smith.

　　斯密亞丹英國哲學家及經濟家也。生千七百二十三年。卒千七百九十年。斯氏少孤。幼年絶總慧。稍長。入葛蘭斯哥大學②。喜數學及物理學。未幾。入鄂斯福大學③。乃肆力于道德學及政治學。留學七年。旋在藹丁堡④爲美詞學講師。始與許默⑤訂交。後三年。聘爲葛蘭斯哥大學論理學教授。復改道德學教授。主講席者十二年。其時成"德性"⑥一書。爲斯氏生平閎著之一。千七百六十四年游法。居法國南境之託羅斯⑦城。始起草爲"原富"⑧。留法近三年。歸臥蘇格蘭故居。承母氏歡。約十年不出。原富即以此時脱槀。許默氏將死。聞此書刊行。特扶病作書賀之。蓋斯氏實爲經濟學之元祖也。斯氏後終于葛蘭斯哥大學總長⑨之任。

---

① "斯密亞丹"，即亞當•斯密（Adam Smith，1723—1790），清末又譯爲"新密亞丹"。這一時期關於他的介紹有：嚴復翻譯的《原富》，撰寫的《斯密亞丹傳》；《新民叢報》1902 年第 19 期《生計學學説沿革小史（續第十七號）》，第九章，新密亞丹學説；《紹興白話報》1903 年第 14 期《斯密亞丹傳》；《商務報（北京）》1904 年第 6 期《計學大家英儒斯密亞丹傳》。
② "葛蘭斯哥大學"，即格拉斯哥大學（University of Glasgow）。
③ "鄂斯福大學"，即牛津大學（Oxford University）。
④ "藹丁堡"，即愛丁堡大學（University of Edinburgh）。
⑤ "許默"，即大衛•休謨（David Hume，1711—1776），蘇格蘭哲學家、歷史學家和經濟學家，主觀唯心主義者，不可知論者，著有《人性論》等。
⑥ "德性"，今譯爲《道德情操論》(*The Theory of Moral Sentiments*)。
⑦ "託羅斯"，即圖盧兹（Toulouse），法國西南部一城市。
⑧ "原富"，今譯爲《國富論》(*The Wealth of Nations*)，嚴復譯爲《原富》。
⑨ "葛蘭斯哥大學總長"，即格拉斯哥大學名譽校長。

康德①
Emmanuel Kant

　　康德德國哲學家也。生千七百二十四年。卒千八百四年。先講懸想哲學②。後稍研究數學及科學。康氏著作。以"懸想哲理"③。"宇宙史"④。"思想評論"⑤。"人學"⑥。爲最著。康氏從牛端之學說。謂"發見宇宙之組織。不外機力之理。其說至當"。然于生物學。又信造物說。且謂"人常欲以機力解生物。如牛端以機力解宇宙。甚乎其妄也"。殆達爾文出。始確認康說之謬。

---

① "康德"，即伊曼努爾·康德（Immanuel Kant，1724—1804）。清末報刊中關於康德的介紹和畫像主要有：《新民叢報》1900 年、1903 年連續刊載的《近世第一大哲康得之學說》；《新民叢報》1902 年第 5 期刊載 "哲學大家德儒康得（Kant 1724—1804）" 畫像，與該書畫像不同；《大陸》報 1902 年第 1 期有《德意志六十哲學者傳，康得傳》；《北洋官報》1903 年刊載《康得幼學三主義說》；《學報》1908 年第 1 卷第 10 期有《康得美學》。
② "懸想哲學"，即思辨哲學（Speculative Philosophy）。
③ "懸想哲理"，即《道德形而上學》（*Metaphysics of Morals*）。
④ "宇宙史"，即《自然通史和天體論》（*Universal Natural History and Theory of Heaven*），又譯爲《宇宙發展史概論》。
⑤ "思想評論"，即《純粹理性批判》（*Critique of Pure Reason*）。
⑥ "人學"，當爲《實用人類學》（*Anthropologie in Pragmatischer Hinsicht*）。

德　康
Emmanuel Kant

康德德國哲
學家也生千
七百二十四
年卒千八百
四年先講懸
想哲學後稍
研究數學及
科學康氏著
作以『懸想
哲理』宇宙
史『思想評
論』『人學』
爲最著康氏
從生端之學
說讀『發見
宇宙之組織
不外機力之
理其說至富
一然于生物
學又信造物
說且謂『人
常欲以機力
解生物如牛
端以機力解
宇宙其乎其
妄也』殆達
爾文出始確
認康說之謬。

《近世界六十名人》中的康德

華盛頓①
Georges Washington.

　　華盛頓美國舊總統也。生千七百三十二年。卒千七百九十九年。先世爲英倫之諾三謨敦②人。高祖遷美。世爲農。家資頗豐。弱冠時欲赴軍艦。母氏不聽往。年十六。即爲測量師于近郡。二十歲後。曾爲英之兵官。克土人之亂。洎千七百七十四年。公議抗英苛暴。華氏與焉。英政府不肯稍遷讓。遂于千七百七十六年七月四日。宣告美國獨立。十三省公舉華氏爲統兵官。拒英問罪之師。連戰數年。至千七百八十三年。英美和約成。華氏遂解甲歸農。兵衆欲擁戴爲王。華氏正色曰。"我何如人。吾之受統兵重任而不辭者。冀與諸公共蘇吾美之困耳。豈圖爲私人建王國乎。"衆乃泣下。聽伊別去。千八百八十九年③。建美爲共和國之議大定。全國共舉華氏爲第一總統。復以國政未大定。不得已殉衆意連任。前後爲總統凡五年。解職歸隱。野服蕭間如常人。後又因美法齟齬。推華氏爲兵事副總督。未及終事而歿。

---

① "華盛頓"，即喬治·華盛頓（George Washington，1732—1799）。清末報刊關於華盛頓的介紹及畫像主要有：《東西洋考每月統記傳》1838 年 1 月刊有《華盛頓言行最略》；《萬國公報》1879 年第 539 期有《華盛頓肇立美國》；《小孩月報》1879 年第 5 卷第 3 期刊有《華盛頓小傳》，所附畫像與該書畫像不同；《畫圖新報》1881 年第 2 卷第 1 期刊有《華盛頓小傳》，所附圖與該書畫像不同；《時務報》1896 年有《華盛頓傳》連載；《新民叢報》1902 年第 2 期刊有"美國大總統華盛頓"畫像，與該書畫像不同；《萬國公報》1903 年第 169 期"華盛頓像"，與該書畫像不同；《大陸》報 1903 年第 2 期刊有《華盛頓傳》；《民報》1905 年第 1 期"世界第一共和國建設者華盛頓"畫像，與該書畫像相同；《東方雜誌》1905 年第 2 卷第 9 期"美國總統華盛頓"圖片，與該書畫像不同；《滬報畫刊》1908 年第 7 卷第 19 期《華盛頓傳略》，所附圖像與該書畫像相同。
② "諾三謨敦"，即北安普頓（Northampton）。
③ "千八百八十九年"，有誤，應爲"千七百八十九年"。

華特^①
James Watt.

華特英國物理學家溣機^②發明家也。生千七百三十六年。卒千八百十九年。華氏英國之蘇格蘭人。其父爲小商。及華氏成童時。忽失其業。故華氏不能受正當之教育。顧華氏性好研究數學及機理。十九歲遂屏當赴倫敦。求爲製造物理學器械商之徒弟。脩業一年。已盡通其術。以費用不支。歸其鄉里。當未去倫敦之先。曾識葛蘭斯哥大學教授數人。至是。遂求引薦。得爲大學中脩理教科器械之技師。並得交高材生陸璧孫^③等。華氏屢提議改良溣機。輒以無所藉手而罷。千七百六十四年。大學之科學舊器收藏部。有牛穀門^④氏之煤礦抽水溣機一具。使華氏脩整。華氏乃得拆視之。而研究其得失。盡得牛氏疵謬之處。如失溣多。運行不合並行軌線等。精心計畫。大爲改良。遂立至今承用之凝縮溣機之基礎。華氏一生。發明至多。蓋華氏享大年。而又不肯稍休。宜其于溣學專門。大含細入。所得精且博也。

---

① "華特",即詹姆斯·瓦特(James Watt,1736—1819),在清末又譯爲"華式"。清末關於瓦特的介紹主要有:《格致彙編》1892 年第 7 卷夏刊有《汽機師瓦特傳》,所附圖像與該書畫像不同;《北洋官報》1903 年連載有《汽機大發明家瓦特傳》;《南洋官報》1904 年連載有《汽機大發明家瓦特傳》。
② "溣機",即蒸汽機。
③ "陸璧孫",即約翰·魯賓遜(John Robinson,1739—1805),英國物理學家、化學家。曾任格拉斯哥大學教授。
④ "牛穀門",即托馬斯·紐科門(Thomas Newcomen,1663—1729),英國工程師,蒸汽機發明人之一。所發明的常壓蒸汽機是瓦特蒸汽機的前身。

鹿化西①
Antoine Lavoisier.

鹿化西法國化學家也。生千七百四十三年。卒千七百九十四年。弱冠即好天文學及化學。二十三歲。因巴黎燈火改良法之研求。學會獎之。鹿氏精于度量衡之審計。數任爲徵稅員。千七百九十三年大革命。國民議會悉捕徵稅員繫之獄。其明年。鹿氏遂以死刑見殺。當鹿氏之時。化學正幼稚。彼所發明者至多。其最要者。爲養氣②。鹿氏燒水銀于空氣中。厯十二晝夜。水銀起紅皮。化分之。得"汞養③"。乃知空氣中實含養氣。更知空氣爲淡④養二氣所合成。同時英之皮斯來⑤。瑞顛之舒輅⑥。亦得此法。鹿氏更察知酸質與反酸質。含有養氣。而爲化學質料命名之法。大有益于化學之進步。更如物質不生滅之例。亦出自鹿氏。此爲化學一要例。亦即新時代唯物哲理之要證也。鹿氏著作。如"生物呼息"。"水質"。"金鋼石"。（證實牛端炭精之説。）"炭氣"。"燐及硫黄之炎燒"。"硝酸溶解水銀"。等。皆著名于學界者。

① "鹿化西"，即安東－洛朗·德·拉瓦錫（Antoine-Laurent de Lavoisier，1743—1794），在清末又譯作"羅威些"。這一時期的雜誌中關於他的介紹還有：《新民叢報》1906 年第 4 卷第 13 期刊有"法國大化學家羅威些"畫像，與該書畫像類似。
② "養氣"，即氧氣。
③ "汞養"，即氧化汞。
④ "淡"，即氮氣。
⑤ "皮斯來"，即約瑟夫·普里斯特利（Joseph Priestley，1733—1804），英國化學家，現代化學之父，氧氣的發現者之一。堅持"燃素説"。
⑥ "舒輅"，即卡爾·威爾海姆·舍勒（Carl Wilhelm Scheele，1742—1786），瑞典化學家，氧氣的最早發現者之一，在 1773 年用兩種方法製得了比較純净的氧氣。

邊沁①
Jérémy Bentham.

　　邊沁英國法學家及哲學家也。生千七百四十八年。卒千八百三十二年。其父爲有名之律師。故使其子亦從事于律學。邊氏治律甚有名。然厭薄律師之職業。去之。專從事改良風俗之事。持公道。重義行。其所持哲理。畧謂。"樂爲善。苦爲惡。于法律或道德中。除樂利外。不當有他種之規則。此所謂樂利主義②也。"著作閎富。以"政畧建設"③。及"政治試行"④。二書爲尤著。皆力攻政界宗教之缺點。英國監獄之改良。邊氏與有功。臨歿。囑以屍付解剖檢驗所。蓋欲犧牲己屍。以開風氣也。

---

① "邊沁"，即耶利米·邊沁（Jeremy Bentham，1748—1832）。清末報刊關於邊沁的介紹還有：《新民叢報》1902 年連續刊載梁启超的《樂利主義泰斗邊沁之學說》。
② "樂利主義"，即 Utilitarianism，最早由梁启超譯爲 "樂利主義"，今譯爲 "功利主義"。
③ "政畧建設"，當指《論政治策略》（*Essay on Political Tactics*）。
④ "政治試行"，當指《政府片論》（*A Fragment on Government*）。

勞百宿①
Pierre de Laplace.

勞百宿法國數學家物理學家及天文家也。生千七百四十九年。卒千八百二十七年。曾爲數學教授。及大博士會會員②。勞氏于數學、物理學、天文學。發明極多。其最要之學理。爲"宇宙不外機力"。又"地球由日脱解而來。爲澻質之一分"③。勞氏以後。以科學解乾坤之理大定。而宗教之謬説以衰。天地學中之有牛端勞百宿。猶生物學界之有陸謨克④達爾文也。

---

① "勞百宿",即皮埃爾–西蒙·拉普拉斯(Pierre-Simon Laplace,1749—1827)。
② "大博士會會員",即法蘭西學院院士。
③ "地球由日脱解而來。爲澻質之一分",疑即拉普拉斯提出的"星雲假説"。
④ "陸謨克",即讓–巴蒂斯特·拉馬克(Jean-Baptiste Lamarck,1744—1829),見後文介紹。

高特①
Jean Goethe.

　　高特德國文學家也。生千七百四十九年。卒千八百三十二年。高氏所學甚富。詩文、美術、戲曲、法律、考古學、物理學、博物學、無所不通。而詩爲最。故今之知高氏者。皆稱之爲詩家。若高氏之爲博物學大家。及進化學説之先導。則知之者鮮。高氏著述中。有"植物化生"②。富于生物哲理。又彼解釋骨架。開解剖比較之先聲。郝智爾③在進化説中。盛誦其功。

---

① "高特"，即約翰•沃爾夫岡•馮•歌德（Johann Wolfgang von Goethe，1749—1832）。清末關於歌德的介紹，較早出現在來華傳教士和中國旅歐外交人員的著作裏，清駐德公使李鳳苞在《使德日記》中將其譯爲"國次"，王國維後來譯爲"哥台"，當時又有"哥地""歌鐵"等譯名。最早對歌德作全面介紹的是清光緒二十九年（1903）上海作新社印行的《德意志文豪六大家列傳》的《可特傳》，係由大橋新太郎的日文版編譯而成，譯者爲趙必振。清末報刊中刊載歌德照片的主要有：《新小説》1905 年第 2 卷第 2 期"德國人哥地"畫像，與該書畫像不同；《新譯界》1906 年第 1 期有"德國大文學家哥鐵"畫像，與該書畫像亦不同。
② "植物化生"，當指《植物變形記》（*The Metamorphosis of Plants*）。
③ "郝智爾"，即恩斯特•海克爾（Ernst Haeckel，1834—1919），德國生物學家、哲學家，見後文介紹。

羅蘭①
Marie Rolland.

　　羅蘭法國女革命黨也。生千七百五十四年。卒千七百九十三年。爲彫像師②之女。少好學。從事美術文學數學。喜讀蒲達克③英雄記④盧騷民約論諸書。遂抱澄清專制政界之志。二十一歲適羅。其夫長羅氏二十年。其時法國革命之風潮漸盛。羅氏夫婦由里昂至巴黎。革命黨諸名士皆集其家。會商國事。其明年。羅氏之夫爲内部大臣⑤。羅氏相助其夫處分閣事。至爲勞瘁。然其時温和與激急兩黨。漸生衝突。羅氏爲温和黨之領袖。名其黨爲翁郎丹⑥。急激黨則稱山嶽黨。因翁郎丹黨覘民心所向背。先依違于王政與共和。及魯伊十六⑦既幽。共和政府成立。翁郎丹黨雖熱心贊成。羅氏之夫亦仍任内部。然山嶽黨逞其狂熱。誅鋤王黨。並遷怒翁

---

① "羅蘭"，即羅蘭夫人（Madame Roland，1754—1793），在清末又譯作"朗蘭夫人""烏露蘭""毋露蘭""瑪利""瑪利儂"，這一時期報刊關於羅蘭夫人的介紹主要有：《新民叢報》1902 年刊有梁啓超所作《近代第一女杰羅蘭夫人傳》；《政藝通報》1903 年第 2 卷第 21 期有《羅蘭夫人論》；《新民叢報》1906 年第 4 卷第 2 期刊有"革命女杰羅蘭夫人"畫像，與該書畫像不同；《圖畫日報》1910 年"世界名人歷史畫"欄連載有"羅蘭夫人"繪圖故事，其畫像與該書所刊基本相同。
② "彫像師"，有誤，應爲"雕像師"。
③ "蒲達克"，即普魯塔克（Plutarch，約 46—120），羅馬帝國時代的希臘作家、哲學家、歷史學家。
④ "英雄記"，即《希臘羅馬名人傳》。
⑤ "内部大臣"，即内務部長。
⑥ "翁郎丹"，即吉倫特派。
⑦ "魯伊十六"，即路易十六（Louis XVI，1754—1793），法國國王（1774—1792），1793 年在法國大革命中被處死。

郎丹黨。羅氏夫婦皆受逮。其夫已脫逃。被刺于途而死。羅氏則兩次入獄。最後遂以通謀各省叛徒等之僞證。判死刑。千七百九十三年十一月。羅氏被殺于巴黎市。臨就刑。羅氏仰見斷頭機旁。有自由神像。羅氏顧而嘆曰。"自由自由。汝爲人假借以行惡也。"其語至今傳誦。西俗行刑。女先于男。俾不見慘狀。羅氏見同刑之男。觳觫殊甚。請易其次。即其臨危之慈仁有如此。

鼐爾孫[①]
Horace Nelson.

　　鼐爾孫英國海軍家也。生千七百五十八年。卒千八百五年。鼐氏十二歲。即隨其世父在水師練船學習。南涉印度洋。北歷北冰海[②]。千八百年。英美搆兵。鼐氏已爲軍艦長。與戰事。以病歸。千七百九十三年。英法水師戰于地中海。鼐氏爲小巡洋艦之艦長。戰甚力。盲一目。千七百九十七年。戰勝西班牙海軍。又喪一臂。其明年敗拿破倫水師于亞伯口[③]。拿氏謀乘戰勝埃及。席捲印度。及經此敗。雄圖爲之頓挫。至千八百五年。法西兩國海軍。謀會合襲英。鼐氏以計誘之。覆兩國之戰艦。幾及三分之二。此爲有名之赤佛臬海灣之戰[④]。其地在西班牙西南海邊。鼐氏亦受重傷于兩軍交銳。間不容髮之時。泊法西軍艦。沈捕幾盡。鼐氏遂目瞑。

---

① "鼐爾孫"，即霍雷肖·納爾遜（Horatio Nelson，1758—1805）。清末又譯作"奈爾送"。當時關於他的介紹不多，《大陸》報 1903 年第 3 期刊有《鼐爾孫軼事》。
② "北冰海"，即北冰洋。
③ "亞伯口"，即阿布基爾海灣（Aboukir Bay），阿布基爾海灣戰役又稱"尼羅河之戰"。
④ "赤佛臬海灣之戰"，即特拉法爾加海戰（Battle of Trafalgar）。

拿破倫①
Napoléon 1ᵉʳ de Bonaparte

　　拿破倫法國舊皇帝也。生千七百六十九年。卒千八百二十一年。其父律師。爲法國東南地中海之哥西嘉島②人。拿氏即生于島上。自十歲時入巴黎陸軍幼年學校。遂受得普通之軍人教育。年十七。其時正革命初起。投國會黨爲小士官。二十四歲任巴黎總師團大尉。明年南省有小亂。拿氏平之。一躍而爲少將。年二十六。擢大將。經畫伊大利③軍務。會有讒之者。罷其官。未幾。又起用治内亂。威望漸著。二十八歲。禦奧人之入侵。以少擊衆。乘勝割意大利數省隸法。拿氏漸用專斷法。在軍中處分一切。國會忌之。後二年。拿氏年三十。被國會之命。取埃及。進窺印度。欲使之遠離。而不知甚合其好大喜功之雄心。是役一戰而平埃及。惟水師爲英軍所敗。遠攻印度之謀以阻。其明年。國會失民望。拿氏新有功歸國。國會之反對黨。皆倚拿氏傾國會。別爲新組織。拿氏推爲行政長官。

---

① "拿破倫"，即拿破侖一世。清末報刊關於拿破侖的介紹主要有：《清議報》1900 年第 64 期刊有 "拿破侖"；《新民叢報》1902 年第 1 期刊有 "法帝拿破侖第一" 畫像，與該書畫像不同；《童子世界》1903 年連載《拿破侖》；《外交報》1903 年第 3 卷第 1 期刊有 "拿破侖晚年遺事"；《大陸》報 1903 年第 3 期刊有《拿破侖軼事》；《東方雜誌》1905 年第 2 卷第 9 期刊有《法皇拿破侖第一》；《大陸》報 1905 年第 3 卷第 21 期刊有《拿破侖一世之逸事》；《武學》1908 年第 4 期刊有 "拿破侖" 畫像，與該書畫像不同；《圖畫日報》1909 年 "世界名人歷史畫" 欄刊有拿破侖系列故事畫；《民立畫報》1911 年 2 月刊有 "拿破侖，國民崇拜之英雄" 畫像，與該書畫像相同。
② "哥西嘉島"，即科西嘉島。
③ "伊大利"，即意大利，拿破侖當時被任命爲意大利方面軍總司令。

拿氏既專柄。復敗奧師。畧伊土。俄羅斯西班牙諸國。皆懾其威。爭求脩好。拿氏又整理內政。興舉百度[1]。法民大悅。千八百四年。拿氏三十有六歲。竟推戴爲法蘭西之皇帝。自是破奧京。入普都。平荷蘭。服西班牙。除英國以外。悉遭其蹂躪。迄千八百十二年。拿氏年四十四。提六十萬之師。直驅俄京木司科[2]。爲俄人用清野之法。誘使受困。全師覆沒。各國遂乘勢聯合。于千八百十四年。合圍巴黎。執拿氏。流之于地中海海島。明年。潛逃回國。再圖大舉。又爲聯軍所敗。自滑鐵壚[3]一戰之後。拿氏遂遠流南大西洋森海倫之孤島[4]。歷史上乃無復見拿氏之姓名。千八百二十一年。拿氏年五十三。以胃疾。歿于島上一田舍。嗚呼。拿氏不得爲歐洲共主。無從逞其專制之淫威。固世界進步之福也。

---

[1] "百度"，有誤，應爲"百廢"。
[2] "木司科"，即莫斯科。
[3] "滑鐵壚"，即滑鐵盧。
[4] "森海倫之孤島"，即聖赫勒拿島。南大西洋的一個火山島。

惠靈頓①
Arthur Wellington.

惠靈頓英國陸軍家也。生千七百六十九年。卒千八百五十二年。壯年
屢立戰功于印度。千八百七年。爲愛爾蘭事務院侍郎。千八百九年。率兵
助葡西二國。抗拿破倫軍。小有捷獲。千八百十二年。復覆法軍于西班
牙。西人歡迎之備至。千八百十四年。同盟軍既執拿破倫。流之于地中海
海島。惠氏以功封侯爵。各國爭贈以殊銜。其明年。拿氏忽從海島遁歸巴
黎。復舉兵東向。各國急起制之。俄師當之。戰不利。惠氏率英兵。從荷
蘭赴比利時。會抗法師。與拿破倫軍遇于滑鐵壚。爲歷史上有名之滑鐵壚
戰爭。惠氏卒擒拿破倫。流之于南大西洋森海倫島。以拿破倫之雄傑。果
遂其統一歐洲之功業。將專制之淫威。蹂躪十九世紀之自由。必百倍于此
後鬼蜮伎倆之梅特業②之徒。幸而亞伯口赤佛皐兩次之海戰。被制于鼐爾
孫。自木司科喪敗以後。又屢受制于惠靈頓。卒使滑鐵壚之一擊。拿氏之
英名。萬古銷沈。此所以鼐氏惠氏之見稱。實因其爲人道之保障。若區區
以孟軻氏所謂服上刑之善戰者稱之。是厚誣二氏也。惠氏晚年。屢參朝
政。皆以持重不合于時勢。數自引退。蓋持重太過。不免守舊也。

---

① "惠靈頓"，即阿瑟·韋爾斯利·威靈頓（Arthur Wellesley Wellington，1769—1852）。清末又譯
作"威靈吞"，清末報刊關於威靈頓的介紹有：《圖畫日報》1909年第45期有"大陸之景物
（四十五），威靈頓公爵之銅像"。

② "梅特業"，即克萊門斯·馮·梅特涅（Klemens von Metternich，1773—1859），奧地利國務活
動家、外交家，曾任外交大臣（1809—1821）和首相（1821—1848），"神聖同盟"的核心人物
之一，也是以"正統主義"和"大國均勢"爲核心的所謂"梅特涅體系"的主要設計者。

瞿惠業①
Georges Cuvier.

　　瞿惠業法國博物學家也。生千七百六十九年。卒千八百三十二年。其父爲教士。幼受宗教教育甚深。故雖成爲科學名家。仍不敢顯攻宗教之虛妄。瞿氏最初研究純肉體動物。爲孫西萊②氏所重。舉爲巴黎學校植物解剖學講師。後爲大學教授。見重于拿破倫。瞿氏所發明者。既博且精。實爲新學開幕之人物。且爲進化學之先導。然可奇者。因廻護宗教。時與陸謨克孫西萊等進化學説爲反對。斯賓塞譏某氏。登演教壇。則閉其試驗室之户。入試驗室。則掩其演教壇之門。瞿氏亦其人歟。瞿氏箸作之有名者。爲"解剖比較"③。"古物留迹之搜求"④。"動物機體適宜之分配"⑤。（如魚有泳水翅。故在水中。鳥有翼。故翔天空。）"魚史"⑥等是也。

---

① "瞿惠業"，即喬治•居維葉（Georges Cuvier，1769—1832）。法國動物學家，比較解剖學和古生物學的奠基人。
② "孫西萊"，即聖-伊萊爾（Saint-Hilaire，1772—1844），法國脊椎動物學家、博物學家。
③ "解剖比較"，今譯爲《比較解剖學課程》或《比較解剖學講義》（*Lessons in Comparative Anatomy*）。
④ "古物留迹之搜求"，疑爲《四足動物化石研究》（*Researches on Fossil Bones of Quadrupeds*）。
⑤ "動物機體適宜之分配"，今譯爲《按結構分類的動物界》（*The Animal Kingdom，Distributed According to Its Organization*）。
⑥ "魚史"，今譯爲《魚的自然歷史》（*The Natural History of Fish*）。

陸謨克^①
Jean Lamark^②.

　　陸謨克法國博物學家也。生千七百四十四年。卒千八百二十九年。先習宗教學。後復繼其父入軍隊。卒乃專從事于博物學。年三十四。著"法蘭西國特産之植物"^③。無何。復與白瑞^④氏。同著"植物彙編"。及"植物分類圖"。皆稱爲傑作。千七百九十三年。爲巴黎"博物學陳列所"初等動物學講師。于是更肆力于動物學。著"無脊動物"^⑤一書。此實爲"進化"學之先基。而動物哲理之底稿也。"動物哲理"^⑥者。成于千八百九年。其大意謂"生物非來自天神之創造。乃自簡單生物。藉遺傳演習二性。更化而來。即人亦如是。人之嫡祖。必類于猴者之一物"。陸氏説出。宗教家大譁。博物大家瞿惠業。尚沿習俗。爲舊説辨護。至達爾文氏繼興。進化之説大定。遂有推陸氏爲進化學説之元祖者。陸氏晚年劬學。因察驗物質。用目過多。至于失明。然仍孳孳不倦。得鹿體宜^⑦氏之相助。以日從事于研究。

---

① "陸謨克",即讓–巴蒂斯特·拉馬克。
② "Jean Lamark",法文全名爲 Jean-Baptiste Pierre Antoine de Monet，Chevalier de Lamarck。
③ "法蘭西國特産之植物",即《法國植物志》（*Flore françoise*）。
④ "白瑞",當爲奧古斯丁·彼拉姆斯·德·堪多（Augustin Pyrame de Candolle，1778—1841），瑞士–法國植物學家。
⑤ "無脊動物",即《無脊椎動物系統》（*Système des animaux sans vertèbres*）。
⑥ "動物哲理",即《動物哲學》（*Philosophie zoologique*），亦譯作《動物學哲學》。
⑦ "鹿體宜",當指拉馬克的小女兒羅莎莉,生卒年不詳。拉馬克晚年失明,其著作由他口授,羅莎莉書寫完成。

海哲爾①
Georges Hegel.

　　海哲爾德國哲學家也。生千七百七十年。卒千八百三十一年。初從事于宗教哲學。後受盧騷學説之感動力。乃作“政治讖言”。二十五歲。遇師林②氏于協南③。始崇信自然哲理。更自成其一家之學。千八百十八年。舉爲柏林大學哲學教授。當時海氏所講授之學説。風靡學界。爲德法各學校所師程。海氏哲學。可分爲三段。一釋定意想。即論理學④也。二憑論理而定公例。從實迹而及理想。此自然哲理也。三哲理觀念。更分爲三。甲主觀的。如人學、現象學、心理學。乙客觀的。如權、道德、風俗。丙絕對的。如美術、宗教、哲學。其箸作甚繁富。最有大名者。如“思想之現象學”⑤。“論理之科學”。“哲學全書節要”⑥等。皆爲各國學者所傳譯。

---

① “海哲爾”，即格奧爾格·威廉·弗里德里希·黑格爾。在清末又譯爲“黑智兒”。清末報刊關於他的介紹主要有：《新民叢報》1902 年第 15 期刊有“唯心派哲學家（其二），黑智兒”畫像，與該書畫像不同；《新民叢報》1903 年第 27 期刊有馬君武所作《唯心派鉅子黑智兒學說》；《廣益叢報》1907 年連載嚴復《述黑格兒唯心論》。
② “師林”，即弗里德里希·威廉·約瑟夫·謝林（Friedrich Wilhelm Joseph Schelling，1775—1854）。德國哲學家、教育家，著有《論人類的自由》《先驗唯心論系統》等。
③ “協南”，即耶拿（Jena），德國中東部城市。黑格爾曾任教於耶拿大學。
④ “論理學”，即邏輯學。
⑤ “思想之現象學”，即《精神現象學》。
⑥ “哲學全書節要”，即《哲學科學全書綱要》。

海哲爾
Georges Hegel.

海哲爾德國哲學家也生于千七百七十年卒于千八百三十一年初從事于宗教哲學後受慮騷學說之感動力乃作「政治讜言」二十五歲遇師林氏于協南始崇信自然哲理更自成其一家之學千八百十八年柴爲柏林大學哲學教授當時海氏所講授之學說風靡學界爲德法名學校所師程海氏哲學可分爲三段一釋定意想即論理學也二憑實法而及理想此自然哲理也三哲理觀念更分爲三甲主觀的如人學現象學心理學乙客觀的如權道德風俗丙絕對的如美術宗教哲學其著作甚繁品最有大名者如「一思想之現象學」「哲論理之科學」「哲學全書節要」等皆爲各國學者所傳譯

《近世界六十名人》中的黑格爾

法雷臺①
Michel Faraday.

　　法雷臺英國物理學家及化學家也。生千七百九十一年。卒千八百六十七年。爲達威②氏之弟子。曾隨達氏歷游法伊諸國。爲學問上之研究。法氏于物理學中之大發明。則使炭氣、綠氣③、及他氣質④。變爲流質⑤。其法置氣于雙曲管中。封其兩端。以熱水蒸一端。復以冷水沃其別端。氣質遂于冷之一端。變爲流質。法氏最爲學界所崇拜者。則爲電學。其發明至多。不可勝計。如由磁石與電流之關係。究知電與磁石之原理。由電氣化分。而得鍍電之根据。諸若此例。皆爲電學家闢一新天地。

---

① "法雷臺"，即邁克爾·法拉第（Michael Faraday，1791—1867）。
② "達威"，即漢弗萊·戴維（Humphrey Davy，1778—1829），英國化學家、發明家。
③ "綠氣"，即氯氣。
④ "氣質"，即氣體。
⑤ "流質"，即液體。

威廉第一①
Welhelm 1ᵉʳ de Hohenzollern.

　　威廉第一德國聯邦之皇帝。又普魯斯②之王也。生千七百九十七年。卒千八百八十八年。孩提時已好玩弄武器。年十歲。即入軍隊。十七八歲時各國協困拿破倫。威廉氏與焉。壯歲專一在軍中。至千八百四十年。其父普王威廉第三歿。其兄威廉第四嗣立。威廉氏兼柄政權。大爲人民自由之敵。千八百四十八年。國民不堪壓制。起革命。威廉氏察知非立憲不足以已民亂。然終相持不肯屈。亂益熾。乃遁逃倫敦以避禍。未幾。條憲政。順民意。始復歸柏林。千八百五十八年兄歿。威廉氏嗣立。是爲威廉第一。威廉氏之既即普國王位也。得畢斯麥③之政術。毛奇④之軍畧。首與丹馬⑤啓釁。逾年攻奧。又四年侵法。經千八百七十年歷史上有名之普法戰爭。世仇悉復。國威大震。即建德意志聯邦。而己爲之皇帝。然英毅有足多。而盛德無稱。蓋化于拿破倫之餘焰。未知緬華盛頓之高風者也。論者甚爲古今之雄才惜之。

---

① "威廉第一"，即威廉一世（William Ⅰ，1797—1888）。清末報刊關於威廉一世的介紹主要有：《圖畫日報》1910 年第 332 期 "世界名人歷史畫" 欄刊有 "威廉第一" 畫像，與該書畫像基本相同；《協和報》1910 年第 9 期刊有《威廉第一不受人諛》。
② "普魯斯"，即普魯士。
③ "畢斯麥"，即奧托·馮·俾斯麥（Otto von Bismarck，1815—1898），德意志帝國首任宰相（1871—1890），史稱 "鐵血宰相"。
④ "毛奇"，即赫爾穆特·卡爾·貝恩哈特·馮·毛奇（Helmuth Karl Bernhard von Moltke，1800—1891），又稱老毛奇，見後文介紹。
⑤ "丹馬"，即丹麥。

孔德①
Auguste Comte.

　　孔德法國哲學家及數學家也。生千七百九十八年。卒千八百四十五年②。生平爲數學教授者甚久。孔氏著述閎富。其最著者則爲實驗哲學③。孔氏之意。哲學有三種。不惟不相同。而且相反。一曰神學哲理。二曰懸想哲理④。三曰實驗哲理⑤。前二者均當漸爲實驗哲理所更代。孔氏又謂。數學、天文、物理、化學、生物學、社會學。乃爲原學。即謂他學皆本于以上所舉之諸學也。學理由簡單而繁複。簡者。即爲繁之所資藉。如乙之賴甲。丙之賴乙之比例。以上諸説。今之科學家皆奉爲名言。

---

① “孔德”，即奧古斯特·孔德。清末介紹孔德的報刊有：《教育世界》1906 年第 119 期刊有“法國實證哲學家孔德”畫像，與該書畫像不同。
② “卒千八百四十五年”，有誤，根據《西方著名哲學家介紹》《孔德的歷史哲學》《不列顛百科全書》等書，孔德的卒年應爲 1857 年。
③ “實驗哲學”，即《實證哲學教程》。
④ “懸想哲理”，即思辨哲學。
⑤ “實驗哲理”，即實證哲學。

毛奇[①]
Helmuth Von Moltke.

毛奇德國陸軍家也。生千八百年。卒千八百九十一年。幼入丹馬士官學校。年十九爲士官。後二年歸普國軍中任職。無何客遊四年。及歸授大佐。又佐普王威廉第一幕。隨賀俄王[②]加冕。藉覘俄軍組織。赴法察其軍勢。千八百五十七年任參謀部。苦心經營。精練普國之勁旅。疊與奧丹[③]啓釁。卒成敗法之功。建德意志聯邦。毛氏性嚴酷而堅忍。德人受其影響。用是勃興。然識者謂德之恃其鐵血主義。專尚强力。恐末路仍不免爲古之法。及今之俄。是則毛氏爲功之魁。亦爲罪之首矣。

---

① "毛奇",即赫爾穆特·卡爾·貝恩哈特·馮·毛奇。清末報刊關於毛奇的介紹主要有:《畫圖新報》1891 年第 12 卷第 3 期刊有《毛奇事略》,所附圖與該書畫像基本相同;《益聞錄》1891 年第 1068 期刊有《大將軍毛奇傳》;《新民叢報》1902 年第 24 期刊有"德國名將毛奇"畫像,與該書畫像不同;《外交報》1903 年第 3 卷第 3 期刊有《畢士麥毛奇》;《南洋兵事雜誌》1909 年第 35 期刊有《菲德黎大王、拿破侖、毛奇戰略戰術上固有之特色》。
② "俄王",即腓特烈·威廉親王,後來的德皇腓特烈三世。
③ "奧丹",即奧地利、丹麥。

許峨①
Victor Hugo.

　　許峨法國文學家之善詩者也。生千八百二年。卒千八百八十五年。幼隨其父歷游西班牙及伊大利。母氏教之詩。十三歲時。已以善爲諷詞及悲曲稱。二三十年中刻行之詩文歌曲小説甚富。千八百四十五年。乃入政界。許氏初本迷滯于宗教。後乃日即開悟。爲左黨之領袖。鼓吹民政。當魯伊班納②之謀重建帝國也。許氏首先反對。被逐。適比利時。專事著述。經十八年始歸國。復爲共和黨之領袖。主張人道。企謀社會之進化不倦。人稱其詩。則曰。"許峨乃近世詩界之父也。"

---

① "許峨"，即維克托·雨果（Victor Hugo，1802—1885）。雨果在清末被譯爲"嚚俄"。這一時期報刊關於他的介紹主要有：《新小説》1902 年第 1 卷第 2 期刊有"法國大文豪嚚俄"照片，與該書照片相同；《小説林》1907 年第 1 期刊有"法國大小説家嚚俄結婚時代小影"，與該書照片不同；《小説月報》（1910 年於上海創刊）1911 年第 2 卷第 9 期刊有"世界名人肖像：法國大小説家及大詩家嚚俄"圖像，與該書照片不同。
② "魯伊班納"，即路易-拿破侖·波拿巴（1808—1873），法蘭西第二共和國總統（1848—1851），法蘭西第二帝國皇帝（1852—1870），稱拿破侖三世。

馬志尼①
Guiseppe Mazzini.

　　馬志尼伊國革命家愛國者也。生千八百五年。卒千八百七十二年。馬氏初投身于秘密革命運動之"燒炭黨"②。被捕。流境外。馬氏本菲薄燒炭黨之所爲。儗③組織"少年伊大利黨"。至是。遂于法國之馬賽。發刊"伊大利少年"報。時千八百三十一年也。後二年。被法人逐去瑞士。不久又爲瑞士所逐。乃至倫敦。甚困迫。賣文報館。以爲生活。滯倫敦十許年。千八百四十八年。乃道巴黎。返伊國北境之密朗④市。作"伊大利民國"⑤報。其明年。羅馬建共和國。馬氏被舉爲臨時代表人。未幾。共和黨復傾。馬氏遁瑞士。仍不見容。更去倫敦。其後于千八百五十三及五十七年等。屢次潛歸。謀舉事。不成。即遁英倫。千八百六十八年。其黨舉

---

① "馬志尼"，即朱澤培·馬志尼（Guiseppe Mazzini，1805—1872），又譯作"瑪志尼"。清末報刊關於他的介紹主要有：《新民叢報》1902 年連載《意大利建國三杰傳》；《新民叢報》1902 年第 9 期刊有"意大利建國三杰，民黨領袖瑪志尼"照片，與該書畫像不同；《江蘇（東京）》1903 年第 6 期刊有"伊太利建國三杰：瑪志尼"畫像，與該書畫像不同；《新民叢報》1903 年第 40—41 期刊有《瑪志尼少年意大利會約》；《圖畫日報》1909—1910 年"世界名人歷史畫"欄連載瑪志尼繪畫傳記。
② "燒炭黨"，1815 年拿破侖戰爭後，意大利民主主義者組織的秘密政治團體，旨在反抗奧地利獨裁專制政權。1820 年曾發動那不勒斯革命，被奧國軍隊鎮壓。19 世紀 30 年代後，被青年意大利黨代替。
③ "儗"，同"擬"。
④ "密朗"，即米蘭。
⑤ "伊大利民國"，即《人民使徒報》。

之爲國會代表員矣。爲國會所阻。馬氏遂立“萬國共和會”①。欲在密朗舉事。仍不就。又去英。未幾潛歸。在羅馬東南之解德城②被獲。繫獄。至羅馬和局成。始釋之出獄。馬氏旋歿。

① “萬國共和會”，即人民國際聯盟。
② “解德城”，即加埃塔（Gaëta），意大利中部拉齊奧大區拉蒂納省的城市。

穆勒約翰[①]
John Mill.

穆勒約翰英國哲學家經濟學家也。生千八百六年。卒千八百七十三年。其父穆勒乾曼斯[②]。乃史學政治學哲學大家。穆氏少時所得教育。皆由其父。褓襁中即授臘丁字母[③]。年數歲。能讀多種臘丁書。至十四歲。所學已有成就。去法國留學三年。穆氏中年。就職于倫敦之印度事務所[④]。司筆札[⑤]。即以其暇。從事著述。並爲報章之論説。而政學哲學。皆已爲時人所推重。千八百四十三年。作"論理學"[⑥]。穆氏謂惟論理學爲徵實之學也。更箸有"經濟學"[⑦]。"自由"[⑧]"代議政府"[⑨]。"實用哲理"[⑩]等書。穆氏于哲理。尚"實驗"。反對"自覺"。于政治。主"自由"。及"個人主義"。然謂政府有時亦裨益于弱者。彼于工人與資本家之競争。則始終爲調人。

---

① "穆勒約翰",即約翰・斯圖亞特・穆勒（John Stuart Mill，1806—1873）。清末嚴復曾將約翰・穆勒的《論自由》翻譯爲《群己權界論》。同年，馬君武又將其翻譯爲《自由原理》。嚴復又將約翰・穆勒的《邏輯學體系》翻譯爲《穆勒名學》。《南洋官報》1905 年曾連載嚴復翻譯的《群己權界論》，《新民叢報》1906 年第 4 卷第 18 期還刊載了《穆勒約翰議院政治論》。
② "穆勒乾曼斯",即詹姆斯・穆勒（James Mill，1773—1836）。
③ "臘丁字母",即拉丁字母。
④ "印度事務所",即東印度公司。
⑤ "司筆札",負責起草電文。
⑥ "論理學",今譯爲《邏輯學體系》（*A System of Logic*）。
⑦ "經濟學",當爲《政治經濟學原理：及其在社會哲學上的若干應用》（*The Principles of Political Economy：with some of their applications to social philosophy*）。
⑧ "自由",即《論自由》（*On Liberty*），嚴復譯爲《群己權界論》。
⑨ "代議政府",即《論代議政府》（*Considerations on Representative Government*）。
⑩ "實用哲理",今譯爲《功利主義》或《實利主義》（*Utilitarianism*）。

皇利波的①
Guiseppe Garibaldi.

　　皇利波的伊國之愛國者也。與嘉富爾、馬志尼。稱爲建國三傑。生千八百七年。卒千八百八十二年。皇氏產于今割隸法國之尼斯②。幼不喜受教會教育。隨其父執商船業。在南美時。曾助"僚格朗"③革命黨。反對巴西。被囚。受酷刑。傷足。後十年復督水師。助克"莽台維提"④。峻却酬報。此皇氏一生歷史之小引也。自千八百四十八年。赴本國第一次革命之召。由尼斯登陸。從此抗奧抗法。襲羅馬。爭昔西利⑤。取那浦爾斯⑥。前後二十年。大小數十戰。屢奏奇功。所得困難、囚拘、夷傷⑦。亦

---

① "皇利波的",即朱澤培·加里波第。清末又譯作"加里波的"。這一時期報刊關於他的介紹主要有:《新民叢報》1902 年連載有《意大利建國三杰傳》;《新民叢報》1902 年第 9 期刊有 "意大利建國三杰,將軍加里波的" 照片,與該書書像不同;《江蘇(東京)》1903 年第 6 期刊有 "伊太利建國三杰,加里波的" 照片,與《新民叢報》所載相同,與該書書像不同;《圖畫日報》1909 年第 86 期刊有《世界名人歷史畫,瑪志尼與加里波的之建設新羅馬》;《圖畫日報》1909 年第 99 期 "世界名人歷史畫" 欄刊有 "加里波的耶里阿格蘭之勇";《世界畫報》1909—1910 年 "世界名人歷史畫" 欄刊有加里波第繪畫傳記連載。
② "割隸法國之尼斯",1792 年普魯士和奧地利入侵法國失敗後,法軍乘勝追擊,相繼占領萊茵河西岸和比利時。同年 9 月底,法國南方軍團占領薩伏依、尼斯等地。1796 年 4 月,拿破侖打敗奧地利和撒丁(意大利統一前唯一獨立的君主立憲的王國)聯軍,迫使撒丁與之簽訂停戰協定,將尼斯和薩伏依割給法國。
③ "僚格朗",即南里約格朗德,巴西南部一個州。1835 年 9 月,該州爆發反對巴西中央政府的武裝起義,加里波第參與此次起義。
④ "莽台維提",即蒙特維多,烏拉圭首都。加里波第 1841 年離開巴西到烏拉圭,率領意大利軍團爲烏拉圭獨立戰爭而戰。
⑤ "昔西利",即西西里。
⑥ "那浦爾斯",即那不勒斯。
⑦ "夷傷","夷",通"痍","夷傷",即創傷。

難悉數。蓋皋氏質直尚氣。一言不合。遂解甲歸其島居。（皋氏中年後常居地中海之恰貝拉島[①]。其後即歿于其地。）俟有可以助國難者復出。其對人。尚俠勇。不惟少年時即助南美力戰。其晚年。因普法交鬨。又助法人敗普軍。亦却其酬報。其治生則賴自力。不貴官禄。故晚年曾因議會提議酬金。却五十萬金之賞賚。及四萬金之年俸。方其治兵中。因不合而退隱。遂商于紐約。以給衣食。其時且曾來中國。皋氏之思想。重自由。愛祖國。尚共和。有記述若干卷。皆自記其生平之事實。蓋不樂後人以戰士揣想之也。

---

① "恰貝拉島"，即卡普雷拉島（Caprera）。

格蘭斯頓①
William Gladstone.

　　格蘭斯頓英國政治家也。生千八百九年。卒千八百九十八年。二十三歲即入政界。以反對財政。及非難克利美戰爭②。驟有聲譽。至千八百六十八年。建進步黨内閣。格氏爲首相。主張愛爾蘭國教分離。及變革小學教育等。歷七年。保守黨代興。又五年。進步黨復得勢。格氏重爲首相。改革選舉法。而愛爾蘭自治問題。及農會風潮。皆起于其時。未及有所爲。適因脱蘭斯發爾③及埃及等之外務失機宜。民望頓減。進步黨内閣又倒。後于千八百八十六及九十二年。復兩爲首相。最後彼所提議之愛爾蘭自治案。已爲下院通過。卒格于上院。未幾。格氏遂永離政界。格氏于文學哲學。亦有聲。其制行嚴而用心寬遠。實能保衛自由者也。

---

① "格蘭斯頓"，即威廉·尤爾特·格萊斯頓（William Ewart Gladstone，1809—1898）。清末又譯作"哥拉兹敦"。這一時期報刊關於他的介紹主要有：《教會新報》1873 年第 219—220 期刊有《中外政事近聞，英相哥拉兹敦傳》；《畫圖新報》1891 年第 12 卷第 3 期刊有 "英相格拉斯頓公小影" 畫像，與該書照片不同；《新民叢報》1902 年第 2 期刊有 "英國前首相格蘭斯頓" 照片，與該書照片不同；《敝帚千金》1905 年第 9 期有《俾斯麥格蘭斯頓》；《大同報（上海）》1910 年第 14 卷第 11 期刊有《英故相格蘭斯頓任事之覺心》。
② "克利美戰爭"，疑即 Crimean War，今譯爲 "克里米亞戰爭"，俄國與英國、法國、土耳其争奪近東地區的戰爭。
③ "脱蘭斯發爾"，德蘭士瓦共和國，即南非共和國，1852 年建立統一國家，1877 年被英國占領，1881 年恢復獨立。

林肯①
Abraham Lincoln.

　　林肯美國舊總統。政治家及慈善家也。生千八百九年。卒千八百六十五年。其父爲老農。故林氏幼失學。年十九。爲船傭。得十金之月俸。乃能以暇時購讀法律書。大有所得。久之竟爲律師。旋舉爲議員。遂入政治社會。其論鋒甚銳。當者辟易。因之大負民望。林氏提議放釋黑奴。傳播其說。至爲盡力。聯邦之北境。皆受其化。惟南人主張蓄奴。及千八百五十九年林氏爲總統。遂開南北之戰爭。苦戰五年而後定。蓄奴之制竟革。乃戰事方罷。林氏忽爲刺客南人布斯②。在華盛頓劇塲刺死。

---

① "林肯"，即亞伯拉罕·林肯（Abraham Lincoln，1809—1865）。清末報刊關於林肯的介紹主要有：《中外大事報》1899 年第 2 期刊有《美君林肯被刺記》；《新民叢報》1902 年第 19 期刊有"美國爲國流血之二大統領（其一），林肯"畫像，與該書畫像不同；《萬國公報》1906 年第 207 期刊有"美國釋放黑奴之大總統林肯肖像"，與該書畫像不同；《憲政雜識》1906 年第 1 卷第 2 期刊有"憲政之擁護者，美國前總統林肯"照片，與該書畫像不同；《新世紀》1908 年第 40 期刊有"五十年中元首之喪其元者，美總統林肯"畫像，與該書畫像不同；《大同報（上海）》1910 年連載《林肯傳》；《大同報（上海）》1910 年第 14 卷第 5 期刊有"美國前總統林肯"畫像，與該書畫像不同。
② "布斯"，即約翰·威爾克斯·布斯（John Wilkes Booth，1838—1865），美國戲劇演員。1865 年 4 月 14 日在華盛頓劇場刺殺林肯，致使林肯身亡。

達爾文①
Charles Darwin

　　達爾文英國博物學家。今日以前。新世界最偉大之人物也。生千八百九年。卒千八百八十二年。其父爲當時名醫。達氏幼時。資禀如常兒。稍長。喜聚動植物標本。及爲化學試驗。中學畢業。乃至蘇格蘭都城藹丁堡大學②習醫。第③此科非其所好。後入英倫圜橋大學。酷嗜地質學諸科。既乃爲環球之游。自有此行。達氏立志拔脱耶教之誕妄。乃殫心著述。以故。多致世人之譏。衆議沸騰。達氏乃與其婦。退隱于距倫敦不遠之鄉間數十年。而絕大之著作。名"種源"④者。即成于此時。蓋彼集億兆之精確攷證。推求審察。始得生物進化學之定理。謂"動植物皆由遞變而成。

---

① "達爾文"，即查爾斯·羅伯特·達爾文（Charles Robert Darwin，1809—1882）。清末關於達爾文的介紹頗多，較早介紹《物種起源》一書的是《申報》，時間爲清同治十二年（1873）閏六月二十九日，將達爾文譯爲"大蘊"，《物種起源》譯爲"人本"。清末報刊關於他的介紹及畫像主要有：《經濟叢編》1902 年第 5 期刊有《天演學初祖達爾文學説》；《新民叢報》1902 年第 3 期刊有梁啓超《天演學初祖達爾文之學説及其傳略》；《新民叢報》1902 年第 6 期刊有"英國碩儒遺像（其一），達爾文"，與該書照片不同；《政藝通報》1902 年第 7 期刊有《泰西近世博物學大家天演學初祖達爾文學説附書後》；《新民叢報》1903 年刊有馬君武譯《達爾文天擇論、達爾文競論》；《世界》1907 年第 1 期刊有《進化學説，達爾文，達氏行略》；《世界》1907 年第 1 期刊有"世界真理之科學，進化學説，達爾文（Charles Darwin）"照片，與該書照片相同；《滬報畫刊》1908 年第 7 卷第 19 期刊有《達爾文傳略（附圖）》，畫像與該書照片基本相同。
② "藹丁堡大學"，即愛丁堡大學。
③ "第"，有誤，應爲"但"。
④ "種源"，即《物種起源》。

文爾達
Charles Darwin

達爾文英國博物學家今日以前新世界最偉大之人物也生千八百九十二年其父爲當時名醫達氏幼時賚意如常兒稍長更爲聚動植物標本及爲化學試驗中學畢業乃至蘇格蘭都城愛丁堡大學習醫第此科非其所好後入英倫劍橋大學酷嗜地質學諸科氏乃游環球之游自有此行達讀沸腦德干距倫敦不遠之鄉間聞教十年而婦退隱臥疾及其故多致世人之著以妄乃難心著述以質學緒科氏爲環

繩大之著作名『種源』者即成于此時姦彼集億兔之精雜生物進化學之定理謂『動物皆出進變而成來自唯一根源』由是宗教之舊說蒙之昔日對于此問題建千距倫敦之一切地質學化學動植物學家由稱源一書窺見達學要旨者無不傾服故有人讚一爲達爾文時代十九世紀後半期常名。

《近世界六十名人》中的達爾文

來自唯一根源”。由是宗教之舊説盡革。而世界之真理以著。昔日。對于此問題之聚訟者。皆爲達氏以真理勝之。一切地質學化學動植物學家。由種源一書。窺見達學要旨者。無不傾服。故有人謂“十九世紀後期。當名爲達爾文時代”。

嘉富爾①
Camillo di Cavour.

　　嘉富爾伊國政治家也。生千八百十年。卒千八百六十一年。幼入陸軍校。十八歲卒業。爲士官。千八百三十一年辭職。耕讀于鄉里。又赴英法諸國旅行。思想大進。發刊報章。一時頗蒙其影響。千八百五十年。由議會代表員。任農商大臣。明年兼度支大臣②。經畫歲出入甚精善。嘉氏主張自由貿易。爲反對者所持。去職。後又被命爲首相。盡瘁國務。以迄于死。嘉氏建國維新之功。不勝縷書。記其犖犖大旨。則其對內。尊重國民個人之自由。痛抑宗教專橫之特權。對外則能禦外侮。固邦交。

---

① "嘉富爾"，即卡米洛·本索·加富爾。清末又譯作"加富兒"。這一時期報刊關於他的介紹主要有：《新民叢報》1902 年連載《意大利建國三杰傳》；《新民叢報》1902 年第 9 期刊有"意大利建國三杰，宰相加富爾伯爵"照片，與該書照片不同；《江蘇（東京）》1903 年第 6 期刊有"伊太利建國三杰，加富兒"，照片與該書不同；《振群叢報》1907 年第 2 期刊有《加富爾事略》；《國報》1908 年第 1 期刊有"意大利中興者加富爾"照片，與該書照片不同；《圖畫日報》1909—1910 年"世界名人歷史畫"連載有加富爾畫傳。
② "度支大臣"，即財政大臣。

裴乃德①
Claude Bernard.

裴乃德法國生理學家也。生千八百十三年。卒千八百七十八年。初爲文學。後習醫。卒乃講生理學。發明極富。如發明消食器②與胃汁之生理。腦關之生理等。皆極重要。故人目裴氏爲生理學界之健將。且爲之説曰。"裴乃德之名詞。非僅一生理學家。即謂爲生理學可也。"就哲理觀之。裴氏之功尤偉。裴氏乃主"因應一定"之説。（謂無無因之應）彼又常謂。"生命之作用。各有專司。而結果皆屬化學的。"此專與宗教家挑戰者也。著作甚閎富。不勝枚舉。皆關生理學者。

---

① "裴乃德"，即克洛德・貝爾納（Claude Bernard，1813—1878）。
② "消食器"，即消化器官。

巴古甯①
Alexandre Bakounine.

巴古甯俄國哲學家著述家及無政府家也。生千八百十四年。卒千八百七十六年。弱冠學于俄京兵學校。既得業。任士官。非其所好。遂赴德國游學。留柏林久。哲理大進。既復往來巴黎。曾以其間歸國。覩政府之專橫益甚。不能久居。遂重去巴黎。發刊報紙。嗣因演説詞詆毀俄政府太劇烈。爲法所逐。從此主張社會主義益堅。因到處鼓吹革命。屢見囚于德奧。偶返國。被拘。流西伯利亞。乃間關②走日本。道美洲。遁至英倫。居未久。又去瑞士。巴氏初與馬格斯③爲同黨。既而不滿意于馬氏之政府社會主義。卒至主張平等級。共財産。廢法律。創爲無政府黨。遂與馬氏各分派別。而有名之荷蘭安土潭社會黨大會④。即巴馬分黨之大記念會也。

---

① "巴古甯",即米哈伊爾·亞歷山大羅維奇·巴枯寧（Михаил Александрович Бакунин，1814—1876）。清末報刊關於巴枯寧的介紹主要有：《民報》1906 年第 3 期刊有 "巴枯寧（無政府黨首創者）" 照片，與該書照片不同；《新世紀》1907 年第 9 期刊有 "巴枯寧學説（附照片）"，與該書照片相同；《民報》1907 年第 16 期刊有《巴枯寧傳》；《競業旬報》1908 年第 18 期刊有 "巴古甯" 照片，與該書照片相同。
② "間關",指道路艱難。
③ "馬格斯",即卡爾·馬克思（Karl Marx，1818—1883）。
④ "荷蘭安土潭社會黨大會",即第一國際 1872 年在荷蘭海牙召開的代表大會。

巴 古 甯
Alexandre Bakounine.

巴古甯俄國哲學家著述家及無政府家也生于千八百十四年卒于千八百七十六年弱冠留學于俄京兵學校既得業任士官非其所好遂赴德國游學留柏林久哲理大進旣復往來巴黎曾以其間歸國視政府之專橫益甚不能久居遂重去巴黎發刊報紙嗣因演說詞訛毀俄政府太劇烈乃爲法所逐從此主張社會主義益堅因到處鼓吹革命屢見囚于德奧偶返國被拘流西伯利亞乃間關走日本道美洲遙至英倫居未久又去瑞士巴氏初與馬格斯爲同黨旣而不滿意于馬氏之政府黨遂與馬氏各分派別而有名之荷蘭安土潭社會大會卽巴馬分黨之大紀念會也主張法律創爲無政府廢共財產階級不等社會主義卒至

《近世界六十名人》中的巴枯甯

畢斯麥①
Othon Von Bismark.

　　畢斯麥德國政治學家也。生千八百十五年。卒千八百九十八年。年三十餘。始入政界。被選爲普國國會議員。爲專制貴族黨中之健將。旋置身于外交界。力持反對奧國。嗣是爲駐俄及駐法公使。皆露頭角。至千八百六十三年。即一躍而爲外部大臣②。兼首相之職。其明年。次第與丹奧開釁。論者謂千八百六十六年與奧國議和之政策。爲畢氏建設德意志聯邦。經營最勞苦者。較之千八百七十年普法之戰役。倍耗其神慮也。是役雖未能使統一之帝國。即時出現。然罕諾浮③海斯④諸邦。皆附庸于普。實爲後來統一之張本。迨千七百七十一年。直抵巴黎。痛飲于法舊王宮所在之萬歲邑⑤。乃手德意志國之帝冕。加于普王之首。畢氏一生之願力全達。自是厥後。其外交上與奧伊俄英之交涉。亦多可記。至今王威廉第二⑥即位。老猾頗受惡少之欺弄。故晚年不與朝事。意頗鬱鬱。當畢氏之少年。

---

① “畢斯麥”，即奧托·馮·俾斯麥。俾斯麥在清末又譯爲“卑斯麥”“俾斯麥克”“畢士馬克”。這一時期報刊關於他的介紹主要有：《萬國公報》1875 年第 318 期刊有《大德國事，首相畢士馬辭職》；《萬國公報》1877 年第 454 期刊有《畢士馬論俄取土國京城事》；《清議報》1899 年第 6 期刊有《畢斯麥公自著傳》。
② “外部大臣”，即外交大臣。
③ “罕諾浮”，即漢諾威（Hanover）。
④ “海斯”，即黑森（Hesse）。
⑤ “萬歲邑”，即凡爾賽宮。
⑥ “威廉第二”，即威廉二世（William Ⅱ，1859—1941），德意志帝國末代皇帝（1888—1918）。

普國正疊受法奧之侵陵。常懷報復。故發憤爲雄。以求自振。乃摧強國而懲創之。意猶未足。轉以鐵血主義。開今王武暴之野心。代拿破倫梅特業之徒。而爲世界和平之戎首。是正所謂武人爲于大君。留至道之世之慭德者也。

馬格斯①
Karl Marx.

　　馬格斯德國社會學家及法學家也。生千八百十八年。卒千八百八十三年。法國千八百四十八年革命。馬氏與聞其事。後之倫敦。從事著述。千八百六十四年。立"萬國工人會"②。其最著之著作。則爲"產業"③。今各國主張國家社會主義。以運動選舉爲作用。純然立于一政黨地位者。馬氏即爲其元祖。如英法德等議會。皆有社會黨。皆宗馬學者也。

---

① "馬格斯"，即卡爾·馬克思。清末對馬克思及其學說的介紹，學界公認最早的是 1899 年 2 月《萬國公報》第 121 卷上刊載的李提摩太譯、蔡爾康撰文的《大同學》第一章。此後，梁啓超在《新民叢報》1902 年連載的《進化論革命者頡德之學說》一文中说，"今之德國，有最占勢力之二大思想，一曰，麥喀士之社會主義"，"麥喀士"即馬克思。
② "萬國工人會"，即國際工人協會，又稱第一國際。
③ "產業"，即《資本論》。

斯 格 馬
Karl Marx.

宗馬學者也。
有社會黨皆
德等議會皆
元祖如英法
馬氏卽爲其
政黨地位者
純然立于一
選舉爲作用
主義以運動
張國家社會
則爲『產業
最著之著作
一令各國主
年立『萬國
八百六十四
事後之倫敦
從事著述千
馬氏與聞其
十八年革命
國千八百四
八十三年法
年卒千八百
千八百十八
法學家也生
社會學家及
馬格斯德國

《近世界六十名人》中的馬克思

斯賓塞①
Herbert Spencer.

　　斯賓塞英國哲學家社會學家也。（社會學或譯羣學。）生千八百二十年。卒千九百年。幼習建築學。曾爲建築學報記者。年二十九。遂舍建築師之業。研究理財學。成"社會平均"②一書。自是專力于哲學。晚年遊美洲歸。乃被推爲道德學及政治學大博士會會員③。辭不就。斯氏著述閎富。如"心理學大義"④。"玄理"⑤。"生物學學理"⑥。"羣學肄言"⑦。

---

① "斯賓塞"，即赫伯特·斯賓塞（Herbert Spencer，1820—1903）。清末對斯賓塞及其學説的介紹，最重要的是嚴復翻譯的《社會學研究》，譯名爲《群學肄言》。嚴復於 1897 年翻譯該書前兩篇，刊載於《國聞彙編》，又載於《國聞報》，1903 年全稿由上海文明編譯書局出版。此外，1900 年《萬國公報》連載了斯賓塞的《自由篇》的譯文。清末報刊關於斯賓塞的介紹及其畫像很多，主要有：《昌言報》1898 年連載《斯賓塞爾文集》；《新民叢報》1902 年第 6 期"英説儒遺像（其二）斯賓塞"照片，與該書照片不同；《新民叢報》1903 年第 38—39 期刊載《大哲斯賓塞略傳》；《新民叢報》1903 年第 38—39 期"英國哲學大家斯賓塞（Herbert Spencer）"照片，與該書照片不同；《湖北學報》1903 年第 1 卷第 6 期刊有《現今歐美教育家百杰傳，第八、斯賓塞爾》；《北洋官報》1903 年第 184—185 期刊有《斯賓塞傳略》；《浙江潮（東京）》1903 年第 9 期刊有《斯賓塞快樂派倫理學説》；《萬國公報》1904 年第 181 期刊有"英國大哲學家斯賓塞"畫像，與該書照片基本相同；《教育世界》1904 年第 79 期刊有"英國哲學大家斯賓塞"照片，與該書照片不同；《教育世界》1904 年第 79 期刊有《近代英國哲學大家斯賓塞傳》；《萬國公報》1907 年第 217 期刊有《斯賓塞之晚年定論》；《教育雜誌》1911 年第 3 卷第 7 期刊有《斯賓塞語録》。
② "社會平均"，即《社會静力學》（*Social Statics*）。
③ "道德學及政治學大博士會會員"，即法蘭西學院下屬的道德與政治學院（Académie des sciences morales et politiques）院士。
④ "心理學大義"，即《心理學原理》（*Principles of Psychology*）。
⑤ "玄理"，疑即《綜合哲學體系》（*A System of Synthetic Philosophy*），斯賓塞學術著作的結集，《馬藏》第一部第一卷所收《大同學》中將其譯爲《萬理合貫》。
⑥ "生物學學理"，即《生物學原理》（*Principles of Biology*）。
⑦ "羣學肄言"，即《社會學研究》（*Study of Sociology*）。

"公道"①。等。爲其最著者。斯氏以爲"凡世界中之所謂學。多資實驗。故實驗爲擴充學與識之初步"。又云"思想乃由知慮所積蓄而發生。本性則從遺傳而得。信道之觀念。乃堅定不移之良心所畀也"。又云"道德即羣學之一端。個人之道德。爲社會全體道德之所感合而成。人羣即生物之一部分。進化退化之行之于人羣。猶其行之于生物間也"。又斯氏哲學規則。皆本博愛之義而定。凡一切自利主義。莫能兩存。其詳見所著"第一大義"②。其書屢經重刊。

---

① "公道"，即《道德原理》（*Principles of Ethics*）。
② "第一大義"，即《第一原理》（*First Principles*）。

南沁甘①
Florence Nightingale.

　　南沁甘英國女慈善家也。生千八百二十年。幼時戲嬉。即好取偶人作臥病狀。假設爲之醫治。長不適人。遂習醫學。及外科手術。且專從事看護科。方是時英國尚無適當之看護學科。南氏乃赴德國之凱撒斯衛城②。肄習半年。又去巴黎。留一女脩真看護院③。盡得其條理。其後發刊看護箴言。謂看護中之最要者。爲鮮空氣、明潔之陽光、和煖、乾净、及蕭靜。從巴黎歸。欲于英京建一看護會之團體。以費絀僅具規模。逮千八百五十四年。英法聯軍攻俄。戰于黑海邊之克立曼④。英軍傷士之慘狀。日聞于國中。南氏遂與三十有七人之同黨。半爲女界之願盡義務者。半爲向習看護術者。同去黑海軍中。看護傷兵。南氏日夜劬瘁。全活以萬計。最後南氏自罹劇疾。衆勸暫歸。南氏却之。病愈。盡心看護如初。明年戰役既罷。南氏回倫敦。歡迎者空巷。遂集布施金。建設軍醫講習院。及軍用

① "南沁甘"，即弗羅倫斯·南丁格爾（Florence Nightingale，1820—1910）。在清末又譯爲"南的辯爾""奈挺格爾""那伊丁格爾""奈丁格爾"，這一時期報刊關於她的介紹主要有：《大陸》報 1903 年第 4 期刊有《那伊丁格爾女史傳》；《鷺江報》1904 年第 67—69 期刊有《那伊丁格爾女史傳》；《女子世界》（1904 年上海創刊）1904 年第 5 期刊有《軍陣看護婦南的辯爾傳》；《中國新女界雜誌》1907 年第 1—2 期刊有《創設萬國紅十字看護婦隊者奈挺格爾夫人》，第 1 期附畫像，與該書照片相似；《民立畫報》1911 年 2 月刊有"世界第一女慈善家奈丁格爾女史像"，與該書照片不同。
② "凱撒斯衛城"，即凱撒沃兹。
③ "女脩真看護院"，修女會慈善醫院。
④ "克立曼"，即克里米亞，此處指克里米亞戰争。

《近世界六十名人》中的南丁格爾

看護會。自克立曼之戰。南氏創軍前看護之法。其後凡有戰役。即仿此法。南氏常參與。至千八百六十四年。萬國紅十字會[1]。因之成立。傷士始不至委化若蜂蟻。雖去大同止殺之前途尚遠。然已開崇尚人道之先聲。南氏洵偉人也。

---

[1]　"萬國紅十字會"，即國際紅十字會。

巴斯德①
Louis Pasteur.

　　巴斯德法國化學家、黴菌學②之開山元祖也。生千八百二十二年。卒千八百九十五年。巴氏法東境佛藍希岡臺省③人。其父爲製革商。巴氏初習化學。即得當時有名化學家屠茅④氏爲之指授。巴氏舉理化學博士。爲巴黎大學教授。其發明甚多。而全世界知名。且有益于人道與科學者。則爲微生物學。亦云黴菌學者是也。彼最先則勇于試驗。揣想流質中有微小生物。孳乳其間。故糖汁可變爲酒。既乃因之考驗乳質與酒質之發酵。遂發明發酵之理。從而乃斷定發酵爲特別生物所致。其物即名誘發生物。次乃辨論此生物之發生于自然與否。次又因考證發酵。而得存養微生物之法。次乃證明若肉汁之內。不含微生物之卵。則不發酵。由是而得空氣含有微生物之確證。次乃有除滅微生物之法。即物料保存之法也。次復研究

---

① "巴斯德"，即路易斯·巴斯德（Louis Pasteur，1822—1895）。巴斯德在清末又譯作"巴斯德爾""怕司土耳"。這一時期報刊關於他的介紹主要有：《世界》1907年第2期刊有"世界真理之科學，微生物學，巴斯德（Louis Pasteur）"照片，與該書照片不同，同期有《世界真理之科學，微生物學，巴斯德行略》；《大同報（上海）》1908年第9卷第23期刊有《怕司土耳之化學》；《少年（上海1911）》1911年第5期刊有《微生物發明家，巴斯德傳》，所附畫像與該書照片相同；《真道期刊》1911年第2卷刊有"巴斯德爾"畫像，與該書照片不同。
② "黴菌學"，即細菌學。
③ "佛藍希岡臺省"，即弗朗什–孔泰（France-Conté）。
④ "屠茅"，即讓–巴蒂斯特·安德烈·杜馬（Jean-Baptiste André Dumas，1800—1884），法國化學家。

疾病之微生物。首得蠶病與治療之法。次又研究牲畜之傳染病。次乃得種痘之新法。于是醫學因之有微生物之避免法。巴氏不習醫。而爲治療新法之導師。不出試驗所。而爲農界之良匠。故合全法之人。投票公定十九世紀之偉大人物。巴氏首選。拿破倫次之。

濮皋[①]
Paul Broca.

濮皋法國外科醫學家也。生千八百二十四年。卒千八百八十年。爲大學外科教授。並爲人學[②]實驗所長。及人學校教員。生平著述。關乎人學之書若[③]報。甚富。輯爲五大編。名之曰“人學記”[④]。人學者。關係于人身之科學。所研求者。解剖的人學。風俗的人學。古史的人學。語學的人學。生物學的人學。各種人之病理比較。人學獨立爲一科。本未甚久。賴各種科學之發明。及達學[⑤]（即進化學）之發明。人學乃興。千八百六十四年。濮氏設人學會[⑥]。得會員五百餘。此人學初盛之一記念史也。

---

① “濮皋”，即皮埃爾・保羅・布羅卡（Pierre Paul Broca，1824—1880）。
② “人學”，即人類學。
③ “若”，與，和。
④ “人學記”，今譯爲《人類學研究》。
⑤ “達學”，即達爾文學説。
⑥ “濮氏設人學會”，根據《不列顛百科全書》，1859 年布羅卡在巴黎發起召開第一屆人類學會議，建立巴黎人類學學會。

赫胥黎①
Thomas Huxley.

　　赫胥黎英國生物學家也。生千八百二十五年。卒千八百九十五年。當千八百四十六年。年二十一。甫在倫敦大學授學位。即往太平洋一帶。爲科學上之研究。至千八百五十年十一月。乃歸。即在國中教授博物學。繼乃爲大學生物學科及解剖學科之教授。赫氏學説中。主張達學甚力。其著作甚閎富。其最要之一種。則曰"人于世間之位置"②。

---

① "赫胥黎"，即托馬斯·亨利·赫胥黎（Thomas Henry Huxley，1825—1895）。赫胥黎的學説在清末思想界的影響很大，主要是通過嚴復翻譯的《天演論》，也就是赫胥黎的演講集《進化論與倫理學》。清末報刊關於他的介紹及畫像主要有：《新民叢報》1902 年第 6 期刊有"英國碩儒遺像（其二），赫胥黎"畫像，與該書照片不同；《蒙學報》1903 年第 1 期刊有《教育之祝辭（譯赫胥黎文集原學第十章）》；《大同報（上海）》1908 年第 10 卷第 21 期刊有《赫胥黎天演論物競之説辯》；《奮興》1909 年第 2 卷第 19 期刊有《赫胥黎學説辨》。
② "人在世間之位置"，即"人類在自然界的位置"（Man's Place in Nature）。

裴在輅[①]
Pierre Berthelot.

　　裴在輅法國化學家也。生千八百二十七年。卒千九百七年。最初爲“法蘭西學校”[②]試驗所處理員。舉博士。更任該校及“藥品學校”[③]教授。後舉大博士會會員。兼書記。裴氏于化學。發明極富。最要者。爲“化學之熱力”。如兩質相合。必生熱力。熱力之本位爲一“熱力”。一熱力即能使一“基羅格朗”[④]之水。得一度之熱力。如輕二養一[⑤]。合而爲水。若爲滊質之水。有五十八“熱力”。爲流質之水。則六十九“熱力”也。復竭力研究生物所含質料。及以單質合爲生物之質料。皆能爲新生物學界引其端緒。其著述之有大名者。若“有機質料之化合”[⑥]。“化學之熱力”[⑦]。“化學化合”。“炸藥”。“科學與哲學”。等是也。

---

① “裴在輅”，即皮埃爾・歐仁・馬塞蘭・貝特洛（Pierre Engène Marcelin Berthelot，1827—1907）。法國政治家、化學家。
② “法蘭西學校”，疑即法蘭西學院。
③ “藥品學校”，即巴黎藥學院。
④ “基羅格朗”，即 kilogram 的音譯，意爲千克。
⑤ “輕二養一”，即氫二氧一。
⑥ “有機質料之化合”，即法文著作《合成有機化學》（*Chimie organique fondee surla synthese*）。
⑦ “化學之熱力”，即法文著作《熱化學》（*Thermochimie*）。

陶斯道①
Léon Tolstoï ②.

　　陶斯道俄國社會黨大小説家也。生千八百二十八年。其母爲俄公主。
三歲喪母。十許歲喪父。自少喜讀伏爾德盧騷諸家之書。故于卒業大學以
後。即以改良社會自任。然未有所作爲。旋于役于軍隊。爲士官。數年辭
職。久滯森彼得堡③。三十歲時。遂歷歐西諸國。如法蘭西、伊大利、瑞
士等。暫歸其故居木司科。又出遊德意志諸國。所在與社會黨如浦魯東④
諸人相接。自是遂歸隱于家鄉。兼農作與著述。彼所爲小説。于改良風
俗。傳達社會主義。一時爲之風靡。各國爭相傳譯而貴重之。

---

① "陶斯道"，即列夫·尼古拉耶維奇·托爾斯泰（Лев Николаевич Толстой，1828—1910）。在清
末托爾斯泰又譯作"托爾斯多"。1903 年，單士厘女士撰有《癸卯旅行記》，其中稱"托爲俄
國大名小説家，名震歐美"。1906 年《萬國公報》曾發表托爾斯泰的小説譯文，後於 1907 年
結集爲《托氏宗教小説》出版。清末報刊關於托爾斯泰的介紹主要有：《新小説》1902 年第 1
卷第 1 期刊有"俄國大小説家托爾斯泰像"，與該書照片不同；《新民叢報》1903 年第 36 期刊
有《托爾斯泰伯之論人法》；《萬國公報》1904 年第 190 期刊有《托爾斯泰略傳及其思想》；
《青年（上海）》1910 年第 12 卷第 10 期刊有《豪杰鬚眉，托爾斯泰伯之生涯》；《青年（上
海）》1911 年第 14 卷第 4 期刊有《托爾斯泰軼事》；《教育雜誌》1911 年第 3 卷第 5 期刊有
《俄大文豪托爾斯泰小傳》；《教育雜誌》1911 年第 3 卷第 1 期刊有"俄大文豪托爾斯泰之
像"，與該書照片相同；《青年（上海）》1911 年第 14 卷第 10 期刊有《與托爾斯泰一席宗教
談》；《東方雜誌》1911 年第 1 期刊有"俄國大文豪托爾斯泰伯爵與中國某君書（附照片）"，
照片與該書相同。
② "Léon Tolstoï"，托爾斯泰名字的法文，英文爲 Lev Nikolayevich Tolstoy。
③ "森彼得堡"，即聖彼得堡。
④ "浦魯東"，即皮埃爾–約瑟夫·蒲魯東（Pierre-Joseph Proudhon，1809—1865）。

盧月①
Clémence Royer.

　　盧月法國女經濟學家也。生千八百三十年。卒千九百二年。幼時常在他國游學。好學能詩。兼通英國文學。其研求博物學。及哲學。皆在瑞士。千八百五十九年。年三十。即在瑞士南境之盧山城②。爲女子論理學科及哲學科之教授。更爲一有名經濟學報③之記者。盧氏在歐西。卓然爲十九世紀女學界名家。雖近年學風興盛。海内女學士接迹。而盧氏實爲前輩之鉅子。其著述則有"論税"④。"道德公例"。"哲學小説"。"地球之組織"。（言博物學哲理。）"天史"⑤。（言天文。）皆爲名儒所重。

---

① "盧月"，即克萊門斯·羅耶（Clémence Royer，1830—1902）。
② "盧山城"，即瑞士洛桑（Lausanne）。
③ "有名經濟學報"，即法文著作《新經濟學家》（Le Nouvel Économiste）。
④ "論税"，當爲法文著作《賦税論或什一税社會》（Théorie de l'impôt，ou La dîme sociale）。
⑤ "天史"，即法文著作《天空的歷史》（Histoire du ciel）。

邵可侣①
Elisé Reclus.

邵可侣法之輿地家及著述家也。生千八百三十年。卒千九百五年。邵氏年二十一。出遊英美。歷六年歸國。遂從事輿地之學。兼游心著述。卒爲地理學界之鉅子。千八百七十一年。因與聞"公民"②之舉。議遣戍。學界爭而免。邵氏出游瑞士伊大利。所在助無政府黨。作革命報。其友柯伯堅③。獄于里昂。邵氏取其所著論説。編爲一書。名之曰"一革命者之言"④。從此遂爲"革命黨"及"新時代"兩大報社之扶持者。而極盡力于無政府共産主義也。其著作甚閎富。最著名者。于科學則有"地"。"世界新地學"⑤。"人與地"⑥。（述科學與哲學。）于社會有"進化與革命"。"無政府哲理"。其餘普通傳誦之小籍。尚有若干種。

---

① "邵可侣"，即埃利澤·雷克吕斯（Élisée Reclus，1830—1905）。
② "公民"，指 1871 年巴黎公社革命。
③ "柯伯堅"，指彼得·阿列克謝耶維奇·克魯泡特金。
④ "一革命者之言"，即法文著作《一個反抗者的話》（Paroles d'un revolte）。
⑤ "世界新地學"，即法文著作《新地理》（Nouvelle Géographie）。
⑥ "人與地"，即法文著作《人類與大地》（L' homme et la terre fre）。

邵可侣
Elisée Reclus.

邵可侣法之奧地家及著述家世生千八百三十年卒千九百五年邵氏年二十一出遊英美應六年歸國遂從事奧地之學兼游心著述萃爲地理學界之鉅子千八百七十一年因與聞公民之黨議造成學界爭而冤邵氏出游瑞士伊大利所在助無政府黨作革命報其友柯侶堅獄中里昂邵氏取其所政府叢作革命盡力于無政府共產主義性其著作其圖富最著名者千科學則有地『世界新地學』『人與地』(遠科學與哲學)千社會『無政府哲理』其餘普通傳誦之小遠尙有若千種。新時代』兩大報社之扶持奏而極爲『革命黨』及『名之曰『二革命者之言』從此遂

郝智爾①
Ernest Haeckel.

郝智爾德國博物學家也。生千八百三十四年。今爲德國南境協南大學②之動物學教授。少年時其父使習醫。非其所好。久乃習博物學。卒成爲名家。郝氏于近世進化之學。卓然與達爾文齊名。且有前賢畏後生之勢。彼自云"深信達爾文生物進化學說。較達氏尤篤"。蓋郝氏之生物哲理。全本于試驗。盡四十餘年之力。考據精詳。彼于博物學界之權力偉大。不獨具科學新思想。而熱誠之感人者尤深。其著作至閎富。如"進化學講義"。"宇宙之理"③等。尤推爲學界名作。

---

① "郝智爾",即恩斯特·海克爾。清末報刊關於海克爾的介紹還有一例:《世界》1907年第1期刊有《世界真理之科學,進化學說,郝智爾,郝氏行略》,所附照片與該書所載相同。該書出版時,他還在世。
② "協南大學",即耶拿大學(University of Jena)。
③ "宇宙之理",即德文著作《宇宙之謎》(*Die welträtsel*)。

南達①
Alfred Naquet.

　　南達法國理化學家醫學家及政治家也。生千八百三十四年。二十五歲即舉醫學博士。自是更致力于化學。二十九歲。即爲巴黎大學化學教授。又曾爲伊大利大學化學教授。當拿破倫第三專制時代。南氏曾因著作"宗教產業家庭"②一書。及他事。觸時忌。累受捕罰。及千八百七十一年。共和政府成立。南氏被舉爲下議院議紳③。居左黨。千八百七十六年。提議女子離婚案。未通過。後二年。南氏更爲上議院代表員④。遂于千八百八十四年。定女子離婚之例。法國故俗。夫得出妻。妻不得離夫。女子能有正式離婚之權利。賴南氏力。故時人稱南氏爲"離婚之父"云。南氏晚年。著作益勤。故所著之書。至爲閎富。最有大名者。如"毒物化學分解"⑤。"同異性質之單質與合質"⑥。"化學提要"。"物質原子"。"離婚"⑦。"憲政問題"。"新羣學"。"未來時代"⑧。"人道與祖國"⑨等。皆

---

① "南達"，即阿爾弗雷德・納凱（Alfred Naquet，1834—1916），亦譯爲阿爾弗雷德・納蓋，法國化學家、醫學家和政治家。該書出版時，他還在世。
② "宗教產業家庭"，即法文著作《宗教、財產、家庭》（*Religion，propriete，famille*）。
③ "議紳"，當爲議員。
④ "代表員"，疑即議員。
⑤ "毒物化學分解"，即法文著作《毒理學分析化學》（*Application de l'analyse chimique a toxicologic*）。
⑥ "同異性質之單質與合質"，不詳。
⑦ "離婚"，即法文著作《離婚》（*Le divorce*）。
⑧ "未來時代"，即《臨時未來：社會主義——無政府狀態》（*Temps futurs：socialisme—anarchie*）。
⑨ "人道與祖國"，即法文著作《人類與祖國》（*L'humanité et la patrie*）。

爲學界所寶重。南氏且長于文學。其所爲關係風俗之劇曲。亦傳誦于國人。南氏以科學之名理。斷人類之大同。以爲五洲必一爲國。衆生必可平等。篤信世界進化之理者愈多。則種族觀念之消滅愈早。（約本社所刊"世界"之弁言）

梅曉若①
Louise Michel.

梅曉若法國女革命家也。生千八百三十六年。卒千九百六年。初爲小學教員。後研求社會問題。與聞"公民"革命。被逐于濠洲②。千八百八十年復歸巴黎。鼓吹無政府主義甚力。因在巴黎率衆威脅政府。禁錮二年。既出獄。勇氣不稍衰。最後至亞爾伯山③中傳道。嚴冬以寒疾卒。其著述有"新年"④。"困苦"⑤。"被侮者"⑥。"民女"。"人類之微生物"⑦。（謂毒人者。）"公民"。

---

① "梅曉若"，即路易斯·米歇爾（1836—1905）。該書所記卒年有誤。1912 年 5 月《社會世界》第 2 期刊有米歇爾的照片和"小引"，均與該書相同。
② "濠洲"，即"澳洲"。路易斯·米歇爾當時被流放新赫里多尼亞島，位於南太平洋，該島 1853 年淪爲法國殖民地。
③ "亞爾伯山"，即阿爾卑斯山，位於歐洲中南部。
④ "新年"，即法文著作《新年》（*Le Monde nouveau*）。
⑤ "困苦"，即法文著作《困苦》（*La misère*）。
⑥ "被侮者"，即法文著作《被鄙視的人》（*Les méprisées*）。
⑦ "人類之微生物"，即法文著作《人類微生物》（*Les Microbes humains*）。

若曉梅
Louise Michel.

梅曉若法國
女革命家也。
生千八百三
十六年卒千
九百六年初
爲小學教員
後研求社會
問題與聞「
公民」革命。
被逐于澳洲
千八百八十
年復歸巴黎
鼓吹無政府
主義甚力因
威脅政府禁
在巴黎率衆
獄二年飢出
衰最後至亞
爾伯山中傳
道嚴冬以寒
疾卒其著述
有『新年』
者『民女』
困苦『被侮
人類之微生
物』謂毒人
者『公民』

《近世界六十名人》中的米歇爾

龍蒲束①
Césare Lombroso②.

　　龍蒲束伊國③醫學家人學家也。生千八百三十六年。年少時。曾從事小説、詩曲、哲理、考古學、社會學等。最後則研究醫學。千八百六十二年。爲神經病科教授。創立心理學博物院。後爲教授于苗苑大學④。龍氏所著"人學"⑤。與"罪人心理學"。爲全球所知名。各國文字傳譯殆遍。對于犯罪之事。龍氏首布新理。謂"犯罪恒由于遺傳性。及神經病。而非盡自有心。犯罪之責任當大減"。蓋彼視犯罪乃病。因之一般之輿論。皆悟其説。歐洲之斷獄。迄今益趨于平恕。而龍氏爲有功。其著作。又有如"禀性與瘋狂"⑥。"犯人"⑦。"尋常人與病人"⑧。"犯罪之原因及救護"⑨。"禀特性之人"⑩。亦皆爲學界所寶貴。各國争相傳譯。

---

① "龍蒲束"，即切薩雷・龍勃羅梭。該書所記生年有誤，據《不列顛百科全書》記載，其出生時間爲 1835 年 11 月 6 日。該書出版時，他還在世。
② "Césare Lombroso"，目次作 "César Lombroso"。
③ "伊國"，即意大利。
④ "苗苑大學"，當爲意大利帕維亞大學。
⑤ "人學"，即《犯罪人：人類學、法理學和精神病學的思考》，簡稱《犯罪人論》(Criminal man)。
⑥ "禀性與瘋狂"，疑爲《天才與精神錯亂》。
⑦ "犯人"，疑爲《犯罪人論》。
⑧ "尋常人與病人"，不詳。
⑨ "犯罪之原因及救護"，今譯爲《犯罪及其原因和矯治》(Crime：Its causes and remedies)。
⑩ "禀特性之人"，疑爲《天才之人》(The Man of Genius)。

勞伯倫①
Albert de Lapparent.

　　勞伯倫法國地質學家也。生千八百三十九年。向爲地質學教授。推舉大博士會會員。所著之書。極爲精博。如"地質學"。"能燃之地質"。"海平線"。"地震"。"鐵世紀"。"古冰山"。"地殼學理"等。皆地質學界偉作。地質學乃新時代科學之一。此學之成立。略可分爲四期。由牛端、勞百宿。乃知地爲何物。由瞿惠業。乃明古代地球之更化。由雷樂②、柏孟③。乃知地層之更化無窮。于是有集諸家名言。使地質更化之系統分明。其學得以大成者。勞氏首屈一指。更有安葆④及傅格⑤。與勞氏齊名。

---

① "勞伯倫"，即阿爾貝·德·拉帕朗（Albert de Lapparent，1839—1908）。該書出版時，他還在世。
② "雷樂"，即查爾斯·萊爾（Charles Lyell，1797—1875），英國地質學家，英國皇家學會會員，地質漸變論和"將今論古"的現實主義方法的奠基人。
③ "柏孟"，即埃利·德·博蒙特（Elie de Beaumont，1798—1874），法國地質學家和礦床地質學家。
④ "安葆"，不詳。
⑤ "傅格"，不詳。

柯伯堅①
Pierre Kropotkine.

　　柯伯堅俄國著述家地理學家無政府黨也。生千八百四十二年。柯氏本俄之貴族，時人稱之曰親王柯伯堅。少時受學于俄京森彼得堡大學。既而入軍隊爲士官。于役于西伯利亞。故柯氏于西伯利亞之地理。考證最悉。久之。因波蘭之役。棄其軍籍。更從事于學問。而以地理學爲主要。旁及于諸科學。年三十。出游歐西各國。由德而之瑞士。遂舍其身于"萬國勞動社會黨"②。從此以革命鼓吹于國中。未幾。乃被捕。遁逃至英。復去瑞士。發刊"革命報。"主張無政府主義。先是。柯氏入社會黨。極贊成其主義之反對强權。顧頗歉然于無政府之名。蓋以無政府有擾亂秩序之嫌。既而乃曰。"無政府者。無强權秩序。非擾亂秩序也。"自是遂直名其學説爲無政府主義。稍久。爲瑞士所逐。乃居法境。及里昂暗殺案起。柯氏以通謀被逮。罰禁錮者五年。既出獄。遂適倫敦。英政府雖常遣警吏往偵。然遇之頗厚。

---

① "柯伯堅"，即彼得・阿列克謝耶維奇・克魯泡特金。該書出版時，他還在世。在清末克魯泡特金又被譯爲"樂波輕""苦魯巴特金"。這一時期書刊關於他的介紹及畫像主要有：鐘天瑋編輯，上海機器製造局 1882 年刊印的《西國近事彙編》卷 1，提到"俄國親王克拉霸京"；《新世紀叢書》第五種《世界七個無政府家》，愛露斯著，真民（李石曾）譯，其中有"克魯泡特金"一節；《天義報》1907 年 11 月 30 日、12 月 30 日，刊有申叔（劉師培）《苦魯巴特金學術述略》；《天義》1907 年第 3 期刊有《苦魯巴特金之特色》；《新世紀》1909 年第 87 期刊有"續俄羅斯警界之醜劇，柯伯堅"照片，與該書照片相同。
② "萬國勞動社會黨"，即國際工人協會，又稱第一國際。克魯泡特金於 1872 年在瑞士加入第一國際，屬巴枯寧派。

《近世界六十名人》中的克鲁泡特金

蘇斐雅[1]
Sophie Pérovskaïa.

　　蘇斐雅俄國女虛無黨也。生千八百五十三年。卒千八百八十一年。其家系出大彼得。世爲達官。年十七。交虛無黨[2]員某。父怒禁之。遂逃于外。研求虛無黨學説。其犧牲社會之念益堅。爲小學教師。爲看護婦。皆欲實行其鼓吹革命之力。千八百七十三年。被捕得釋。從此爲警吏所監制。後五年。又以黨案入獄。定流罪。得脱于發遣之半途。千八百七十九年。謀轟俄王于木司科。未遂。越一年。卒爲指揮員。振帕作號。轟殺俄王亞歷山大第二。蘇氏旋遭收捕。處以獧[3]首之刑。時年二十有九。

---

① “蘇斐雅”，即索菲婭·利沃芙娜·佩羅夫斯卡婭（Софья Львовна Перовская，1853—1881）。清末報刊關於索菲婭的照片還有一例：《競業旬報》1908 年第 33 期有“蘇斐雅”照片，與該書畫像同。
② “虛無黨”，即無政府黨。
③ “獧”，有誤，據文義應爲“繯”。

居梅禮①
Marie Curie.

　　居梅禮法國女物理學家也。母氏出于俄羅斯。生千八百六十七年。今方中年。卓然爲科學界一人物。居氏習物理學在巴黎大學。年二十九。與法國居博士結婚。共致力于"類電母"②之發明。類電母者。堅質不滅之光。能穿照物體。畧如"曷格司"光③。其物必將大有變異于科學界。因其光發于自然。又堅久而不滅也。以此。居氏旋被舉爲女博士。千九百六年。其夫走街上。思方深。目無所矚。爲重載壓頭死。居氏遂代爲巴黎大學類電母科之教授。以女人居大學教授之職。自居氏始。

---

① "居梅禮"，即瑪麗·居里（Marie Curie，1867—1934），亦即居里夫人。該書出版時，她還在世。清末報刊關於居里夫人的照片僅得一例，爲《世界》1907 年第 2 期《世界真理之科學，穿照物體光，居氏夫婦行略，Marie Curie（居梅禮）》所附照片，與該書照片相同。
② "類電母"，即鐳。
③ "'曷格司'光"，即 X 光。

禮梅居
Marie Curie.

居梅禮法國女
物理學家也母
氏出于俄羅斯
生于八百六十
七年今方中年
已卓然爲科學
界一人物居氏
習物理學在巴
黎大學年二十
九與法國居博
士結婚共致力
于「類電母」之
發明類電母名
堅質不滅之光
能穿照物體客
如「昆格司」光
其物必將大有
變異于科學界
因其光發于自
然又堅久而不
滅也以此居氏
旋被舉爲女博
士千九百六年
其夫走街上思
方深日無所矚
爲重載壓頭死
居氏遂代爲巴
黎大學類電母
科之教授以女
人居大學教授
之職自居氏始

《近世界六十名人》中的居里夫人

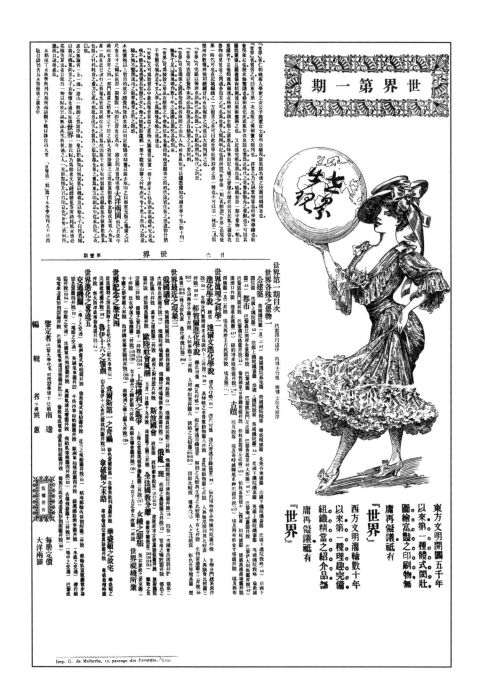

Imp. G. de Malherbe, 12, passage des Favorites, Paris.

《近世界六十名人》封底

《近世界六十名人》編者説明

鞏梅　編校

1. 底本描述

《近世界六十名人》一書，由世界社（巴黎）刊行，今據北京大學圖書館藏本録排。該書高 39 厘米，寬 29 厘米（相當於今天的 8 開本）；膠裝，右翻頁。封面爲達爾文像，畫像上方爲書名，"近世界"和"六十名人"橫排爲兩行；畫像下方印"世界社刊"四字。扉頁 1 頁，由三部分組成：主體部分爲篆書的"近世界"和"六十名人"，直排爲兩行；題名左側從上至下依次印有"版權所有""每册定價大洋兩圓肆角""世界社刊"的小字；題名下爲法文的出版信息：Publication du "MONDE"；La Gérante: Alice de SANOIT；32, passage Prévost, PARIS（世界社出版；愛麗絲 SANOIT 發行，巴黎普雷沃斯特大道 32 號）。扉頁後爲目次和序言，占 1 頁。該書正文 60 頁，均單面印刷，每頁居中是高 27.5 厘米、寬 23 厘米的名人像，大多爲畫像，少數爲照片。人像下端是繁體直排的各名人生平簡介。封底爲第一期《世界》畫報的廣告。

2. 世界社、"新世紀派"和《世界百科全書》

刊行《近世界六十名人》一書的世界社，於 1906 年在巴黎成立，主要創辦人爲中國早期無政府主義者吳稚暉（1865—1953）、張静江（1876—1950）、李石曾（1881—1973）和褚民誼（1884—1946）等人。世界社宣稱以"傳布正當人道，介紹真理之科學"爲宗旨，成立時曾得到孫中山先生、蔡元培先生的支持。李石曾後來回憶道："我組織世界社，欲其成爲立體與動作的百科全書，因而無事不舉，由出版而至於學術教育，由理論而至於應用經濟；由戲曲的舞臺而至政治社會的舞臺，無所不爲。""故世界社有改進世界之希望并非過奢。換言之，世界社者世界之試驗所，而世界社哲學亦世界哲學之試驗所"；世界社欲以其活動使"人人知世界、愛世界、行世界、成世界，亦可謂爲人與世界成爲一體，此乃世界社哲學或世界哲學最大之目的！"①世界社成立後，即籌備出版《世界》畫報。1907年6月22日，又創辦《新世紀》周刊②。至1910年5月停刊時，《新世紀》共出120號（期），以傳播蒲魯東、巴枯寧、克魯泡特金等人的無政府主義學説爲主要内容，以掃除一切政府、顛覆一切强權爲宗旨，鼓吹無政府主義的"社會革命"，頌揚暗殺，提倡"尊今薄古"，大力批判孔學。《新世紀》編輯部除編輯出版《新世紀》周刊外，還編輯出版了《新世紀叢書》③和《新世紀雜刊》④等。以世界社的創辦人和《新世紀》的主要撰稿人爲代表的無政府主義者，也被稱爲"新世紀派"。

　　世界社的經費主要由張靜江的通運公司提供，另外還有李石曾的豆腐公司等。世界社社址位於巴黎市區達盧街25號（25，Rue Dareau）。《新世紀》周刊的編輯部則設在巴黎市區侶濮街4號（4，Rue Broca），與法國無

---

① 中國國民黨中央委員會黨史委員會. 李石曾文集：上[M]. 臺北："中央文物供應社"，1980：356，373.
② 《新世紀》周刊第1號至52號爲單張4版報紙形式，自1908年6月27日第53號開始，改爲書冊形式。該刊自稱"本報"，今統稱其爲"周刊"。
③ 《新世紀叢書》原擬出版7個小冊子作爲第一集，但在印出6個小冊子（包括《革命》《思審自由》《告少年》《秩序》《世界七個無政府主義家》《無政府主義與共産主義》。其中除《革命》爲李石曾編撰外，其餘5冊均爲譯作，譯者均署名"真民"，亦即李石曾）後，因清政府查禁，被迫中斷。《新世紀叢書》的巴黎本和晦鳴本已收入《馬藏》第一部第九卷。
④ 《新世紀雜刊》共出五卷，第一卷《萍鄉革命軍與馬福益》，第二卷《中國炸裂彈與吳樾》，第三卷《上海國事犯與鄒容》，第四卷《廣東撫台衙門與史堅如》，第五卷《湖南學生與禹之謨》，編著者爲陸沈。

政府主義者讓・格拉佛所發行的機關報《新時代》（*Les Temps Nourveaux*）在同一處。世界社在巴黎成立後不久，即在上海設立分社，社址在當時號稱報館街的望平街（今山東中路，從福州路口至南京東路一段）204號，由周辛伯主持。世界社爲印刷《世界》畫報和《新世紀》周刊在巴黎所設的中文印字房，起初設立於世界社附近的健康街83號（83，Rue Santé），後來遷至里昂中法學院。

　　《世界》畫報和《近世界六十名人》曾介紹了法國狄德羅和他主編的《百科全書》，世界社的主要創辦人李石曾在宣傳無政府主義的同時，還有一個出版《世界百科全書》（*World Encyclopedia*）的宏大計劃，這也是他構建的所謂“世界哲學”的重要組成部分。1917年，曾先後就職於商務印書館和中華書局，并任中華書局副經理的沈知方（1883—1939）創立世界書局（另用名“廣文書局”“中國第一書局”），書局很快發展爲與商務印書館和中華書局并駕齊驅的民國重要出版機構。1934年，世界書局發生經濟困難。考慮到將來《世界百科全書》的出版，世界社投巨資援救世界書局，由此控制了書局董事會（董事長爲張静江，吴稚暉和李石曾任董事會監事），掌握了書局領導權（1934年後，世界書局總經理爲陸高誼）。此後，世界社又在上海福開森路（今武康路）修建起世界社大廈，建立了世界文化協會，并擬在巴黎和南京等處購買地皮，建築世界大廈。爲了盡快啓動《世界百科全書》的編輯和出版工作，1937年初，世界社在上海成立“中國國際圖書館”，法國狄德羅學會爲此向其捐贈世界各國百科全書1180冊。同年4月，世界社在世界社大廈舉辦“世界百科全書聯合展覽會”，又與楊家駱（1912—1991）創辦的中國辭典館合作，開始籌備編纂《世界百科全書》。1937年7月抗日戰爭全面爆發後，世界社和世界書局的重要成員先後離開上海，有的去國外，有的去香港，但他們積極參加世界文化合作事業，還參與了國際反侵略運動大會、自由世界協會等組織，同時刊行《反侵略》月刊和中、英、法、西文版的《自由世界》月刊，并繼續《世界百科全書》的編纂工作。1941 年 12 月，世界書局董事長張靜江在香港與世界社、中國辭典館簽訂合同，由上述三家和國立北平研究院聯合成立"世界百科全書編刊委員會"。在此前後，李石曾在美國撰寫了《世界學典引言》，主張把"Encyclopedia"的譯名改爲"學典"。1946 年 6 月，第一部中文版的《世界學典》，即楊家駱主編的《四庫全書學典》由世界書局出版。1949 年後，《世界學典》的多數編纂者或者去了臺灣，或者去了國外。1950 年初，世界書局停業。

3.《世界》畫報和《近世界六十名人》的編輯出版

世界社出版的《世界》畫報內容新潮，以圖爲主，每號有百餘幅圖片，圖文并茂，分"世界各殊之景物""世界真理之科學""世界最近之現象""世界記念之歷史""世界進化之略迹"五個欄目（第 2 期無"世界記念之歷史"欄），以介紹西方的民主和科學爲主。如"世界各殊之景物"欄介紹了美、英、法等國的議會政治和英、法、德等國的大學教育制度；"世界真理之科學"欄介紹了達爾文、赫胥黎、海克爾的進化學說，以及巴斯德的微生物學和倫琴、居里夫人等著名科學家的重要發現；"世界進化之略迹"欄比較了世界主要國家的教育、體育、戲劇和交通等各領域過去和當時的狀況。第 1 期的封面，爲法國無政府主義者、地理學家埃利澤·雷克呂斯（Élisée Reclus，1830—1905，《近世界六十名人》中的第 52 位名人，譯作"邵可侶"）所繪的世界文明產生圖，該圖用不同顏色表示文明產生時間的差異，而不同文明之間均存在聯繫；擔任畫報"鑒定者"

的法國醫學博士、巴黎大學教授、社會活動家阿爾弗雷德·納凱（Alfred Naquet，1834—1916，《近世界六十名人》中的第 54 位名人，譯作 "南達"）在序言中稱："諸君子欲以西方之政俗科學美術哲理介紹於支那……吾輩篤好進化之學理者，傾其心以歡愛我黄種之同胞，吾願我黄種之同胞，亦速來與吾輩握手，此即世界大同之始兆，而博愛平等之基礎，確然而定也。"[①]《世界》畫報也報道過當時國内發生的一些重要事件，如第 1 期（1907 年秋出版，共 56 頁）有光緒三十一年（1905）上海市民的反帝愛國運動和五大臣出洋考察憲政活動等，第 2 期（1908 年 1 月出版，增至 86 頁）有清光緒三十一年十二月十六日（1906 年 1 月 10 日）在廣州東校場（今廣東省人民體育場）舉辦的廣東省第一届運動會等。《世界》畫報在介紹西方國家資産階級革命和政治制度時，矛頭指向當時中國的封建專制制度，如在第 1 期 "世界記念之歷史" 欄中，有英國國王查理一世和法國國王路易十六被推上斷頭臺的圖文，圖文末尾則附有一篇題爲《君民權利之消長》的文章（清政府曾通過外交渠道要求法國政府查禁《世界》畫報，主要就是因爲這篇文章）。1908 年，張静江的通運公司因還要資助孫中山在國内的革命活動，資金周轉發生困難，再加上國内高壓的政治環境，《世界》畫報在僅出兩期後[②]，便不得不同《新世紀》周刊先後停刊。

《世界》畫報由張静江夫人姚蕙（1879—1918）任主編，褚民誼擔任經理，吴稚暉、李石曾等則擔任印刷和選注及譯述的工作，阿爾弗雷德·納凱爲鑒定者。《世界》畫報的用紙爲道林紙，采用了當時最先進的

---

① 劉曉，李斌. 世界社與辛亥革命[J]. 自然辯證法通訊，2011（5）：33.
② 《世界》畫報第 2 期末尾刊有第 3 期的内容預告，預告將介紹世界主要大博物院和公園、地質學、萬國博覽會、高麗滅亡等；用中國近年來的進步、美國黑人的進步和歐美女權的發達來説明世界的進化；并預告全册圖畫將達 400 幅。見劉曉，李斌. 世界社與辛亥革命[J]. 自然辯證法通訊，2011（5）：31-35.

凸版印刷技術，彩色印刷，畫面非常清晰，開本也比國内出版的畫報大，
爲 8 開本，被稱爲"東方第一次出版之美術畫大雜刊"①。著名畫家張光
宇（1900—1965）1935 年在采訪吴稚暉後所寫的文章中説："《世界》畫報
初次發行的時候，不用説在中國是屬於空前的創舉，即使在印刷界進步甚
速的日本，也没有那樣精美和豪華的類似性質的畫報出現。《世界》畫報
真可以驕傲地占坐東亞印刷界的第一把椅子，是東亞畫報中的鼻祖。"②著
名作家施蟄存（1905—2003）在同時期所寫的一篇題爲《繞室旅行記》的
文章中也對《世界》畫報作了極高的評價："要找一種象英國的《倫敦畫
報》法國的《所見周報》和《畫刊》這等刊物，實在也很少。就是以最有
成績的《良友》和《時代》這兩種畫報來看，我個人仍覺得每期中有新聞
性的資料還嫌太少一些，至於彩色版之多，編制的整齊，印刷之精，這諸
點，現在的畫報似乎還趕不上三十年前的《世界》。'東方文明開闢五千年
以來第一種體式閎壯圖繪富豔之印刷物。西方文明灌輸數十年以來第一種
理趣完備組織精當之紹介品。'③這個標語，即使到現在，似乎還應該讓
《世界》畫報居之無愧。"④

　　《近世界六十名人》可以説是《世界》畫報的增刊或副産品。吴稚暉
1937 年在給世界合作出版協會重新複製出版（由世界書局印刷）的《近世
界六十名人》所寫的"序"中説，由於《世界》畫報是隨時事變化出版
的，當時就將"古今名人"別爲"專册"，"所謂六十名人者，非謂世界名
人盡於六十；蓋以六十之數，製成一册，不多不寡，紙數適得其中。由第

① 上海人民美術出版社. 攝影叢刊：第 7 輯[M]. 上海：上海人民美術出版社，1981：78.
② 張光宇，唐薇. 張光宇文集[M]. 濟南：山東美術出版社，2011：169.
③ "東方文明開闢五千年以來第一種體式閎壯圖繪富豔之印刷物。西方文明灌輸數十年以來第一
　　種理趣完備組織精當之紹介品"，這是《世界》畫報第 1 期的廣告語，見《近世界六十名人》
　　封底.
④ 施蟄存. 繞室旅行記[M]//應國靖. 施蟄存散文選集. 天津：百花文藝出版社，2009：128-129.

一六十，從而至於十百六十，將取古今中外名人，凡有遺像可得者，盡羅無遺，蔚爲大觀。"可見，《近世界六十名人》只是計劃中的"世界（古今）六十名人"叢刊的第一集。由於《世界》畫報在出版兩期後不得不停刊，《近世界六十名人》的續集也就談不上了①。

《近世界六十名人》在巴黎初版時没有標明出版時間，不少人將其出版時間確定爲 1906 年，根據是 1937 年 4 月該書由世界合作出版協會複製出版時，版權頁上注明"中華民國前六年刊於巴黎初版"，時任世界書局總經理陸高誼所寫的《發刊詞》中也説"本書於民國紀元前六年，由世界社刊行於巴黎"。如果從民國元年即 1912 年開始倒推的話，"民國前六年"即是 1906 年。事實上，從該書在介紹法國政治家、化學家貝特洛（書中作"裴在輅"）時明確提到的其"生千八百二十七年，卒千九百七年"也可以判斷，該書不可能是在 1906 年出版的。《近世界六十名人》出版於 1907 年的佐證還有一條，就是它和《世界》畫報第 1 期互相刊登了廣告，可見兩者大體在同一時間段出版，而《世界》畫報第 1 期上則明確標明出版於"丁未秋季"，"丁未"，即 1907 年。

4.《近世界六十名人》中的人物簡析

如上所述，《近世界六十名人》只是計劃中的"世界（古今）六十名人"叢刊的第一集。這第一集中的 60 位名人，實際上僅出自歐美 7 國，即歐洲的法、英、德、意、俄、瑞（典）6 國和美國；其中法、英兩國的名人最多，共 40 位（法國 24 位，英國 16 位），約占 67%（表 1）。60 位

---

① 1940 年，世界書局出版了蕭劍青編繪的《世界三百名人圖志》，所收錄的人物包括古今中外。《近世界六十名人》被全文收錄，只是在《世界三百名人圖志》中，譯名已經采用了當時通行的譯法，如"馬格斯"改爲"馬克思"。

名人先後活動於 15 世紀至 20 世紀初，其中以活動在 18 世紀至 20 世紀初的居多，有 52 位，占 87%；該書出版時，60 位名人中尚健在者共 7 位[①]（表 2）。60 位名人在書中的位置，是按各人出生的先後順序排列的[②]。

表 1　《近世界六十名人》中的名人所在國家分布

所在國家	法國	英國	德國	意大利	俄國	瑞典	美國
人數/人	24	16	8	4	4	1	3

表 2　《近世界六十名人》中的名人主要活動年代分布

主要活動年代	15 世紀	16—17 世紀	17—18 世紀	18 世紀	18—19 世紀	19 世紀	19—20 世紀初	當時尚健在者
人數/人	1	4	3	10	9	23	10	7

　　1937 年初，《近世界六十名人》一書的主要編印者吳稚暉在給世界合作出版協會複製出版的該書所寫的"序"中説，"當時因欲適合環境之需要"，"皆取文化事功爲我國所注重者，先付印刊"；"而於提倡進化學説之人特多者，又爲推動當時之社會也"[③]。的確如此，60 位名人中，各以哲學社會科學（包括經濟學、法學、社會學等）研究或自然科學（包括天文地理、動植物、物理化學、生理、醫學、發明等）研究爲主者，共 40 餘位，占了 60 人中的約 70%；有意思的是，從數量上看，這兩類名人幾乎可以説是平分秋色的，各有 20 餘位。除此以外，以文學創作爲主者 4 位；一般意義上的愛國者或民族英雄 4 位；資産階級革命中的活動家（包括革命家）、軍事家或革命後的國務活動家 13 位；另有一位，則是英國女

---

① 這 7 位是：第 45 位南丁格爾（1820—1910）；第 50 位托爾斯泰（1828—1910）；第 53 位海克爾（1834—1919）；第 56 位龍勃羅梭（1835—1909）；第 57 位拉帕朗（1839—1908）；第 58 位克魯泡特金（1842—1921）；第 60 位居里夫人（1867—1934）。

② 該書僅有一處例外，即按出生時間排序，第 26 位名人拉馬克（1744—1829）應居於第 17 位名人拉瓦錫（1743—1794）之後，但却排在了第 25 位名人居維葉（1769—1832）和第 27 位名人黑格爾（1770—1831）之間。

③ 世界社. 近世界六十名人[M]. 上海：世界合作出版協會，1937：序.

護士、歐美近代護理學的創始人南丁格爾。當然，這 60 位名人中，有的人一生的活動是跨界的，既從事哲學社會科學研究，也從事自然科學研究，如培根、笛卡兒、富蘭克林等人；俄國的著名作家和文學家托爾斯泰，也是一位思想家。以社會科學或自然科學研究爲主的名人中，一些人的社會身份也是多面的，如馬志尼既是一位哲學家、思想家，也是一位工人運動活動家、小資産階級的社會主義者，還是意大利民族解放運動的重要領導人；又如馬克思這位哲學家、思想家，也是科學社會主義理論的創始人和國際共産主義運動的締造者；當時著名的兩個無政府主義者雷克呂斯和克魯泡特金，又是著名的地理學家；等等（表 3）。

表 3 《近世界六十名人》中的名人各自主要社會身份統計

名人主要社會身份分類	人數/人	人名
哲學社會科學家	23	培根、笛卡兒、孟德斯鳩、伏爾泰、富蘭克林、盧梭、狄德羅、亞當•斯密、康德、黑格爾、孔德、邊沁、馬志尼、約翰•穆勒、巴枯寧、馬克思、斯賓塞、托爾斯泰、羅耶、雷克呂斯、納凱、龍勃羅梭、克魯泡特金
自然科學家	22	培根、笛卡兒、牛頓、富蘭克林、林奈、康德、瓦特、拉瓦錫、拉普拉斯、居維葉、拉馬克、法拉第、達爾文、貝爾納、巴斯德、布羅卡、赫胥黎、貝特洛、海克爾、納凱、拉帕朗、居里夫人
資産階級革命家、國務活動家	13	克倫威爾、華盛頓、羅蘭夫人、納爾遜、威靈頓、拿破侖、威廉一世、毛奇、馬志尼、格萊斯頓、林肯、加里波第、加富爾
進化論者	5	拉馬克、達爾文、赫胥黎、海克爾、斯賓塞
社會主義者	7	巴枯寧、馬克思、托爾斯泰、雷克呂斯、米歇爾、克魯泡特金、索菲婭
作家、文學家	4	莎士比亞、歌德、雨果、托爾斯泰
愛國者	4	貞德、馬志尼、加里波第、加富爾
歐美近代護理學的創始人	1	南丁格爾

如前所述，世界社的主要創辦人均爲中國早期無政府主義者，他們當時積極鼓吹無政府主義的"社會革命"；又由於無政府主義與社會主義、

共産主義在理論上存在某些共同因素，因此，《近世界六十名人》中收録了較多的無政府主義者和革命者（革命者又包括資産階級革命家和無産階級革命家），如：巴枯寧、馬克思、托爾斯泰、雷克吕斯、米歇爾、克魯泡特金、索菲婭；克倫威爾、華盛頓、羅蘭夫人、拿破侖、馬志尼、加里波第等。書中對這些人物的介紹，在 20 世紀初的中國，顯然對社會主義、馬克思主義學説及民主革命革命思想的傳播，具有積極的作用。不過需要説明的是，這一點，吳稚暉在 1937 年的"序"中只是用"於提倡進化學説之人，所取特多者，又爲推動當時之社會也"籠統地代替了，這其實也是不難理解的：時過境遷，到了 20 世紀 30 年代，吳稚暉等當年《世界》畫報和《近世界六十名人》的主要編輯人員，都已經是中國國民黨的要員或名人了；何況 1937 年時，中華民族正需要緊密地團結在一個堅强有力的政府領導之下，抗擊日本帝國主義侵略者——那時候如果還提什麼無政府主義和"社會革命"，豈不是太不合時宜了嗎？

　　吳稚暉在 1937 年的"序"中還説過，該書之所以"首之以貞德，殿之以居梅禮（即居里夫人——編者注）"，就是"欲爲女界吐氣也"。該書收入男性名人 53 位，女性名人 7 位[①]，就 20 世紀初中國的實際情況來説，書中收入的女性名人數目，是比較可觀的，也是頗爲引人注目的，這無疑也有利於男女平等、婦女解放等進步思想在中國的廣泛和深入傳播。

　　需要特別説明的是，根據圖書性質或近現代圖書分類法，《近世界六十名人》首先是一本人物畫册，也就是説，書中人像下所印的介紹性文字，只是各名人的"行畧"或"生平之梗概"，是非常簡單的。正由於是一本人物畫册，因此，該書目次頁的短序對書中所收的 60 位名人作過如

---

① 　這 7 位是：第 1 位貞德（1412—1431）；第 21 位羅蘭夫人（1754—1793）；第 45 位南丁格爾（1820—1910）；第 51 位羅耶（1830—1902）；第 55 位米歇爾（1836—1906，此爲原書所記生卒年）；第 59 位索菲婭（1853—1881）；第 60 位居里夫人（1867—1934）。

下解釋："雖不能言可括近數百年歐美名人之全，然大畧我東方人心目中以爲可儀式、可驚詫之人物，已鮮有遺漏"，如果"畧有所遺，非因畫像珍罕，一時未能覓得"，則"或因其學問功業品性，皆于已列六十人中者較量之，恰爲第二流"——這意思是説，有些在當時屬於第一流的名人①，因爲没有找到畫像，只能付諸闕如；而有些名人的畫像倒是可以找到，但由於在編者看來，他們還難以列入第一流，也就只好不收了。由此也可以看出，《近世界六十名人》的編者在選擇第一批"世界（古今）六十名人"時，是非常用心的，他們對自己選出的 60 位名人的權威性，也是非常自信的。

5. 關於《近世界六十名人》中介紹的馬克思

該書將馬克思譯作"馬格斯"，使用的是 1875 年馬克思在倫敦所拍的照片。照片中，57 歲的馬克思坐在椅子上，左手置於腿上，右手置於桌面，眼神沉穩，凝視前方，表現出内心的堅毅與自信。簡介文字如下。

> 馬格斯，德國社會學家及法學家也。生千百十八年，卒千八百八十三年。法國千八百四十八年革命，馬氏與聞其事。後之倫敦，從事著述。千八百六十四年，立"萬國工人會"。其最著之著作，則爲"産業"。今各國主張國家社會主義，以運動選舉爲作用，純然立于一政黨地位者，馬氏即爲其元祖。如英法德等議會，皆有社會黨，皆宗馬學者也。

這段文字言簡意賅，所述馬克思生平中的基本事實，也是比較準確的。其中的"萬國工人會"即國際工人協會（1864—1876），也就是史稱的第一國際。馬克思雖然不是第一國際成立的發起人，但他爲第一國際起

---

① 該書列舉了兩人：哥白尼和哥倫布。

草了《成立宣言》和《共同章程》。《成立宣言》闡明了第一國際成立的目的和意義，用事實論證了資本主義制度下無產階級與資產階級的對立，闡明了工人階級組織的作用及工人階級國際團結的重要意義，強調奪取政權已成爲工人階級的偉大使命。《共同章程》規定了第一國際的原則、目標、手段和組織機構，強調工人階級的解放應該由工人階級自己去争取；無產階級在反對有産階級的鬥争中必須建立與一切舊政黨不同的政黨，才能作爲一個階級來行動，保證社會革命的勝利。馬克思還先後組織領導了第一國際内部同工聯主義、馬志尼主義、蒲魯東主義、拉薩爾主義和巴枯寧主義的鬥争，并取得了勝利。這説明，馬克思不愧爲第一國際的思想和組織靈魂。因此，文中説馬克思是第一國際的創立者，是成立的。這段文字中的“產業”，則是馬克思一生用力最多的經濟學著作、被後人譽爲“工人階級的聖經”的《資本論》。

需要説明的是，馬克思在世時，曾積極指導過德國社會民主工黨（1869 年 8 月建立，1875 年與全德工人聯合會合併爲德國社會主義工人黨）、法國工人黨（1879 年 10 月建立；馬克思在 1880 年 5 月爲該黨制定了黨綱的導言即理論部分的草案，該黨綱草案在同年 10 月召開的該黨哈佛爾代表大會上獲得通過）、英國民主聯盟（1881 年 6 月建立，1884 年改組爲社會民主聯盟）等社會主義政黨和組織的理論和實踐活動，這些政黨和組織在當時積極地參加過各國的議會活動，但把馬克思在世時這些政黨和組織的主張都當作“國家社會主義”，并不符合事實。1883 年馬克思去世後，尤其是 1895 年恩格斯去世後，歐美國家的社會黨在指導思想上逐漸轉向議會主義、改良主義甚至是修正主義，因此，在 20 世紀初還説英、法、德等國的社會黨“皆宗馬學”，是欠準確的。

這段文字没有提到《共產黨宣言》。1920 年 8 月，陳望道（1891—

1977）翻譯的《共產黨宣言》由上海社會主義研究社出版，這是在中國出現的該書第一個中文全譯本。陳望道譯本對馬克思的譯名，采用了與《近世界六十名人》相同的"馬格斯"，更有意義的是，該版陳望道譯本的封面還使用了《近世界六十名人》中的馬克思照片。20世紀20年代以後一段較長的時間裏，《共產黨宣言》陳望道譯本曾以多種形式出版，在白色恐怖的環境中，甚至不得不以各種僞裝的形式出版，在那種情況下，馬克思的照片當然不能再出現在《共產黨宣言》的封面上。但是，從1920年8月起，《近世界六十名人》中的馬克思照片，通過《共產黨宣言》陳望道譯本，被越來越多的中國人所熟悉和接受了。自2018年起，隨着馬克思200周年誕辰、《共產黨宣言》發表170周年、《共產黨宣言》陳望道譯本問世100周年、中國共產黨成立100周年等紀念活動的接連舉辦，《近世界六十名人》中的馬克思照片，再次在全中國乃至全世界人民中得到了廣泛的傳播，特別是給新一代的青少年，留下了深刻的印象。

6.《近世界六十名人》在20世紀前半葉的影響

　　1911年7月，華承澐編寫的《維新人物考》①一書在天津出版。該書共介紹48位"維新人物"，其中包括馬克思在内的47人的基本材料，均出自《近世界六十名人》。

　　1915年11月15日出版的《青年雜誌》②第1卷第3號上，發表了陳獨

---

① 華承澐編寫的《維新人物考》已收入本卷。
② 《青年雜誌》，1915年9月15日創刊於上海，月刊，陳獨秀主編，群益出版社出版發行。從1916年9月1日出版的第2卷第1號起，改名爲《新青年》。1917年初，編輯部隨陳獨秀去北京大學任教而遷至北京。1919年12月1日出版的第7卷第1號上，陳獨秀發表《本志宣言》，確定該刊以馬克思主義爲指導思想。1920年初，編輯部遷回上海。從1920年9月1日出版的第8卷第1號起，《新青年》成爲中國共產黨上海發起組的機關刊物。1920年12月至1921年9月陳獨秀在廣州期間，由陳望道主編。1922年7月出至第9卷第6號後休刊，共出54號（期）。1923年6月起在廣州出版，改爲季刊，成爲中共中央的理論性機關刊物，由瞿秋白主編，至1924年底共出版4號（期）。1925年4月至1926年7月共出不定期刊5號（期），後停刊。

秀的《歐洲七女杰》一文。該文中的"七女杰"，即《近世界六十名人》一書中介紹的全部 7 名女性名人，只是排列順序和幾個人的譯名、生卒年不同於《近世界六十名人》。《歐洲七女杰》中的譯名和排列順序如下：奈廷格爾（南丁格爾）、蘇菲亞（索菲婭）、貞德、居禮（居里夫人）、羅月（羅耶）、米雪兒（米歇爾）、羅蘭夫人。值得注意的是，陳獨秀文章中對"七女杰"的介紹，文字也與《近世界六十名人》大同小異（表4），由此可以判斷，其基本内容，就是從《近世界六十名人》中而來的。

表 4　《歐洲七女杰》與《近世界六十名人》中 7 名女性名人的介紹文字比較

人物	《歐洲七女杰》	《近世界六十名人》
南丁格爾	奈廷格爾（Florence Nightingale，生於一八二〇年，卒於一九一一年），英人也。兒時即好取偶人作臥病狀，戲爲醫治。長不適人，習醫術。且壹意看護病人之法，且游學德意志半年，復赴法京，學於某看護院，盡得其術。歸英後，即於倫敦組織看護婦會。一八五四年，俄土戰起，奈氏遂率同志女流三十七人，赴黑海任看護傷兵之役。活英法戰士無算。時年三十有四，積勞致疾，衆促作歸計，氏不納，治事如初。戰罷回京，迎者空巷。相與釀金，創立軍醫講習院，及軍用看護會。自黑海之役，奈氏創陣前看護之法。其後戰役，輒仿行之，氏恒與焉。一八六四年，美國紅十字會，因以成立，今日規模浩大。開其基者，一英年獨身女流奈廷格爾也。	南沁甘（Florence Nightingale） 南沁甘，英國女慈善家也。生千八百二十年。幼時戲嬉，即好取偶人作臥病狀，假設爲之醫治。長不適人，遂習醫學，及外科手術，且專從事看護科。方是時，英國尚無適當之看護學科。南氏乃赴德國之凱撒斯衛城，肄習半年。又去巴黎，留一女脩真看護院，盡得其條理。其後發刊看護箴言，謂看護中之最要者，爲鮮空氣、明潔之陽光、和煖、乾淨、及肅静。從巴黎歸，欲於英京建一看護會之團體，以費絀僅具規模。逮千八百五十四年，英法聯軍攻俄，戰于黑海邊之克立曼。英軍傷士之慘狀，日聞於國中。南氏遂與三十有七人之同黨，半爲女界之願盡義務者，半爲向習看護術者，同去黑海軍中，看護傷兵。南氏日夜劬瘁，全活以萬計。最後南氏自罹劇疾，衆勸暫歸，南氏却之。病愈，盡心看護如初。明年，戰役既罷，南氏回倫敦，歡迎者空巷。遂集布施金，建設軍醫講習院，及軍用看護會。自克立曼之戰，南氏創軍前看護之法，其後凡有戰役，即仿此法，南氏常參與。至千八百六十四年，萬國紅十字會，因之成立。傷士始不至委化若蜂蟻。雖去大同止殺之前途尚遠，然已開崇尚人道之先聲。南氏洵偉人也。

續表

人物	《歐洲七女杰》	《近世界六十名人》
索菲婭	蘇非亞（Sophie Perovkasa，生於一八五三年，卒於一八八一年），俄羅斯虛無黨人也。年十七，接交虛無黨某，父怒禁之，出逃求學，益堅其爲人類犧牲之信念。任小學校教師，充看護人，無往而不以鼓吹革命爲己任，禍福非所計也。一八七三年，被捕旋釋，然自此遂爲警吏所監察。後五年，以黨案入獄，判流罪，脫於中途。一八七九年，謀炸俄帝於莫斯科，未遂。又一年，以炸斃俄帝亞歷山大二世被戮，時年二十有九。	蘇斐雅（Sophie Pérovskaïa） 蘇斐雅，俄國女虛無黨也。生千八百五十三年，卒千八百八十一年。其家系出大彼得，世爲達官。年十七，交虛無黨員某，父怒禁之，遂逃于外，研求虛無黨學説，其犧牲社會之念益堅。爲小學教師，爲看護婦，皆欲實行其鼓吹革命之力。千八百七十三年，被捕得釋。從此爲警吏所監制。後五年，又以黨案入獄，定流罪，得脫于發遣之半途。千八百七十九年，謀轟俄王于木司科，未遂。越一年，卒爲指揮員，振帕作號，轟殺俄王亞歷山大第二。蘇氏旋遭收捕，處以猥首之刑，時年二十有九。
貞德	貞德（Jeanne D'Arc，生於一四一二年，卒於一四三一年），法蘭西愛國者也。幼時，英法方事戰争，貞德即懷愛國之志。託神意，謂見空中明光，有神人告之曰：“貞德往救王，恢復其國土。”遂自負奉神命，備刀馬，偕數人見王，以解奧良城圍自任。久困之法軍得此驚奮，乘英兵驕懈，一擊潰之，連下數城。後墜馬被擒，英軍生焚之。年猶未及笄也。	貞德（Jeanne D'Are） 貞德，法國女愛國家也。生千四百十二年，卒千四百三十一年。幼爲父牧羊，其時英法“百年之戰”將終。貞德雖小女子，竊憐查爾斯第二之窮途，復恨英人殘暴。託于神語，謂見空際明光，隱有神人囑之曰“貞德往救王，復其國土”。遂自爲負荷天命，欲往見王。其父不許，世父信之。以語衆，衆皆信。貞德遂備刀馬，偕數人詣王。以能解奧良城之圍自任。久敗之軍，得此而皆奮，乘英兵驕慢不設備，突攻奧良。英人大驚。以爲從天而降，不戰自潰，所佔據者盡失。退守圍城中，未幾城又下。一日進軍岡壁寨，貞德墜馬被擒，英人生焚之。後英人悔且懼，以爲“吾焚聖女，吾失敗矣”。論者曰：貞德事，乃歷史中一大奇聞。然觀于英人之悔言，可見當時人智未開，迷信甚篤。貞德乘其所溺惑而利用之，一爲所鼓舞，一爲所驚駭，遂奏奇偉之功。智哉貞德，不惟勇烈矣！若彼生今之世，固又必以真理之熱誠感人也！
居里夫人	居禮（Marie Curie，生於一八六〇年[(1)]，法蘭西人也，曾卒業於巴黎大學物理科。年二十九，於歸居博士，共肆力於“類電母”之發明。“類電母”者，堅質不滅之光，能徹物體，如 X 光然。以此被舉爲女博士。一九〇六年，夫亡，氏	居梅禮（Marie Curie） 居梅禮，法國女物理學家也。母氏出于俄羅斯。生千八百六十七年，今方中年。卓然爲科學界一人物。居氏習物理學在巴黎大學。年二十九，與法國居博士結婚，共致力于“類電母”之發明。類電母者，堅

續表

人物	《歐洲七女杰》	《近世界六十名人》
居里夫人	遂代爲巴黎大學類電母科教授。女子爲大學教授者，自居氏始。	質不滅之光，能穿照物體，畧如"曷格司"光。其物必將大有變異于科學界，因其光發於自然，又堅久而不滅也。以此，居氏旋被舉爲女博士。千九百六年，其夫走街上，思方深，目無所矚，爲重載壓頭死。居氏遂代爲巴黎大學類電母科之教授。以女人居大學教授之職，自居氏始。
羅耶	羅月（Clemence Royer，生於一八〇三年[2]，卒於一九〇二年），法蘭西人也。幼習博物哲學於瑞士。年三十，爲瑞士某女學論理學及哲學教授，又任某《經濟學報》記者。其著作《論税》《天文史》《道德公例》《哲學概略》諸書，盛爲學界所推重。	盧月（Clémence Royer） 盧月，法國女經濟學家也。生千八百三十年，卒千九百二年。幼時常在他國游學，好學能詩，兼通英國文學。其研究博物學及哲學，皆在瑞士。千八百五十九年，年三十，即在瑞士南境之盧山城，爲女子論理學科及哲學科之教授，更爲一有名經濟學報之記者。盧氏在歐西，卓然爲十九世紀女學界名家。雖近年學風興盛，海内女學士接迹，而盧氏實爲前輩之鉅子。其著述則有《論税》、《道德公例》、《哲學小説》、《地球之組織》（言博物學哲）、《天史》（言天文），皆爲名儒所重。
米歇爾	米雪兒（Louise Michel，生於一八三六年，卒於一九〇六年），初爲小學教員，後研求社會問題，以政治犯被放於澳洲。一八八〇年，歸巴黎，鼓吹極端社會主義甚烈，以率衆威脅政府，禁錮二年。釋後布其道於亞耳白山中，嚴冬以寒疾終。其著述有《民女》《公民》《困苦》《新年》《被侮者》《人類之微生物》數種行世。	梅曉若（Louise Michel） 梅曉若，法國女革命家也。生千八百三十六年，卒千九百六年。初爲小學教員，後研求社會問題。與聞"公民"革命，被逐于濠洲。千八百八十年復歸巴黎，鼓吹無政府主義甚力。因在巴黎率衆威脅政府，禁錮二年。既出獄，勇氣不稍衰。最後至亞爾伯山中傳道，嚴冬以寒疾卒。其著述有《新年》、《困苦》、《被侮者》、《民女》、《人類之微生物》（謂毒人者）、《公民》。
羅蘭夫人	羅蘭夫人（Morie Rolland，生於一七五四年，卒於一七九三年），少好學，喜讀盧梭之書，遂抱澄清之志。年二十一，適羅氏，少其夫二十歲。其時法國革命風潮漸劇，羅氏夫婦相携由里昂至巴黎。民黨知名之士，多會其家，商榷國計。明年，羅氏親任内務大臣，頗得夫人内助。民黨旋分温和、激急二派，羅氏爲温和黨首，與激急之山岳黨不相能。共和告成，山岳黨逞其狂熱，悉鋤王黨，并及温和黨人，羅氏被刺斃。夫	羅蘭（Marie Rolland） 羅蘭，法國女革命黨也。生千七百五十四年，卒千七百九十三年，爲彫像師之女。少好學，從事美術文學數學，喜讀蒲達克《英雄記》、盧騷《民約論》諸書，遂抱澄清專制界之志。二十一歲適羅，其夫長羅氏二十年。其時法國革命之風潮漸盛，羅氏夫婦由里昂至巴黎。革命黨諸名士皆集其家，會商國事。其明年，羅氏之夫爲内部大臣，羅氏相助其夫處分閣事，至爲勞瘁。然其時温和與激急兩黨，漸生衝突。羅氏爲温和黨之

續表

人物	《歐洲七女杰》	《近世界六十名人》
羅蘭夫人	人兩次入獄，卒以通謀叛徒之僞證，宣告死罪。臨刑，仰見斷頭臺上自由神像，嘆曰："自由自由，汝爲人假借以行惡也!"此言傳誦於今。西俗行刑，後男先女，慮其怯懼也。羅蘭夫人，見同刑男子，多有畏色，請易其次，雖臨難猶不改其常度也。	領袖，名其黨爲翁郎丹，急激黨則稱山嶽黨。因翁郎丹黨覘民心所向背，先依違於王政與共和。及魯伊十六既幽，共和政府成立，翁郎丹黨雖熱心贊成，羅氏之夫亦仍任内部，然山嶽黨逞其狂熱，誅鋤王黨，並遷怒翁郎丹黨，羅氏夫婦皆受逮。其夫已脱逃，被刺于途而死。羅氏則兩次入獄，最後遂以通謀各省叛徒等之僞證，判死刑。千七百九十三年十一月，羅氏被殺于巴黎市。臨就刑，羅氏仰見斷頭機旁有自由神像，羅氏顧而嘆曰："自由自由，汝爲人假借以行惡也!"其語至今傳誦。西俗行刑，女先于男，俾不見慘狀。羅氏見同刑之男，觳觫殊甚，請易其次，即其臨危之慈仁有如此。

（1）"生於一八六〇年"，原文如此，應爲"一八六七年"；

（2）"生於一八〇三年"，原文如此，應爲"一八三〇年"

　　1937 年初，世界書局總經理陸高誼在《近世界六十名人》複製再版時的《發刊詞》中曾回憶過該書的影響："猶憶早年教室中所見之偉人像片，即取諸本書；而友人潘序倫[①]先生，至今尚能背誦其中傳記。足徵當時予人印象，至爲深刻，其能風行於海内外，自非偶然。"[②]《近世界六十名人》一書在 20 世紀上半葉的影響，由此可見一斑。

7. 研究綜述

　　在有關馬克思主義在中國早期傳播歷史的研究中，《近世界六十名人》一書的主要意義，在於它歷來被學界公認是最早刊登馬克思像（照

---

① "潘序倫"，潘序倫（1893—1985），字秋四，江蘇宜興人。會計學家、教育家，立信會計事業創立人。

② 世界社. 近世界六十名人[M]. 上海：世界合作出版協會，1937：發刊詞.

片）的中文出版物①。有學者還認爲，至此（即到 1907 年），馬克思的中文譯名、學説和畫像全部傳入中國②。

關於《近世界六十名人》中馬克思肖像的影響，有學者指出："該肖像曾在之後廣爲流傳，無論是在《共産黨宣言》及其他馬克思主義書籍的封面上，還是在紅軍時代中央革命根據地的貨幣上，都使用的是馬克思的這張肖像"③。

有學者撰文探討了世界社與辛亥革命的關係，指出："1906 年前後，孫中山訪問歐洲之時，曾向留歐學生宣傳反清革命并發起組織歐洲同盟會，入會者達數十人。一向主張排滿的吴稚暉、張静江和李石曾先後加入孫中山的革命事業，但三人已經是無政府主義的信仰者，在他們的心目中，'國民革命'不過是將來'世界革命'的一個中間過程，因此他們在加入同盟會的程序上都做了一定的保留。從此直接投身革命事業。""辛亥革命前後的世界社，是指導思想的成熟期及各項事業的奠基期，也是這一群體在政治方面極爲活躍的一個時期。"文章還指出，20 世紀初的世界社"以工商業爲經濟基礎，通過出版報紙和雜誌推動社會變革，同時從事一些科研活動。世界社傳播啓蒙思想，并在孫中山的影響下，將推崇科學教育的社會革命與政治革命相結合，給予孫中山領導的革命事業重要支持"，從而也"奠定了吴、張、李、蔡（蔡元培——編者注）在國民黨内'四老'的政治地位"④。

---

① 參見北京圖書館參考研究部. 北京圖書館參考工作（資料彙編）：第 1 輯[M]. 北京：北京圖書館，1983：13；中共中央馬克思恩格斯列寧斯大林著作編譯局. 卡爾·馬克思畫傳（1818—1883）[M]. 北京：人民美術出版社，1983：175；吴群. 中國攝影發展歷程[M]. 北京：新華出版社，1986：154.
② 邱少明. 文本與主義：民國馬克思主義經典著作翻譯史（1912—1949）[M]. 南京：南京大學出版社，2014：14.
③ 張亮，喬茂林.《共産黨宣言》傳播史[M]. 南京：江蘇人民出版社，2018：111.
④ 劉曉，李斌. 世界社與辛亥革命[J]. 自然辯證法通訊，2011（5）：31-35.

　　《世界》畫報的主要創辦者張静江是浙江湖州人，湖州市檔案館藏有今已存世不多的《世界》畫報。湖州市檔案館三位工作人員合作撰寫的《亞洲畫報之鼻祖——湖州市檔案館館藏〈世界〉畫報介紹》一文説："張静江、李石曽、吴稚暉等人，在 20 世紀初先後赴法擔任外交隨員，或經商、求學。他們在法國接觸到西方的各種思潮，并結識了赴歐洲在華僑中進行革命宣傳的孫中山先生。在孫中山的影響下，他們成爲同盟會在歐洲的骨幹。""世界社編印的諸多刊物中，《世界》畫報是流傳最少的一種。與《新世紀》周刊擔當同盟會在歐洲的機關刊物，態度鮮明地宣傳革命不同，《世界》畫報的編輯思路是以讓國人放眼世界、看世界爲基礎，進而傳播新知識，新思想爲目的。世界社的這兩種刊物，一明一暗，實際上都在爲同盟會領導的資産階級民主革命作輿論準備和民衆動員。"①

　　世界社當年在巴黎編輯的《世界》畫報和《近世界六十名人》長期被美術界認爲是當時亞洲最精美和豪華的畫册②，至於後者的編者，在世界書局 1937 年複製再版該書時，時任書局總經理的陸高誼在"發刊詞"中説："主其事者爲吴稚暉、張静江、李石曽諸公；稚暉先生且親自從事排印"③。顧頡剛在《余師録（二）》中推測，畫册中 60 名人的像（照片或畫像），"疑即吴稚暉與姚蕙（姚氏爲張静江夫人）所搜輯者"④。姚蕙是《世界》畫報的主編，她参與編輯此書是很自然的。顧頡剛還認爲，該書正文前的《凡例》⑤，"當亦吴敬恒（即吴稚暉——編者注）所撰"，根據

① 邱紅，葛時燕，陳迪. 亞洲畫報之鼻祖——湖州市檔案館館藏《世界》畫報介紹[J]. 浙江檔案，2009（5）：34-35.
② 參見甘險峰. 中國新聞攝影史[M]. 北京：中國攝影出版社，2008：20；張光宇，唐薇. 張光宇文集[M]. 濟南：山東美術出版社，2011：169-170；韓叢耀，徐小蠻，王福康. 中華圖像文化史：插圖卷 上[M]. 北京：中國攝影出版社，2016：271；施蟄存. 繞室旅行記[M]//應國靖. 施蟄存散文選集. 天津：百花文藝出版社，2009：128-129.
③ 世界社. 近世界六十名人[M]. 上海：世界合作出版協會，1937：發刊詞.
④ 顧頡剛. 顧頡剛讀書筆記：卷 15[M]. 北京：中華書局，2011：124-126.
⑤ "《凡例》"，《近世界六十名人》中没有專門的《凡例》，此當指目次頁左端一段可稱爲序言的文字。

是《凡例》中將西方人名、地名用華人、華地近似名字翻譯的主張，與吴稚暉後來在《民立報》答署名"T.K.T."關於譯名的指責時的説法一致[①]。有學者指出，事實上，該書的譯名并不統一，如牛津大學，有譯作"牛津大學"者，也有譯作"鄂斯福大學"者；劍橋大學，有譯作"圜橋大學"者，也有譯作"圜橋郡之大學"者。因此，我們認爲，該書的名人簡介，當爲不同編者之手筆。

---

① 顧頡剛. 顧頡剛讀書筆記：卷 15[M]. 北京：中華書局，2011：124-126.

維新人物考

華承澐 / 編

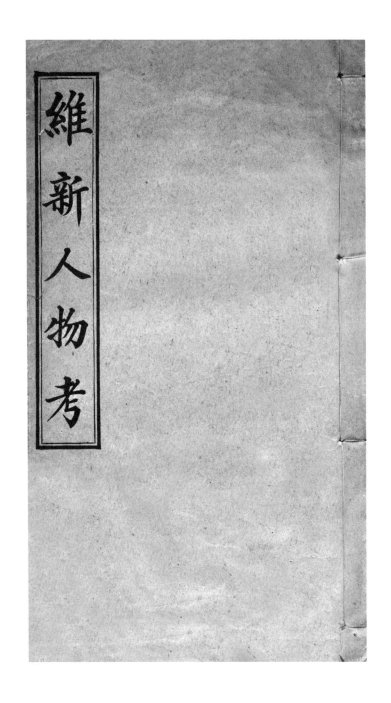

《維新人物考》封面

總

目

維新人物考總目

華盛頓　　　　　威廉

林肯　　　　　　典亞

裴根　　　　　　葉斯璧

戴楷爾　　　　　牛端

孟德斯鳩　　　　服爾德

李殖　　　　　　盧騷

狄岱麓　　　　　斯密亞丹

康德　　　　　　華特

鹿化西　　　　　邊沁

《維新人物考》總目第 1 頁 a

勞百宿　　　　　　高特
瞿惠業　　　　　　陸謨克
海哲爾　　　　　　法雷臺
孔德　　　　　　　達爾文
裴乃德　　　　　　斯賓塞
巴斯德　　　　　　濮皐
盧月　　　　　　　裴在軺
赫胥黎　　　　　　郝智爾
龍蒲束　　　　　　勞伯倫
居梅禮　　　　　　俾斯麥

《維新人物考》總目第 1 頁 b

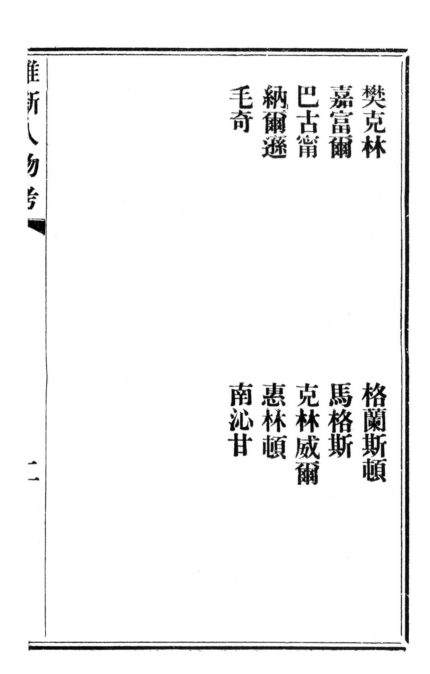

維新人物考

樊克林　　　　　　　格蘭斯頓
嘉富爾　　　　　　　馬格斯
巴古甯　　　　　　　克林威爾
納爾遜　　　　　　　惠林頓
毛奇　　　　　　　　南沁甘

二

《維新人物考》總目第 2 頁 a

維新人物考序①

伏以立憲時代步武泰西如舉我中華之故家遺俗流風善政與較短長必有謂儳不於倫者然而抑強扶弱轉弱爲強外人之足資觀感豈有他哉夫亦曰仁義而已矣此論一出庸耳俗目之流更將驚奇詫異盍證之華盛頓②抗英八年遂蘇民困再證之威廉第一③勝法一役卒復國仇一則仁之至一則義之盡仁義之説孰能推倒然而仁義雖美名非虛名無學問經濟以行之終不免煦仁孑義似是而非學界中實驗名家政界中公忠體國一時如裴根④俾斯麥輩應運而生聞風興起代有傳人用能翼贊列強幾人稱帝幾人稱王互稱雄長於環球無非集思廣益之功非倖致也盍再借觀日本區區數島而勃然興二十年前較我國崇拜西人爲尤甚凡設局立廠製造船械無不以西人師長其間久之而減數成又久之而減數成起視今之日本局廠一變船械一新泰西無一人焉可恍然於借才之法矣借才以造才與借才而倚賴其才當自有間夫豈文憑一束名詞一卷官制一部所可同日語哉然而卜乾坤之再造遏滄海之橫流功歸一戰歌大風而思猛士曷勝往復低回故取海陸軍健將克林威爾等數人爲此書之結束凡與人家國事者當知盈科放海恃有原泉如因出欸而借欸不籌入欸爲還欸則善後難如以洋債還商債安有商債還洋債則經久難況有預算所已及又有預算所未及顧其所已及必失其所未及則左支右絀爲尤難知難不難翻然變計則得矣學術與政術相表裏有

---

① 總目中無此標題。
② "華盛頓"，即喬治·華盛頓（George Washington，1732—1799）。美國政治家、軍事家、革命家，首任總統（1789—1797）。
③ "威廉第一"，即威廉一世（William Ⅰ，1797—1888），普魯士國王（1861—1888），1871 年 1 月起任德意志帝國皇帝（1871—1888）。
④ "裴根"，即弗蘭西斯·培根（Francis Bacon，1561—1626），英國哲學家、科學家，著有《新工具》《論科學的增進》《學術的偉大復興》等。

以興實業即有以闢利源源遠則流長何憂乎取之盡而用之竭故曰徒善不足以
爲政徒法不能以自行學問經濟之爲功大矣請披覽鄙人所考自不河漢斯言至
此書挂漏實多應俟後來居上之人續編以補之可也

　　宣統三年辛亥荷花生日①燕南②華承湋③自序於三都關廨④

---

①　"荷花生日"，舊俗農曆六月二十四日爲荷花生日。
②　"燕南"，對天津的雅稱。
③　"華承湋"，華承湋（1848—1917），直隸人，晚清時期曾任廣東知府，詳見文後編者説明。
④　"關廨"，指海關辦公的地方。

維新人物考序

伏以立憲時代步武泰西如舉我中華之故家遺俗流風善
政與較短長必有謂儗不於倫者然而抑強扶弱轉弱爲強
外人之足資觀感豈有他哉夫亦曰仁義而已矣此論一出
庸耳俗目之流更將驚奇詫異盡證之華盛頓抗英八年遂
蘇民困再證之威廉第一勝法一役卒復國仇一則仁之至
一則義之盡仁義之說孰能推倒然而仁義雖美名非虛名
無學問經濟以行之終不免照仁子義似是而非學界中實
驗名家政界中公忠體國一時如裴根俾斯麥輩應運而生
聞風興起代有傳人用能翼贊列強幾人稱帝幾人稱王互

《維新人物考》序第 1 頁 a

稱雄長於環球無非集思廣益之功非倖致也盡再借觀日
本區區數島而勃然與二十年前較我國崇拜西人為尤甚
凡設局立廠製造船械無不以西人師長其間久之而減數
成又久之而減數成起視今之日本局廠一變船械一新泰
西無一人焉可恍然於借才之法矣借才以造才與借才而
倚賴其才當自有間夫豈文憑一束名詞一卷官制一部所
可同日語哉然而卜乾坤之再造遏滄海之橫流功歸一戰
歌大風而思猛士曷勝往復低回故取海陸軍健將克林威
爾等數人為此書之結束凡與人家國事者當知盈科放海
特有原泉如因出欵而借欵不籌入欵為還欵則善後難如

以洋債還商債安有商債還洋債則經久難況有預算所已
及又有預算所未及顧其所已及必失其所未及則左支右
絀為尤難知難不難翻然變計則得矣學術與政術相表裏
有以興實業卽有以闢利源源遠則流長何憂乎取之盡而
用之竭故曰徒善不足以為政徒法不能以自行學問經濟
之為功大矣請披覽鄙人所考自不河漢斯言至此書挂漏
實多應俟後來居上之人續編以補之可也

宣統三年辛亥荷花生日燕南華承澐自序於三都關廨

《維新人物考》序第 2 頁 a

華盛頓

華盛頓美國第一總統慈善家也美未立國以先爲英屬受英壓制以印花稅重困美人華氏有出水火而登袵席[①]爲美人轉危爲安之思想卒以合衆立國有志者事竟成載在全傳其先世爲英倫之諾三謨敦[②]人高祖遷美世爲農家資饒富弱冠即欲赴軍艦母氏阻其行年十六爲測量師二十歲爲英兵官克土人之亂洎千七百七十四年公議抗英苛暴華氏與焉英政府不稍退讓遂於千七百七十六年七月四日宣告美國獨立十三省公舉華氏爲統兵官起而拒英血戰八年至千七百八十三年英美和約成華氏遂解甲歸農衆欲擁戴爲王華氏正色曰我何如人所以受兵權而不辭者冀與諸公共蘇吾美之困耳豈爲自私自利乎其度越尋常萬萬有如此者衆人爲之泣下乃別去千八百八十九年衆議建美爲共和國共舉華氏爲第一總統復以事未大定不得已徇衆意連任爲總統五年解職歸隱野服蕭然如常人後又因美法失和推華氏爲兵總未及終事而歿

巢由薄天下而不爲世何以濟舜禹有天下而不與民賴以安美國第一總統胞與爲懷所謂正其誼不謀其利明其道不計其功純是聖賢工夫具有乾坤度量世有斯人豈徒美民安天下之民舉安可以愧天下之鷹瞵虎視者

---

① "出水火而登袵席"，指把人從水火中拉出來放到牀上。比喻解救危難中的人們。
② "諾三謨敦"，即北安普頓（Northampton）。

威廉第一①

　　威廉第一德意志聯邦之皇帝政治家及軍學家也孩提時已好玩弄兵器年十歲即入軍隊十七八歲時各國惱困拿破崙威廉氏與焉壯歲專一在軍中至千八百四十年其父歿其兄嗣立威廉氏兼柄政權大爲人民自由之敵千八百四十八年國民不堪壓制起革命威廉氏察知非立憲不足以已民亂然終相持不肯屈亂益熾乃遁英避禍未幾條憲政順民意始復歸栢林②千八百五十八年兄歿威廉氏嗣立是爲威廉第一既即普國王位得俾斯麥之政術毛奇③之軍略首與丹馬④戰逾年攻奧又四年侵法經千八百七十年歷史上最著之普法戰局世仇悉復國威大震建德意志聯邦即皇帝位雖英毅有足多而盛德無稱蓋習染於拿破崙之霸術不知緬華盛頓之高風而漸摩於仁心仁聞者也論者甚爲雄才大略惜之

---

① 總目爲“威廉”。
② “栢林”，即柏林。
③ “毛奇”，即赫爾穆特·卡爾·貝恩哈特·馮·毛奇（Helmuth Karl Bernhard von Moltke，1800—1891），又稱老毛奇，詳見後文。
④ “丹馬”，即丹麥。

林肯①

　　林肯美國前總統慈善家及政治家也其父爲老農故幼時失學年十九爲船傭得十金月俸乃以暇時購讀法律書大有所得久之爲律師旋舉爲議員遂入政治社會論鋒甚銳當者辟易因之頗負民望林氏提議釋放黑奴至爲盡力聯邦之北境皆受其化惟南人主張蓄奴及千八百五十九年林氏爲總統遂開南北戰局②五年始定蓄奴之制乃革及戰事方罷林氏忽爲刺客南人布斯③在華盛噸劇場刺死惜哉何上天之不佑善人也

　　黑奴之慘劇與淪爲豬仔之華民同一暗無天日得慈祥愷悌之總統力挽澆風讀南北花旗戰紀所謂唯能愛人能惡人雖終爲南花旗人所中傷黑奴之生死肉骨得脫樊籠卒達目的林總統在天之靈自無遺憾安得斯人復起除暴安良爲豬仔大開生路馨香禱祀此願卒未知何日償爾

---

① "林肯"，即亞伯拉罕·林肯（Abraham Lincoln，1809—1865）。
② "南北戰局"，即美國南北戰争。
③ "布斯"，即約翰·威爾克斯·布斯（John Wilkes Booth，1838—1865），美國戲劇演員。1865年4月14日在華盛頓劇場刺殺林肯，致使林肯身亡。

典亞①

典亞法國總統政治家也先爲法相拿破崙第三與普失和典亞力諫以阻出師同朝咸笑其迂拿破崙第三氣壓栢林以爲戰勝攻取如操左券及一敗塗地身辱師熸巴黎被圍一百三十日烽火漲天城外礮臺盡爲普據法人始服典亞先見交相推許公舉典亞爲議和全權大臣迨與俾斯麥面訂和約又以割地齟齬別後老淚汍瀾出游與國申明約章以不得乘危爲指天誓日之盟始允普割地要求而賠欵減至十萬萬圓仍議明普兵劃留萬人以待賠欵理清之日始退所有戍兵由法供給典亞爭不獲已和議以成在普人以法國大兵之後安有餘力彌此巨欵孰意典亞救敗之才畧實不減決勝之運籌不三年而掃數清償已著得民財之善政輸將踴躍竟出强鄰意料之中所尤奇者海防邊防一時併舉措國家如磐石之安雖鷹瞵虎視世不乏人卒莫由乘間抵隙又以束牲載書言猶在耳旋聞法據越南依然開疆展土之雄心並繪圖附説舉普法戰事懸之王宮觸目驚心無日不以復仇爲念遂皆守約逡巡不前普人聞之有戒心焉覘國者知法廷之大有人在也典亞嗣爲總統數年心力交瘁卒至失音乃公舉麥馬韓②代法之得有今日不能不追溯前徽以典亞轉危爲安咸樂道其中興偉績也

---

① "典亞"，即路易-阿道夫·梯也爾（Louis-Adolphe Thiers，1797—1877）。法國政治家、歷史學家，奧爾良黨人，法蘭西第三共和國首任總統（1871—1873）。

② "麥馬韓"，即瑪利·埃德姆·派特里斯·莫里斯·德·麥克馬洪（Marie Edmé Patrice Maurice de Mac-Mahon，1808—1893），法國軍人，在克里米亞戰爭及意大利馬堅塔戰役中揚名，升爲法國元帥，并受封爲馬堅塔公爵，後成爲法蘭西第三共和國第二任總統（1873—1879）。

　　甲午一役乙未和約①成於李文忠②予聞台灣割棄曾將典亞善後事宜開具清摺呈之麟文慎③師當蒙轉達政府翁常熟④閱後極口稱之曰通品旋以力不從心辭此旅順威海膠灣九龍廣州灣之所以失也彈指十餘年河山猶是風景全非益歎老謀深算如典亞者之過人遠矣

---

① "乙未合約"，即《馬關條約》，簽署於 1895 年，干支紀年爲乙未年。
② "李文忠"，即李鴻章（1823—1901），謚文忠，當時代表清政府與日本簽訂《馬關條約》。
③ "麟文慎"，即麟書（1829—1898），字芝庵，謚文慎，曾任吏部尚書協辦大學士、文淵閣大學士、武英殿大學士。
④ "翁常熟"，即翁同龢（1830—1904），江蘇常熟人。中國近代史上著名的政治家、書法家、收藏家。

裴根

裴根英國哲學家也其父以名律師爲英女主①愛理查白②朝之尚璽長③二十年裴氏自少出入宮中女主愛其聰慧呼爲小尚璽長十三歲與其兄同入圜橋大學④即能譏議校中亞理斯多德之學科以爲爲學當就真理而得新知不可但拾古人之唾餘人以爲裴氏一生學問即基於少時之片言學者因之崇信實驗之真理得蔚成科學之世界而一切架空懸談諸泒⑤哲學沿習於古説迷滯於宗教者摧陷一空裴氏實爲其先導也居圜橋大學三年出學未久隨駐法公使濮來⑥赴法歷遊諸州郡十九歲以父憂歸所得遺財甚薄無以自給由律師累仕至大審院長⑦晚年失官精研哲理益爲劬瘁故其著述之富發明之多共認爲新學界開山之人物學者崇拜之在牛端⑧之右

實驗二字爲學界之闇室燈迷津筏研究新學凡一事一物均非隔手所能爲即如化學一門不但所有一切性質躬親體察即應需一切器具亦必造自己而不求諸人自不患模糊影響況定質與流質各按其聲光色味有圖有説絲毫不能牽混至鑪錘在手變化從心又在分合之數以定異同不知幾經加減始能別立名號

① "女主"，即女王。
② "愛理查白"，即伊麗莎白一世（Elizabeth Ⅰ，1533—1603），英國女王（1558—1603）。
③ "尚璽長"，即掌璽大臣，掌管英王禦璽的内閣閣員。
④ "圜橋大學"，即劍橋大學，成立於 1209 年。
⑤ "泒"，有誤，應爲"派"。
⑥ "濮來"，即艾米阿斯·鮑萊爵士（Sir Amias Paulet，1532—1588），英國外交家。
⑦ "大審院長"，即總檢察長。培根 1613 年被任命爲總檢察長。
⑧ "牛端"，即伊薩克·牛頓（Isaac Newton，1642—1727），見後文介紹。

又必歷試多次利害判然因利以防其害除害以保其利推闡盡致無蘊不宣然後
以相生之妙反而求相剋之端精思對待之法不使遺憾稍留此力能造極功在出
奇皆格致之標準也舉一反三而新學可類推矣新政與新學相表裏中華局廠曰
督辦曰會辦曰總辦名存而實亡無一事自辦推之提調科員文案收支何莫不然
誠如左文襄奏議大臣不如委員委員不如司事司事不如工匠真語語破的也然
而等而上之無所爲等而下之無不可爲工匠是資必至層層蒙蔽有奇才異能之
新製造則本管攘爲己功而工匠之功不賞工匠之過亦可不罰所以某某省軍械
有以錫箔代鉛水者有以假漆代黑油者更有專造假炸冒假子彈以亂真者悉數
難終而當局者不知或知而不知即以軍械發凡起例可也一言以蔽之曰不實驗

葉斯璧[1]

　　葉斯璧英國文學家之工劇曲者也葉氏爲農家子少時雖助家人耕牧不廢學年十七於國文外更通希臘臘丁文[2]二十歲後赴倫敦譜曲於劇塲登臺試演新聲名大噪諸名士争與之交居數年更入牛津大學研究文學兼治法意二國文既出學仍赴倫敦改良戲劇慘淡經營於歌舞塲者二十年所製劇本不惟全世界梨園譯演推爲名劇之冠而其歌曲之詞格亦爲英文中最淵妙之傑作故今英美各大學英文科入學試驗必通葉氏遺著始爲及格中國所譯之吟邊燕語[3]　一種即葉氏著作中之有大名者興觀羣怨其扶持世教之用意深矣

①　"葉斯璧"，即威廉·莎士比亞（William Shakespeare，1564—1616）。
②　"臘丁文"，即拉丁文。
③　"吟邊燕語"，即英國蘭姆姐弟所著《莎士比亞戲劇故事集》（*A Tales from Shakespeare*），林紓與魏易合作翻譯此書，名爲《吟邊燕語》（商務印書館 1905 年出版）。

戴楷爾①

　　戴楷爾法國哲學家也幼受教會學校教育即能致疑於古學故論者謂戴氏幼年在佛賚希校②所發之議論迨與裴根少時在圜橋大學之議論相似一爲格物派哲學之先導一爲窮理派哲學之元祖皆開闢新學界有功之人也戴氏因學校課程不善棄而從軍圖博覽自然之現象未幾脱軍籍專研究數學及哲學因巴黎不能遂其思想自由乃屏居荷蘭二十餘年後被荷人驅之出境甫返巴黎即有大學牧師等請國會禁其學説國會不可更請於王戴氏乃亡命瑞士居僅數月不勝瑞士之嚴寒而殁戴氏學非特懸想之哲理而已乃一一多經實驗其名言爲學界所傳誦者則曰非顯然見其爲真勿信以爲真此不刊之要理即後世科學之所以成立也戴氏學可分爲四一懸想學③其要義曰我能有思故有我④二數學用代數以馭幾何⑤三物理學發明折光之公例四天文學發明行星繞太陽及經星⑥而轉著作宏富如思想之趨向⑦　戴氏幾何　等皆其尤著者也

---

① “戴楷爾”，即勒奈·笛卡兒（Rene Descartes，1596—1650）。
② “佛賚希校”，即拉夫賴學校，或稱拉弗萊舍學校。
③ “懸想學”，即思辨哲學。
④ “我能有思故有我”，即“我思故我在”。
⑤ “用代數以馭幾何”，笛卡兒創立了解析幾何學。
⑥ “經星”，天文經星簡稱經星，爲恒星之别稱。
⑦ “思想之趨向”，疑爲《第一哲學沉思集》（*Meditationes de prima philosophia*），簡稱《沉思集》。

牛端

　　牛端英國物理學家哲學家及數學家也其父爲農家子先牛氏數日歿[①]十五歲時牛氏依母氏居強之離塾習農牛氏好書如在學中時每適他城邑市物有老傭代往彼乃即書庫飽讀數日母氏之弟某高才生也察牛氏志乃告其姊俾棄農入圜橋大學習業牛氏篤好歐几利得[②]之學而以法國戴楷爾之幾何術[③]一書反復研究於二次式與微分法已能自有所發明尤好光學千六百六十九年在學卒業僅數年即舉爲大學教授所教授者爲數理天文地理諸科以光學爲主要演述白光及五色諸理皆發前人所未發復有遠鏡顯微鏡之搆造千六百七十二年遂舉爲倫敦國家會會員[④]年甫三十異數也發明最多西方婦孺皆知尤以蘋果墜地而悟通吸力名之曰牛端動例[⑤]　牛氏著作以光學　及自然哲學之數理[⑥]　等爲尤得名牛氏不惟爲物理數學之名家即謂前乎達爾文之科學世界皆牛氏闢之可也

---

① “先牛氏數日歿”，據史實，應爲“先牛氏數月歿”，牛頓的父親在他出生前三個月去世。
② “歐几利得”，即歐幾里得（Euclid，約公元前 330—前 275），古希臘數學家，麥加拉學派的創立者。
③ “幾何術”，即笛卡兒的《幾何》。
④ “倫敦國家會會員”，即英國皇家學會會員。
⑤ “牛端動例”，即牛頓運動定律。
⑥ “自然哲學之數理”，即《自然哲學之數學原理》（*Mathematical Principles of Natural Philosophy*），1931 年由鄭太樸翻譯爲中文。書名是《自然哲學之數學原理》，由商務印書館出版。

孟德斯鳩①

　　孟德斯鳩法國哲學家及著作家也初習物理學及博物學復從事於道德政治歷史諸科曾投政界卒乃潛心著述歷游他城邑研求社會風俗其生平大著作以法意②一書爲最得名二年重版二十二次孟氏終身好學嘗語人曰吾能無耗吾一刻之學時則吾無遺憾矣其勤如此

---

① "孟德斯鳩"，即沙爾·孟德斯鳩（Charles Montesquieu，1689—1755）。
② "法意"，即《論法的精神》（*The Spirit of Law*），1905 年嚴復譯作《法意》，由商務印書館出版。

服爾德①

　　服爾德法國哲學家及著作家也幼受學於教會後以言論開罪於宗教及權貴曾入獄二次中年游英三載思想大進泊千七百二十九年歸國從事戲曲以之轉移風氣傳達宗旨著作甚富所爲戲曲尤長於悲劇極寫當時之酷刑服氏純主道德爲詆教之健將又以公理與人道反對專制名在盧騷②之右

---

① “服爾德”，即伏爾泰（Voltaire，1694—1778）。
② “盧騷”，即讓-雅克·盧梭（Jean-Jacques Rousseau，1712—1778）。法國啓蒙思想家、哲學家，著有《論人類不平等的起源和基礎》《社會契約論》等。詳見後文介紹。

李奈①

　　李奈瑞顛國②之博物學家及醫學家也年二十四即得植物分門之法③旋爲荷蘭植物園監督適得研究植物之資料從事著述後復歷游英法歸舉學會長並爲大學教授李氏分門之法先分植物之有花無花對於有花者更從陽生植器之花蕊陰生植器之花心分陰陽二具同在一花或不同在一花花則更分爲整花瓣等或散花瓣等隨各植物之性質共分爲四十二族自植物分門之法出而動物學及地質學家亦本其法而爲類屬等之分別有裨益於博物學者實非淺鮮如植物分班④　植物學書目録提要　植物哲理⑤　皆李氏之閎著至今植物學家寶貴之

---

① "李奈"，即卡爾·馮·林奈（Carl von Linné，1707—1778）。又譯爲林内、林耐。
② "瑞顛國"，即瑞典。
③ "分門之法"，即分類方法。
④ "植物分班"，即《植物種志》（*Species Plantarum*），1753 年初版。
⑤ "植物哲理"，即《植物哲學》（*Philosophica Botanica*），1751 年初版。

盧騷

盧騷法國哲學家及著述家也盧氏憤世事之無道於演説詞中論人世不平等之原因力攻貴族帝王及俗所謂神聖之法律謂今之所謂文明徒致人於困苦野蠻則反覺自由安樂其詞之激昂類如此著作甚富而最有大名者爲民約論^①　與教育^②　民約論之大旨謂人本生而自由今反錮之教育則謂人性本善社會使之腐敗二書皆觸時忌政府議捕罰乃遁瑞士論者謂專制之摧毀盧氏爲有功

---

① "民約論"，即《社會契約論》(*Du contrat social ou principes du droit politique*)。
② "教育"，即《愛彌兒：論教育》(*Émile，ou，De l'éducation*)。

狄岱麓①

狄岱麓法國哲學家及著作家也狄氏與孟德斯鳩服爾德盧騷齊名爲當時四名家狄氏旨意尤高遠狄氏家貧故少學於教會小學後入中學精數學及外國語譯英文百科類典② 即因之爲本國文類典 見重當時著作閎富曾以文字之禍入獄蓋彼力攻迷信主張人權反對上帝與世俗之道德曰知其爲善行惟篤信而力行之可矣其説風靡一時而信從者衆故論者並以狄氏爲社會新理之先導

① "狄岱麓"，即德尼·狄德羅（Denis Diderot，1713—1784）。法國哲學家，機械唯物主義的代表人物，法國革命資産階級的代表，啓蒙思想家，百科全書派領袖。
② "百科類典"，即百科全書。

斯密亞丹[1]

斯密亞丹英國哲學家及經濟家也幼即聰慧稍長入葛蘭斯哥大學[2]喜數學及物理學未幾入鄂斯福大學[3]留學七年旋在藹丁堡[4]爲美詞學講師始與許默[5]訂交後三年聘爲葛蘭斯哥大學教授復改道德學教授主講席十二年其時成德性[6]　一書爲生平閎著之一千七百六十四年游法始起草爲原富[7]　留法三年歸臥蘇格蘭故居承母氏歡約十年不出原富即以此時脱稿許默將死聞此書刊行特扶病作書賀之蓋斯氏爲經濟學之元祖也後終於葛蘭斯哥大學總長[8]之任

---

[1]　"斯密亞丹"，即亞當·斯密（Adam Smith，1723—1790），英國經濟學家、哲學家和作家，著有《道德情操論》《國富論》等。
[2]　"葛蘭斯哥大學"，即格拉斯哥大學（University of Glasgow）。
[3]　"鄂斯福大學"，即牛津大學（Oxford University）。
[4]　"藹丁堡"，即愛丁堡大學（University of Edinburgh）。
[5]　"許默"，即大衛·休謨（David Hume，1711—1776），蘇格蘭哲學家、歷史學家和經濟學家，主觀唯心主義者，不可知論者，著有《人性論》等。
[6]　"德性"，今譯爲《道德情操論》（*The Theory of Moral Sentiments*）。
[7]　"原富"，今譯爲《國富論》（*The Wealth of Nations*），嚴復譯爲《原富》。
[8]　"葛蘭斯哥大學總長"，即格拉斯哥大學名譽校長。

康德①

　　康德德國哲學家也先講懸想哲學②後稍研究數學及科學康氏著作以懸想哲理③　宇宙史④　思想評論⑤　人學⑥　爲最著康氏從牛端之學說謂發現宇宙之組織不外機力之理其說至當然於生物學又信造物説且謂人常欲以機力解生物如牛端以機力解宇宙甚乎其妄也殆達爾文出始闢康氏之謬

①　"康德"，即伊曼努爾·康德（Immanuel Kant，1724—1804）。
②　"懸想哲學"，即思辨哲學（Speculative Philosophy）。
③　"懸想哲理"，即《道德形而上學》（*Metaphysics of Morals*）。
④　"宇宙史"，即《自然通史和天體論》（*Universal Natural History and Theory of Heaven*），又譯爲《宇宙發展史概論》。
⑤　"思想評論"，當爲《純粹理性批判》（*Critique of Pure Reason*）。
⑥　"人學"，當爲《實用人類學》（*Anthropologie in Pragmatischer Hinsicht*）。

華特①

　　華特英國物理學家滷機②發明家也華氏蘇格蘭人性好研究數學及機理十九歲赴倫敦求爲製造物理學器械商之弟子脩業一年盡通其術以費用不支歸當未去之先曾識葛蘭斯哥大學教授數人至是遂求薦引得爲大學中修理教科器械之技師並得交高才生陸璧孫③等屢提議改良滷機輒以無所藉手而罷千七百六十四年大學之舊器收藏部有牛穀門④氏之煤礦抽水滷機一具使華氏修整乃得拆視而研究其得失盡得牛氏疵謬之處如失滷多運行不合並行軌線等精心計畫大爲改良遂立至今承用之凝縮滷機之基礎華氏一生發明至多蓋因享大年而又不肯稍休宜其於滷學專門大含細入所得精且博也

---

① "華特"，即詹姆斯·瓦特（James Watt，1736—1819）。
② "滷機"，即蒸汽機。
③ "陸璧孫"，即約翰·魯賓遜（John Robinson，1739—1805），英國物理學家、化學家。
④ "牛穀門"，即托馬斯·紐科門（Thomas Newcomen，1663—1729），英國工程師，蒸汽機發明人之一。所發明的常壓蒸汽機是瓦特蒸汽機的前身。

鹿化西①

　　鹿化西法國化學家也弱冠即好天文及化學二十三歲因巴黎燈火改良法之研求學會獎之鹿氏精於度量衡之審計數任爲徵稅員千七百九十三年大革命國民議會悉捕徵稅員繫之獄其明年鹿氏遂受死刑當鹿氏時化學正幼稺彼所發明者至多其最要者爲養氣②燒水銀於空氣中歷十二晝夜水銀起紅皮化分之得汞養③乃知空氣實含養氣更知空氣爲淡養二氣所合成同時英之皮斯來④瑞顛之舒輅⑤亦得此法鹿氏更察知酸質與反酸質含有養氣而爲化學質料命名之法大有益於化學之進步更如物質不生滅之例亦出自鹿氏此爲化學要例亦即新時代生物哲理之要證也鹿氏著作如生物呼吸　水質　金鋼石證實牛端炭精之說　炭氣　燐⑥及硫黃之炎燒⑦　硝酸溶解水銀　等皆見重於學界者

①　“鹿化西”，即安東–洛朗·德·拉瓦錫（Antoine-Laurent de Lavoisier，1743—1794）。
②　“養氣”，即氧氣。
③　“汞養”，即氧化汞。
④　“皮斯來”，即約瑟夫·普里斯特利（Joseph Priestley，1733—1804），英國化學家，現代化學之父，氧氣的發現者之一。堅持“燃素說”。
⑤　“舒輅”，即卡爾·威爾海姆·舍勒（Carl Wilhelm Scheele，1742—1786），瑞典化學家，氧氣的最早發現者之一，在1773年用兩種方法製得了比較純净的氧氣。
⑥　“燐”，即磷。
⑦　“炎燒”，即燃燒。

邊沁①

　　邊沁英國法學家及哲學家也其父爲律師故使從事於律學治律甚有名然非所好去之專從事改良風俗之事持公道重義行其所持哲理略謂樂爲善苦爲惡於法律中或道德中除樂利外不當有他種之規則此所謂樂利主義②也著作閎富以政略建設③　及政治試行④　二書爲尤著皆力攻政略宗教之缺點英國監獄改良邊氏與有功臨歿囑以屍付解剖檢驗所蓋欲犧牲己身以開風氣也

① "邊沁"，即耶利米·邊沁（Jeremy Bentham，1748—1832）。
② "樂利主義"，今譯爲功利主義（Utilitarianism），最早由梁啓超譯爲"樂利主義"。
③ "政略建設"，當指《論政治策略》（*Essay on Political Tactics*）。
④ "政治試行"，當指《政府片論》（*A Fragment on Government*）。

勞百宿①

　　勞百宿法國數學家物理家及天文家也曾爲數學教授及大博士會會員②
於數學物理學天文學發明極多其最要之學理爲宇宙不外機力地球由日解脱
而來爲瀜質之一分③勞氏以後以科學解乾坤之理大定而宗教之謬説以衰天
地學中之有牛端勞百宿猶生物學中之陸謨克達爾文也

---

① "勞百宿"，即皮埃爾-西蒙·拉普拉斯（Pierre-Simon Laplace，1749—1827）。
② "大博士會會員"，即法蘭西學院院士。
③ "地球由日解脱而來爲瀜質之一分"，疑即拉普拉斯提出的"星雲假説"。

高特[①]

　　高特德國文學家也高氏所學甚富詩文美術戲曲法律考古學物理學博物學無所不通而詩爲最故今之知高氏者皆稱之爲詩家若高氏之爲博物學大家及進化學説之先導則知之者鮮高氏著述中有植物化生[②]　富於生物哲理又欲解釋骨架開解剖比較之先聲郝智爾[③]在進化説中盛誦其功

---

① "高特"，即約翰·沃爾夫岡·馮·歌德（Johann Wolfgang von Goethe，1749—1832）。
② "植物化生"，當指《植物變形記》（*The Metamorphosis of Plants*）。
③ "郝智爾"，即恩斯特·海克爾（Ernst Haeckel，1834—1919），德國生物學家、哲學家，見後文介紹。

瞿惠業①

瞿惠業法國博物學家也其父爲教士幼受宗教教育甚深故雖成爲科學名家仍不敢攻宗教之虛妄最初研究純肉體動物爲孫西萊②氏所重舉爲巴黎學校植物解剖學講師後爲大學教授見重於拿破崙所發明者既博且精實爲新學開幕之人物且爲進化學之先導所奇者因回護宗教時與陸謨克孫西萊等進化學説爲反對斯賓塞譏某氏登演教壇則閉其試驗室之户入試驗室則掩其演教壇之門瞿氏亦其人歟瞿氏著作之稱最者爲解剖比較③　古物留跡之搜求④　動物機體適宜之分配⑤　如魚有泳水翅故在水中鳥有翼故翔天空魚史⑥　等是也

---

① "瞿惠業"，即喬治·居維葉（Georges Cuvier，1769—1832）。法國動物學家，比較解剖學和古生物學的奠基人。
② "孫西萊"，今譯爲聖-伊萊爾（Saint-Hilaire，1772—1844），法國脊椎動物學家、博物學家。
③ "解剖比較"，今譯爲《比較解剖學課程》或《比較解剖學講義》（*Lessons in Comparative Anatomy*）。
④ "古物留跡之搜求"，疑爲《四足動物化石研究》（*Researches on Fossil Bones of Quadrupeds*）。
⑤ "動物機體適宜之分配"，今譯爲《按結構分類的動物界》（*The Animal Kingdom，Distributed According to Its Organization*）。
⑥ "魚史"，即《魚的自然歷史》（*The Natural History of Fish*）。

陸謨克①

　　陸謨克法國博物學家也先習宗教學後復繼其父入軍隊卒乃專從事於博物學年三十四著法蘭西國特產之植物②　無何復與白瑞③氏同著植物彙編　及植物分類圖　皆稱爲傑作千七百九十三年爲巴黎博物學陳列所初等動物學講師於是更肆力於動物學著無脊動物④　一書此實爲進化之先基而動物哲理⑤之底稿也動物哲理　成於千八百九年其大意謂生物非來自天神之創造乃自簡單生物藉遺傳演習二性更化而來即人亦如是人之嫡祖必類於猴者之一物陸氏說出宗教家大譁博物大家瞿惠業尚沿習俗爲舊說辯護至達爾文氏繼興進化之說大定遂有推陸氏爲進化學說之元祖者陸氏晚年劬學因察驗物質用目過力至於失明然仍孜孜不倦得鹿體宜⑥之相助以日從事於研究

①　"陸謨克"，即讓-巴蒂斯特·拉馬克（Jean-Baptiste Lamarck，1744—1829）。
②　"法蘭西國特產之植物"，今譯爲《法國植物志》（*Flore françoise*）。
③　"白瑞"，當爲奧古斯丁·彼拉姆斯·德·堪多（Augustin Pyrame de Candolle，1778—1841），瑞士-法國植物學家。
④　"無脊動物"，即《無脊椎動物系統》（*Système des animaux sans vertèbres*）。
⑤　"動物哲理"，即《動物哲學》（*Philosophie zoologique*），亦譯作《動物學哲學》。
⑥　"鹿體宜"，在《近世界六十名人》中爲"鹿體宜氏"，當指拉馬克的小女兒羅莎莉，生卒年不詳。拉馬克晚年失明，其著作由他口授，羅莎莉書寫完成。

海哲爾①

　　海哲爾德國哲學家也初從事於宗教哲學後受盧騷學説之感動力乃作政治讜言　二十五歲遇師林②氏於恊南③始崇信自然哲理更自成其一家之學千八百十八年舉爲栢林大學哲學教授當時海内所講授之學説風靡學界爲德法各學校所師程海氏哲學可分爲三叚④一釋定意想即論理學⑤也二憑論理而定公例從實跡而及理想此自然哲理也三哲理觀念更分爲三甲主觀的如人學現象學心理學乙客觀的如權道德風俗丙絶對的如美術宗教哲學其著作繁富最有大名者如思想之現象學⑥　論理之科學　哲學全書節要⑦　等皆爲各國學者所傳譯

---

① "海哲爾"，即格奧爾格·威廉·弗里德里希·黑格爾（Georg Wilhelm Friedrich Hegel，1770—1831）。
② "師林"，即弗里德里希·威廉·約瑟夫·謝林（Friedrich Wilhelm Joseph Schelling，1775—1854），德國哲學家、教育家，著有《論人類的自由》《先驗唯心論系統》等。
③ "恊南"，即耶拿（Jena），德國中東部城市。黑格爾曾任教於耶拿大學。
④ "叚"，有誤，應爲"段"。
⑤ "論理學"，即邏輯學。
⑥ "思想之現象學"，即《精神現象學》。
⑦ "哲學全書節要"，即《哲學科學全書綱要》。

法雷臺①

　　法雷臺英國物理學家及化學家也爲達威②氏之弟子曾隨達氏歷游法意諸國爲學問上之研究法氏於物理學之大發明則使炭氣綠氣③及他氣質④變爲流質⑤其法置氣於雙曲管中封其兩端以熱水蒸一端復以冷水沃其別端氣質遂於冷之一端亦可爲流質法氏最爲學界所崇拜者則爲電學其發明至多不可勝計如由磁石與電流之關係究知電與磁石之原理由電氣化分而得鍍電之根據諸如此例皆爲電學家闢一新天地

---

① “法雷臺”，即邁克爾·法拉第（Michael Faraday，1791—1867）。
② “達威”，即漢弗萊·戴維（Humphrey Davy，1778—1829），英國化學家、發明家。
③ “綠氣”，即氯氣。
④ “氣質”，即氣體。
⑤ “流質”，即液體。

孔德①

　　孔德法國哲學家及數學家也生平爲數學教授者其人著述閎富其最著者則爲實驗哲學②　　孔氏之意哲學有三種不惟不相同而且相反一曰神學哲理③一曰懸想哲理④一曰實驗哲理⑤前二者均當漸爲實驗哲理所更代孔氏又謂數學天文物理化學生物學社會學乃爲原學即謂他學皆本於以上所舉之諸學也學理由簡單而繁複簡者即爲繁之所資藉如乙之賴甲丙之賴乙之比例以上諸說今之科學家皆奉爲名言

① "孔德"，即奧古斯特·孔德（Auguste Comte，1798—1857）。
② "實驗哲學"，即《實證哲學教程》。
③ "神學哲理"，即神學哲學。
④ "懸想哲理"，即思辨哲學。
⑤ "實驗哲理"，即實驗哲學。

達爾文[1]

　　達爾文英國博物學家今日以前新世界之偉人也父爲當時名醫達氏幼時資禀如常兒稍長喜聚動植物標本及爲化學試驗中學畢業乃至蘇格蘭都城藹丁堡大學[2]習醫非其所好後入英倫圜橋大學酷嗜地質學諸科既乃爲環球之游自有此行立志拔脱耶教之誣妄多致世人之譏衆議沸騰乃與其婦退隱鄉間數十年而絶大之著作名種源[3]　者即成於此時蓋集億兆之精確考證推求審察始得生物進化學之定理謂動植物皆由遞變而成來自唯一根源由是宗教之舊説盡革而世界之真理以著昔日對於此問題之聚訟者皆爲達氏以真理勝之一切地質學化學動植物學家由種源一書窺見達學要旨者無不傾服故有人謂十九世紀後期當名爲達爾文時代

　　其餘著述尚多而流行書市者列目於後

　　人種由來[4]　　動植物之更變[5]　　蟲媒受胎之蘭科植物[6]　　環游地球記[7]

---

[1]　"達爾文"，即查爾斯·羅伯特·達爾文（Charles Robert Darwin，1809—1882）。
[2]　"藹丁堡大學"，即愛丁堡大學。
[3]　"種源"，即《物種起源》。
[4]　"人種由來"，今譯爲《人類的由來及選擇》（*The Descent of Man and Selection Relation to Sex*），簡稱《人類的由來》。
[5]　"動植物之更變"，當爲《動物和植物在家養下的變異》（*The Variation of Animals and Plants under Domestication*）。
[6]　"蟲媒受胎之蘭科植物"，今譯爲《蘭科植物的受精》（*On the Various Contrivances by which Orchids are Fertilised by Insects*）。
[7]　"環游地球記"，疑爲《比格爾號航海日記》（*The Voyage of the Beagle*）。

蔓性植物之動移^①　植物與蟲^②　植物受胎法^③　植物動移之能力^④　蚓與
地之關係^⑤　珊瑚搆造與分布之區^⑥　火山區域内地質之察驗^⑦　達氏事略
及書札^⑧

①　"蔓性植物之動移"，今譯爲《攀援植物的運動與習性》（*Movement and Habits of Climbing Plants*）。
②　"植物與蟲"，今譯爲《食蟲植物》（*Insectivorous Plants*）。
③　"植物受胎法"，不詳。
④　"植物動移之能力"，今譯爲《植物的運動本領》，亦譯爲《植物的運動能力》（*The Power of Movement in Plants*）。
⑤　"蚓與地之關係"，當爲《腐植土的産生與蚯蚓的作用》（*The Formation of Vegetable Mould Through the Action of Worms*），又稱《蚯蚓》。
⑥　"珊瑚搆造與分布之區"，今譯爲《珊瑚礁的結構與分布》（*The Structure and Distribution of Coral Reefs*）。
⑦　"火山區域内地質之察驗"，今譯爲《火山群島的地質觀察》（*Geological Observations of Volcanic Islands*）。
⑧　"達氏事略及書札"，今譯爲《查理斯·達爾文的生平及其書信集》（*The Life and Letters of Charles Darwin*）。

裴乃德①

　　裴乃德法國生理學家也初爲文學後習醫卒乃講生理學發明極富如發明消食器②與胃汁之生理腦關之生理等皆極重要故人目裴氏爲生理學之健將且爲之説曰裴乃德之名詞非僅一生理學家即謂之生理學可也就哲理觀之裴氏之功尤偉裴氏乃主因應一定之説謂無無因之應彼又常謂生命之作用各有專司而結果皆屬化學的此專與宗教挑戰者也著作閎富不勝枚舉皆關生理學者

---

① "裴乃德"，即克洛德·貝爾納（Claude Bernard，1813—1878）。
② "消食器"，即消化器官。

斯賓塞①

斯賓塞英國哲學家社會學家也社會學或譯羣學幼習建築學曾爲建築學報記者年二十九遂舍建築師之業研究理財學成社會平均②　一書自是專力哲學晚年游美洲歸乃被推爲道德學及政治學大博士會會員③辭不就斯氏著述閎富如心理學大義④　元理⑤　生物學學理⑥　羣學肄言⑦　公道⑧　等爲其最著者斯氏以爲凡世界中之所謂學多資實驗故實驗爲擴充學與識之初步又云思想乃由知慮所積蓄而發生本性則從遺傳而得信道之觀念乃堅定不移之良心所界也又云道德即羣學之一端箇人之道德爲社會全體道德之所感合而成人羣即生物之一部分進化退化之行之於人羣猶其行之於生物間也又斯氏哲學規則皆本博愛之義而定凡一切自利主義莫能兩存其詳見所著第一大義⑨　其書屢經重刊

---

① "斯賓塞"，即赫伯特・斯賓塞（Herbert Spencer，1820—1903）。
② "社會平均"，即《社會静力學》（*Social Statics*）。
③ "道德學及政治學大博士會會員"，即法蘭西學院下屬的道德與政治學院（Académie des sciences morales et politiques）院士。
④ "心理學大義"，即《心理學原理》（*Principles of Psychology*）。
⑤ "元理"，據《近世界六十名人》當爲"玄理"，疑即《綜合哲學體系》（*A System of Synthetic Philosophy*），斯賓塞學術著作的結集，《馬藏》第一部第一卷所收《大同學》中將其譯爲《萬理合貫》。
⑥ "生物學學理"，即《生物學原理》（*Principles of Biology*）。
⑦ "羣學肄言"，即《社會學研究》（*Study of Sociology*）。
⑧ "公道"，即《道德原理》（*Principles of Ethics*）。
⑨ "第一大義"，即《第一原理》（*First Principles*）。

巴斯德①

　　巴斯德法國化學家黴菌學之開山元祖也巴氏初習化學即得當時著名化學家屠茅②氏爲之指授巴氏舉理化學博士爲巴黎大學教授其發明甚多而全世界知名且有益於人道與科學者則爲微生物學亦云黴菌學者是也彼最先則勇於試驗揣想液質中有微生小物③孳乳其間故糖汁可變爲酒既乃因之考驗與酒質之發酵遂發明發酵之理從而斷定發酵爲特別生物所致其物即名誘發生物次乃辨論此生物之發生於自然與否次又因考證發酵而得存養微生物之法次乃證明若肉汁之內不含微生物之卵則不發酵由是而得空氣含有微生物之確證次乃有除滅微生物之法即物料保存之法也次復研究疾病之微生物首得蠶病與治療之法次又研究牲畜之傳染病次乃得種痘之新法於是醫學因之有微生物之避免法巴氏不習醫而爲治療新法之導師不出試驗所而爲農界之良匠故合全法之人投票公定十九世紀之偉人巴氏首選拿破崙次之

　　微生物於農業醫理固有密切之關係於多種工業亦甚重要蓋微生物之小部分雖多爲疾病之媒介而其大多數則不特無害於人類且足助人類之不及其功用能化複雜之質料爲簡單具此能力故凡物經微生物之分解者即現化學的

---

① "巴斯德"，即路易斯·巴斯德（Louis Pasteur，1822—1895）。
② "屠茅"，即讓–巴蒂斯特·安德烈·杜馬（Jean-Baptiste André Dumas，1800—1884），法國化學家。
③ "微生小物"，有誤，應爲"微小生物"。

變化而另成一化合物今之從事工業者每藉微生物之力以化合物料如牛油及
乳餅之芳香即微生物所致也因此功用故黴菌學家既研究滅除不潔之微生物
復考求保存有用之微生物世界所以久存而不滅者實以有微生物故蓋植物以
簡單之質料爲生動物以複雜之質料爲食植物吸收炭氣而吐發養氣動物則反
之動物所食之物料故消散於空氣中後植物仍得吸取之以爲生活惟動物之食
料有含淡氣質者有變爲尿素者淡氣質之化合物與尿素爲複雜之質料均不宜
於植物幸而經微生物之分解將複雜物料化爲簡單使植物仍得吸取以爲滋養
植物既得食則動物亦藉以生存蓋動物植物相依爲命而循環不息者也又微生
物能使地面清潔如樹木之已枯而倒地者不久即腐爛後即成爲軟而兼棕色之
粉質此粉質或散入空氣中或與土中之質料相合枯木既去他種植物即有餘地
可以生長以上種種變化皆微物生①分解力也又碎布樹葉等在卑濕地每易腐
爛昔人皆不明其故今乃知爲微生物所致微生物爲尋常目力所不能見之生物
無顯微鏡時此物無從考驗至巴氏此學乃發明今已成一專科巴氏於巴黎曾設
有黴菌學校近來歐美各國亦多仿設

　　巴氏物料保存之法行之中國者無過罐藏食物計已二十餘年宣統紀元又
譯有新書圖說具備推行似不甚難惟較之洋製有精粗美惡之不同光緒三十二
年丙午②夏意大利在米郎賽會③華商運食物往開罐仍多損壞相形見絀從可知
實驗之功有不可缺者勢不能以譯書爲準當以實驗爲程所謂實驗者在排泄空
氣之火候斟酌盡善每製一種註明火候分數按期開驗果不變味無太過不及諸
弊始准出售以免竽濫之有損名譽並可著爲定例此黴菌學之一即化學之一也

---

① “微物生”，有誤，應爲“微生物”。
② “光緒三十二年丙午”，即 1906 年。
③ “米郎賽會”，即意大利米蘭萬國博覽會。

至譯書難恃尚有可旁參互證者偶閱新出化學某書凡所需材料概以整數計並
詭云零數非初學所能領會又有以十錢二十錢等價爲斷者查化學化分化合均
有一定分數少有參差分之無可分合之亦無可合如何能稍涉含糊况物價或限
於地或限於時更不能據一時一地之價值以概其餘此等僞書直與左道惑人無
異則辨之宜早辨也

濮皋①

　　濮皋法國外科醫學家也爲大學外科教授並爲人學實驗所長及人學校教員生平著述關乎人學②之書若報甚富輯爲五大編名曰人學記③　　人學者關係於人身之科學所研求者解剖的人學風俗的人學古史的人學語學的人學生物理的人學各種人之病理比較人學獨立爲一科本未甚久賴各種科學之發明及達學④　即進化學　之發明人學乃興千八百六十四年濮氏設人學會⑤得會員五百餘此人學初盛之一記念史也

①　總目爲"濮皐"。"濮皋"，即皮埃爾·保爾·布羅卡（Pierre Paul Broca，1824—1880）。
②　"人學"，即人類學。
③　"人學記"，今譯爲《人類學研究》（五卷，1871—1878）。
④　"達學"，即達爾文學説。
⑤　"濮氏設人學會"，根據《不列顛百科全書》，1859 年布羅卡在巴黎發起召開第一屆國際人類學會議，建立人類學學會。

赫胥黎①

　　赫胥黎英國生物學家也當千八百四十六年年二十一甫在倫敦大學授學位即往太平洋一帶爲科學上之研究至千八百五十年十一月乃歸即在國中教授博物學繼乃爲大學生物學科及解剖學科之教授赫氏學説中主張達學甚力著作閎富其最要之一種則曰人於世間之位置②

---

① "赫胥黎"，即托馬斯·亨利·赫胥黎（Thomas Henry Huxley，1825—1895）。
② "人於世間之位置"，即《人類在自然界的位置》（*Man's Place in Nature*）。

裴在輅①

　　裴在輅法國化學家也最初爲法蘭西學校②試驗所處理員舉博士更任該校及藥品學校③教授後舉大博士會會員兼書記裴氏於化學發明極富最要者爲化學之熱力　如兩質相合必生熱力熱力之本位爲一熱力一熱力即能使一基羅格朗④之水得一度之熱力如輕二養一⑤合而爲水若爲凓質之水有五十八熱力爲流質之水則六十九熱力也復研究生物所含質料及以單質合爲生物之質料皆能爲新生物學界引其端緒其著述之有大名者若有機質料之化合⑥　化學之熱力⑦　化學化合　炸藥　科學與哲學　等是也

　　法人裴乃德英人達爾文均不以化學名家裴論生命作用皆結果於化學達著種源發明化學尤富足徵其功用絕大是編采化學四家英人法雷臺法人鹿化西巴斯德裴在輅雖不能包掃一切如搜取其著作而譯之開通新學殊非淺鮮查外洋學會門類源流班班可考學部是否分門別類窮源溯流無由縱觀不能懸揣究應一一設立並議入外洋學會擇各國之所長折衷至當庶乎因材施教得所依歸非專指化學立論也況自某國以利誘中國學者士夫不止千人趨之若鶩著書

---

① "裴在輅"，即皮埃爾·歐仁·馬塞蘭·貝特洛（Pierre Engène Marcelin Berthelot，1827—1907）。法國政治家、化學家。
② "法蘭西學校"，疑即法蘭西學院。
③ "藥品學校"，即巴黎藥學院。
④ "基羅格朗"，即 kilogram 的音譯，意爲 "千克"。
⑤ "輕二養一"，即氫二氧一。
⑥ "有機質料之化合"，即法文著作《合成有機化學》（*Chimie organique fondee sur la synthese*）。
⑦ "化學之熱力"，即法文著作《熱化學》（*Thermochimie*）。

立説咄嗟可辨遂操版權以奪利權其害猶淺至魚目混珠斌玞混玉其害實深自
應由部臣請旨嗣後新書無論官譯私譯一概呈請欽定以資遵守如爲欽定所不
載者政界學界不得援引違即罷斥庶可爲以僞亂真者戒有欽定二字消弭攘奪
淆惑於無形可一洗從前錮弊矣

淺至魚目混珠珷玞混玉其害實深自應由部臣請

旨嗣後新書無論官譯私譯一概呈請

欽定以資遵守如爲

欽定所不載者政界學界不得援引違卽能斥庶可爲以僞亂眞

者戒有

欽定二字消弭攘奪淆惑於無形可一洗從前錮弊矣

《維新人物考》第 37 頁 a

盧月[1]

　　盧月法國女經濟學家也幼時常在他國游學好學能詩兼通英國文學其研求博物學及哲學皆在瑞士千八百五十九年年三十即在瑞士南境之盧山城[2]爲女子論理學科及哲學科之教授更爲一有名經濟學報[3]之記者盧氏在歐西卓然爲十九世紀女學界名家雖近年學風興盛海内女學士接跡而盧氏實爲前輩其著述則有論稅[4]　道德公例　哲學小説　地球之組織　言博物學哲理　天史[5]　言天文　皆爲名儒所重

---

① “盧月”，即克萊門斯·羅耶（Clémence Royer，1830—1902）。
② “盧山城”，即瑞士洛桑。
③ “有名經濟學報”，即法文著作《新經濟學家》（*Le Nouvel Économiste*）。
④ “論稅”，疑爲法文著作《賦稅論或什一稅社會》（*Théorie de l'impôt，ou la dîme sociale*）。
⑤ “天史”，即法文著作《天空的歷史》（*Histoire du ciel*）。

郝智爾①

　　郝智爾德國博物學家也今爲德國南境協南大學②之動物學教授少時其父使習醫非其所好久乃習博物學卒爲名家郝氏於近世進化之學卓然與達爾文齊名且有前賢畏後生之勢彼自云深信達爾文生物進化學説較達氏尤篤蓋郝氏之生物哲理全本於試驗盡四十餘年之力考據精詳彼於博物學界之權力偉大不獨具科學新思想而熱誠之感人者尤深著作閎富如進化學講義　宇宙之理③　等尤推爲學界名作

---

① "郝智爾"，即恩斯特·海克爾（Ernst Haeckel，1834—1919）。
② "協南大學"，即耶拿大學（University of Jena）。
③ "宇宙之理"，今譯爲《宇宙之謎》（Die welträtsel）。

龍蒲束①

　　龍蒲束意國醫學家人學家也少時曾從事小説詩曲哲理考古學社會學等最後研究醫學千八百六十二年爲神經病科教授創立心理學博物院後爲教授於苗苑大學②龍氏所著人學③　與罪人心理學　全球知名各國傳譯殆徧對於犯罪之事龍氏首布新理謂犯罪恒由於遺傳性及神經病而非盡自有心犯罪責任當大減蓋彼視犯罪乃病因之皆悟其説歐洲斷獄迄今益趨平恕龍氏爲有功又有如稟性與瘋狂④　犯人⑤　尋常人與病人⑥　犯罪之原因及救護⑦　稟特性之人⑧　亦皆爲學界寶貴各國爭相傳譯

　　自龍氏心理學出益悟學問之道無窮非極深研幾不能崇正亦不能黜邪今之操是術者竟能顛倒人神智轉移人向背就彼範圍神乎技矣究之術能愚人人亦可以學其術即可以破其術先是荷蘭人能以迷藥誘人隨即有以解藥救人者足徵以毒攻毒邪術之可恃而不可恃也君子防未然世不乏爲歐風淆惑者未必不由於此因憶唐貞觀朝有西域僧能呪人立死復呪即生太史令傅公奏曰此邪

---

① “龍蒲束”，即切薩雷・龍勃羅梭（Cesare Lombroso，1835—1909），意大利犯罪學家、精神病學家，刑事人類學派的創始人。
② “苗苑大學”，當爲意大利帕維亞大學。
③ “人學”，即《犯罪人：人類學、法理學和精神病學的思考》，簡稱《犯罪人論》（Criminal man）。
④ “稟性與瘋狂”，疑爲《天才與精神錯亂》。
⑤ “犯人”，疑爲《犯罪人論》。
⑥ “尋常人與病人”，不詳。
⑦ “犯罪之原因及救護”，今譯爲《犯罪及其原因和矯治》（Crime：Its causes and remedies）。
⑧ “稟特性之人”，疑爲《天才之人》（The Man of Genius）。

術也請使呪臣必不行僧呪傅傅不覺僧死又宋臣蘇文忠①夜夢有人扶持次早
一道土②來見即夢中人也在他人必驚以爲神公叱曰汝術能騙我耶道士伏罪
安得如二公者何術不破然而二公亦非不精通術數之書者可以知講學之不容
緩也

---

① "蘇文忠"，即蘇軾（1037—1101），字子瞻，號東坡居士，諡文忠，眉州眉山（今四川省眉山
　市）人。宋代文學家、書畫家。
② "道土"，有誤，應爲"道士"。

勞伯倫[①]

　　勞伯倫法國地質學家也向爲地質學教授推舉大博士會會員著書精博如地質學　能燃之地質　海平線　地震　鐵世紀　古冰山　地殼學理　等皆地質學界偉作地質學乃新時代科學之一此學之成立略可分爲四期由牛端勞伯宿乃知地爲何物由瞿惠業乃明古代地球之更化由雷樂[②]伯孟[③]乃知地層之更化無窮於是有集諸家名言使地質更化之系統分明其學得以大成者勞氏首屈一指更有安葆[④]及博格[⑤]與勞氏齊名

---

① "勞伯倫"，即阿爾貝·德·拉帕朗（Albert de Lapparent，1839—1908）。
② "雷樂"，即查爾斯·萊爾（Charles Lyell，1797—1875），英國地質學家，英國皇家學會會員，地質漸變論和"將今論古"的現實主義方法的奠基人。
③ "伯孟"，即埃利·德·博蒙特（Elie de Beaumont，1798—1874），法國地質學家和礦床地質學家。
④ "安葆"，不詳。
⑤ "博格"，不詳。

居梅禮①

　　居梅禮法國女物理學家也今方中年已卓然爲科學界一人物居氏習物理學在巴黎大學年二十九與法國居博士結婚共致力於類電母②之發明類電母者堅質不滅之光能穿照物體略如曷格司光③其物必將大有變異於科學界因其光發於自然又堅久而不滅也居氏旋被舉爲女博士千九百六年其夫走街上思方深目無所矚爲重載壓頭死居氏遂代爲巴黎大學類電母科之教授以女人居大學教授之職自居氏始

　　類電母光一千八百九十八年居氏夫婦研究彭亨禮光④發見瀝青之發光能力實四倍於烏羅謨尼⑤遂以爲瀝青中必有特別發光之質乃竭力研究竟得一物質此質與蒼鉛相同居梅禮名之爲波蘭尼⑥蓋記念其祖國也居氏復於瀝青中發見一質其性質與貝里母化學原質之一相似即所謂類電母是也類電母能穿過實質之物惟金石與骨稍遜於肉質又類電母可代曷格司光照相具中之產光具於醫學中亦爲重要類電母流行於世甚少故每十格郎姆⑦須價八萬銀圓將來或可望有開採因石土中水中均含有此質故也試驗土中是否有類電母

---

① "居梅禮"，即瑪麗·居里（Marie Curie，1867—1934），亦即居里夫人。
② "類電母"，即鐳。
③ "曷格司光"，即 X 光。
④ "彭亨禮光"，即柏克勒爾射綫。
⑤ "烏羅謨尼"，即鈾（Uranium）的音譯。
⑥ "波蘭尼"，即釙，釙的英文是 Polonium，居里夫人祖國波蘭的英文是 Poland。兩個詞詞根相同，發音接近。居里夫人將新元素命名爲釙，以紀念祖國。
⑦ "格郎姆"，即克（gram）。

之質宜先用照相玻璃試驗然後再用黑紙裹玻璃封於土二十四時後開視若其上有深色黑斑者即土中有類電母之質也

秦燔楚炬而六經亡漢文帝近古不復古明太祖有微詞焉三代以降士風惟東京稱盛而正始敗之學術遂推兩宋一時人物浸浸乎上配二周良由太祖網羅散失舊聞屢下徵書之令舉凡名山石室之藏金匱瑤函之秘汗牛充棟而來太宗又以開卷有益示臣僚故濂洛關閩①名儒輩出破愚蒙開羣瞽作砥柱障萬川殆亦積累數百年上有好者之所致也是編自裝根以次編列學界三十三人雖各有專家無不以實驗爲準繩即無不與實業相表裏官失而守在夷令人神往今之進化學家雖百變而不離其宗安得搜採新書嚴定是非真僞所有可法可戒者分門別類以爲實業之根據即爲後學之津梁俾天下咸曉然於門徑之所由入愚者固遵循有自智者更變化無窮人爲萬物之靈何分中外彼發其端我竟其委冰凝於水青出於藍固自有寒於水而勝於藍之一日然而具形式襲皮毛者不可以同日語也吾因之有感焉陸清獻之辨學術闢陽明也以爲明之天下不亡於寇盜不亡於朋黨而亡於學術學術之壞所以釀成寇盜朋黨之禍也陽明以禪而託於儒禪者以知覺爲性而以知覺之發動者爲心故彼之所謂性則吾之所謂心也彼之所謂心則吾之所謂意也其所以滅彝倫離仁義張皇詭怪而自放於準繩之外者皆由不知有性而以知覺當之耳既以知覺爲性則其守而勿失者惟是一切人倫庶物之理皆足以爲我之障宜其盡舉而棄之也陽明言性無善無惡蓋亦指知覺爲性也其所謂良知所謂天理所謂至善莫非指此故曰佛氏本來面目即我門所謂良知又曰良知即天理又曰無善無惡乃所謂至善雖其縱橫變幻不可究詰而其大旨亦可睹矣充其說則人倫庶物固於我何有而特以束縛於聖教未敢肆然決

---

① "濂洛關閩"，指宋朝理學的四個學派。濂指周敦頤，因其原居道州營道濂溪，世稱濂溪先生。洛指程頤、程顥兄弟，因其家居洛陽，世稱其學爲洛學。關指張載，因其家居關中，世稱橫渠先生，張載之學稱關學。閩指朱熹，朱熹曾講學於福建考亭，故稱閩學。

裂也則又爲之説曰良知苟存自能酬酢萬變非若禪家之遺棄事物也其爲説則
然然學者苟無格物窮理之功而欲將此心之知覺以自試於萬變其所見爲是者
果是而見爲非者果非乎又況其心本以爲人倫庶物初無與於我不得已而應之
以不得已而應之心而處夫未嘗窮究之事其不至於顛倒錯謬者幾希此清獻之
論古人也亦何異於論今人參觀泰西學界而益信進化之方即救時之策學術蓋
可忽乎哉

居梅禮

居梅禮法國女物理學家也今方中年已卓然爲科學界一
人物居氏習物理學在巴黎大學年二十九與法國居博士
結婚共致力於類電母之發明類電母者堅質不滅之光能
穿照物體略如曷格司光其物必將大有變異於科學界因
其光發於自然又堅久而不滅也居氏旋被舉爲女博士千
九百六年其夫走街上思方深目無所矚爲重載壓頭死居
氏遂代爲巴黎大學類電母科之教授以女人居大學教授
之職自居氏始

類電母光一千八百九十八年居氏夫婦研究彭亨禮光發

見瀝青之發光能力實四倍於烏羅謨尼遂以爲瀝青中必
有特別發光之質乃竭力研究竟得一物質與蒼鉛相
同居梅禮名之爲波蘭尼蓋記念其祖國也居氏復於瀝青
中發見一質其性質與貝里母化學原質之一相似即所謂
類電母是也類電母能穿過實質之物惟金石與骨稍遜於
肉質又類電母可代曷格司光照相具中之產光具於醫學
中亦爲重要類電母流行於世甚少故每十格郎姆須價八
萬銀圓將來或可望有開採因石土中水中均含有此質故
也試驗土中是否有類電母之質宜先用照相玻璃試驗然
後再用黑紙裹玻璃封於土二十四時後開視若其上有深

《維新人物考》第 43 頁 b

俾斯麥①

俾斯麥德國政治家也年三十餘始入政界被選爲普國國會議員爲專制貴族黨中之健將旋置身外交界力持反對奧國嗣爲俄法公使皆露頭角千八百六十三年一躍而爲外部大臣②兼首相明年次第與丹奧開釁論者謂千八百六十六年與奧國議和之政策爲俾氏建設德意志聯邦經營最慘淡者較之千八百七十年普法之戰爲尤難是役也雖未能使統一之帝國即時出現然罕諾浮③海斯④諸邦皆附庸於普實爲後來統一之基礎迨千七百七十一年直抵巴黎痛飲於法王舊宮乃手德意志國之帝冕如于普王之首俾氏一生之願力遂矣厥後與奧意俄英之交涉亦多可記至今威廉第二⑤即位意頗鬱鬱回憶壯年法奧侵陵常懷報復故發憤爲雄以求自振乃轉弱爲强心猶未足轉以鐵血主義開今皇武暴之野心代拿破崙梅特業之徒而爲世界和平之戎首則不無慚德至才識極一時之選亦未可輕視者也

洪文卿⑥星使往見俾相則曰貴國地大物博甚易著手惜少一人耳又云華人來德則購械日人來德則講學二十年後日本其盛中國其衰乎是編列泰西人物以學界爲獨多餘甚寥寥蓋深有感於俾言

---

① "俾斯麥"，即奧托·馮·俾斯麥（Otto von Bismarck，1815—1898）。
② "外部大臣"，即外交大臣。
③ "罕諾浮"，即漢諾威（Hanover）。
④ "海斯"，即黑森（Hesse）。
⑤ "威廉第二"，即威廉二世（William Ⅱ，1859—1941），德意志帝國末代皇帝（1888—1918）。
⑥ "洪文卿"，即洪鈞（1839—1893），清末外交家，字陶士，號文卿，江蘇吳縣（今屬江蘇蘇州）人。曾出使俄國、德國、奧地利、荷蘭四國。

樊克林①

　　樊克林美國物理學家政治家也少年依其兄習印刷業餘暇讀書學識大進後去倫敦仍從事於印刷業歸國創設印字局於費賴特費城②刊行報紙兼任撰述工作諸事復倡建學會醫院勤於公益更以暇日研究物理學卒以風箏引電而得避雷鍼之發明當英美將分離樊氏爲殖民代表使倫敦訴殖民苦狀不納乃宣布英政府虐待殖民之狀千七百七十六年美人宣告獨立樊氏使法法人接待甚厚法國遂告中立千七百八十年英美和約成後五年樊氏始歸國因在巴黎久法人欽愛之至故於千七百九十年樊氏歿法國國會議爲服喪三日以誌哀悼

---

① "樊克林"，即本傑明·富蘭克林（Benjamin Franklin，1706—1790）。
② "費賴特費城"，即美國費城（Philadelphia）。

格蘭斯頓①

　　格蘭斯頓英國政治家也二十三歲即入政界以反對財政及非難克利美戰爭②驟有聲譽千八百六十八年建進步黨內閣格氏爲首相主張愛爾蘭國教分離及變革小學教育等歷七年保守黨代興又五年進步黨復得勢格氏重爲首相改革選舉法而愛爾蘭自治問題及農會風潮皆起於其時未幾有所爲適因脫蘭斯發爾③及埃及等之外務失機宜民望頓減進步黨內閣又倒後於千八百八十六及九十二年復兩爲首相最後彼所提議之愛爾蘭自治案已爲下議院通過卒格於上議院未幾格氏遂永離政界其於文學哲學亦有聲其制行嚴而用心寬實能保衛自由者也

---

① "格蘭斯頓"，即威廉·尤爾特·格萊斯頓（William Ewart Gladstone，1809—1898）。
② "克利美戰爭"，疑即 Crimean War，今譯爲"克里米亞戰爭"，俄國與英國、法國、土耳其爭奪近東地區的戰爭。
③ "脫蘭斯發爾"，德蘭士瓦共和國，即南非共和國，1852 年建立統一國家，1877 年被英國占領，1881 年恢復獨立。

嘉富爾^①

嘉富爾意國政治家也幼入陸軍校十八歲卒業爲士官千八百三十一年辭職又赴英法諸國旅行思想大進發刊報章一時頗蒙其影響千八百五十年由議會代表員任農商大臣明年兼度支大臣^②經畫歲出入甚精善其主張自由貿易爲反對者所持去職後又被命爲首相盡瘁國務以迄於死其建國維新之功不勝縷書與皋利波地^③馬志尼稱爲意大利三傑聲施爛然記其犖犖大旨其對內尊重國民之自由痛抑宗教之專橫對外則能禦外侮固邦交

---

① "嘉富爾"，即卡米洛·本索·加富爾（Camillo Benso Cavour，1810—1861）。
② "度支大臣"，即財政大臣。
③ "皋利波地"，即朱澤培·加里波第（Giuseppe Garibaldi，1807—1882）。

馬格斯①

　　馬格斯德國社會學家及法學家也法國千八百四十八年革命馬氏與聞其事後之倫敦從事著述千八百六十四年立萬國工人會②其最著之著作則爲產業③　　今各主張國家社會主義以運動選舉爲作用純然立一政黨地位者馬氏即爲其元祖如英法德等議會皆有社會黨咸宗馬氏學者也

　　查社會操議政之權即議院所自始縱觀英法德美議院章程要言不煩在負籌欵之責任國家仰給於議院之決算而後國用以舒如曰空言無裨於實際泰西各政府豈有甘受議紳之攻擊者政府既有取於議紳議紳故不能無辭於政府如果議紳得人公爾忘私國爾忘家其出謀發慮自必軌於正而不涉於邪即有天下一家中國一人氣象夫何損於國家遵斯道也社會與國家呼吸相通命脈亦無不相屬否則處士橫議之流也烏乎可故舉第一社會學家爲天下後世法亦正爲天下後世戒法戒昭然可以知所從事矣

---

① “馬格斯”，即卡爾·馬克思（Karl Marx，1818—1883）。
② “萬國工人會”，即國際工人協會，又稱第一國際。
③ “產業”，即《資本論》。

馬格斯

馬格斯德國社會學家及法學家也法國千八百四十八年革命馬氏與聞其事後之倫敦從事著述千八百六十四年立萬國工人會其最著之著作則爲產業　今各主張國家社會主義以運動選舉爲作用純然立一政黨地位者馬氏即爲其元祖如英法德等議會皆有社會黨咸宗馬氏學者也

查社會操議政之權卽議院所自始縱觀英法德美議院章程要言不煩在負籌欵之責任國家仰給於議院之決算而後國用以舒如日空言無裨於實際泰西各政府豈有甘受

《維新人物考》第 50 頁 a

議紳之攻擊者政府既有取於議紳議紳故不能無辭於政
府如果議紳得人公爾忘私國爾忘家其出謀發慮自必軌
於正而不涉於邪即有天下一家中國一人氣象夫何損於
國家遵斯道也社會與國家呼吸相通命脈亦無不相屬否
則處士橫議之流也烏乎可故舉第一社會學家爲天下後
世法亦正爲天下後世戒法戒昭然可以知所從事矣

《維新人物考》第 50 頁 b

巴古甯①

　　巴古甯俄國哲學家著述家及無政府家也弱冠學於俄京兵學校既畢業任士官非其所好遂赴德國游學留栢林久哲理大進復往來巴黎發刊報紙嗣因詆毀俄政府詞太劇烈爲法逐從此主張社會主義益堅因到處鼓吹革命屢見囚於德奧偶返國被拘流西伯利亞乃間關走日本道美洲遁至英倫居未久又去瑞士巴氏初與馬格斯爲同黨既而不滿意於馬氏之政黨社會主義卒至主張平等級共財産廢法律遂與馬氏異派而有名之荷蘭安土潭社會黨大會②即巴馬分黨之大記念會也

　　無政府家即革命黨也何必登之簡編爲世唾罵然而俄政專制雖桀紂之無道蔑以加焉其虐待斯民置之水深火熱中亦有難辭之責巴氏傷心慘目豈曰無辭較之行一不義殺一不辜得天下而不爲者該政府亦應躬自厚而薄責於人乃至今不改其患在蕭牆可知也至其嚴防黨禍雖百密難免一疏曾考其警務章程與偵探員役實爲各國之冠自應奉爲楷模其慎守門户出入無護照不行至巡士站崗亦密布水陸交界之口岸而内地不與焉節經費而得要領又偵探以助警務所不及凡亂黨所至之地皆偵探所至之地其賞罰有據故鼓舞彌神均非虛應故事者比乃新政之一助藉革命而爲防革命之發明實用意之所在也

---

① "巴古甯"，即米哈伊爾・亞歷山大羅維奇・巴枯寧（Михаил Александрович Бакунин，1814—1876）。
② "荷蘭安土潭社會黨大會"，即第一國際 1872 年在荷蘭海牙召開的代表大會。

克林威爾①

　　克林威爾英國共和時代之總監政治家及海軍家也十五歲入圜橋之大學②無所成早婚躬耕小島洎英王查爾斯第一③與國會衝突克氏旋爲反抗黨領袖處王死刑又抑壓他民黨翕聚權勢於一人以行專斷然卒却王位之推戴建設公和政府而以己爲總監自克氏柄政則屈服蘇格蘭愛爾蘭外則戰勝西班牙葡萄牙且破荷蘭海軍使英之水師稱爲海王各國震懾其處理内政亦能掃除舊弊百務爲之一新一時稱盛克氏容貌粗猛性豪爽且多力人以鐵肋稱之故彼爲政名雖爲公和之保障終不脱專制性質晚年頗有人欲暗殺之者

---

① “克林威爾”，即奧利弗·克倫威爾（Oliver Cromwell，1599—1658）。英國政治家，英國資産階級革命中資産階級新貴族集團的代表人物，獨立派首領。
② “圜橋之大學”，即劍橋大學。
③ “查爾斯第一”，即查理一世（Charles Ⅰ，1600—1649），大不列顛和愛爾蘭國王（1625—1649）。

納爾遜①

納爾遜英國海軍家也深明大義年十二即赴軍艦年二十遠征西班牙領土病歸愈後充礮艦指令官巡行丹麥海岸得其形勢甚悉未幾英法戰事起千七百九十三年二月一日法皇拿破崙向英宣戰西班牙荷蘭助法時納爾遜奉命入地中海以水軍登陸奪取巴司脚②加魯比③二地燒敵艦十二致傷一目口不言功嗣因意大利稱頌納復至地中海勝平新得岬岬爲英軍根據地納命各艦爲戰備西班牙畏其嚴整欲遁納移艦下風以待西軍猛發巨礮以戰艦六艘圍納艦英軍遣二艦往助敵復礮擊納艦納急令右轉率艦員突上敵艦奪其旗敵遂降旋又登敵別艦亦降是役也納以一艦當敵艦六旋以己艦將沈奪敵艦二論功升海軍副司令官命主戰艦八艘直向某港以攻西軍因敵憑險難攻乃謀登陸襲擊彈傷右手斷遂請代創愈復起爲司令官法懼納巧避其鋒納搜索至亞力山大港與法遇法艦停泊尼羅河口背向沙灘不明軍事地理納授方略於艦長彼時法較英爲強納命艦隊出於敵艦與河灘之間一攻敵前一攻敵後法軍沿岸臺礮因隔沙灘彈不命中英艦未應一礮徐徐進行法軍欲誘英艦擱於沙灘納按軍不追夜色蒼茫納傷額艦長扶歸船室計據敵艦九焚敵艦二納名噪一時歐洲咸賴其功脱拿破崙之覊絆旋又有奈普爾斯之戰④嗣因迫瑪爾他島一戰法西戰艦悉燬並占領其

---

① "納爾遜"，即霍雷肖·納爾遜（Horatio Nelson，1758—1805）。
② "巴司脚"，即巴斯蒂亞。
③ "加魯比"，即加勒比。
④ "奈普爾斯之戰"，不詳。

島於是意國全境又安英國新勝握海上霸權北方三國俄羅斯丹麥瑞典忌之計
三國戰艦百餘艘不日會於地中海英聞報再起納爲海軍副提督而命海特爲總
督千八百一年納率艦隊進擊丹國康本哈根①乃丹國都城自外海入經克羅能
海峽極險峻納能飛越直向丹京見敵守嚴悉置礮臺臺下軍艦數百艘遠接四里
外納以舢板測量港灣徹夜不息黎明進軍至脫拉尼岬開戰旗艦屢懸信號不退
自晨逾午捕獲敵艦無數岸上礮臺亦勢孤守兵遁積屍蔽海下漂流數里納抵丹
京城下與丹盟納升司令總督三國盟解英國永無北顧之憂千八百五年正月有
飛報法西艦隊出芝倫港英廷再起納爲海軍大將十一月十九日納率全隊追逐
翌日天方曙搜索艦報稱敵艦四十我止二十七噸數亦在我軍之上納自以旗艦
衝敵中堅命各艦魚貫斷敵艦列待其亂而捕之法西總督威勒紐②知英兵突進
乃令艦隊密接成一字形首尾相應以待正午法礮先發納艦不應一礮徐徐進行
逾午旗艦益進開礮猛擊掃蕩西艦甲板死傷至四百餘人並從右舷擊法艦敵大
亂納又易艦猛進敵彈紛來未還一礮肅然向敵進行甲板上亡五十餘人行既近
納命左右礮門洞開同時射擊皆中敵午後一時十三分納左肩中彈仆艦長奔救
扶入船室及階見舵繩斷猶命速修恐兵士見而氣沮取巾覆面忽聞甲板歡聲知
沈敵艦喜動顏色仍問戰況艦長報曰捕獲敵艦已十四五艘全勝無疑納笑曰但
恨不及二十艘耳我艦無被捕者乎答曰無納大慰乃囑後事艦長又歷陳戰勝
狀納喜甚艦長淚落如繩默然跪親其額乃艦長與提督納爾遜永訣時也納氣
將絕忽厲聲曰予爲國家盡義務予謝上帝義務盡矣如是者數次溘然長逝年
四十七

　　納爾遜師捷身死前三十分鐘法西艦隊除被擄外無隻輪片甲得歸盡逐東
流而去拿破崙之雄心挫而壯氣消此納爾遜之勇也及觀其斷臂一戰軍醫至納

---

① “康本哈根”，即哥本哈根。
② “威勒紐”，不詳。

問先予傷者盍往視予不願先療予額軍醫曰以次及將軍願將軍勿以傷者爲念
納始就醫其馭下有如此者又繃帶束額不顧傷痛一見敵船火發即命往救謂彼
雖爲敵何忍坐視其溺又丹麥之盟丹太子遣將問將軍意安在納曰副提督納爾
遜之真意基於人類之慈悲心也來將歸報和議成又最後海戰納見法艦利達勃
爾號沈默不發一礮知其失戰鬪力矣立命礮兵止礮其應敵有如此者此納爾遜
之仁也仁必有勇敬以告天下後世之爲將者

惠靈頓①

惠靈頓英國陸軍家也壯年屢立戰功於印度千八百七年爲愛爾蘭事務院侍郎千八百九年率兵助葡西二國抗拿破崙小有捷獲千八百十二年覆法軍於西班牙西人歡迎備至千八百十四年同盟軍既執拿破崙流之於地中海海島惠氏以功封侯爵各國贈以殊銜明年拿破崙忽從海島遁歸巴黎復舉兵東向各國急起制之俄國戰不利惠氏率英兵從荷蘭赴比利時會抗法師與拿破崙軍遇於滑鐵盧爲歷史上著名滑鐵盧之戰惠氏卒擒拿破崙流於南大西洋森海崙島以拿破崙之雄傑果遂其統一歐洲之功業將專制之淫威蹂躪十九世紀之自由必百倍於鬼蜮伎倆梅特業②之徒幸而亞伯口赤佛皋兩次海戰被制於納爾遜自木司科③喪師以後又屢受制於惠靈頓卒使滑鐵盧一擊英名遂萬古銷沈此納氏惠氏之見稱實爲人道保障若以孟子所謂善戰者服上刑則厚誣二氏矣惠氏晚年歷參朝政皆以持重不愜輿情數自引退蓋持重太過與所謂時勢造英雄英雄造時勢兩有未合也

---

① "惠靈頓"，即阿瑟·韋爾斯利·威靈頓（Arthur Wellesley Wellington，1769—1852）。該書總目頁爲"惠林頓"。
② "梅特業"，即克萊門斯·馮·梅特涅（Klemens von Metternich，1773—1859），奧地利國務活動家、外交家，曾任外交大臣（1809—1821）和首相（1821—1848），"神聖同盟"的核心人物之一，也是以"正統主義"和"大國均勢"爲核心的所謂"梅特涅體系"的主要設計者。
③ "木司科"，即莫斯科。

毛奇①

　　毛奇德國陸軍家也幼入丹馬士官學校年十九爲士官後二年歸普國軍中任職無何客游四年及歸授大佐又佐普王威廉第一幕隨賀俄王加冕藉覘俄軍組織赴法察其軍勢千八百五十七年任參謀部苦心經營精練普國之勁旅屢與奧丹②啓釁卒成敗法之功建德意志聯邦毛氏性嚴酷而堅忍德人受其教練用是勃興然識者謂德恃其鐵血主義專尚强力恐末路仍不免爲古之法今之俄是則毛奇爲功之首亦罪之魁矣其兵書盛傳於日本爲陸軍之師法云

---

① "毛奇"，即赫爾穆特・卡爾・貝恩哈特・馮・毛奇。
② "奧丹"，即奧地利、丹麥。

南沁甘①

　　南沁甘英國女慈善家也幼時嬉戲即好取偶人作臥病狀假設爲之醫治長不適人遂習醫學及外科手術且專從事看護學科乃赴德國之凱撒斯衛城②肄業習半年又赴巴黎留一女修真看護院③盡得其條理其後發刊看護箴言謂看護中之最要者爲鮮空氣明潔之陽光和暖乾淨及肅靜從巴黎歸欲於英京建一看護會之團體以費絀僅具規模迨千八百五十四年英法聯軍攻俄戰於黑海邊之克立曼④英軍傷亡之慘狀日聞於國中南氏遂與同黨三十七人半爲女界中願盡義務者同赴黑海軍中看護傷兵南氏日夜劬勞全活以萬計後因自罹劇疾衆勸暫歸南氏却之疾愈盡心看護如初明年戰罷南氏回倫敦歡迎者空巷遂集佈施金建設軍醫講習院及軍用看護會自克立曼之戰南氏創軍前看護法其後凡有戰役即仿此法南氏常斟酌損益於其間至千八百六十四年萬國紅十字會⑤因之成立傷士始不至盡化沙蟲雖距大同止殺之前途尚遠然已開崇尚人道之先聲南氏洵偉人也

　　以不忍人之心行不忍人之政君相之責也何與乎婦人女子南氏乃引爲己

---

① "南沁甘"，即弗羅倫斯·南丁格爾（Florence Nightingale，1820—1910）。
② "凱撒斯衛城"，有誤，應爲"凱撒斯衛城"，即凱撒沃茲。
③ "女修真看護院"，即修女會慈善醫院。
④ "克立曼"，即克里米亞。
⑤ "萬國紅十字會"，即國際紅十字會。

任全活至逾萬人遂開紅十字會先聲該會因之成立痛癢相關而瘡痍盡起天地
之大德曰生南氏以天地之心爲心有參贊化育之功無彼界此疆之限宜乎頌徧
華夷名垂竹帛夫何異聖君賢相之聲施爛然

跋

外洋慈善即中國仁義也聖人以一貫明吾道朱子註以萬殊一本一本萬殊最得綱領綱舉則目張由學術推之政術何莫不然是編以慈善起結遵斯道也乃知守舊非真真則新溫故而知之謂也維新非實實則舊推陳而出之謂也或不謂然盍徵之堯舜無子而傳賢勢難循舊孔孟無位而明道德亦日新下至闢佛老之董仲舒韓愈身屈而理伸扶漢宋之諸葛亮文天祥志堅而節卓實超出尋常萬萬非新舊形跡所能拘有如日月經天江河緯地矣天下無背道而馳之事業或自誠明或自明誠新學炫人新政感人大率視此否則形式也皮毛也炫人者適以愚人感人者轉以惑人核與泰西人物之誠中形外明體達用者懸殊孔子好惡必察孟子論見賢見不可見可殺必察學孔孟者果能注重一察字則在在自不煩言解如或披萬重錦眼遂迷花走十丈塵心留宿垢易曰失之毫釐差以千里有欲潛心學界者吾願謹而擇之有欲置身政界者吾願審而思之謹跋

跋

外洋慈善即中國仁義也聖人以一貫明吾道朱子註以萬
殊一本一本萬殊最得綱領綱舉則目張由學術推之政術
何莫不然是編以慈善起結遵斯道也乃知守舊非眞眞則
新溫故而知之謂也維新非實實則舊推陳而出之謂也或
不謂然盍徵之堯舜無子而傳賢勢難循舊孔孟無位而明
道德亦日新下至闢佛老之董仲舒韓愈身屈而理伸扶漢
宋之諸葛亮文天祥志堅而節卓實超出尋常萬萬非新舊
形跡所能拘有如日月經天江河緯地矣天下無背道而馳
之事業或自誠明或自明誠新學炫人新政感人大率視此

維新人物考

一

否則形式也皮毛也炫人者適以愚人感人者轉以惑人核

與泰西人物之誠中形外明體達用者懸殊孔子好惡必察

孟子論見賢見不可見可殺必察學孔孟者果能注重一察

字則在在自不煩言解如或披萬重錦眼逐迷花走十丈塵

心留宿垢易日失之毫釐差以千里有欲潛心學界者吾願

謹而擇之有欲置身政界者吾願審而思之謹跋

《維新人物考》編者説明

鞏梅　編校

1. 底本描述

《維新人物考》一書，由華承澐編著，鉛印，筒子頁，綫裝本。今據天津圖書館藏本録排。書高 26 厘米，寬 14.6 厘米；版心高 17.4 厘米，寬 11.5 厘米。全書含封面 1 頁、總目 2 頁、自序 2 頁、正文 60 頁、跋 1 頁。該書無牌記，未載出版時間，當爲自印本。正文前的作者自序署"宣統三年辛亥荷花生日"，即 1911 年 7 月[①]。

2. 華承澐

華承澐（1848—1917），字漱石，天津人。先祖爲江蘇無錫望族，明末遷直隸東安縣（今河北安次縣），清康熙年間再遷至天津。華承澐曾任浙江縣丞，1894 年後任廣東候補道。據有關史料，華承澐與陳公博（1892—1946）的父親陳志美（曾任廣西提督，因參加會黨，1897 年被解職）是至交。1907 年秋，陳志美在革命黨人的影響下，在粵湘贛三省交界地區組織反清革命，失敗後被捕。當時年僅 15 歲的陳公博和母親避居香港，在獲悉時爲閩浙總督松壽（？—1911）幕僚的華承澐正在北京時，便設法請華

---

① 可能正是根據該書自序所署時間，有關著述即認定《維新人物考》的出版時間爲 1911 年 6 月或 1911 年 7 月。分別參見焦靜宜. 清末民初名人名著編年紀要（1910—1914）[M]//星點集. 天津：南開大學出版社，2006：406；來新夏. 天津近代史[M]. 天津：南開大學出版社，1987：348；閆化川. 馬克思主義是怎樣生根中國的：馬克思主義在山東早期傳播研究[M]. 北京：方志出版社，2017：56. 亦有認爲該書出版於 1912 年者，見尹樹鵬. 固守信仰不等於頑固保守——華氏家族民族意識淺析[M]//沽文化詮真. 天津：天津古籍出版社，2016：341.

承澐在京活動。華承澐找到時任陸軍部大臣的鐵良（1863—1938），經鐵良向朝廷説情，最後把對陳志美所判的"斬監候"改爲了"終身監禁"。因陳志美組織革命耗盡了家産，陳公博母子生活困難，華承澐曾連續數年，每三個月從福建給陳公博寄 15 元錢接濟①。1909 年 11 月至 1913 年 5 月，華承澐任福海關海關委員②。

華承澐是一位深受中國傳統儒家思想熏陶的封建知識分子，從《維新人物考》一書對居里夫人的"考察"中，可以看出，他非常推崇清初理學家陸隴其（1630—1692，初名龍其，字稼書，浙江平湖人，清初理學家。死後謚"清獻"）的哲學思想。因而，他也是學宗程朱，而不認可王守仁的哲學觀點的。華承澐贊成進化論，認爲"參觀泰西學界，而益信進化之方，即救時之策"。

關於華承澐的生平，目前所見資料有限。關於其生卒年，爲數不多的著述中亦語焉不詳。我們這裏依據的，也只是尹樹鵬《沽文化詮真》中的説法。事實上，在 1917 年後的有關資料中，還發現過與"華承澐"有關的其他記載，如 1925 年 3 月 22 日《申報》報道的《中山靈柩移往中央公園》，在"引導護柩人名單"中，就有"華承澐"，這裏的"華承澐"是否爲《維新人物考》的編著者華承澐，待考。有的著述中，還將《維新人物考》一書的作者寫作"華承瀛"或"華承紜"，詳見本篇"研究綜述"。

3.《維新人物考》一書的内容簡析

（1）該書直接取材於《近世界六十名人》

《維新人物考》一書共介紹 48 人，其中有 47 人與《近世界六十名

---

① 李珂. 陳公博[M]. 石家莊：河北人民出版社，1997：28-29.
② 孫修福. 中國近代海關高級職員年表[M]. 北京：中國海關出版社，2004：788.

人》中的相同。這 47 人的中文譯名，僅有 4 個在用字上與《近世界六十名人》略有不同，即《近世界六十名人》中的華盛頓、鼐爾孫、惠靈頓、畢斯麥，在《維新人物考》中，分别是"華盛頓""納爾遜""惠靈頓①""俾斯麥"，其餘則完全一致。比如，莎士比亞、笛卡爾、牛頓、林奈、狄德羅、富蘭克林、馬克思的譯名，在兩本書中分别都是"葉斯璧""戴楷爾""牛端""李鼐""狄岱麓""樊克林""馬格斯"，等等。更爲主要的是，《維新人物考》一書中大多數人的簡介文字，也與《近世界六十名人》中的完全一致（表 1）。因此可以斷定，《維新人物考》是直接取材於《近世界六十名人》的。這種情況，在清末民初的出版界，可以説是很正常的，更何況《維新人物考》還是一本自印書。

表 1　《維新人物考》與《近世界六十名人》中部分人物介紹比較

人物	《維新人物考》	《近世界六十名人》
孟德斯鳩	孟德斯鳩，法國哲學家及著作家也。初習物理學及博物學，復從事於道德、政治、歷史諸科。曾投政界，卒乃潛心著述，歷游他城邑，研求社會風俗。其生平大著作，以《法意》一書爲最得名，二年重版二十二次。孟氏終身好學，嘗語人曰："吾能無耗吾一刻之學時，則吾無遺憾矣。"其勤如此。	孟德斯鳩，法國哲學家及著作家也。生千六百八十九年，卒千七百五十五年。初習物理學及博物學，後復從事于道德、政治、歷史諸科。曾投身政界，卒乃潛心著述，歷游他城邑，研求社會風俗。其生平大著作，以《法意》一書爲最有名，二年之中，重版二十二次。孟氏終身好學，嘗語人曰："吾能無耗吾一刻之學時，則吾無遺憾矣。"其勤如此。
盧梭	盧騷，法國哲學家及著述家也。盧氏憤世事之無道，於演説詞中，論人世不平等之原因，力攻貴族、帝王及俗所謂神聖之法律，謂："今之所謂文明，徒致人於困苦。野蠻，則反覺自由安樂。"其詞之激昂，類如此。著作甚富，而最有大名者，爲《民約論》與《教育》。《民約論》之大旨，謂："人本生而自由，今反錮之。"《教育》則謂："人性本善，社會使之腐敗。"二書皆觸時忌，政府議捕罰，乃遁瑞士。論者謂：專制之摧毁，盧氏爲有功。	盧騷，法國哲學家及著述家也。生千七百十二年，卒千七百七十八年。盧氏憤世事之無道，于演説詞中，論人世不平等之原因，力攻貴族、帝王及俗所謂神聖之法律，謂："今之所謂文明，徒致人于困苦。野蠻，則反覺自由及安樂。"其詞之激昂，類如此。著作甚富，而最有大名者，爲《民約論》與《教育》。《民約論》之大旨，謂："人本生而自由，今反錮之。"《教育》則謂："人性本善，社會使之腐敗。"二書皆重觸時忌，政府議捕罰，乃遁瑞士。論者謂：近世專制之摧毁，盧氏爲有功。

① 《維新人物考》總目中作"惠林頓"，正文中作"惠靈頓"。

續表

人物	《維新人物考》	《近世界六十名人》
亞當斯密	斯密亞丹，英國哲學家及經濟家也。幼即聰慧。稍長，入葛蘭斯哥大學，喜數學及物理學。未幾，入鄂斯福大學。留學七年，旋在藹丁堡爲美詞學講師，始與許默訂交。後三年，聘爲葛蘭斯哥大學教授，復改道德學教授，主講席十二年。其時成《德性》一書，爲生平閎著之一。千七百六十四年游法，始起草爲《原富》。留法三年，歸臥蘇格蘭故居，承母氏歡，約十年不出，《原富》即以此時脱稿。許默將死，聞此書刊行，特扶病作書賀之。蓋斯氏爲經濟學之元祖也。後終於葛蘭斯哥大學總長之任。	斯密亞丹，英國哲學家及經濟家也。生千七百二十三年，卒千七百九十年。斯氏少孤，幼年絶聰慧。稍長，入葛蘭斯哥大學，喜數學及物理學。未幾，入鄂斯福大學，乃肆力于道德學及政治學。留學七年，旋在藹丁堡爲美詞學講師，始與許默訂交。後三年，聘爲葛蘭斯哥大學論理學教授，復改道德學教授，主講席者十二年。其時成《德性》一書，爲斯氏生平閎著之一。千七百六十四年游法，居法國南境之託羅斯城，始起草爲《原富》。留法近三年，歸臥蘇格蘭故居，承母氏歡，約十年不出，《原富》即以此時脱棄。許默氏將死，聞此書刊行，特扶病作書賀之。蓋斯氏實爲經濟學之元祖也。斯氏後終于葛蘭斯哥大學總長之任。
狄德羅	狄岱麓，法國哲學家及著作家也。狄氏與孟德斯鳩、服爾德、盧騷齊名，爲當時四名家。狄氏旨意，尤高遠。狄氏家貧，故少學於教會小學，後入中學，精數學及外國語，譯英文《百科類典》。即因之爲本國文《類典》，見重當時。著作閎富，曾以文字之禍入獄，蓋彼力攻迷信，主張人權，反對上帝與世俗之道德，曰："知其爲善行，惟篤信而力行之可矣。"其說風靡一時，而信從者衆，故論者並以狄氏爲社會新理之先導。	狄岱麓，法國哲學家及著作家也。生千七百十三年，卒千七百八十四年。狄氏與孟德斯鳩、服爾德、盧騷齊名，爲當時四名家。惟狄氏旨意，尤較高遠。狄氏之父爲冶工，貧甚。故狄氏少學于教會小學，後入中學，精數學及外國語，譯英文《百科類典》。即本之起草，爲本國文《類典》，有名當時。狄氏著作閎富，曾以文字之禍入獄。蓋彼力攻迷信，主張人權，反對上帝與世俗之道德，曰："知其爲善行，惟篤信而力行之可矣。"其說風靡一時，而信從者衆，故論者並以狄氏爲社會新理之先導。
康德	康德，德國哲學家也。先講懸想哲學，後稍研究數學及科學。康氏著作，以《懸想哲理》《宇宙史》《思想評論》《人學》爲最著。康氏從牛端之學説，謂："發現宇宙之組織，不外機力之理，其説至當。"然於生物學，又信造物説，且謂："人常欲以機力解生物，如牛端以機力解宇宙，甚乎其妄也。"殆達爾文出，始闢康氏之謬。	康德，德國哲學家也。生千七百二十四年，卒千八百四年。先講懸想哲學，後稍研究數學及科學。康氏著作，以《懸想哲理》《宇宙史》《思想評論》《人學》爲最著。康氏從牛端之學説，謂："發見宇宙之組織，不外機力之理，其説至當。"然于生物學，又信造物説，且謂："人常欲以機力解生物，如牛端以機力解宇宙，甚乎其妄也。"殆達爾文出，始確認康説之謬。
黑格爾	海哲爾，德國哲學家也。初從事於宗教哲學，後受盧騷學説之感動力，乃作《政治讜言》。二十五歲，遇師林氏於協南，始崇信自然哲理，更自成其一家之學。千八百十八年，舉爲栢林大學哲學教授。當時海内所講授之學	海哲爾，德國哲學家也。生千七百七十年，卒千八百三十一年。初從事于宗教哲學，後受盧騷學説之感動力，乃作《政治讜言》。二十五歲，遇師林氏于協南，始崇信自然哲理，更自成其一家之學。千八百十八年，舉爲柏林大學哲學教授。當時海氏所講授之學説，風靡學

續表

人物	《維新人物考》	《近世界六十名人》
黑格爾	説，風靡學界，爲德法各學校所師程。海氏哲學，可分爲三段。一、釋定意想，即論理學也。二、憑論理而定公例，從實迹而及理想。此自然哲理也。三、哲理觀念。更分爲三：甲主觀的，如人學、現象學、心理學。乙、客觀的，如權、道德、風俗。丙、絶對的，如美術、宗教、哲學。其著作繁富，最有大名者，如《思想之現象學》《論理之科學》《哲學全書節要》等，皆爲各國學者所傳譯。	界，爲德法各學校所師程。海氏哲學，可分爲三段。一、釋定意想，即論理學也。二、憑論理而定公例，從實迹而及理想。此自然哲理也。三、哲理觀念。更分爲三：甲主觀的，如人學、現象學、心理學。乙、客觀的，如權、道德、風俗。丙、絶對的，如美術、宗教、哲學。其著作甚繁富，最有大名者，如《思想之現象學》《論理之科學》《哲學全書節要》等，皆爲各國學者所傳譯。
馬克思	馬格斯，德國社會學家及法學家也。法國千八百四十八年革命，馬氏與聞其事。後之倫敦，從事著述。千八百六十四年，立"萬國工人會"。其最著之著作。則爲《產業》。今各主張國家社會主義，以運動選舉爲作用，純然立一政黨地位者，馬氏即爲其元祖。如英、法、德等議會，皆有社會黨，咸宗馬氏學者也。	馬格斯，德國社會學家及法學家也。生千百十八年，卒千八百八十三年。法國千八百四十八年革命，馬氏與聞其事。後之倫敦，從事著述。千八百六十四年，立"萬國工人會"。其最著之著作，則爲《產業》。今各國主張國家社會主義，以運動選舉爲作用，純然立于一政黨地位者，馬氏即爲其元祖。如英、法、德等議會，皆有社會黨，皆宗馬學者也。

　　《維新人物考》與《近世界六十名人》相比，有幾處不同。首先是《近世界六十名人》中每一位人物的肖像、外文名字和生卒年，在《維新人物考》中被全部省略，特別是肖像部分的省略，説明這兩本書的性質完全不同。其次是人物的排列順序，在《近世界六十名人》中，編者明確説明，"六十人次以各人生年之先後，以便知人者之論世"。在遵循出生時間順序的基礎上，爲了給女界打氣，第一位和最後一位人物均爲女性。《維新人物考》一書編者以"仁義"價值觀爲標準，除了政治家如華盛頓、威廉一世外，還有兩類人物即"學界中實驗名家，政界中公忠體國"者，因而全書48位人物的順序爲：政治家華盛頓、威廉一世等排在前面，學界中人物在中間，"政界中公忠體國"者在最後結尾處。另外，在《近世界六十名人》中，使用圓點"。"進行斷句，而在其後出版的《維新人物

考》中，使用的是無任何句讀符號的傳統文言文形式。在裝訂形式上，《近世界六十名人》是洋裝，而《維新人物考》是綫裝書。

（2）該書以"仁義"價值觀爲考察標準

《維新人物考》一書雖然直接取材於《近世界六十名人》，但還是有自己的特點的：第一，從書名可以看出，它聚焦於所謂"維新人物"；第二，作者以"仁義"價值觀爲分析標準，對有關人物的生平和思想進行了一番"考察"。

在漢語中，"維新"一詞的本意，是指施行善政而新獲天命，主宰天下。《詩經·大雅·文王》曰："周雖舊邦，其命維新。"由此，"維新"後來常用以指革除舊法而行新政。如前所述，《維新人物考》一書共介紹 48 人，其中 47 位來自《近世界六十名人》。當然，這倒不是說，後者沒有被前者收入的 13 人①都不是"維新人物"，但至少在編者看來，他更看重自己從中所選的 47 人。這 47 人，再加上新增的梯也爾，主要來自政學兩界。

《維新人物考》一書出版於辛亥革命前夕。這時，從 1906 年開始的資産階級立憲運動已經失敗，資産階級立憲派與清政府之間的嫌隙已經擴大到無法彌合的地步。該書編者所代表的一大批封建知識分子更加感到了效法西方先進人士、學習西方先進知識的重要性和迫切性。不過，作爲一個仍然堅守中國封建文化的知識分子，華承瀜還從西方的人和事中，發掘出了獨特的中國元素甚至中國"精神"。該書序言一開始即說："伏以立憲時代，步武泰西。如舉我中華之故家遺俗、流風、善政，與較短長，必有謂儗不於倫者。然而抑強扶弱，轉弱爲強，外人之足資觀感，豈有他哉？"

---

① 　按在《近世界六十名人》中出現的順序，這 13 人（用今譯名）是：貞德、羅蘭夫人、拿破侖、雨果、馬志尼、約翰·穆勒、加里波第、托爾斯泰、納凱、米歇爾、雷克呂斯、克魯泡特金、索菲婭。

在編者看來，"華盛頓抗英八年，遂蘇民困"；"威廉第一勝法一役，卒復國仇"，其精神無非就是"仁義"而已，"仁義之説，孰能推倒"？但是"仁義雖美名非虚名，無學問經濟以行之，終不免煦仁孑義，似是而非"——華承澐之所以主要選取政學兩界的西方著名人物，原因就在這裏。

除華盛頓和威廉一世外，《維新人物考》還選取了西方國家的以下政治家：林肯、俾斯麥、富蘭克林、格蘭斯頓、加富爾、克林威爾、納爾遜、威靈頓和毛奇等人。在引用了《近世界六十名人》對這些政治家的介紹材料後，編者華承澐即以"仁義"價值觀爲分析標準，并站在中國的立場上，對其中一些政治家作出了自己的"考察"和評價。如説華盛頓作爲"美國第一總統"，"胞與爲懷，所謂正其誼不謀其利，明其道不計其功。純是聖賢工夫，具有乾坤度量"，認爲"世有斯人，豈徒美民安，天下之民舉安"，甚至"可以愧天下之鷹瞵虎視者"。華承澐對林肯的評價是，他是一位"慈祥愷悌之總統"，能够"力挽澆風"；説自己從美國南北戰爭史中看到的林肯，"能愛人，能惡人，雖終爲南花旗人所中傷"，但其"在天之靈，自無遺憾"。19世紀80年代之前，美國的"西進運動"特别是鐵路建設需要大量華工，當時美國政府也還能給予華工相對公平的待遇，但是到了19世紀末20世紀初，美國國内掀起了聲勢浩大的排華惡浪，美國兩大政黨出於黨争和其自身利益，也不得不經常向排華勢力妥協，因此華承澐希望，美國政府能效法林肯的民族政策，公平對待華工。

在對俾斯麥的"考察"中，編者華承澐特别提到，俾斯麥有次在會見洪鈞時説："貴國地大物博，甚易着手，惜少一人耳"；"華人來德則購械，日人來德則講學"。華承澐由此提出了一個沉重的話題："二十年後，日本其盛，中國其衰乎？"俾斯麥的一番話，看來對華承澐的震動確實不小，他在該書序言中再次提到了日本的"借才以造才"："列强幾人稱帝，幾人稱王，互稱雄長於環球，無非集思廣益之功，非倖致也。盍再借觀日本區區數島，而勃然興。二十年前較我國，崇拜西人爲尤甚。凡設局立廠，製造船械，無不以西人師長其間。久之而減數成，又久之而減數成。起視今之日本，局廠一變，船械一新，泰西無一人焉，可恍然於借才之法矣！借才以造才與借才而倚賴其才，當自有間。夫豈文憑一束，名詞一卷，官制一部，所可同日語哉？"

　　在對俾斯麥的"考察"中，華承澐還說："是編列泰西人物，以學界爲獨多，餘甚寥寥，蓋深有感於俾言。"在對培根的"考察"中，華承澐強調，"新政與新學相表裏"，認爲以"中華局廠"爲代表的洋務運動之所以沒有取得多大的成效，主要原因即在於輕視新學，尤其是不重視實驗科學："實驗二字，爲學界之闇室燈、迷津筏。研究新學，凡一事一物，均非隔手所能爲。""況定質與流質，各按其聲光色味，有圖有說，絲毫不能牽混；至鑪錘在手，變化從心，又在分合之數，以定異同，不知幾經加減，始能別立名號；又必歷試多次，利害判然。"在對物理化學家、科學史家貝特洛的"考察"中，華承澐一方面建議要搜取西方各國的新學著作擇而譯之，另一方面則嚴斥某國（當指日本）"利誘中國學者士夫"，使得"不止千人，趨之若鶩"，指責其大量著作"魚目混珠，珷玞混玉，其害實深"，因而呼籲"嗣後新書無論官譯私譯，一概呈請欽定，以資遵守"。在對居里夫人的"考察"中，華承澐再次強調，"是編自裴根（即培根——編者注）以次，編列學界三十三人，雖各有專家，無不以實驗爲準繩，即無不與實業相表裏。官失而守在夷，令人神往。今之進化學家，雖百變而不離其宗。安得搜采新書，嚴定是非真僞，所有可法可戒者，分門別類，以爲實業之根據，即爲後學之津梁，俾天下咸曉。然於門徑之所由入，愚者固遵循有自，智者更變化無窮。人爲萬物之靈，何分中外，彼發其端，我竟其委。冰凝於水，青出於藍，固自有寒於水而勝於藍之一日，然而具形式襲皮毛者，不可以同日語也。吾因之有感焉。"——拳拳之心，感人至深！

正是由於以"仁義"爲價值觀，《維新人物考》一書還收入了南丁格爾。華承澐對南丁格爾的評價是："以不忍人之心行不忍人之政，君相之責也，何與乎婦人？女子南氏乃引爲己任，全活至逾萬人，遂開紅十字會先聲。""天地之大德曰生，南氏以天地之心爲心，有參贊化育之功，無彼界此疆之限。宜乎頌徧華夷，名垂竹帛，夫何異聖君賢相之聲施爛然？"

（3）該書中對馬克思和巴枯寧的"考察"

《近世界六十名人》的編者是中國早期的無政府主義者，因此書中選入了不少社會主義者，如米歇爾、雷克呂斯、克魯泡特金、索菲婭等人。《維新人物考》一書只選了兩位社會主義者：一位是科學社會主義創始人之一的馬克思，另一位是俄國民粹社會主義的理論家和國際無政府主義運動的首領巴枯寧。

華承澐當然不知道當時還有一種科學社會主義理論，他更不可能認識到馬克思創立的科學社會主義理論的偉大意義。按照他的認識，馬克思是當時的"第一社會學家"，實際上仍然是一位了不起的"仁義"家。在對馬克思的"考察"中，他把注意力放在了關於議會與政府、社會與國家關係的分析上："查社會操議政之權，即議院所自始，縱觀英、法、德、美議院章程，要言不煩，在負籌歎之責任。國家仰給於議院之決算，而後國用以舒。如曰空言無裨於實際，泰西各政府豈有甘受議紳之攻擊者？政府既有取於議紳，議紳故不能無辭於政府。如果議紳得人，公爾忘私，國爾忘家，其出謀發慮自必軌於正而不涉於邪。即有天下一家、中國一人氣象，夫何損於國家？遵斯道也，社會與國家呼吸相通，命脈亦無不相屬。

否則處士橫議之流也。烏乎！可故舉第一社會學家爲天下後世法，亦正爲天下後世戒。法戒昭然，可以知所從事矣！"雖然他把馬克思僅僅定位於一個"社會學家"，而且似乎他眼中的馬克思還是一個熱衷於議會政治的人物，這種認識未免膚淺甚至錯誤，但聯繫到當時中國資産階級的立憲運動正處於艱難時刻，華承澐這裏對議會與政府、社會與國家關係的分析和論述，應該説還是具有一定的積極意義的。

　　在華承澐的心目中，"無政府家即革命黨也"。很顯然，他并不贊成"革命黨"的主張和舉動。但是爲什麽還要把巴枯寧收入書中呢？從對巴枯寧所作的"考察"中可以看出，華承澐認爲無政府主義運動在俄國的盛行，正是俄國殘酷和僵化的專制制度造成的："然而俄政專制，雖桀紂之無道蔑以加焉，其虐待斯民，置之水深火熱中，亦有難辭之責。巴氏傷心慘目，豈曰無辭？較之行一不義、殺一不辜，得天下而不爲者，該政府亦應躬自厚而薄責於人。"對於封建專制制度，華承澐的態度不能不説是矛盾的，他一方面爲俄國專制政府"至今不改，其患在蕭牆可知也；至其嚴防黨禍，雖百密難免一疏"而擔憂，但另一方面又認爲，"考其警務章程與偵探員役，實爲各國之冠，自應奉爲楷模。其慎守門户出入，無護照不行，至巡士站崗亦密布水陸交界之口岸，而内地不與焉。節經費而得要領，又偵探以助，警務所不及。凡亂黨所至之地，皆偵探所至之地。其賞罰有據，故鼓舞彌神，均非虛應故事者比。"無論如何，華承澐只是一個傳統的中國封建知識分子，他的這種矛盾心理和態度，是不難理解的。

4. 關於梯也爾

　　《維新人物考》一書介紹的 48 人中，只有一人在《近世界六十名人》

中没有出現，就是"典亞"。典亞，今譯梯也爾，即路易-阿道夫·梯也爾（Louis-Adolphe Thiers，1797—1877），法國資産階級政治家、奧爾良黨人、歷史學家。在馬克思主義的史學編纂中，梯也爾是一個較早用階級鬥争的眼光看待歷史的資産階級史學家，同時又是一個資産階級政客，尤其以鎮壓巴黎公社的劊子手而臭名昭著。

1797 年 4 月，梯也爾出生於馬賽。在當地受過普通教育之後，梯也爾進入阿克斯大學法律系，1818 年開始做律師。1821 年來到巴黎，成爲在當時頗有影響的《立憲報》撰稿人。不久，梯也爾對新聞評論感到厭倦，開始進行歷史研究，在 1823—1827 年完成了 10 卷本的《法國大革命史：從 1789 年到霧月十八日》。這部巨著的特點是史料豐富、内容全面，不僅叙述了法國大革命的歷程，還涉及革命前後法國國内的財政狀況和社會歷史等各方面的情况，且充分説明了法國大革命是資産階級同地主貴族階級之間展開的一場大決戰。該書出版後轟動一時。1886 年 2 月，恩格斯在談到法國歷史學家若爾日·阿韋奈耳（1828—1876）有關法國大革命的著作《革命星期一》《阿那卡雪斯·克羅茨》等時曾説，這些作品"無疑是關於法國大革命的優秀著作"，并説，後面這本著作"是用傳奇的筆調寫的，所以要得出明晰的觀念，還得時常向米涅或梯也爾去找確切的材料"①。關於其中對階級鬥争現象的描述，列寧 1914 年 11 月在《卡爾·馬克思（傳略和馬克思主義概述）》一文中曾説："法國復辟時代就出現了這樣一些歷史學家（梯葉里、基佐、米涅、梯也爾），他們在總結當時的事變時，不能不承認階級鬥争是了解整個法國歷史的鎖鑰。"②

1830 年，梯也爾和米涅、卡雷爾共同創辦了反對復辟王朝的《國民

---

① 馬克思，恩格斯. 馬克思恩格斯全集：第 36 卷[M]. 北京：人民出版社，1975：426.
② 列寧. 列寧選集：第 2 卷[M]. 北京：人民出版社，2012：426-427.

報》。當時，這份報紙是反對波旁王朝的，也頌揚過法國的工人階級，在製造 1830 年七月革命的輿論方面曾起過較大作用。依靠巴黎無產階級和市民的英勇鬥爭，七月革命取得了勝利，但革命的果實卻被自由資產階級所竊取。法國的自由資產階級害怕正在壯大的無產階級，拒絕建立共和國，而把接近大資產階級的奧爾良公爵路易·菲力浦捧上了國王寶座，從而建立起"七月王朝"。"七月王朝"初期，梯也爾因不斷爲保持君主制、建立新王朝製造輿論，很快成爲"國家要人"，先後擔任財政部副大臣（1830—1831）、內政大臣（1832—1836，中間曾有一段時間改任農業大臣和貿易大臣），并兩度出任首相兼外交大臣（1836，1839—1840）。作爲一個忠實的奧爾良黨人，梯也爾曾不擇手段地打擊過正統派波旁王朝的王位覬覦者，但也一向把工人階級視爲真正的死敵，堅決實施鎮壓工人運動和共和派的一切措施。在任內政大臣期間，梯也爾殘酷鎮壓了第二次里昂工人起義，製造了著名的"特朗斯諾南大街慘案"（1834 年 4 月 14 日）；1835 年，又主持制定了扼殺出版自由和鎮壓工人運動的《恐怖法令》。1840 年，由於在支持穆罕默德·阿里反對土耳其問題上引起英、俄、普、奧的干涉，梯也爾於同年 10 月被迫辭去首相兼外交大臣的職務，被基佐所取代。此後，梯也爾把議會當成他活動的主要舞臺，經常在議會中危言聳聽、嘩衆取寵，由此得到"蠅子米拉波"的綽號。1848 年，法國爆發二月革命，菲力浦退位，基佐逃亡，"七月王朝"垮臺，第二共和國建立。梯也爾仇視和害怕二月革命，直到共和派血腥鎮壓六月起義之後，才重新拋頭露面，成爲保皇派秩序黨的組織者和領導者之一。在 1848 年的總統選舉中，梯也爾支持路易·波拿巴。波拿巴曾依靠秩序黨的正統派和奧爾良派打擊、鎮壓資產階級共和派和小資產階級民主派；之後，又在各種軍政權力機構中排擠秩序黨勢力，於 1851 年 12 月 2 日發動政變，逮捕了包括梯也爾在内的 60 名反對派議員，并將他們中的一些人驅逐到國外。梯也爾在經過國外一年多的流亡生活後，於 1853 年回國。回國後，他雖然對路易·波拿巴過分削弱立法機構的作用表示不滿，但積極支持第二帝國鎮壓工人運動和對外擴張的政策。1863 年，梯也爾開始歸屬温和共和派，經常指責波拿巴的對外政策。1840 年後，梯也爾在從事議會政治活動的同時，又重新拾起了歷史研究的工作，在 1845—1869 年斷斷續續出版了 21 卷本的《執政府和帝國史》。這部史書的最大特點，是崇拜個人成就，大力贊頌拿破侖一世。

對於波拿巴向普魯士宣戰，梯也爾持反對態度，認爲時機尚未成熟。1870 年法國在普法戰争中的失敗和九月革命，導致了第二帝國的覆滅。梯也爾名義上没有參加以特羅胥爲首的國防政府，但事實上却是它的核心人物。法軍在前綫投降後，梯也爾遵國防政府之命，奔走於歐洲各宮廷，請求各國出面調停；後來又被授權同俾斯麥談判，最後於 1871 年 1 月訂立城下之盟，簽訂了停戰協定。在停戰之後匆忙選舉出的國民議會（初設於波爾多，後遷至凡爾賽）中，保皇黨人占絶對優勢，國民議會因此被稱爲"地主議會"。2 月 17 日，"地主議會"任命梯也爾爲行政首腦。2 月 26 日，梯也爾在凡爾賽與普魯士政府簽訂了臨時和約，臨時和約規定法國將阿爾薩斯和洛林的一部分割讓給德國，并向德國賠款 50 億法郎。

1870 年 9 月革命後，在首都處於普軍圍困之際，巴黎的無産階級效仿大革命以來的傳統，自發組建起各區的國民自衛軍工人營。停戰協定簽訂後，政府軍繳械，各區的國民自衛軍工人營繼續保持着由工人捐款鑄造的幾百門大炮。梯也爾對此十分恐懼，他在封閉革命報刊的同時，決定解除工人武裝。1871 年 3 月 18 日凌晨，凡爾賽政府軍開始偷襲國民自衛軍工人營，他們搶奪蒙馬特爾高地國民自衛軍大炮的事件，則迫使巴黎工人和廣大市民群眾發動了 3 月 18 日的起義，起義成功後，通過選舉建立了無產階級性質的巴黎公社政權。1871 年 5 月 10 日，德、法雙方在法蘭克福正式簽訂和約。和約簽訂後，俾斯麥表示堅決支持梯也爾消滅巴黎公社政權，把在色當投降的麥克馬洪元帥從俘虜營中放回法國。麥克馬洪旋即被梯也爾任命為最高軍事指揮者以進攻巴黎公社。從 5 月 21 日至 28 日，梯也爾政府拼湊起近 40 萬人的反革命軍隊，製造了震驚世界的 "五月流血周"，人類歷史上的第一個無產階級政權巴黎公社最後被血腥鎮壓了。接踵而來的，是對公社社員的殘酷迫害。19 世紀 70 年代初，在梯也爾政府的高壓統治下，因巷戰、刑場上的屠殺、監禁和流放，法國的無產階級損失了約 10 萬名優秀戰士。

1871 年 8 月 31 日，法國國民議會授予梯也爾 "共和國總統" 的職務，使其權力大增。此時法國的一切權力要津亦均被保皇黨人占據，梯也爾聲稱要建立 "保守的共和國" 或所謂 "沒有共和黨人的共和國"。梯也爾政府裁減了國民自衛軍，按照普魯士模式改組了正規軍，法國在一步步向君主制邁進。大權在握後，為了盡早還清戰爭賠款，結束德軍占領，梯也爾政府兩次發行國債，以高額利率（5%）吸引購買者，還以增加間接稅和提高關稅等措施爭取收支平衡。結果，法國很快籌足了 50 億法郎的賠款，終於使德國在 1873 年 3 月同意從法國撤軍。但是，梯也爾企圖恢復君主制的野心卻遭到了經過多次革命鍛煉的法國工人階級和其他進步群眾的堅決反對，再加上保皇黨不同派別（擁護波旁王朝的正統派、擁護路易·菲力浦王朝的奧爾良派及波拿巴派）之間的互相傾軋，共和派得到了大多數選民的支持。在 1872—1873 年的議會補選中，共和派獲勝。1873 年 5 月 24 日，梯也爾向議會提出辭職，議會當天即以 365 票多數通過批准辭呈，同日又以 390 票選舉麥克馬洪為共和國總統。下臺以後，梯也爾以温和共和派的面目繼續從事政治活動。1877 年 9 月 3 日，他在撰寫完一份選舉宣言後不久，突發腦溢血而死。

馬克思在《法蘭西内戰》中曾對梯也爾進行過辛辣而尖刻的諷刺和批判："梯也爾這個侏儒怪物，將近半個世紀以來一直受法國資産階級的傾心崇拜，因爲他是這個資産階級的階級腐敗的最完備的思想代表。還在他成爲國家要人以前，他作爲一個歷史學家就已經顯露出説謊才能了。他的政治生涯的記録就是一部法國災難史"[①]；"梯也爾是一個謀劃政治小騙局的專家，一個背信弃義和賣身變節的老手，一個在議會黨派鬥爭中施展細小權術、陰謀詭計和卑鄙伎倆的巨匠；在野時毫不遲疑地鼓吹革命，掌權時毫不遲疑地把革命投入血泊；他只有階級偏見而没有思想，只有虚榮心而没有良心"[②]。

《維新人物考》一書隻字未提巴黎無産階級的 3 月 18 日起義及起義勝利後建立的巴黎公社政權，而是一味地對梯也爾大唱贊歌："力諫"拿破侖三世，"以阻出師"；作爲"議和全權大臣"與俾斯麥的周旋；"爲總統數年，心力交瘁"，在議和之後"不三年"就使法國將賠款"掃數清償"，而"所尤奇者，海防邊防一時併舉措，國家如磐石之安"……總之，在編者華承澐看來，正是梯也爾創造了"中興偉績"，使法國在短時間内"轉危爲安"（雖然華承澐可能還不知道，就在梯也爾辭職前不久，1873 年 3 月，法國國民議會特意通過了肯定梯也爾"對祖國立有大功"的決議；法蘭西學士院隨之接納梯也爾爲院士）；華承澐還非常得意地告訴讀者，他在《馬關條約》簽訂後，"曾將典亞善後事宜開具清摺"，通過師友轉呈給朝廷，而翁同龢閲後，則"極口稱之"——由此不難看出：第一，在中華

---

① 馬克思，恩格斯. 馬克思恩格斯選集：第 3 卷[M]. 北京：人民出版社，2012：79.
② 馬克思，恩格斯. 馬克思恩格斯選集：第 3 卷[M]. 北京：人民出版社，2012：83.

民族面臨生死危亡之際，華承澐顯然認爲梯也爾是一個"民族英雄"，值得國人中的仁人志士學習和效法；第二，華承澐心目中的"維新"，顯然也還只是停留在資産階級和小資産階級理解的範圍之內。

今天的讀者，當然都知道梯也爾是鎮壓巴黎公社的劊子手，但我們在讀這本百年前的小册子時，却是不能苛求當時人的。事實上，早於該書之前，王韜就在 1873 年出版的《普法戰紀》①中，贊美過梯也爾（書中譯作"爹亞"）；而直到 1932 年，"五四運動"領袖之一的羅家倫在《國難期間知識分子的責任》的演説中，還是以梯也爾等人爲例，激勵當時的青年，要在民族危亡的關頭振作起來："無論那國，在重大的國難關頭凡能轉危爲安，因禍得福者，必定是國内有一部分人，能够轉移風尚，領導青年，使民族精神，可以重新振作起來"，"這種責任，雖然希望人人能够擔負起來，但是尤其希望知識分子能够擔負起來。不看拿破侖戰爭時期，德國黑格兒（即黑格爾——編者注），菲斯特（即費希特——編者注），一般學者努力的結果嗎？不看普法戰争以後，法國剛必達（即甘必大——編者注），梯耶爾（即梯也爾——編者注），都德，巴斯德等一般政治家文學家科學家努力的結果嗎？"②

5. 研究綜述

學界對《維新人物考》一書的關注，主要還是由於該書中介紹了馬克思。如："6 月天津人華承澐著《維新人物考》一書出版，書中介紹了馬克

---

① 該書中有對巴黎公社革命的若干記載和分析，亦有對梯也爾的評價，其節選部分已收入《馬藏》第三部第一卷，參見北京大學《馬藏》編纂與研究中心. 馬藏：第三部第一卷[M]. 北京：科學出版社，2021：83-101.
② 羅家倫. 文化教育與青年[M]. 上海：商務印書館，1946：49.

思。"① "1911 年天津出版的《維新人物考》一書中，介紹了'馬格斯'，這是迄今發現的天津最早傳播馬克思學説的文章。"② "1911 年出版的華承絪編《維新人物考》一書，其中介紹了馬克思，是迄今發現的天津最早介紹馬克思的文章。"③ "1911 年夏，天津出版了《維新人物考》一書，其中專門寫了《馬格斯》（即馬克思）一章（第 50 頁）。……這是目前發現的天津最早介紹馬克思的文章。"④

在 2021 年中國共産黨成立 100 周年紀念之際，《天津日報》發表文章，介紹了馬克思主義在天津早期傳播的情況，其中也提到《維新人物考》一書："天津是中國較早傳播馬克思主義的重要地區。1911 年天津出版的《維新人物考》和 1916 年出版的《敬業學報》都提到過馬克思，但基本屬於零星介紹，没有形成廣泛的影響和實際運動。真正意義上的馬克思主義傳播是在俄國十月革命爆發之後，新興的社會主義政權，讓辛亥革命失敗後苦悶彷徨的中華民族看到了復興自救的曙光。"⑤

1983 年初，在天津圖書館和天津市圖書館學會主辦的《圖書館工作與研究》中，有篇短文對《維新人物考》一書的編者和書中介紹的馬克思，進行了簡略的評介："《維新人物考》一書的作者是天津人，名叫華承瀛，辛亥革命後去世。他是一個主張'立憲救國'的人。當時，天津立憲運動十分高漲，正像毛主席所説，他是主張'要救國，只有維新；要維新，只有學外國'的人。由於作者立場、觀點的局限性，所以在這篇介紹馬克思的文章中，不可避免的存在着某些曲解和誤傳。儘管如此，但在七十多年前的天津，第一次出現介紹偉大的無産階級革命導師馬克思的名字，其意義還

① 來新夏. 天津近代史[M]. 天津：南開大學出版社，1987：348.
② 孫五川，林吶. 天津出版史料：第 1 輯[M]. 天津：百花文藝出版社，1988：5.
③ 天津市地方志編修委員會. 天津簡志[M]. 天津：天津人民出版社，1991：1051.
④ 張仲. 天津衛掌故[M]. 天津：天津人民出版社，1999：153.
⑤ 王爽，丁佳文，蘇鵬. 真理之光照亮天津之路[N]. 天津日報，2021-07-01（T70）.

是非常重要的。"①該文并沒有具體指出文中的"曲解和誤傳"究竟是什麼。

　　談敏可能沒有發現《維新人物考》一書中對馬克思的介紹，是直接取材於《近世界六十名人》的。對於這一部分内容，他認爲"尚有案可稽"；對於由編者華承澐所寫的一段"簡略考察"，他認爲"幾乎都是錯誤的引導"，指出把馬克思稱作"第一社會學家"，就是"回避了或者未曾意識到馬克思是科學社會主義的創始人"；認爲"推舉用馬克思的社會學來規範議員們的行爲"，就使馬克思的學説成了"混同於熱衷議會的學説"。談敏認爲，"凡此種種，説明當時一般國人關於馬克思及其學説的介紹和認識，比較模糊甚至相當混亂"，指出《維新人物考》一書中對馬克思的介紹，整個説來，"其實相當糟糕"②。

　　作家、文化學者馮驥才曾在一篇文章中，主要以《維新人物考》的内容及其編者爲例，分析過近代天津"地方文化的保守性"："近代天津曾出現過些許主張維新、思想活躍的刊物，甚至還有一些開明進步人士如嚴復、李叔同等人走到過社會的前臺。我讀過華承澐撰寫的《維新人物考》，是一本西方哲學家、政治家和發明家的評介性的人物傳記，其中包括馬克思和黑格爾。這是天津人向世界伸去的最長的觸角了。然而，這些思想活躍的人物并不能形成氣候。不少人建功立業還是進京或者南下之後才做到的。有人以爲，這與天津歷來重商輕文有關。我想，更深的緣故則是，舊日的天津與京都近在咫尺，皇城根下任何響動都能傳入大内。歷史上本地府縣道台的做官要訣便是小心翼翼，不顯山不露水，切勿惹是生非。這就決定了此一方天地中，思想上但求平庸無奇，算盤珠盡可去精打

---

① 樹清. 天津最早介紹馬克思的書——《維新人物考》[J]. 圖書館工作與研究，1983（1）：53.
② 談敏. 回溯歷史——馬克思主義經濟學在中國的傳播前史：下册[M]. 上海：上海財經大學出版社，2008：718.

細算。正爲此，天津在迅速發展爲北方商業重鎮的同時，外來的思想文化却未産生深刻影響，那麽外來的生活形態也只能是一時的時髦而已。時過境遷，過往不存。這樣，也就造成了地方文化的保守性。"①

天津圖書館藏本《維新人物考》一書爲鉛印本，從該書序言可知編者爲華承澐。2001 年出版的《天津通志：出版志》和 2015 年出版的《中國現代文學編年史（1895—1949）》第 2 卷中，都在 1911 年條目下載有《維新人物考》出版一事。這兩部書中，《維新人物考》的印刷方式都爲"石印"，編者都作"華承瀛"②。我們不知道這兩本書中的説法有何依據。

上海理工大學的華澤釗教授祖籍福建福州，1938 年出生於上海，他的祖父亦名華承瀛。據《路：華澤釗教授憶述》一書所述，他的"曾祖父華晋恩係無錫人，是江蘇無錫華孝子之後。清朝咸豐年間（1851—1861），受任爲福建浦下關鹽大使"；"曾祖父在世時，定下以後的排行爲'恩承世澤克振家聲'。華晋恩有四個兒子：長子華承榮（號戟卿）、次子華承英（號彦卿）、三子華承瀛（號雲卿）、四子華承澐（號季卿）"；"我們的祖父是老三華承瀛，早故，葬於福州西門雞角術之陽。祖母林氏是林則徐的後代。祖父母就只生了一個孩子，即我父親華世基（荷生）"③。該書中還説："2004 年，在美國攻讀博士的侄兒華克剛在網上查到一則關於'華承瀛'的信息。標題是：'中國何時出現有關馬克思出版物？——津門最新發現可能改寫；歷史專家熱盼《維新人物考》一書能再現'。具體内容如下：據天津市地方史志編修辦公室郭鳳歧主任介紹，他們在編修史志過程中有了新的發現。有明確的資料認定早在'十月革命'前的 1911 年，天

① 馮驥才. 手下留情：現代都市文化的憂患[M]. 上海：學林出版社，2000：179.
② 天津市地方志編修委員會. 天津通志：出版志[M]. 天津：天津人民出版社，2001：22；林分份，黄育聰. 中國現代文學編年史（1895—1949）：第 2 卷（1906—1915）[M]. 北京：文化藝術出版社，2015：107.
③ 華澤釗. 長輩的故事[M]//路：華澤釗教授憶述. 上海：上海三聯書店，2013：2-3.

津就出現了介紹馬克思的著作。這本書名爲《維新人物考》，作者華承瀛，1911 年在天津石印出版。書中刊載‘馬格思’（即馬克思）一文介紹説：‘馬格思，德國社會學家及法學家也，法國 1848 年革命，馬氏與聞其事，後至倫敦，從事著作。1864 年，立萬國工人會（國際工人協會），其著名之著作爲《產業》《資本論》。’華氏編寫的此書比 1919 年‘五四’運動時馬克思主義的廣泛傳播早了八年，比 1920 年陳望道翻譯出版《共產黨宣言》早九年，可以説這是迄今所知最早介紹馬克思的出版物。但遺憾的是現在尚未找到此書原件，專家熱盼《維新人物考》一書能再現。這篇報道登載於天津的《今晚報》和《天津新報》，時間大約是 2001 年。至於這本書的著者是否就是我們的祖父，那就不能確定了。我曾經於 2005 年去信《今晚報》希望能了解更多的情況，可是沒有得到回復。後來在網上見到關於介紹書法家華世奎（1863—1942）的文章，才知道天津也有華氏後裔，是明朝末年從無錫北遷的。奇怪的是，我們福州的華氏後裔排行是‘恩承世澤克振家聲’；而天津的華氏後裔排行是‘長承世澤克……’，大同小異。據我們 1980 年的族譜，我們曾祖父華晉恩的長孫華世澂（澄，茗生）是患肺癌歿於天津的。不知這兩個族系有什麼關係。”[1]

　　華澤釗的態度是謹慎的，他沒有看到《維新人物考》一書，也沒有肯定其祖父華承瀛就是《維新人物考》一書的編者；他書中提供的有關華氏家族的材料，如提到華晉恩的四子，即號季卿的華承澐等，對進一步研究《維新人物考》一書編者的生平，還是有一定意義的。

---

①　華澤釗. 長輩的故事[M]//路：華澤釗教授憶述. 上海：上海三聯書店，2013：8-9.

社會經濟學

日本　金井延 / 著

陳家瓚 / 譯

群益書社

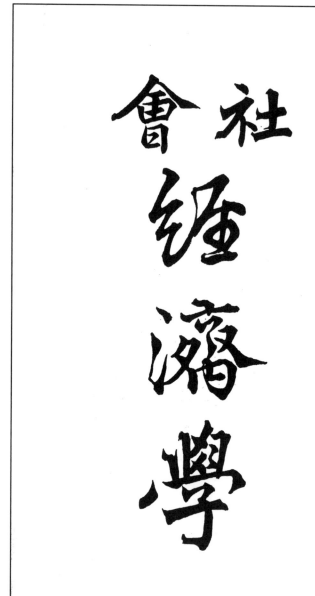

《社會經濟學》封面

序

世界之經濟競爭急。其中心遂集注於吾國。故吾國經濟問題。即吾國存亡問題。欲解決此問題。則非輸入學說不爲力。十年來吾國來東研究是學者不乏人。而予友善化陳君子美①予知其得之最深者也。陳君少即深通國學。專治經濟學於東已歷六載近譯其師金井博士②之社會經濟學以相示。予固嘗讀金井氏之書。又嘗聞陳君之緒論矣。頃讀譯本既竟。乃作而言曰。異哉吾國之經濟學說也。曩者嘗讀孔氏書。竊怪其論國計民生者不少概見。豈儒家誠諱言利耶。及讀孟子與梁王問答一章。乃知所主張者爲公利。與歐洲上世之經濟學說多相合。漢以後儒者不察。將箇人經濟與國民經濟混視爲一。於是有不擇焉而排者也。若大學論生財分財之旨。史遷所作平準貨殖諸書。其他散見於諸子百家中者。其言多與近世之經濟學說同。又何諱言利之有耶。吾又以悲吾國經濟學說之不振也。間嘗攷歐洲經濟學說之大略矣。若希臘之柏拉圖 亞里士多德若羅馬之西士那③司宜卡④其說雖偏重於公共經濟。然精博之處。後儒尚難企及。及至中世。群雄分割。民生以困。而宗教界如墨司魯⑤阿士米⑥諸人。以宗教觀念而言經濟。

---

① "陳君子美"，即陳家瓚（1870—1945），字子美，湖南善化（今湖南長沙）人。經濟學者、翻譯家。
② "金井博士"，即金井延（1865—1933），日本法學者、經濟學者、社會政策學者，東京帝國大學法科教授。
③ "西士那"，即馬庫斯·圖留斯·西塞羅（Marcus Tullius Cicero，公元前106—前43），古羅馬政治家、雄辯家、古典學者、作家。
④ "司宜卡"，即魯齊烏斯·安涅烏斯·塞涅卡（Lucius Annaeus Seneca，公元前4—公元65），羅馬哲學家、政治活動家和作家。
⑤ "墨司魯"，疑爲馬爾塞魯斯二世（Marcellus Ⅱ，1501—1555），羅馬教皇（1555），宗教改革倡導者。
⑥ "阿士米"，即安塞姆（Anselm，1033—1109），又譯爲安瑟倫，經院哲學學派的創始人、神學家，著有《宣講》《論真理》等。

適類於吾國漢代之貴粟賤賈説。吾讀其書。竊謂其爲一時之言則可。謂爲
獨立之經濟學説。實未敢許焉。至十六世紀詹本敦①苛白尼②論貨幣之利
害。固爲吾國論圜法者所未及。而苛巴③克林威爾④以重商主義重鎮一時。
則又與吾國管子治齊之政略同矣。故當時歐洲學士大夫所研究者。無非
"如何富國"之一問題。其弊也遂至以富與貨幣混。然節取其長。以行於
今日之中國。又未始不當也。是後反對重商主義者有之。持重農主義者有
之。諸説紛々。靡所歸宿、亞丹斯密⑤氏出。集前此之大成。爲後世之先
導。其價值論尤爲世界言經濟學者不祧之宗。歐洲經濟學説之盛實從茲
始。自時厥後。若馬爾薩司⑥之人口論、若扁達摩⑦之直接研究經濟問題。
其他或據歷史。或用比較以談經濟學者。皆各有發明。惟當時學者僅注目
於富之一問題。一若貧民之貧乏。爲經濟上自然之趨勢。此固其缺點。抑
我國今日言經濟者所宜注意者也。由是乘間以興者。有法儒可摩托⑧氏之
社會主義。而英國中興經濟學説之彌兒⑨氏至晚年亦受其影響。暨夫所
世。若英之司離脱⑩氏。雖於經濟史上新開研究之端緒。然自彌兒氏之説

---

① "詹本敦"，不詳。
② "苛白尼"，即尼古拉·哥白尼（Nicolaus Copernicus，1473—1543），波蘭天文學家、數學家，
　　以天體運行論著稱。哥白尼也是經濟學家，早期貨幣數量論的奠基者之一。
③ "苛巴"，即讓-巴普蒂斯特·柯爾貝爾（Jean-Baptiste Colbert，1619—1683），法國政治家，曾
　　任法國財政總監和海軍國務大臣，實行經濟重建計劃，使法國成爲歐洲主要強國。
④ "克林威爾"，即奧利弗·克倫威爾（Oliver Cromwell，1599—1658），英國政治家，英倫三島
　　共和國的護國公（1653—1658）。
⑤ "亞丹斯密"，即亞當·斯密（Adam Smith，1729—1790），英國經濟學家、哲學家和作家，著
　　有《道德情操論》《國富論》等。
⑥ "馬爾薩司"，即托馬斯·羅伯特·馬爾薩斯（Thomas Robert Malthus，1766—1834），英國經
　　濟學家、統計學家，著有《人口論》和《政治經濟學原理》等。
⑦ "扁達摩"，即耶利米·邊沁（Jeremy Bentham，1748—1832），英國社會學家、哲學家和經濟
　　學家，功利主義理論的主要代表，主張效用原則是社會生活的基礎。
⑧ "可摩托"，即奧古斯特·孔德（Auguste Comte，1798—1857），法國哲學家，社會學和實證主
　　義的創始人，著有《論實證精神》《實證哲學教程》等。
⑨ "彌兒"，即約翰·斯圖亞特·穆勒（John Stuart Mill，1806—1873），又譯爲約翰·斯圖亞
　　特·密爾，英國哲學家、經濟學家，著有《政治經濟學原理》《論社會主義》等。
⑩ "司離脱"，不詳。

出。英國學者已失舊有之根據。法儒塞枯羅①等對於英學者亦多所匡正。
而美儒竭理②氏又以保護主義反對英之自由貿易。荷蘭意大利學者。於經
濟學之研究亦盛。其中能代英國學派以起者首推德。德之先登者爲李斯
托③氏。氏謂工業幼稚之國。宜採保護政策。此固吾國所急宜效法者也。
其他有所謂羅脩④等之舊歷史派。又有所謂窪古那⑤等之新歷史派者。皆爲
最近之經濟學大家。而後派在日本之祖述者爲最甚。世之論者、謂法之經
濟學多爲社會主義所阻礙。若英若美、又多偏於理論。惟德之學者。於經
濟實情及經濟政策。獨具特識。然輕理論而偏重事實。日本最近之學者、
若小林⑥、若田島⑦、若福田⑧諸氏。雖積極鼓吹德國學説。亦嘗論其非。
而耆宿中則以金井氏之書其折衷爲較當。故言日本經濟學之現狀。雖爲未
完全發達之學科。然言其進化之跡。則有令人瞿然以驚者。乃還觀吾國之
載籍。由唐虞至周。二千餘年。所守者一重農主義。其間異軌者。惟春秋
戰國時。衛文公之通商惠工⑨。及管子之重商⑩、墨子之重工⑪、白圭計然

① "塞枯羅",不詳。
② "竭理",即亨利·凱里(Henry Carey, 1793—1879),美國經濟學家、社會學家,美國經濟學
　派的代表人物,主要著作有《論工資率》《政治經濟學原理》《過去、現在和未來》等。
③ "李斯托",即弗里德里希·李斯特(Friedrich List, 1789—1846),德國經濟學家,德國歷史學
　派先驅,代表作《政治經濟學的國民體系》。
④ "羅脩",即威廉·格奧爾格·弗里德里希·羅雪爾(Wilhelm Georg Friedrich Roscher, 1817—
　1894),德國經濟學家,萊比錫大學教授,德國經濟學中歷史學派的創始人之一。
⑤ "窪古那",即阿道夫·瓦格納(Adolf Wagner, 1835—1917),德國新歷史學派經濟學家,主
　要著作有《土地私有制的廢除》《政治經濟學教程》等。
⑥ "小林",即小林丑三郎(1866—1930),日本政治家、經濟學家,著有《比較財政學》《經濟思
　想及學説史》等。
⑦ "田島",即田島錦治(1867—1934),日本經濟學家,京都帝國大學法科大學教授,著有《最
　近經濟論》《經濟原論》等。
⑧ "福田",即福田德三(1874—1930),日本經濟學家,慶應義塾經濟學教授,著有《國民經濟
　原論》《經濟學研究》等。
⑨ "衛文公之通商惠工",衛文公(?—前635),姬姓衛氏,春秋衛國第二十任國君(公元前659—
　前635)。在位期間重視生產,便利商販,加惠各種手工業。
⑩ "管子之重商",管子(約公元前723—前645),即管仲,名夷吾,齊國潁上(今安徽潁上)
　人。經濟學家、哲學家、政治家、軍事家。管子擔任齊國國相期間大刀闊斧實行改革,發展工
　商業。改革後的齊國在軍事、政治、稅收、鹽鐵等方面都取得顯著成效。
⑪ "墨子之重工",墨子(約公元前468—前376),名翟,宋國人(一説魯國人),思想家、教育
　家、科學家,墨家學派創始人。墨子精通手工技藝,同情手工業者和下層人士。其弟子編成的
　《墨子》一書記述了各種兵器、機械和工程建築的製造技術,對後世產生很大的影響。

范蠡諸人之善貨殖①。而求其學説。又殘缺不可多得。跡其所爲。非將轉重農主義而使之趨於他道者歟。乃由戰國以迄今。又二千餘載矣。社會不脱於宗法。其民所守者固耕稼。學説尚定於一宗。其士大夫所思惟者猶重農。經濟學説之不振於吾國。蓋四千數百年而有餘也。夫歐西經濟學之獨立爲學科。僅前今百餘年而已。至近者若生產與交換問題。固已言之信而有徵。其待研究者惟分配一問題。獨至吾國。以言夫生產。則吾嘗聞李斯托生產五級説矣。氏之言曰。生產進化之階。始畋漁。次遊牧。次農業。又次農工業。其終也農工商業。以之觀吾國生產現狀。北固遊牧。南猶農也。以言夫交換。則吾又嘗聞罕特勿蘭②氏之言矣。氏之言曰。交換之進化也。始以實物交換。繼以貨幣交換。而成於信用經濟。以之觀吾國交換現狀。乃野尚有實物交換而邑亦貨幣經濟也。若夫由生產與消費之關係。以觀吾國之經濟組織。我則尚爲都府經濟。而人已成國民經濟。由世界之經濟主義以觀吾國一般國民之生活。我則求直接充足欲望。而人則進於營利主義。且挾其工商生產力。信用交換力。以資本企業制度而營利於我。舉我國向之所守生產交換諸現狀。亦岌岌有不自保之虞。經濟競爭之公例。其不能逃有如此者。夫至經濟競爭之急。雖子弟尚不能保其父兄。而謂民能衛其國哉。善夫英儒斯賓塞③之言曰。昔者多尚武之羣。今者皆殖產之羣。言今日之軍事。皆爲殖民而設也。而日儒坪井正五郎④亦曰。戰爭之根本原因在經濟。今世之競爭。不外保存種族與維持生活。所謂維持

① "白圭計然范蠡諸人之善貨殖"，白圭（公元前 370—前 300），名丹，中原（今河南洛陽）人，商業經營思想家，提出貿易致富理論；計然（生卒年不詳），又稱計倪，葵丘濮上（今河南民權）人，春秋戰國時期政治家、經濟學家；范蠡（約公元前 536—前 448），字少伯，楚國宛（今河南南陽）人，政治家、經濟學家、巨商。
② "罕特勿蘭"，不詳。
③ "斯賓塞"，即赫伯特・斯賓塞（Herbert Spencer，1820—1903），英國哲學家、社會學家。
④ "坪井正五郎"，坪井正五郎（1863—1913），日本自然人類學者，著有《人類談・學藝講話》《人類學講話》等。

生活。即經濟問題也。嗟夫、世界競爭之大勢。固已如此。若吾國之生産機關不發達。交換現狀與經濟主義不變革。則國民經濟永不能成立。國民經濟不成立。而欲國家離危亡之域。即就經濟歷史一方面觀之。已知其不能矣。乃世之言治者。或脫略而不言。言矣或僅拾一二師儒之學説。而多重於分配一問題。天下事固有作始簡而終鉅者。前此輸入之學説已嘗見之。則子美是書之譯。又烏可以已也夫。

光緒三十四年三月　　甯鄉向瑞琨[①]序

---

① "向瑞琨"，向瑞琨（生卒年不詳），字淑予，湖南寧鄉人。日本明治大學工商科畢業，1910 年授農商部主事。1912 年任農工商部次長、代理總長。

弁言

  家瓚譯金井先生經濟學既竟作而言曰。嗚呼。余抑不知夫列強各國洋不問東西。種無論黃白。凡稍欲稱雄於世界者。何以日肆其狼貪虎視。以割據我疆土。攘奪我利權也。說者曰。是帝國主義之膨脹也。是殖民政策之發展也。故變其名詞。不曰勢力範圍而曰門户開放矣。不曰不許讓與而曰機會均等矣。余又不知夫以堂々之中國。保有四千餘年文明之歷史。擁有四百餘萬方哩之版圖。挾有四百餘兆之人口。何以奄々無氣。日即於衰弱。將鄰於滅亡也。說者曰。是愛國心之缺乏也。是政治能力之薄弱也。故外則見侮於鄰封。而誚我爲一盤散沙矣。内則見棄於政府。而斥我爲程度不足矣。雖然、吾思之。吾重思之。彼歐美人士者。非同是圓顱方趾之人類也乎哉。而何以其國家則日赴於強盛之境域。其人民則皆富於活潑有爲之氣象。其國旗則翻翻照耀於大地。其勢力則飛黃騰達於寰區也。就令其人種不同。而政治能力亦異。然彼日本者。非所謂與我同種同文者乎。亦何以割我臺灣。併我高麗。奪還樺太半島①於強俄之手。強注國力於我滿洲領地之圈。一躍而僭入於一等強國之林也。嗟乎嗟乎。各國人皆以富於愛國心而國益強。則我國民日求發達其愛國心足矣。各國人皆以政治能力偉大而勢益振。則我國民日求促進其政治能力足矣。然而自余思之。彼愛國心云者。政治能力云者。皆惝怳無憑之詞也。非先有一著實可以駐足之根據爲之前提。則雖日祝其發達而無如其成效不易覩也。是故謂我國民愛國心之缺乏者非真缺乏也。政治能力之薄弱者非真薄弱也。一言以蔽

---

① "樺太半島"，即庫頁島。

之。則實經濟思想之缺乏而經濟能力之薄弱也。何也。二十世紀之世界。無所謂武裝的戰爭也。惟有經濟的戰爭而已矣。質而言之。即衣食住問題而已矣。故各國人士。日々絞其腦力。瀝其精血。務求富其國。強其兵。完備其國防。擴張其領土。凡一切種々之作戰計畫。與其謂爲別有用心。不如直截了當。謂其爲衣食住問題所逼迫。不得不謀鞏固其內政。不得不謀移殖其人民。不得不謀堅我壁壘。以防外敵之侵來。不得不謀窺人釁隙。以便我民之滲入也。故自他人觀之。雖可下以種々之評判。或謂爲帝國主義之膨脹。或謂爲殖民政策之發展。而不知實由於人口之增加。己國無地自容。食物不足。而欲求尾閭於鄰國也。夫是以其目的惟在圖其國民之繁昌。遂其國民之存立。故於一切危險之戰爭、務求免避。至不得已而以干戈相見。亦惟是勢有以迫之。使之不得不然耳。故謂種々作戰計畫。無論其爲平和之戰爭與激烈之戰爭。皆所以助其經濟戰爭之勢力而已矣。金井先生嘗曰。"社會萬般之競爭。無論外交。無論軍事。無論學術與技藝。其所以爲基本之中心點者非他。即欲收得經濟上之利益者也。故外交軍事學術技藝。不能爲奏功之目的。其爲主者。宲在經濟上之利益。此近今各國之趨勢也。"然則我國民而欲與列強角逐於競爭之塲。苟非發達其經濟思想。促進其經濟能力。則豈獨國將不國而已。凡我種族。宲復有倖存之希望耶。

雖然、欲言經濟思想與經濟能力。則不可不先知經濟競爭之爲何。欲言經濟競爭。又不可不知競爭之爲何也。蓋競爭者、不獨爲社會上最上之法則。又實宇宙間最上之法則也。宇宙者、以競爭而存立而發達者也。國際經濟競爭。不過其表現之一端而已。

且夫競爭之勢力。不僅人類社會而已。有起於自然與自然間者。有起於自然與人類間者。有存在於人類相互間者。有存在於人類之腦中而不明言者。約而言之。可分爲數種。（一）其起於自然與自然間者。如（A）起於天體相互間者是也。所謂引力求心力遠心力之所以支持。即地球與太陽、地球與太陰。以及其他諸星與諸星之關係。皆無不然者是。是等之諸現象。謂非諸天體之相互競争不得也。又如（B）就地球上之自然現象觀之。如（甲）在礦物與動植物之間。則動植物必嘗與水相接觸。而使之營養其體幹。然水之爲物。不必嘗爲動植物所支配也。有時却有危及其生存者。又如（乙）在動物與植物之關係。則牛馬以嚙草而生。人類以食穀而活者、其恆事也。然植物亦不僅常爲動物之滋養品而已。有時却有爲其毒害者。又如（丙）即動物相互間之競争也。其最著者。如小鳥之食虫魚。鷹鸇之逐鳥雀。貓之捕鼠。窮鼠之嚙貓。下至弱小之禽獸。其防衛尤有獨備妙巧之用具者。（二）其起於自然與人類間者。則因人智人文之發達。而尤以經濟技術之發達爲最著。伊古以來。每謂人爲自然所限制。故謂天定可以勝人。然在原始狩獵經濟時代。人之生活。雖全然被支配於自然。且因自然之變動。即爲人類生存之危險。其不知利用自然固不待言。故當時之人民。其畏自然也甚於畏神。故對於日月風雨山川湖海等。往々以神禮事之。及進於牧畜時代農業時代之時。則已稍知利用自然之術。故或則飼養特殊之動物。或則佔領一定之處所。以展其播種培養之能。當此之時。比於以前之時代。其僅依賴自然之力者亦已較少。又進而入於農工時代農工商時代。則人智愈益發達。一切製作。往々以人力制限自然。於是人定勝天之現象以起。其始也。僅利用水力利用風力以爲動力者。今則利用電氣力蒸汽力矣。蓋水力風力既不常有。而電氣力蒸汽力等。則取不竭而用不窮。且能常有最大之動力可應其求。故昔日之尊敬爲神明而不敢侮玩者。今則被人類所驅使若奴隸矣。且也因電氣力蒸汽力之利用發達。故藉製鐵技術之結果。在往時之運送。有必使動物爲之牽引者。今則不俟動物之長成。而車輛自能通行矣。昔之造船舶也。必藉木材以供帆檣之用。今則不俟樹木之長成。而可以鋼鐵代之矣。又如昔之顏料。必用植物性與動物性。今則因無機材料之發見。而不待有機自然物之發育矣。諸如此類。皆人類之脫却自然之束縛。而漸入於利用自然之區域者也。故所謂發明所謂改良云者。即人類所以開發自然之要具也。觀於近世產業之革命。近世經濟組織之發達。謂非人類對於自然之奮鬭之結果也得乎。（三）其起於人類相互間者、爲競争中之最重要且極多者也。（A）自其主體分之。如（甲）箇人與箇人之競争也。此吾人日々所目覩者。無俟贅言。如（乙）箇人與團體之競争也。舉例譬之。如人民之逋逃租税。而國家抑止之之類是也。如（丙）團體相互間之競争也。此類之中。有起於私團體相互間者。有起於私團體與公團體間者。其私團體或則爲公司組合。或則爲社會階級。或則爲人種團體。其競争也。或則起於公團體相互間。或則起於國與國間。或則起於國與地方團體間。（B）自其目的物體分之。（甲）經濟上之競争也。（狹義）例如消費者與生產者及商人爲價值決定之争。商工業者與農業者爲穀物關税之争。商工業者與其同業者有争。甚至貧者對於富者之階級則有争。資本家對於勞働者地主對於租借人則有争。即在國際上。各國欲各自擴張其經濟上之勢力範圍。則亦不能無争。（乙）政治上之競争也。人民與政府有争。人民與政黨有争。政黨與政黨有争。政黨與政府又有争。而國家之欲擴張其政治上之勢力者則亦有争。（丙）則軍事上之争也。（丁）學問上之争也。（戊）技藝上之争也。（己）宗教上之争也。（庚）僅爲名譽上之争也。而就人類之競争中。（C）舉其狀態觀之。（甲）或則堂々正々爲道德上之争。（乙）或則不德不義。爲卑劣手段之争。最後（四）爲存在於人類之腦中而不明言者之争。如勤勉與怠惰飲酒與節制。其他一切之善惡。要之皆不可避之競争也。又實人生所不可缺之競争也。

　競争之現象既如此。則今日之經濟競争。實鑑於宇宙之大勢。萬無可避之公理也。且今日之世界。種々之競争既已愈益激烈。而尤以經濟競争爲其中堅。使吾人於此。而惟純任自然。不急起直追以謀抵抗列强之方策。則舉我國將來一切之狀態。不獨惟有停止。惟有睡眠。而且非終歸屈伏底於滅亡不止。拿破崙①之格言曰。用兵之要無他。第一“金”、第二“金”、第三“金”、墺國②外務大臣科爾爵司欺③曰。十六十七兩世紀。宗教争亂之時代也。十八世紀。自由民權主義奏捷之時代也。十九世紀。則爲平民主義發展之時代。二十世紀。則商工業上之生存競争時代也。明乎此。則我國民今日所處之地位。與將來應採之方針。夫固可以懔然悟矣。

　雖然、欲言競争。則宇內各國之大勢。其對於我有若何之利害。不可不一攷求者固已。而尤爲吾人所當注意者。則我國民果欲身當競争之衝。其競争之地位果何在。其競争之缺點果何在。其競争之長處果何在。其競争所當採之政策又果何在。皆不可不虚心静氣以詳密研究之者也。余兹請於左一々述之。

　蓋自甲午一役以來。東洋之形勢。遂一大變。當是時也。不獨我國之國勢一落千丈。日本之國勢一日千里而已。而以庬然之帝國竟一敗於蕞爾小國之手。於是情見勢絀。遂漸啓歐人窺伺之心。故不旋踵間。俄人則奪我旅順大連。其勢力幾瀰漫於滿洲全域。德人亦以薄物細故。强據我膠州。法人以欲得海軍根據地。强佔我廣州灣。英人亦爲抵抗俄法之計。不

---

① “拿破崙”，即拿破侖一世（Napoléon Ⅰ，1769—1821），法國政治家、軍事家，法蘭西第一共和國第一執政（1799—1804）、法蘭西第一帝國皇帝（1804—1814、1815）。
② “墺國”，此處指奧匈帝國。
③ “科爾爵司欺”，即阿根諾·馬里亞·戈烏喬夫斯基（Agenor Maria Goluchowski，1849—1921），波蘭政治家，曾任奧匈帝國外交大臣（1895—1906）。

得不要索威海衛與九龍以謀自衛。然列強當此之時。尚不過爲政治上軍事上圖勢力之伸張而已。未暇計及經濟方面也。無端義和團一躍。致招八國聯軍入京之禍。當是之時。宗社之危。間不容髮。使歐美人者。果實行其瓜分之政策。吾恐地圖之色。已改易多時矣。乃彼列強者。一面則使我爲城下之盟。強以勢力範圍不許讓與相要挾。一面則力避血肉橫飛之慘。而不願與我以兵力相爭。此皆各國希望武裝的戰爭以此而終。而惟注意於經濟的競爭以是而始也。不料範圍雖定。而勢力終不平均。如強俄者。尤爲貪婪無厭。欲肆其席捲天下之謀者也。而西則見忌於英。東則見憎於日。就中尤以滿韓之關係。爲日本國家生死存亡所關。故藉俄不撤兵之故。遂貿然主戰。致使東亞之風雲。無端又呈慘澹悲淒之色矣。今者干戈已靜。匕鬯不驚。自表面觀之。東洋之平和。非不從此可以維持也。清韓之領土。非不從此可以保全也。然就其內容觀之。則不過曰門户開放而已。機會均等而已。夫我有門户。我自開放之可也。強我開放奚爲者。我有機會。與不與聽之我可也。而必曰均等奚爲者。嗚乎噫嘻。所謂門户開放云者。譬之大盜入室。紾主人之臂而奪其家產而已。所謂機會均等云者。不過羣盜相聚。約勿爲爭贓之謀而已。此等行徑。所謂司馬昭之心路人皆見者。而猶強爲飾詞。曰維持平和。曰保全領土。其誰信之。果爾樸司馬和約①成立無幾時。而日英、日法、日俄、英俄各協約。居然次第成立。維持乎。保全乎。吾不得而知之矣。夫使各國而果欲維持東洋之平和也。則支那艦隊可不派遣也。海軍費用可不擴張也。船亦不必求堅而砲亦不必求利矣。而無如其不然也。又使列國而真欲保全我之領土也。則租借之土地儘可退還也。未開之路礦。何必強佔也。款則不必強借。而兵則不必強駐

---

① "樸司馬和約"，即《樸次茅斯和約》，1905年日本與俄國簽訂的合約，標誌着日本和俄國對中國東北的重新瓜分。

矣。而無如其又不必然也。悲夫。今日列强之對於我國。其在上者。無論
爲政治、爲外交、爲軍事、爲商工業。無一而非壟斷我國家經濟上之權
利。以恣其無厭之求者也。其在下者。無論爲官吏、爲教師、爲商工業
家、下至醜業婦小賣商。亦無一而非吸吮我人民經濟上之膏血。以飽其貪
婪之欲者也。風聲鶴唳。草木皆兵。四面楚歌。雖今不逝。凡此皆我國々
民經濟競爭之地位也。

　　然則我國民處此。非上下一致以力求經濟能力之發達固不可矣。獨是
我國民欲與列强相抗。其所以爲競爭之具者。其人格果能優於列國々民與
否。其思想果能高出列國々民與否。其智識果能匹敵列國々民與否。其能
力果能爭勝列國々民與否。不可不一研究之者也。而還顧我國民之缺點。
則（一）自利心之太熾也。在經濟競爭之世。無自利心之刺戟。則一切之
行爲。必無何等進步之可言。然偏於自利心。則往々有祇圖自己之私利。
而不顧及他人之利害者。是以各國當政治軍事外交之戰爭。其所恃者在一
國全體之活動。而我之所恃者。則在箇人之運籌。即在商工業家之戰爭。
列國之所恃者。則以組合或公司或托拉司^①等之經營。而我之所恃者。惟
在箇人之營業。固宜其百戰而百不利也。（二）無國家之觀念也。人類欲
活動於社會。其所依賴以爲之保障者惟國家也。否則内之組織既不完備。
則生命財產。不能求一日之安全。外之則國力既不盛强。無論歐美澳非。
皆不免受他人之排斥。惟我國民不知國家之爲有利關係也。故政府之無責
任也聽之。自治團體之不整飭也聽之。豈知人民之視國家也甚輕。則人之
侮我也益甚。其直接受損害者。如美澳荷蘭等之禁我華工。夏威夷舊金山
之焚我華人財產。皆其最顯著者也。此非無國家之觀念而何也。（三）權

----

① "托拉司"，即托拉斯（Trust）。

利思想之幼稚也。國家者與人民不可分離者也。故國家之利害。無論直接間接。皆與人民之利害相關。知此理者。雖欲其權利思想不發達不可得也。而還顧我國民則何如也。割一地也。失一礦也。去一路也。而不知痛也。賠二百兆也。賠四百五十兆也。補磅虧也。而不知苦也。而且國家之財政。其人民皆有監督之之權利者也。而我國々民則聽其橫征暴斂也。聽其揮霍也。聽其偷竊也。而若與我毫不相關也。（四）無遵守法制之能力也。人民欲遂其共同生活。則非整理公共之秩序。必無安全幸福之可言也。故謂我國政治之不良。皆由於無完全法律之故亦不爲過。使憲法而果發布。則人民之生命。得藉公權爲之保護。非一人之威福所能縱其生殺也。使私法而已完全。則人民之財產。全賴私權爲之範圍。亦非官府之意旨所得任其予奪也。而我國民之對於法制也。則不便也而不聞其要求改革也。不備也而不聞其呈請頒布也。此所以比於法治國之國民。宜乎其有上下床之別也。使此四弊不除。則一旦使當經濟競爭之衝。吾恐兩軍尚未交綏。而氣已先餒矣。

雖然、我國民處此。其忍長此終古乎。抑自然之淘汰本無可逃乎。語不云乎。志誠所至。金石爲開。又曰蜂蠆有毒而況國乎。使我國民而不自即於亡。則亦未見其終歸劣敗也。且夫經濟競爭之所以優勝也。亦其所挾之天然之勢力足以自豪也。若舉我國民特別之優點。（一）人口之繁殖也。無論何種之競爭。皆不可不以人口之衆多。爲其最要之條件。而於一國經濟上之發達。人口之增加尤爲顯而易見焉。彼歐洲人種其所以取得世界主人翁之資格者。即以此爲其原因。而日耳曼人之所以優於拉丁人。與日本人之所以雄飛東亞。殆無不因人口之過剩。而漸次使農民移於都會。以促進其商工業之發達也。且勢力愈益膨脹。則因商工業之發展。即可利用海外之殖民。我國民於此。即具有此曠世無匹之資格者也。不然。同爲世界之古國。彼希臘羅馬埃及印度者。久已煙消霧滅。而我猶能巋然獨存者。非賴人口繁殖力之强大爲之後援乎。然則彼歐美人之所以不敢公然瓜分者或即以此耳。（二）自然之豐富也。我國土地之廣大。固已冠絕五洲。而在今日商工業競争之中。其最貴重者惟煤與鐵。彼英吉利之所以爲世界之主盟者即以此耳。我國山西之煤。世界無匹。以興工業。取用不窮。今幸天誘其衷。福公司①已舉其全部利權歸於我矣。我國民浴此天惠。幸無交臂失之。且各省礦質。種類繁多。使我國民而深知其利用之途。則以言富國。富可日臻。以言强兵。强可立待。此亦機會之不可失者也。（三）原始産物之充足也。工業之盛衰。繫於原料之備否。而大異其程度者。此盡人所知也。我國棉花之豐富。羊毛之夥多。食物之富有。皆足爲我國民臻於繁庶之資料。而若絲若茶。内則供給國民之需要。外則被印度日本錫蘭②意大利之競争。尚可爲出口之大宗貨物。則其盛况自可推知。且地跨三帶之中。動物植物之儔。爲數殆屬不可紀極。海岸線綿亘數萬餘里。則漁業之富。亦當首屈一指焉。故在近日之競争中。雖於商工業不能發見優長之點。至於原始産物。則固有可以左右世界之勢力者也。（四）人民長於手工業也。今日機械工業雖盛。而手工業仍不可無。日本以後起之邦。其機械工業雖不足與歐美各國並駕齊驅。然手工業中。若風琴、火柴、手巾等貨。則已漸漸有侵入歐美市場之傾向。且日本固常自詡爲東洋美術國者也。若以我國之手工業與之絜長較短。安見其能獨步一時也。若磁器③、若繡貨。固我國々粹之所在。即等而下之。以觀於筆墨文

---

① "福公司"，即英國福公司（Peking Syndicate Limited，亦可直譯爲"北京辛迪加"），創立於1897年。福公司於1898年獲得在山西盂縣、平定州等地專辦煤礦等權力，開采期限爲60年。1905年，山西各界掀起收回福公司礦權運動。在賠償白銀275萬兩後，山西各界群衆收回了福公司在山西的采礦權。
② "錫蘭"，斯里蘭卡（Sri Lanka）的舊稱。
③ "磁器"，有誤，應爲"瓷器"。

具綾羅織物之屬。使我國民而稍予以獎勵。更加以講求。安見其終屈伏於他人下也。此皆吾人之長處。所不可不表而出之者也。

然而據此錦繡之湖山。挾此豐饒之物產。雖足以凌歐駕美。橫行一時。要其與列國々民親爲經濟上之競爭而身攖前敵者。尤在我國民全體之活動也。故欲使我國民之技倆。足以與列強勢均力敵。則非尊重其人格。高尚其思想。增長其智識。發達其能力不可。雖然、茲事體大。更僕難終。茲僅述其梗概如左。（一）要求開立國會也。國家之活動。全在國民。然國民僅以箇々爲單位。而無互相聚合以爲活動之總機關。則無論對內對外。皆疲苶而無力。若有國會。則不僅經濟上之事情依之而解決也。凡一國全體之活動。亦無不藉是而改良進步焉。然即就經濟上論之。則租稅法之改正。釐金之裁撤。公債募集之着手。豫算之編成。銀行法規之制定。官吏俸給之改良。而間接得以整飭吏治。貨幣本位之決定。而使一般經濟社會。不受價格變動之苦痛。皆賴有國會爲之後援者也。（二）速籌教育之普及也。今日競爭之局勢。既日加新。則其所持爲競爭之器具者。亦日加利。質而言之。則今日之競爭。非腕力之競爭而智力之競爭也。我國士人。被困於詞章帖括者。歷時既久。今甫變計。尚無學問之可言。而農工商兵。則並之無而不識者。殆百人而九十也。故欲發達我國々民之能力。非強注入以普通教育不可。且欲使我國民爲經濟上之競爭。尤非注重於實業教育不可（至於經濟思想普及教育。對於何項人才何種學校宜注重者原書緒論中已詳言之茲不贅）此德國日本所行之而有效者。語曰、前事不忘。後者之師。此我國々民所當認爲唯一之任務者也。（三）組織海陸軍也。國家之盛衰。由於國民一般活動力之消長。固不當限於兵力之強弱也。然兵力愈強。則於保衛國民之權利。尤爲必要之條件。故觀於今日之國際關係。要當以維持武裝的平和。爲其第一要義。否則人苟以採取自由

行動相要挾。而我之外交即已失敗。國權亦即因之。此我國々勢之所以有
今日者職是故耳。且近日各國。非不主張萬國平和也。然會議方開於荷蘭
之首府①。而戰雲倏起於極東之一隅。且首唱平和之俄皇。同時即爲破壞
和局之發難者。則平和之說又安見其能信也。故我國家無論如何貧苦。國
力如何困窮。而對於所以使人民之生命財産。得爲安全之行動。而爲其必
要之擔保者。則經之營之。固不可一日緩也。（四）務求急々修明法律
也。余前言法律不備之害。尚就內部言之耳。若就外部言之。則列強對於
我國之條約。其所以不與吾人以對等之權利者。每以我國法律不備爲詞。
是則我國而欲收回治外法權。其不能不急々改訂法律也明矣。況世界日
新。則事情愈賾。苟非法律完備。則人民之生命財産。無一定之範圍爲之
保護。必不能得求其安全。而國家之對付外人。亦不無處々窒礙。故每有
交涉事起。不獨我小民之損害甚多也。即我國權之因之喪失者亦頗不少
矣。然而四者雖備。我國民經濟上之競爭。其果能獨操勝算也乎。而不然
也。何則。開港通商。雖屬世界不可遏止之局勢。然如我國之沿江沿海。
以及深入內地。無在不開爲口岸者殆未有也。我國民處此。若一味依賴外
貨。既於事有不可。欲極力排斥外貨。又爲勢所不能。（五）則先非定當
採之政策不可。然洋貨之輸入。則百般保護。土貨之輸出。則任意留難。
倒行逆施。莫此爲甚。如以此揆諸自由保護兩種政策之原理。恐徧徵諸各
國。而絕對的無有先例之可言也。興言及此。則又不能不太息痛恨於先人
貽謀之不善。結此不對等之條約。害及我子孫。使永無戰勝列強於經濟上
之希望也。然即降格相從。假定爲猶有一線光明。可以任吾人從容布置。

---

① “會議方開於荷蘭之首府”，19 世紀末，在各帝國争奪世界霸權和軍備競賽的過程中，俄國因
　國內財政拮据、工農運動勃興而力不從心。爲贏得時間，限制對手，俄國邀歐、亞及北美各獨
　立國家於 1899 年在荷蘭的政治中心城市海牙召開海牙和平會議。會後，帝國主義國家的軍備
　競賽反而愈演愈烈，重新瓜分殖民地的戰爭連綿不斷。

則所當採之政策又何在乎。居今日而言外國貿易。則自由貿易政策。既據優勝劣敗之公理。爲列國所不取。其不宜於我國。亦何待言。然即在保護貿易之中。其當專採商工業保護政策乎。抑徑採農工商保護政策乎。此不可不一研究者也。我國農產。甲於大地。本可不採保護之方針。然小民生活程度尚低。一旦輸出之禁大開。則食物因之空虛。必致惹起物價之激烈變動。而危及社會者不少。故在今日。不僅商工業宜加以栽培覆育。使之漸赴健旺而已。即農業亦不可不納之於保護政策之中。然此猶就輸出言之耳。若就輸入言之。如木材、如鹽業、如煤、如鐵、如五金。近年以來。皆有外貨侵入之傾向。苟非投袂反屢。以力籌防禦之方法。則寧獨熟貨之市塲。無我商工業立足地也。即生貨之銷路。亦恐非我農民所得而與聞者矣。故其保護之之法令當如何制定。人材當如何養成。利用如何之方法。乃能使販路擴張。輸入何種之外資。乃能使事業興盛。或注重海軍之勢力。以伸張海上之權利。而間接圖謀商業之安全。或規定輪路之運賃。以減輕生產之費用。而直接促進商工之進步。最後尤當利用時機。以改良關稅政策。庶乎可免重外輕內之虞也。凡此皆我國々民所當努力圖之者也。

要之、我國民欲與列國以經濟競爭相抵抗。無論地位若何之危險。缺點若何之夥多。苟能上下一心。循途而進。用其所長。去其所短。各鼓其堅忍不拔之氣。共勵其百折不回之心。則前途雖云遼遠。然人定勝天。具有前例。況以人與人角乎。安見二十世紀之舞臺。遂不容我國々民爭妍鬪巧於其間也。西諺有言曰。天助自助者。是在我國民之各自奮勉而已矣。

光緒三十四年戊申二月中澣
譯者識於日本東京

原序

　　著述之難。夫人而知之矣。如經濟學者。尤爲攻究人類社會極複襍之現象者。其決非容易之業。夫豈待言。余關於經濟上之特別問題。雖亦嘗以鄙見。屢公諸新聞雜誌等。然以亘於斯學之全體者。著書公之於世。則未敢貿然爲之。乃近時坊間所鬻經濟學諸書。往往有冠以他人之名義。而實際則筆記余在東京帝國大學及其他各學校之講義者不少。甚至有爲余所未定之意見。專爲學生攻究之參攷而講述者。亦仍其字句之舊。無所更改。而自稱爲余之意見者有之。又據所聞。則彼等所謂秘密出版書類之中。亦有指稱爲抄錄余之講義者。此等不義不法之行爲。其爲社會風教之害良非淺鮮。苟非極力排斥之。使之將來不能立於社會之表面。殆於余心有所不安者。然使世之讀此著書講義錄者。正確紹介其疑問。以徵意見於余。則在余之一身。猶不感痛癢也。獨奈何此等書册。流傳既廣。每一展閱。無論其中之誤謬過甚者。不值一噱。而讀其書者。又往往曲解余之意見。則其貽誤初學。流毒世人者不少。在余之一身。雖欲不感痛養其可得耶。然則際此時期。而欲一矯此弊。不若自署己名而以一書公之於世。或猶可挽狂瀾於萬一耳。余之執筆以著此書。亦勢所不能已也。

　　本書既被迫於上述之事情而急速告成者。則謂爲完全之著書。誠不能無歉然。且說理之處。亦往往有流於杜撰而前後相矛盾者。此余之對於讀者諸君。所當深謝者也。若夫正誤補闕。使本書於學術上稍有可觀。則願以期諸異日。

　　倉卒之際。以迫於前述之事情而不得不急急發行。故於本書全部不暇特起新稿。而惟依據舊稿。旁參照經濟叢書①東京法學院及其他講義錄等。彼此取捨折衷。而本書乃見完成。使余果欲以一書公於世間之時。則余心終不滿足也。然前述之事。既迫余以不得不出於此舉。則豈余之所得已耶。讀者諸君。乞有以諒我。

　　本書中之所陳述。不僅余一人之私見也。一般之學理。多依據於歐美各學者之著述。其中引用最多者。如<u>瓦格列兒</u>②<u>恪拉圖</u>③<u>黑德</u>④<u>利欺西司</u>⑤<u>可薩</u>⑥<u>羅脩 波爾加兒</u>⑦<u>羅拉波留</u>⑧<u>斯密</u>⑨<u>理嘉圖</u>⑩<u>烏卡</u>⑪<u>馬謝爾</u>⑫等之經濟書。皆往往有意譯其説者。今雖不遑枚舉。然余之對於諸氏。負疚實多。謹明言以表謝意。

　　蓋經濟學之講説。比於他之諸科學之講説。自有精粗深淺之等差。若欲爲精密深遠之研究。則<u>華盛柏爾</u>氏之經濟學全書⑬。雖如彼其浩瀚。而亦有所未盡。<u>瓦格列兒</u>教授之大著述。亦不無遺憾焉。此則不能不有望於現在並將來之有志斯學者。不急急於近功。而孜孜不倦以期其大成者也。

---

① “經濟叢書”，指自 1894 年起日本經濟雜誌社出版的《經濟叢書》。
② “瓦格列兒”，即阿道夫·瓦格納。
③ “恪拉圖”，即約翰奈斯·康納德（Johannes Conrad，1839—1915），德國經濟學家和統計學家，政治經濟學教授，《社會政治科學手冊》《國民經濟和統計年鑒》及其他經濟和統計彙編的出版人。
④ “黑德”，即阿道夫·赫爾德（Adolf Held，1844—1880），德國經濟學家，新歷史學派的代表人物。
⑤ “利欺西司”，即威廉·萊克西斯（Wilhelm Lexis，1837—1914），德國經濟學家、統計學家。
⑥ “可薩”，即路易吉·科薩（Luigi Cossa，1831—1896），意大利經濟學家，帕維亞大學政治經濟學教授。
⑦ “波爾加兒”，即保羅·博勒加爾（Paul Beauregard，1853—1919），法國政治家、經濟學家。著有《政治經濟學要論》等。
⑧ “羅拉波留”，即皮埃爾·保羅·勒魯瓦-博利厄（Pierre Paul Leroy-Beaulieu，1843—1916），法國經濟學家、政治學家。著有《現代國家及其機能》等。
⑨ “斯密”，即亞當·斯密。
⑩ “理嘉圖”，即大衛·李嘉圖（David Ricardo，1772—1823），英國經濟學家，主要著作有《政治經濟學及賦稅原理》等。
⑪ “烏卡”，即弗蘭西斯·阿瑪薩·沃克（Francis Amasa Walker，1840—1897），美國經濟學家、統計學者、新聞工作者、教育家。
⑫ “馬謝爾”，即艾爾弗雷德·馬歇爾（Alfred Marshall，1842—1924），英國經濟學家，著有《經濟學原理》等。
⑬ “華盛伯爾氏之經濟學全書”，即德國經濟學家古斯塔夫·馮·勛伯格（Gustav von Schönberg，1839—1908）所著的《政治經濟學手冊》（*Handbuch der politischen Ökonomie*）。

　　然本書既迫於前述之事情。咄嗟之間。遽公於世。其挂一漏萬。夫豈待
言。惟其重要惟一之目的。則以簡單爲主。務使學者以知了經濟學之大意
而止。故余於此。務避繁冗。僅摘述斯學之大要。而於細密之點多損畧
之。即學子間有所疑難者。亦不暇詳細論究。而惟簡單陳述余之意見而
已。若夫詳密精確之理論。則請讀者就所引用之參攷書細研究之。

　　講究經濟學之大要。其方針既已如右所述。似屬容易之事矣。而其實
究不然。蓋歐美之大家先輩。亦往往公言治斯學之難。況淺學寡識如余
者。而漫欲企圖之者乎。然鑒於東洋之大勢。有驅我國使不得不與歐美諸
大國騈馳於競爭之場者。如外交財政軍事經濟等。當爲之事。不止一端。
外交茲不論。軍事固爲我之所長。財政亦似非同胞之所可憂者。但使國民
經濟之基礎確立。有發達圓滿之望。則財政即當容易鞏固而非可憂者也。
其最可憂者。實在國民經濟之現況。與其本來屬於幼稚者而已。經濟界現
時之窮況。果當如何救濟。今不及論。惟就其本來所以幼稚薄弱之處思
之。則決非由於缺乏自然之富源也。非由於資本之缺少也。又非必由於經
濟政策之一般不得其宜之所致也。其重要之原因。審以屬於經濟事業家不
得其人。與國民一般不富於正確的經濟思想者實多。是即我國最大之缺點
也。補救之之道。其惟使有秩序之經濟智識之普及乎。此余之自明治二十
四年以來。即倡道“普通教育上所以必要經濟學”者此其一也。學友之
中。與余同注意此點者頗多。如和田垣謙三君①。常於大學通俗講談會。
述及“普通教育經濟學之價值”矣。天野爲之君②。亦以同樣之旨趣。説
及經濟學爲一般國民教育上之所必要。登載於東洋經濟新報紙③上。而前

---

① “和田垣謙三君”，和田垣謙三（1860—1919），日本經濟學者，東京帝國大學法科大學教授。
② “天野爲之君”，天野爲之（1861—1938），日本經濟學者、政治家、記者，早稻田大學校長。
③ “東洋經濟新報紙”，即《東洋經濟新報》，旬刊，1895 年由民政黨總裁町田忠治創刊。

後數回痛論之。關於經濟教育。與余同意見如二君者。尤置重於此點者
也。近年以來。世論一般。亦似有表同情者。即文教之當局者。亦漸次識
經濟教育普及爲不可忽。故於本年三月五日。發布中學校令施行規則中。
以經濟科目與法制科目同加於中學課程中矣。余對於當局者之經濟教育施
行方法。據其行於世者。亦有多少之意見。不能不進而有所希望。然於其
大體。則於近頃之中學課程改善。固亦贊成者之一人也。蓋此既由於國運
之進步而爲時勢所必要。欲以補助有秩序之經濟思想之普及所不得不然者
也。若際如此之時運。而仍畏難苟安。不少注意於國民教育。豈余之所能
忍耶。此余之不顧淺陋。而敢於此書公於世者又其一也。

　　本書之目的。固非以適於中學課程教科書而爲之者也。然按之實際。
仍不免缺乏愜心貴當之處。故他之學者。雖亦有自稱著書者。然謂爲十分
完善。則余所未敢深信也。本書雖亦以簡畧爲主。然既迫於前述之事情。
而倉卒告成者。故亦難期於完全。惟不專從英法之學說。不全祖德墺之理
論。不偏於美。不黨於意。而惟以有秩序之經濟思想之普及。希望多少有
所助力。且兼爲中學教員與其他有志讀者諸君。供幾分之參攷。則余之僥
倖多矣。昔者有以五百金購馬骨而謂爲得千里馬者。使本書於國民教育
上。並斯學攻究上。果有絲毫之利益。則他之良著述若千里馬者。其出現
當在不遠。故使余之此書。即爲馬骨而被湮沒。抑亦余之毫無遺憾者已。

明治三十四年十二月下澣

金井延識

凡例

一著者爲日本經濟學者泰斗。其議論精深博大。家瓚以菲才末學。貿焉從事譯述。慚懼實深。然年來有志斯學者頗多。每以無書參攷爲恨。且經濟競爭。日益激烈。則是書之譯不可以已也。

一原書本極浩繁。是編所譯。遵照原本者十之七。旁參講義者十之三。於原書中所刪除者。僅上卷第三第四第五第六四編而已。而於第一編第二章財貨中。補入論勤勞及有利關係所以爲經濟上之財貨之理由一段。更增入第三章財産及富一章。蓋所補入者。皆著者精心結撰之文。錄之以供有志研究者之參攷。或不無裨益也。至於省畧之處。關係較少。他日有暇。仍當足成之。

一經濟用語。我國向無一定名稱。當逐譯時。頗費斟酌。茲編所載。其有通俗易解之字可易者則改之。無適當之字可易者則仍之。另編一譯例。附於卷末。非敢云永遠可以使用之名稱也。欲以與治斯學者相商榷焉耳。

一家瓚翻譯此書。時越年餘。稿凡數易。其行文雖務求脫盡譯文窠臼。而以學殖荒落。仍恐不免有踏佶屈聱牙之譏。惟意在說明學理。無失著者原意。故於詞之工拙。皆所不暇計也。閱者諒之。

譯者又識

目録

社會經濟學目録終

《社會經濟學》目録第 1 頁

緒論

　　欲講說本書之時。有一前提焉。即攻究經濟學之學問的必要。與人類生存之實際所以必要不可缺之理由。必先明瞭是已。然關於此點。尤必詳細參攷一般的論究者。亦決非無用之業也。

　　蓋學問上之所謂經濟者。社會經濟也。社會經濟者。即關於社會國家各人民之生存繁榮。自組成一個之有機體。凡人類在經濟之目的與活動。皆總括而包含之者也。故知社會經濟之原理原則者。即觀於社會的國家的自爲生活之個別的國民。亦非常之重要。而毫無可疑。各人既明知之。而後其立於社會經濟上之地位。對於他人之實際上之關係。對於國家之國民的義務等。乃能十分領悟。其經濟的活動。乃能得適當的基礎與方針。於是所謂關於經濟事業者。乃可望最良之成功也。且人皆知此理由。而後照之社會一般之實勢。在文明人士所不可缺少之真正之需要。乃能發見充分滿足之方法。何以故。據現今之世態。則人之所以爲人者。其對於社會一般之大勢。無不有多少之影響。而其對於現狀與將來之發達。亦無不直接或間接有幾分之影響。社會經濟之繁榮。固助一個人之福利。一個人之福利。亦多少有利益影響於社會經濟之繁榮故。故

社會

經濟學

緒　論

日　本　金　井　延　著

善　化　陳　家　瓚　譯

欲講說本書之時，有一前提焉。即攻究經濟學之學問的必要，與人類生存之實際所以必要不可缺之理由，必先明瞭是已。然關於此點，尤必詳細參致一般的論究者，亦決非無用之業也。

蓋學問上之所謂經濟者，社會經濟也。社會經濟者，即關於社會國家各人民之生存繁榮。自組成一個之有機體。凡人類在經濟之目的與活動，皆總括而包含之者

緒論

一

《社會經濟學》第 1 頁

攻究經濟學者。在現今世界。無論何人。皆屬必要之事。
普通教育上。所以不可缺斯學者此其一也。

　　人或曰。社會經濟對於各個人之密着關係。固明瞭
矣。然知之而取之以應用。其於經濟學庸再有攻究之必要
乎。何以故。人々皆據於人生處世之實際。則經驗上不僅
善知之而又善應用之矣。且其知之而應用之者。與其徒據
純粹之學理的攻究。比較的則從事農工商業或經濟政策之
人。或經理關於社會經濟之實地業務者。或立於極有勢力
之影響之地位者。其知之而應用之。寧優於學者萬萬也。
然倡此説者。不獨非毀薄經濟學也。却反足以證明經濟學
爲普通教育一科目之必要。蓋斯學者。雖以關於社會人類
實際之現象爲主。而以學理的攻究之。然當其説明攻究之
結果。若以通俗之語言行之。却往々妨害其進步。而使實
際社會之經濟思想。或因此而大起紊亂者亦恒有之。在他
之學科。其説明同一之事項。往々有不使用一般之通常言
語。而以一種特別之章句。或用表抽象的文字。反能使學
理之進步上。常得便利者。蓋不少。例如法學。即屬此種
科學之一也。反之若經濟學上之問題。其關於日常生活者
多。若世人一般。强不知以爲知。而漫然容喙。則各持所
見。即不免異説紛起。而於不知不覺之間。妄下誤謬之判
斷。則對於社會之公共經濟業務。與關於一個人之私經
濟。皆不免有誤其方針之虞。欲矯此弊。而使有社會經濟
之關係者。不隨波逐流。袪除淺薄之意見。而以深思熟
慮。攻究經濟之真理。以養成明瞭精確之思想。非有待於

經濟學之攻究歟。然則卓然獨立而欲以天下爲己任者之大政治家。蓋尤不容緩矣。

　　如此、則經濟學既爲世人所必要之學問。不獨普通教育之稍高尚者當授之。凡學校皆當以之爲強制科目之一。即不當以農工商專門學校。或大學及與大學相等之高等教育機關爲限。無可疑也。國家之子弟。既不可不學數學物理學化學地理歷史等。則關於社會全體與自己生活之實際若經濟學者。苟不通其學理其可乎。關於此點。使歐美文明各國。無不以斯學爲普通教育上之一科目。則一般之進步。誠有可觀。惜乎經濟學最進步如德國者。今猶不以之爲普通教育上之一科目。即在關於商工業之學校。所謂實業學校者。亦並不以之爲強制科目。獨在大學並與其同等之農工商各高等專門學校。乃始設經濟學之講座。則斯學之不能普及。寧非可爲該國惜者耶。其率先他國而以斯學課低級之學校生徒者。惟北美合衆國英法意等諸國而已。

　　以上。於普通一般之人。所以必要經濟學者。既已説明。然其及於社會上之影響。則不可不更進一步而簡單説述之也。蓋經濟學也者。在使國民了然於經濟上之妨害。與其不便等之真因者也。是等之原因。本無何等之罪過。或有當歸於社會階級者。又或有由於二三之少數人當負其過失之責任者。則斯學之對於時々起於自然者。或以惡意故使之有妨害公安之恐之種々惡行。皆有匡正其誤謬之效用者也。故世人一般。若暗於斯學之原理。或利用之。否則濫用之。若德國及其他各國所謂社會民主黨者。鼓其洶々之勢。今猶當存於吾人之記臆中。欲匡正之。惟在攻究正確之經濟學而已。

經濟學為一般人士所必要既如彼。而其大有關於國家社會之安寧幸福又如此。則斯學之重要。固不待言。而在特殊之人。尤有所必要者。余將進而逐次論究之。

與社會經濟有直接之關係。其盛衰不僅關於一身之禍福榮枯。每由於其所執之經濟主義有異同。而其及於全體社會上之利害亦大異者比比也。以如此大有關係之人。其當置重於經濟學之必要。夫豈待辨。此種之人。大別為二。（甲）從事於國家的政治的生活。有密着關係之公共業務者。（乙）經營經濟業務。而當指揮監督之任者。即各種之企業家。（即商人並大工業家）是也。

在方今之立憲國。其屬於甲種者。本來即為國民全體。而更無誰何之別者也。故使經濟學之智識普及於一般。其為方今國家所不可缺者。即由於政治上之必要也。無論有選舉權、或被選資格者。皆直接或間接得貢獻於國政之一般國民也。若無此智識。則於憲法上。若欲正當執行權利盡其義務而無有過失。其可得耶。在於國民中。尤多要此智識者。則官吏是也。官吏者。原在法制並倫理之範圍內。以從事執行業務者也。國家既與經濟為不可分離之一體。則其職務。於經濟之利害得失。無不有多少之影響焉。官吏當執行其職務之時。既有出於國家必要上之職權。則據此職權。在國家當認為得宜之時。即不宜放任於經濟社會自然之趨勢。而當極力干涉之。此干涉果得宜與

否。其影響及於社會全體果有利益與否。則其關於社會經
濟之實況與其原因結果之原理原則。在官吏之自身。非有
當充分知悉之之必要乎。若使茫無所知。則官吏之所爲。
與其所發之命令。皆不過偶然幸中耳。其誤謬豈能免耶。
既昧於其原則。而徒希冀例外之適中。則欲充分達國家之
目的。決不可得也。如此則其非常妨害社會經濟之發達。
既不能免。此官吏之所以關於其所經理之事務。非充分備
有必要之經濟智識。則必有停止事務之進行。滯澀國家機
關之運轉。而得不良之結果者。何以故。以淺陋寡聞而無
經濟及其他有秩序之思想者。使之儼然爲官吏。其妄作威
福。而濫用其職權者。往往有之。則不知不覺之間。必至
逆經濟社會之大勢。而爲有害無益之干涉者。當此之時。
則其身雖儼爲官吏。乃懷抱一知半解之經濟思想。與一般
國民同其謬見。以經理關於經濟之公務。其基礎寧非有誤
耶、故一般官吏。對於經濟學。尤爲教育科目所不可缺者
又其一也。即在某種類之官吏。對於經濟事業之關係。雖
覺甚遠。然欲其充分領悟職責之爲何。而事無不舉。且常
不誤其方針。則其對於人己之關係與經濟之影響。不可不
稍有所知有斷然矣。故即在是種之官吏。亦有研究經濟學
之必要也。

　　近來歐米[①]各國。漸知一般官吏。皆當有經濟學之必要
矣。而尤以德國各聯邦爲然。故於斯學之攻究大加獎勵。

————————————

① “歐米”，即歐美。

然尚不能謂爲達於滿足之狀態也。往昔勿論。即至今日。
官吏之教育。一般尚不免有偏重法學之嫌。是蓋有幾分由
於多年之習慣使之然也。何則。自往昔以至最近時代。單
以法學即認爲高等官吏所必要之學識者甚多。且於法學並
法制之主義。亦不免誤解。而以之包含高等官吏必要的學
問智識之全部。而泛解之者亦不少。故既有此理由。而又
有幾分如前所説者。世人一般不以經濟學爲學問而不置
重。即無學問上之素養者。亦漫肆口談論。而無所顧惜者
亦恆有之。反之、若在法學。則本以尊重嚴格之形式爲
主。其所使用之言語。又與通俗社會相異者多。由於種種
之事情。故一見即覺其高尚。比較的自然易爲常人之所置
重也。不寧惟是。即自政府並各官衙之長官視之。其精通
法律的教育之官吏。比之充分有經濟上之思想者。實際却
有易於使役之處。此經濟學比於法學。尤爲一般官吏所不
可缺者又其一也。蓋純粹之法律教育。其重要之方面。徒
知尊重形式者多。所謂有官衙風之刀筆吏。使之執機械的
事務。最善適用、因而政府並長官。遂謂受有此種之教育
者。較爲便宜。然此種之官吏。所以鞏固官府主治之組織
者。最宜於專制君主之利用。而常有奉命維謹之傾向焉。
何以故。辯護專制政制者。其對於法律上之條項或形式。
惟此等之官吏查察最精故也。是以能知官衙風之行政與專
制政治。最爲妨害社會人民之進步發達者。則於改良官吏
之教育。而使經濟學上之智識、較今更爲置重。而與法學
上之智識兩得權衡。則庶乎不拘泥形式。而又無偏於守舊

之虞乎。

　　官吏之中。行政官之必要經濟學上之智識。固爲世人之所知矣。然按之實際。寧獨行政官爲然耶。即司法官。亦同有研究斯學之必要。所不可不知也。蓋司法官者。其處理訴訟事件、多屬民刑兩種。故對於從前存在或新發布之法令。無論其種類如何。皆當照合於特別之事情。而決定其果可適用與否者也。當其處理之時。惟以熟習法律之條項與其學理而善用之即足。夫固未爲不可。然僅抱此純粹的法律思想之司法官。而欲充分振其手腕。恐終有所不能也。蓋訴訟之中。大抵非僅據純粹之法理可以論斷。而尚包含有與經濟關係相關聯。當解決之事實問題存在於其中者也。善理解之而與之以正當之判決。其於經濟學之智識。亦多少有必要乎。例如邇來爲本邦法曹社會之一問題。關於約束手形①之振出地②記載法之疑問即是也。若保護商人之利益。則不可曲爲法文之解釋。固不待論。然則司法官而欲決定此疑問也。其必要多少之經濟智識。又何可疑耶。

　　司法官必要經濟學之智識。其理由前已言之。此外尚有所必要者。則就法律之真意。以推測立法者之精神。尤必有有秩序之經濟思想之必要即是也。凡法律之實質的關係。多爲經濟的或社會的。而由於國民經濟上或社會上之發達而發生。法律上乃始規定之者也。由於此規定。而後

---

① "約束手形"，該書正誤表更正爲"期票（約束手形）"。
② "振出地"，該書正誤表更正爲"發出地"。

一般之社會關係與特別之經濟關係。乃能確固。關於兩者。若有爭論發生。或由於時勢之變遷而事情有異。至於極錯襍之時、則決定其疑問者。必準據此規定之標準可知也。此亦經濟與法律之關係。所以密着之一也。故司法官而欲知立法之真意。以求法理之適用。則於表出法文之經濟的社會的實質關係。不能不充分研究。毫無所疑。否則在特別之事情。果能適合於法律之規定與否。特難置信也。

　　屬於甲種之中。其參與立法事務者。其於經濟之學識。尤有必要所不待言也。但茲有不可不明言者非他。凡新制定法律。僅知當規定其事項之現狀。猶未能滿足也。必也能慮及其將來之發達。以豫定其對於新法所當採之方針即是也。當此之時。其必要經濟學之智識。比於僅適用現行之法律。以執行行政事務者。尤爲重要。所不待言。然或有爲之説者曰。法律者、必迫於現在之必要。乃應實際之狀況而設定者也。若現在爲不必要。而豫制定之。得無有出於過慮者乎。然是爲知其一而未知其二者之言也。濫發法律。余固明知其不可。而不待論者之諄々。然即令目前雖非必要。而在將來。即明知其有事項發生。則依時依事而豫設置之。又何不可之與有。英國之法律。從來皆迫於實際之必要而制定者。且因於時宜而漸次發達者也。然至近世。則評論此立法方針之缺點者。往々有之。即在該國之法學者中。亦有非難從來之狀態。而謂其當傚歐洲大陸諸國。編撰法律。以豫備將來之必要爲急務者。殆不乏其人也。蓋法律經一度之制定。則有不容易更動或有不

可動者也。反之社會之情狀。則常動而不止者。欲使法律
隨社會之進化而不絕以應其必要。其事可謂至難。然使法
律必一一迫於時々之必要。而變遷之或新定之。是惟姑息
之立法政策爲然耳。豫慮將來之必要。而防禍亂於未萌。
是實大政治家之事也。然則欲立此深謀遠慮之立法事業
者。使無經濟學之智識其可耶。然在方今之立憲國。其參
與於立法者。即國務大臣與其他重要之官吏或代議士諸氏
也。爲代議士者。每多從事政治之空論。而眩惑於自由平
等博愛等之漠然語句。或徒以法律上之理窟爲快。而不知
經濟之實際者多。則於立法事業之完美。夫寧有望。所謂
公議輿論者往々召政務之滯澁。而大妨害於進步改良。此
照之歐洲之歷史所能明也。<u>斯達英男</u>[①]之行政改革。與<u>拿破
侖</u>之立法事業。豈僅從多數人民之言所能斷行者耶。斷行
之後又必經過幾多之歲月。而後多數人民。乃僅知其利益
而已。經濟學據人生實際之事實以立論。後者之有機的發
達。僅爲其重要攻究事項之一。則凡制度文物。皆不過因
時因地相對的適合於真理者。而決非絕對的善良也明矣。
故斯學當論國家立法行政主義之時。其利害得失。當據客
觀的説之。而不當據[②]一時或一個人之主觀的思想以左右之
者也。且凡事之捨古創新。不能超過於適當之程度者也。
若徒據古來多數邦國所蒙之弊害之起因。則學説有偏頗而

---

① "斯達英男"，即施泰因男爵（Baron vom Stein，1757—1831），普魯士政治家，普魯士農奴制
改革的首倡者。
② "不當據"，該書正誤表更正爲"不當僅據"。

時勢亦有遷變。故必斟酌之使無過偏於極端之過失方可
耳。由是觀之。則屬於甲種之人。其必要經濟學者又不待
煩言也。

　　雖然。經濟學之必要。固已如前所陳。然亦非獨官吏
並關係於公共事業之人爲然耳。斯學之重要。即在乙種之
人。固亦有之。即凡從事生產業之企業家。即大工業家與
商人。尤爲重要故也。方今對於此等之人。其經濟上之教
育設備。既不完全。則其有待於改良者。亦不一而足。其
所以然者。由於近來商工業非常之發達。其從事者亦大增
加。而至占社會上重要之位置。故從來之教育法。即有不
能滿足之虞。欲誘導此等之人。而獎勵經濟學之攻究。不
僅爲當該事業個別的利益。又實爲社會經濟全體之利益
也。然則投身於商工業者。庸可忽略經濟學之攻究耶。

　　社會經濟愈益進步完全。則各個人經濟之繁榮。其依
於經濟學之應用而得宜者。必當不少。當其發達之未善
也。必其經濟學應用之必要。尚有未至。當此之時。經濟
上之關係。既皆爲單純的。則各人經濟。在狹隘之範圍
內。欲知其可據之主義方針。並非所難。然交通發達之便
利既開。則各個人之私經濟。皆入於其總範圍之中而蒙其
影響。由是而充分發達之。以成爲大事業。則其成功。非
依據關於交易之一般法則。與其如何乃能發達變遷之理
法。恐有所不能。如此、則在各種之企業家。不僅單以有
需要而生產財貨爲主也。若進而謀其生產財貨之有剩餘。
尤在其所得之增加。若無此剩餘。則從事經濟業務之各箇

人。如何乃能充分滿其欲望。畢竟剩餘所得之多少。即定經濟業務繁榮之程度惟一之標準也。而亦即由於價值之增加。與利用資本之增加。以助一般經濟之進步獨一無二之道也。故爲經濟事業指導者之企業家。其當攻究經濟學之原理者尤爲必要。而因其業務愈大。則必要之程度亦愈大也。經濟上之原理。無論在何種經濟業務。皆不可不以之爲基礎。故後者之發達。乃至於不可想像。但在此等業務。亦如吾人一般所陳述者。對於特別之官吏所論者同。而由於風會使然。徒使世人於不知不覺之間。惟依據從來之習慣思想以處置之。或僅以學得機械的方法即自滿足。而不充分認經濟學之研究爲必要者。是在從事小規模之經濟事業者。雖可幸免於無有大過。若在大規模之事業。則關於生產交易等之經濟學理。苟非十分明瞭。則確實之成効詎能見耶。

然如右所述。並非謂小規模之經濟事業。無知悉真正經濟學理之必要也。使真正經濟學理。普及於社會一般。以救下等社會經濟之困難。而增長其經濟上之地位。實爲最上無二之善策也。惟在於小規模之事業。與下等社會之經濟。其必要經濟學上之原理。比之大規模之產業。其重要之差異。非有無問題。而多少問題也。人生之實際。雖非必一一能符合於學理者。然行道不遠。在於前者。則經濟社會各種之關係。當無多少之變更。至於下等社會。智識既極淺薄。倘能使之瞭然於大規模之產業。及其經濟現象之原因結果。而一般認經濟學爲人之師。至於不得不以

之爲必要之科目。則寧非有益之事耶。惟然。故有時以此
學爲師承。即可得正當之思想。則當教育子弟之際。於不
知不識之間。竟得傳此學之思想於其腦裏。是無論何國。
皆屬必要之事。以本邦人之最缺乏經濟思想者。其尤爲必
要詎待辯耶。

　　近世平和之戰爭。即經濟的戰爭。與世運之進步而益
激烈者也。故在國民經濟與國際經濟。常生種々之困難問
題。是蓋由於經濟思想之缺乏。即照之各種產業最幼稚之
我國。當亦知其然矣。經濟學之實際上。有非常之必要
者。觀於本邦之經濟社會。則多數之困難問題之解釋。有
必待斯學之正確的斷定者。固無可疑也。蓋本邦近時之經
濟。即遭遇變遷之時期。而實在於困難極多之境遇者也。
二十七八年戰役①之後。各種之事業。勃然興起。因之必要
之人材最感缺乏。而資本之供給。亦不充分。然由今思
之。則此等多數之事業。果皆爲有益之事耶。換言之。即
以無多存在之資本。悉確實消費於有益之事業。其結果至
告不足耶。以余觀之則殊不然。蓋其所計畫者。審以投機
的企業危險之事業。質而言之。即其不必要者。殆爲無益
之事業。比較的占其多數而已。是等之失敗。其於國家經
濟上。除其無妨之事業不計外。其他之必要有益者。尚有
感資本之不足者乎。此抑亦要一番攻究之問題也。近來所
謂外資輸入説者。漸爲世間之問題矣。外資之輸入。非必

_____

① "二十七八年戰役"，指明治二十七、二十八年（1894—1895）的中日甲午戰爭。

不可。且有因時因地而大得助力者。然外資輸入説之所以
得勢力者。其經濟事情。不可不虛心静氣以研究之。蓋我
國近時概屬金融逼迫之時代也。然金融之所以逼迫者。必
非由於資本之不足也。即資本實際極爲豐富之時。金融逼
迫之現象亦常有存在於其間者固不可忘。故金融之逼迫。
雖實際往々存在於國内。然以爲人所儲藏之故。則資本也
而不能爲資本以出現於世者亦常有之。是蓋由於國民對於
儲蓄之觀念有誤。與金融機關之不整頓而起者也。昨春以
來世間之氣象。稍々有回復之傾向矣。然此果真爲恢復與
否。殆難斷言。況先年以來。既有米穀不登之事實。而貨
幣制度又有變更。茲以其別爲問題。姑置不論。然即就米
價觀之。則在實際經濟社會。米價實爲一般物價之標準者
也。我日本若蒙米穀不登之影響。或至釀成非常之大恐怖
亦未可知。蓋米價之騰貴。雖非不可。然超越一定程度之
時。則世人一般因之感至大之困難者。固所勿論。其在貧
民社會。其困難之情狀尤有不可名狀者。自前年以來。幸
而農家之所謂三厄日①者。已無事平穩經過。其後之氣象乃
稍佳矣。此事實或即爲其一大原因。而使金融漸々多少歸
於和緩乎。然三四年來。氣象蕭條之惰力。既已附着於我
經濟界。故一時稍覺其全歸和緩而見一陽來復之觀乎。果
然。則以去年比之前年。收成較歉。而不及通常之收作
矣。然去年之收作。比普通年歲既已稍勝。則經濟界之漸

---

① "三厄日",指農曆八月初一（八朔）和從立春開始的第二百一十日、第二百二十日,此三日由
於多暴風雨,被農家稱爲"厄日"。

向景氣恢復之機運。而不覺其困難者或即因之。然實際之豫想。則殊無好氣象。而又漸及於今年矣。此氣象蕭索之原因。或猶有存在於他事亦非可容易決定者也。故解釋是等之實際問題。必多要經濟上確實之學理思想者。實毫無疑義也。此本邦今日之經濟實際上。所以必要攻究斯學者又其一也。

更進而觀察關於工業之問題如何。則自最近八九年以來。因於工業社會之進步。至今則工業主與勞動者之間。常有欲起一大衝突之形勢矣。近來各大工場。尤常見之。於是乎職工保護問題因之以起。而倡說制定工業條例者。亦日加多。嘗據所聞。則關於此種之條例。在於第十三議會。曾提出工場法案矣。不知因如何之障礙而事未果行。然關於工場之問題。常々惹世人之注目者。確爲最近著明之事實也。故職工保護。爲今日所必要者。實無有可疑已。余是以不顧其不肖。且不避禍慮之譏。於明治二十三年十二月。在國家學會。即已提議及之。然其保護之程度。果當如何定之乎。此種社會政策的立法。其第一着制定之法令。若不完全。則後來欲望其改良。必有決不容易者。故在制定工場法之始。在今日實要豫先攻究。而必求其力之所能及者。以充分設定其完全者也。則攻究調查之時期。即稍爲遲緩。亦無妨礙。而有不可冒昧從事者乎。

次再及於財政上之問題。則今之所謂財政問題者。果如何也。概括言之。即由於所謂戰後經營而起之事業頗多。就中以軍備擴張一事。尤爲萬口一詞矣。然僅擴張軍備。即足謂爲萬全之國家經綸策耶。農工商及教育之事。亦皆當擴張者所勿論也。然從來是等種類之行政經費。尤以教育費爲極不充分。試取世界各國關於財政之統計觀之。則歐美最強大之諸國。不必論。即至微極小之國。在於此點。其足以凌駕吾邦者不少。我日本既擁有四千餘萬之人口。與二萬七千六十二方里餘之面積。對之能無有多少之愧色耶。學術之研究。農工商之發達。其所以遲遲不進者。亦非無故也。現今在於歐美各國。非不尊重新發明之事業。然比之吾邦之對於一新發明。而爲是非常贊揚之不置者。寧非足以證明是等事業之尚屬幼稚也耶。又如交通機關。亦頗幼稚。即京濱間（即東京橫濱）之電信。或至有要三時間者。此亦吾人往往有所聞之事實也。是豈非由於經費不充分之結果耶。

要之今日之狀態。實國家事業。最感經費不足之時代也。是爲軍備擴張之結果乎否乎。又近時軍備之擴張。果已爲國力之所難堪乎否乎。以余思之。則方今之軍事費。比較他之事業費。不過聊占多額而已。然所以如此者。亦東洋之形勢上。實有使之不得不然者耳。然不能因軍備之擴張而縮少他之國家事業者。所不待論。對於國家百般之事業。皆當前進而不已者。今遽欲採消極的方針。是不獨不免於不利益。且屬於不能之事也。何則、中途而變最初之方針。恰如助苗之長者。非徒無益而又害之。徒使既費之勞力與資本。全然歸於無益而已。況姑息之經營。斷不能少奏其効耶。

　　由斯以談。則以今日之歲入。而欲經營國家所當擴張
之一切事業。到底有所不能者。此則可斷言者也。故不能
不早日發見確實豐富之財源。實今日之最要問題也。論財
源之選擇者。雖不一而足。要之一則欲增加歲入。而謂不
若增徵所謂直接稅。如地租所得稅等是也。其一、即不外
以徵收財政學上所謂消費稅如砂糖稅或酒稅者爲最宜。然
地租之增徵。既已稍有着落。其主張之者。則謂近年農民
之資力。頗有餘裕。其事實已無可疑。則實增稅最好之時
機也。其稍感困難者。不過少數之地主而已。此種議論。
在今日主張之。固非不當。而反對之者。則謂不若增加消
費稅爲宜。然此問題。決非一朝一夕所能決其利害得失
者。必再四攻究。乃能解決之一大問題也。蓋酒稅與砂糖
稅等。無論如何增加。驟觀之一若毫無有不便者。然是終
不免於皮相之見。若精密探究其事實。則決不然。蓋彼之
下等社會。終日從事於困苦之勞動。則權以一杯之晚酌。
而慰終日之勞苦。在彼等之社會。其於酒類之必要。至出
於想像之外者往往有之。如此、則酒稅若過高。亦與失之
過低者同有弊害。要之惟在其率之如何而已。使課稅過高
之時。則造酒家自然欲防止需要之減少。而不使酒價過
高。惟有使其性質漸惡之弊。如以亞爾箇保兒[1]混合於酒類
是也。亞爾箇保兒者。於身體上並精神上含有最可恐之害
毒。能使飲酒家有害於健康者也。是實國民衛生上公衆衛

――――――――――――――

[1]　"亞爾箇保兒"，即酒精（Alcohol）。

生上最不可忽之一大事件也。又如砂糖稅之增加。雖非若
酒稅之增加。有同樣之弊害者。即砂糖之消費。乃伴隨社
會之進步。而因於國民之嗜好增高而增加者也。故一旦欲
使其忘却砂糖之甘味。而廢止消費。不獨非決不可能之
事。且於政策亦爲不宜。況課稅失之過高。則或有使當用
砂糖者。轉而食用比較的廉價之物品。而邊廢止或減少砂
糖之消費。以消費價值更高之他之品物者。故砂糖稅之增
加。不僅上等社會蒙其影響。即下等社會。亦受其至大之
影響者也。蓋增加消費稅者。若自國家百年之長計上論
之。苟其事屬可爲。而於策爲良得。夫固未爲不可。然一
時增加過多。則必有傷一般經濟之秩序。而來惡結果者。
是畢竟非僅能據財政上之事情。以爲決定而不得不自一般
經濟學理上以論究之之一大問題也。

　　茲尚有當注意者非他。即政治問題與關於經濟財政之
純粹利害問題。不可混同是也。如地租增徵問題。代議士
因欲買選舉區民之歡心。而故爲違心之言。以反對增稅
說。致混同財政經濟問題。與以一己爲中心之政治問題者
往往有之。是豈非可慨之至耶。又自他之一方觀之。則於
地租增徵。有留爲他日之豫備而不置論者。是亦財政學上
大可研究之好問題也。然財政學本屬於經濟學之範圍內
者。故自此點觀之。經濟學之不可不大加攻究愈明白矣。

　　如前所述。則經營經濟事業者。其於經濟學攻究之必
要。比之從來之官吏。尤有幾分之必要。當爲世人之所熟
知矣。故其相當之組織。亦多少設備完全。是蓋由於自然

之趨勢使然也。經濟事業之經營者。因具備必要之學識與否。其結果即不難立決於覿面之間。故事業家既因其自身之利害得失。促以不得不研究之勢。則比之各種官吏處理事務之時。雖無必要之學識。而事亦舉。且不感自己的利害者不同。故於各種產業。當與以必要之智識之經營。至近時尤爲進步發達者。此吾人之所常目睹者也。如農學校、山林學校、工業學校、商業學校等即是。是等之外。尚有倡道關於一般工藝。當設置稍高等教育之必要者。於是有德國之所謂高等技藝學校發生。而專基於理科學之進步。以教授經濟的技藝各種之製造業、機械業、土木建築業。並關於是等之技術官。亦授以必要之學科焉。

是等之學校。最初惟於學理之蘊奧。授之以各種專門技術的教育而已。至漸次必要發生。而是等學校之成効又大著。於是不得不擴張其教育方法。而更授以高尚之學理。如近時德國之特產物。所謂"波利・地克尼克"①。即因滿此需要。而以必要之學識。授與於從事經濟業務者。而一束結合之而爲"威尼伯爾西打斯"②者也。然此種高等技藝□校③。依於近來之發達。尚有一缺點在焉。即尚未充分認經濟學之攻究爲必要。而未以之爲全體之中心。以加入於專門教育是也。以余思之。若能以經濟學合各種技術的專門學科而統一之。以教授此等之學校而使之進於高尚

---

① "波利・地克尼克"，德語 "polytechnikum" 的音譯，意爲綜合性科技學校。
② "威尼伯爾西打斯"，拉丁語 "universitas" 的音譯，意爲大學。
③ "技藝□校"，根據該書正誤表，"藝" 與 "校" 中間遺一 "學" 字。

之地位。並充分知悉人生之必要。或於計爲良得也。

經濟事業必要之學問。有左之三種。

第一、自然科學也凡一切生產皆依於自然之力或多少受其影響者也。

第二、技術的諸科學也。即人類依於千差萬別之活動方法。而明明使自然之力生一定之結果者也。

第三、經濟學也。即人類相集而組織社會。依於分業、合力、交換等之方法。如何乃達其目的。又應用第一第二之諸學科。乃得如何便益之事情等也。

自然科學與技術的諸科學。其性質上。不過或爲專門。或爲特別。要之全爲物質的也。獨至經濟學則不然。而使高等技藝學校之學生。由此而知其所學之爲社會關係。並其對於將來所欲就之職業。使抱高尚之理想者也。其後者之目的。驟觀之一若惟以得經濟上之利益而止者。其實則大不然。換言之。則經濟學者。其在此種學校。恰如大學之中。以古來之哲學。與他之諸學科。相提並論者毫無少異者也。即對於諸科而結合其爲精神上之中心者與其爲特別專門者。使學術思想歸於統一者也。

經濟學在高等技藝學校之地位。已如前述。則使此校之精神。全以斯學爲中心。至使吾人未曾得見之一種特別學校。出現於實際。是即近世專教授經濟業務基礎之諸學科。而所謂技術的經濟的學校也。既有此種學校存在。更教授各種特別技術的專門學科。使之愈益發達。則亦自諸學校間之必要上。所不得不起之分業之結果也。諸學科之範圍。漸漸擴張。其數亦逐漸增加而無有已。當數百年前。始設大學之頃。未嘗有之學科亦成立矣。本來各學部之組織。屬於外者。今既有增加之情狀。則欲以此等諸學科。悉置於一校之下。使之同一進步發達。誠憂憂乎其難之。此所以如前所陳。在於諸學校間。乃生分業之必要也。

　　雖然、如右所述。特別之學校。既已設立。則是擴張從來各大學經濟學攻究之範圍。更優與以一層注意之必要。而斷無或減少者也。大學之目的。所以盡學問之職分者。不僅獎勵種種精神的業務而止。苟存在於現世界。於人類有多少之利益者。悉當明以學理的説述之。兼又在於表現於某一定之時或一定之國民之間。而解説其有特別之傾向之一切事項者也。故無論爲一般世人腦筋中之所思索。與其實際所應用者。皆政治的、經濟的、社會的重要之事項也。情狀如此。則司最高等教育之大學。凡關於政治經濟社會之學問。比之從來當與以一層鄭重之注意者。一方爲其權利。同時又即其義務也。從來專注意於此事者甚少。而常有傾於他項學問之觀。然時至方今。則人皆知利害之關係於政治經濟社會之諸學科者漸多矣。但就現今大學之組織觀之。欲滿此需要。殊屬困難。故欲充分達此目的。則當集合國家學之全體。而新設學部。在此學部又當以經濟學全體。細別純正應用之種類。而以國家理論政治學、國法學、行政學、統計學等。所謂國家學諸科者。特別攻究之。使爲一種獨立者之外。無良策也。方今歐美各國之大學、大抵尚株守舊慣古習者多。其特爲國家學諸

科設學部者甚少。如德國雖有二十餘所之大學。學問固極
旺盛矣。然其内仍以國家學屬於哲學部。而使政治經濟學
學生。聽聞①哲學部與法學部兩者之講義。如柏拉蘊斯卑大
學②。無政治經濟之講義。妙興大學③。則又以經濟學部與
法學部相對。亦未爲完全之組織。在司托拉司堡、維柏耳
二大學④。雖有政法學部。實際此學部中。法律學科與政治
學科之間。亦無判然之區別也。故名雖優於本邦。而實則
劣於本邦者也。本邦之制度。雖無甚不便利之感。然欲謂
爲完全之制度則有所不能。欲使國家學諸科。充分爲獨立
之發達。則當倣德國條賓年大學⑤之制。新設立政科大學。
使之與法科大學（以法律學科爲主者）分離。是即最適於
近世學問分化之順序者也。吾人豈可輕輕看過耶。若爲經
費所困。而不許吾人以所期。則亦已耳。美國與法國。雖
已先有政科大學。德國獨條賓年大學乃有之。則該大學之
組織。不可不謂爲德國第一。惜乎該大學目今之教授。無
論關於公法政治學科。與關於經濟財政學科者。皆屬第二
流者。而無有天下萬衆所推爲第一流之教授。則其缺點
也。該大學如欲得完全之組織。或不能無待於異日乎。往
者羅賓得華木耳⑥曾專爲條賓年大學有所盡力矣。同大學將

① "聽聞"，該書正誤表更正爲"旁聽"。
② "柏拉蘊斯卑大學"，即霍席亞南學院（Collegium Hosianum），原屬德國布勞恩斯貝格
（Braunsberg），故日本學者亦稱其爲布勞恩斯堡大學，今屬波蘭布拉涅沃（Braniewo）。
③ "妙興大學"，即慕尼黑大學（Ludwig-Maximilians-Universität München）。
④ "司托拉司堡、維柏耳二大學"，即斯特拉斯堡大學（Universität Straßburg）與維爾茨堡大學
（Julius-Maximilians-Universität Würzburg）。
⑤ "條賓年大學"，即圖賓根大學（Eberhard-Karls-Universitaet Tuebingen）。
⑥ "羅賓得華木耳"，即羅伯特·馮·莫爾（Robert von Mohl，1799—1875），德國法學家，圖賓
根大學政治學教授。

　　來益益有望者。其前兆或即在此也。

　　　以上説述經濟學之攻究。其於實際上所以必要之大要。先就一般的論之。次特照之本邦之近狀而斷定之。次再及於高等技藝學校。於斯學之必要。有必以之爲精神之理由。並進論及於在大學之地位。使之爲獨立之學部。或附屬於分科大學之故矣。則於攻究斯學學問上所以必要者、自當瞭然。抑關於經濟之論説。其斷簡零墨。在歐洲則有希臘羅馬之古昔。在東洋則在支那印度之太古。已先存在。邇來經歷多少之歲月。乃漸次進步發達者也。然以斯學爲一科獨立之系統之學問而攻究之者。不過輓近百二三十年以來。且因妨害斯學之進步者。勢力太甚。故比於理科諸學。尚屬幼稚。所不待言。即在二十世紀如今日者。經濟學一定不動之理論。尚不能認其存在。而學派之數亦多。至於各自分道揚鑣。質而言之。則方今之時代。實經濟上變遷之時代也。夫既爲變遷之時代。則世人一般。今日信爲正確無疑之真理者。至明日而全認爲誤謬之空論。且加以排斥者亦恆有之。故當今之時。欲使經濟學之原理原則。確定不動。雖屬極困難之業。而同時亦即學者所當奮勉之重要事項也。且不獨重要而已。即在攻究者之自身。又實爲有望之事焉。何以故。經濟學既頗幼稚。則施以改良與加以新發見。尚多留有餘地故也。攻究斯學者。既無異於耕種田野。則其收穫豈少也耶。故在斯學攻究者之自身。其最爲有望之事。實毫無[①]疑義。若在方今之

---

① “實毫無”，該書正誤表更正爲“實己毫無”。

日本。則專心從事攻究經濟學者尚少。而惟以<u>彌兒</u> <u>華錫特</u>①
<u>馬克略德</u>②爲金科玉律。以<u>利司特</u>③<u>羅脩</u> <u>拉烏</u>④等代表最新
之經濟學説而已。情狀如此。寧非專攻斯學者前途最有望
之事業耶。此所以攻究經濟學者。一面既爲學問上之必
要。同時又爲大有可望之事業之大要也。

　　經濟學之範圍頗廣。若欲以學問的統系充分研究之。
則分全部爲總論、純正經濟學、應用經濟學（包含財政
學、及經濟政策學）三大部分。最爲適當。總論之意義。
議論頗多。有謂經濟學總論。即爲純正經濟學者。余之所
不採也。余茲所稱爲總論者。即經濟學全部之基礎也。根
底也。總説也。前提也。而又爲學者間議論厖雜之分科
也。至於純正的⑤經濟學並應用經濟⑥之爲何。請於後述
之。本書之體例。以余所謂總論之問題收於上卷。而爲研
究下卷之階梯。下卷亦單説明純正經濟學之原理而止。至
應用經濟學之講説。則俟諸他日焉。

　　緒論既終。請紹介英美法德意諸國關於經濟學重要之
參攷書類於左。

第一、教科書類

H. Fawcett ; Manual of Political Economy. 6.edition.

---

① "華錫特"，即亨利·福西特（Henry Fawcett，1833—1884），英國政治家、經濟學家，著有
　《政治經濟學指南》。
② "馬克略德"，即亨利·麥克勞德（Henry Macleod，1821—1902），英國經濟學家，著有《銀行
　業的理論和實踐》。
③ "利司特"，即弗里德里希·李斯特。
④ "拉烏"，即卡爾·勞（Karl Rau，1792—1870），德國政治經濟學家，著有《政治經濟學教科書》。
⑤ "純正的"，該書正誤表謂"的"爲衍字。
⑥ "應用經濟"，該書正誤表更正爲"應用經濟學"。

London 1883.

A. Smith；An Inquiry into the Nature and Causes of the Wealth of Nations. I. edition 1776.

D. Ricardo；Principles of Political Economy and Taxation，ed. by Conner. London 1892.

J. S. Mill；Principles of Political Economy，etc. etc.7. edition.2. vols. London 1871.

J. E. Cairnes；Some leading Principles of Political Economy. London 1883.

W. S. Jevons；Theory of Political Economy.3. edition. London 1889.

ditto；Primer of Political Economy，London 1878.

A. Marshal；Economics of Industry. 2. edition. 1881.

ditto；Principles of Economies.2. edition. London 1891.

ditto；Elements of Economics of Industry. London 1892.

H. Sidgwick；Principles of Political Economy. 2. edition. London 1887.

Laugblin；The Study of Political Economy. New York 1885.

Nicholson；Principles of Political Economy.

Greg；Principles of Political Economy.

H. Carey；Principles of Social Science.3 vols. Philadelphia 1858—67.

F. A. Walker；Political Economy.3. edition. London 1889.

ditto；First Lessons in Political Economy. London 1890.

Ely；Introduction to Political Economy. London 1891.

G. v. Schönberg；Handbuch der Politischen Oekonomie. 4.Aufl.Tübingen 1896.

A. Wagner；Lehr-und Handbuch der Politischen Oekonomie. Leipzig 1893.u.ff.

W. Roscher；System der Volkswirthschaft. Stuttgart 1885.u.ff.

K. H. Rau；Lehrbuch der Politischen Oekonomie.1.edition. Leipzig 1826 u. ff.

H. v. Hermann；Staatswirthschaftliche Untersuchungen.2. Aufl München 1874.

H. v. Mangoldt；Grundriss der Volkswirthschaftslehre. Stuttgart 1863.

K. Knies；Die Politische Ökonomie vom geschichtlichen Standpunkte. Braunschweig 1883.

A. Schäffle；Das gesellschaftliche System.

der menschlichen Wirthschaft. 4. Aufl. 1886.

M. Wirth；Grundzüge der Nationalökonomie. Köln 1873—83.

L. v Stein；Lehrbuch der Nationalökonomie 3. Aufl. Wien 1887.

G. Cohn；System der Nationalökonomie. 2 Bde. Stuttgart

1885—89.

J. Lehr；Grundbegriffe und Grundlagen der Volkswirthschaft. Leipzig 1893.

ditto；Politische Ökonomie in gedrängter Fassung. 2. Aufl. München 1893.

Philippovich von Philippsberg；Grundriss der Politischen Ökonomie. Freiburg 1893.

A. Held；Grundriss für Vorlesungen über Nationalökonomie.

J. Conrad；Grundriss zum Studium der Politischen Ökonomie. 1897—1900.

G. Schmoller；Grundriss der allgemeinen Volkswirthschaftslehre. erste bis dritte Auflage Leipzig 1900.

L Cossa；Introduzione allo Studio dell'economia politica.3ª ed Milano 1891.（此書有英德文譯書）

ditto；Primi Elementi di Economia Sociale.9ª ed. Milano 1891.

（此書有德文譯書）

Baudrillart，H.；Manuel d'Économie Politique. 1ᵉʳ vol. Paris 1857.

Beauregard，P.；Éléments d'Économie Politique. Paris 1890.

Garnier，Jos.；Traité d'Économie Politique. Paris 1846.

Gide，Ch.；Principes d'Économie Politique. Paris 1884.

Laveleye，E. de；Éléments d'Économie Politique. Paris 1882.

Leroy-Beaulieu，P.；Precis d'Économie Politique.Paris 1888.（2e éd 1889.）

Courcelle-Seneuil；Traité théorique et pratique d'Économie Politique. 2 vols.

Rossi，P.；Cours d'Éeonomie Politique. 4 vols. Paris 1840 ss.

Say，J. B.；Traité d'Économie Politique. 2 vols. Paris 1803.

ditto；Cours complet d'Économie Politique pratique. 6 vols. Paris 1823—1830.

Sismonde de Sismondi；Nouvenux principes d'Économie Politique. 2 vols Paris 1819.

Turgot；Reflexions sur la formation et la distribution des richesses. Paris 1766.

Walras L；Éléments d'Économie Politique pure. Paris 1874—1877.

第二　　辭書類

Inglis Palgrave，R. H；Dictionary of Political Economy. London 1890 ff.

Lalor，John L；Cyclopedia of Political Science，Political Economy，etc. etc. 3 vols. Chicago 1881—84.

Macleod，H. D；A Dictionary of Political Economy. I vol

London 1863.

Conrad，J. Elster，u. a；Handwörterbuch der Staatswiss-
enschaften Jena 1889 ff.

Rentzsch，H；Handwörterbuch der Volkswirthschaftslehre.
Leipzig 1865. 2 Aufl.1869.

Staatslexicon Herausgegeben im Auftrage der Gorresgesell-
schaft durch

Dr. A. Bruder. Freiburg i. B，1887 u. fl.

Blunstchli [①]，J. C. und Brater，K.；Deutsches
Staatswörterbuch 11 Bde. Stuttgart 1857—68.

Auszug von E.Loning.3 Bde Zurich 1869—75.

Block，M.；Dictionaire général de la Politique. 2 vols.
Paris 1874.

Say L.，Chailly，Jos，etc.；Nouveau Dictionnaire d'Économie
Politique. 2 vols. Paris，1890 ss.

第三　　　雜誌類

Archiv der Politischen Ökonomie.15 Bde. Heidelberg 1835—
53.

Jahrbuch für Gesetzgebung，Verwaltung und Volkswirthschaft
im Deutschen Reiche. Berlin 1877 ff.（vierteljährlich）.

---

① "Blunstchli"，有誤，應爲 "Bluntschli"。

Jahrbücher für Nationalökonomie und Statistik. Jena 1863 ff.
（monatlich）.

Vierteljahrsschrift für Volkswirthschaft und Kulturges-chichte. Berlin 1863 ff.

Zeitschrift für die gesamte Staatswissenschaft Tübingen 1844 ff.（vierteljährlich）

Zeitschrift für Socialwissenschaft. Breslau 1898 ff.
（monatlich）.

Annales de l'École libre des Science Politiques. Paris 1886.
（年三回出版）

L'Économiste Belge.12 vols. Bruxelles. 1855—60.

L'Économiste Français 1883.（每週出版）

Revue d'Économie Politique. Paris 1887 ff.（每六箇月出版）

Journal Édes conomistes[①]. Réducteur en chef，de Molinari.

American Quarterly Review of Economies. Harvard University.

Annals of the American Academy of Political and Social Science. Philadelphia 1860. ff.（quarterly）.

The Economic Review. London 1831 ff.（quarterly）.

---

① "Édes conomistes"，有誤，應爲 "des Économistes"。

The Economist. London 1833.（weekly）.

Banker's Magazine.

Journal of the Statistical Society. London 1828.（quarterly）.

Board of Trade Journal.

The Economic Journal，issued by the British Economic Association.

Publications of the American Economic Association.

Quarterly Journal of Economics.

Political Science Quarterly. Columbia University.

Journal of Social Science，containing the transactions of the American Association.

上卷　總論

緒言

　　無論講何學科。學者必先揭其定義。此恒例也。然亦
即講學上最困難之事。蓋定義之真意。非通曉該學科全部
之後。則不能透徹理解之。況經濟學之在諸學科中。爲關
於人類社會極複襍之學問。則其定義之難。自可推知。故
余先説明斯學之大要。乃始下其定義。且信以爲至當也。
然讀者諸君。實際上或不免有多感不便者。而事既非得
已。則欲於卷端即揭經濟學之定義。且適於簡單明瞭之
旨。而絶無一點可疑之餘地。恐終有所不能。夫定義者既
貴簡單。而其中又包含有必要説明之經濟學上之根本概
念。則非先定後者之意義。恐前者之意義。頗難釋然。故
余當未下經濟學定義之前。先論究其二三之根本概念。而
後乃及於前者此也。

上卷

總論

緒言

無論講何學科學者必先揭其定義。此恒例也。然亦即講學上最困難之事。蓋定義之真意非通曉該學科全部之後。則不能透徹理解之況經濟學之在諸學科中為關於人類社會極複襍之學問。則其定義之難自可推知。故余先說明斯學之大要乃始下此定義。且信以為至當也。然讀者諸君實際上或不免有多感不便者而事既非得已。則欲於卷端即揭經濟學之定義且適於簡單明暸之旨。而絕無一點可疑之餘地。恐終有所不能。夫定義者既賞簡單。而其中又包含有必要說明之經濟學上之根本概念。則非先定後者之意義恐前者之意義頗難釋然。故余當未下經濟學定義之前。先論究其二三之根本概念。而後乃及於前者此也。

《社會經濟學》第 37 頁

第一編

經濟學上之根本概念

第一章　欲望

　　吾人人類之存在於此世也。以關於衣食住之必要爲第一義。故感種々之不足。而欲滿此不足之感覺。以包括此心理作用之願望。即欲望也。非滿此欲望。則人類之生存繁榮不可得而期。故人類無不常注意於滿足其欲望。而因之慘澹經營。無所不至。於是指稱經濟學上之財貨之人類活動。名之曰經濟。或謂之經濟的活動。(一)

　　（一）人類最注意於欲望之滿足。故經營慘澹。無所不至。換言之。即吾人之經濟的活動。殆欲使滿足其欲望之經營之結果也。故謂經濟現象之根源。實存在於人類之欲望亦無不可。

　　欲望之大小及區域。非豫定於先天的自然的之界限。而因文明之進步。變遷不絶而擴張之者也。

　　現時社會人類之欲望。其種類分量甚多。殆有不遑枚

舉者。惟有以一定之觀察點爲基本。而分其欲望之種類之
法而已。德國經濟學者<u>羅脩</u>氏以人生々活關係緩急之欲望
爲基本。分爲三種。曰自然的欲望。（一曰必要的欲望）曰
地位的欲望。（一曰應分的欲望）曰奢侈的欲望。此分類
法。頗爲合宜。即採之以攻究關於欲望之理。雖無不可。
然余之所見。稍有不同。常試分欲望爲二。

第一　因消費而能滿足者。（以有形的欲望爲主）

第二　不因消費而能滿足。又或因不消費而却能滿足者。

其第一、更欲效<u>羅</u>氏之所云者而細別之。<u>羅脩</u>氏之所
謂自然的欲望也者。人類待之而生存。即關於必要之衣食
住等是也。若不滿足。則必有損傷生命與健康者。[二]

　　（二）吾人人類所有之天然自然之必要的欲望。即
　　自然的欲望也。故稱之曰必要的欲望亦可。若不滿
　　足。即生命健康。殆有不可得而保者矣。

地位的欲望也者。即應人々之地位身分者也。吾人對
於人己之時。自有維持社會上之地位品格之必要。若不滿
足。則人々對於自己及社會。即不免有損其面目焉。此種
欲望。因各人之在於社會上。地位愈高而愈大者也。[三]

　　（三）吾人對於身分。不可不保持社會上之地位品
　　格。故保持之必要即存在。且不獨對於社會而已。即
　　對於自己亦然。質而言之。即在他人之前。有當正其
　　衣冠尊其瞻視以裝高尚之品格。而閒居獨處則可卑陋
　　自甘者。此無可諱言之事也。譬如書生有當保持書生
　　相應之地位品格。車夫有車夫當保持之地位品格。否

則不免受社會之擯斥。但此種欲望。因人々在社會上之地位愈高。則其分量及種類乃愈增加。雖就特別之一個人觀之。時或有逸出於例外。而呈反對之現象者。然就社會全體以觀察之。則實有如此之現象已。

奢侈的欲望也者。即在人々分限以外與身分財產不相應者是也。故此種欲望。不僅非保持生命健康所必要。即於維持社會上之地位。亦無所用之。其結果。不過常使自己之支出遠不及其所收入而已。[四]

（四）奢侈的欲望也者。與身分不相應之欲望之謂也。淺而言之。譬如車夫着綾羅錦繡以待乘客於街衢。即其例也。如此、則不獨於保持生命健康所不必要而已。却猶有害。蓋欲滿此欲望時。即不得不使其自己之支出。常不及其收入。縱令一二年間。可以無事通過。使其畢生如此。其能不陷於倒産之悲境耶。是所宜慎也。

此種欲望。宜制限之。不使其滿足。否、則小之可釀一身一家之破産。大之即不免招一國之衰亡。羅馬之末路。其殷鑒也。[五]

（五）此種欲望。自以不使之滿足爲可。何則、若此種欲望。常欲其滿足。其必招破産也無疑。假令一人如此。馴至流爲一般社會之習慣。其所波及。深可寒心。讀羅馬之歷史。未嘗不爲之長太息也。蓋羅馬。起於微々之小國。而成爲一大強國。以雄飛於世界之古帝國也。其所以致滅亡者。雖有種々之原因。

有謂因北方日耳曼人之侵略而滅亡者。實不免皮相之
見。蓋具此見解以讀史。誠不得謂爲獨具隻眼者也。
夫羅馬之起也。非一朝一夕之故。羅馬之亡也亦非一
朝一夕之故。羅馬之滅亡。國民之奢侈。實爲之主
因。即無敵國外患者國恒亡。真此謂也。羅馬末路之
奢侈。有非可以言語形容者。羅馬國民。因之腐敗。
欲不滅亡。豈可得耶。彼之阿齊拉①之侵入。不過速其
一日之滅亡而已。然此豈獨羅馬爲然耶。無論讀何國
之歷史。殆無不可證明此理者。余故揭羅馬之滅亡。
不因於日耳曼人之侵略。而因於國民之奢侈。以爲後
世龜鑑焉。

　雖然、奢侈的欲望與地位的欲望。其實際往々有難於
明白區別者。到如何之點。爲地位的慾望之範圍。自如何
之點以上。爲奢侈的欲望之範圍。是頗暧昧。往々有苦於
分界者。在甲、雖爲保持地位品格之欲望。而在乙、則爲
奢侈的欲望。此但少加注意。無論何人。所不難認也。（六）

　（六）奢侈的欲望與地位的欲望。驟觀之、雖似容
易區分。然二者之實際上。實有不能明白區別者。即
到某點爲地位的欲望。自某點以上。爲奢侈的欲望。
往々有苦於難區別者。譬如堂々之一國國務大臣。其
出入則乘用馬車。其住居、則有壯麗之官邸。此皆隨
其官職。有保持威嚴品格之必要也。若一介書生。亦

---

① "阿齊拉"，即阿提拉（Attila，？—453），古代歐亞大陸匈人領袖（434—453）。

驅輕策肥。以疾馳於通衢。又住居宏壯之家宅。則實
屬非常之奢侈。即此二者以區別之。其行爲雖同。而
爲其行爲之人。或則爲奢侈的欲望。或則爲地位的欲
望。此易知也。然就二者以絕對的區別之。則甚難矣。

更進一步論之。即自然的欲望與地位的欲望之間。亦
有難於絕對的判然區別者。何則、在某人、爲必要又爲適
當之地位的欲望。而在他之地位更高之人。則尚有不足維
持其地位品格者。此種欲望、在後者、實爲必要不可缺之
自然的欲望者往々有之。夫所謂自然的欲望者。蓋因人因
階級因國而大不同者也。故適當於甲之衣食住。移之於乙
即有不能滿足者。職是故耳。（七）

　　（七）更進一層論之。則地位的欲望與自然的欲望
　　之間。亦有難判然區別者。即自然的欲望。因人而有
　　差異。適當於甲者。未必適當於乙。譬如以野蠻人之
　　自然的欲望。必不能使文明人滿足其自然的欲望是
　　也。由此觀之。則財產之多少。慣習之差異等。於自
　　然的欲望有重大之影響者。甚爲明白。故自然的欲
　　望。不能預定爲本來如此。是不獨於種類之點爲然。
　　即分量之點。亦復爾爾。

依羅脩氏之區別法。則有甲種之欲望與乙種之欲望之
區別。恰如乙種與丙種之區別同。驟觀之。雖似容易明
白。然進一步以熟思之。實難於區別也。經濟學不得不以
此種困難問題揭於卷首。此其研究之所以最難也乎。（八）

　　（八）此不過本前所述。以推測之之結論也。經濟

學、雖當區別欲望。而其區別。又不得不認爲不能絕
對的區別。則治斯學者所由於開卷之發端。不得不研
究此種困難問題歟。人間社會之事。終始變化。毫無定
則。多少事情。皆有不能明確論斷者。即以機械的論究
之。與以有機的論究之。各不得不異其論決者是也。

據以上所論思之。則彼之奢侈與節儉之區別。僅就所
謂奢侈行爲之中。亦有爲欲滿地位的欲望者。實所常見
也。故絕對的論斷之甚難。是以在此二者之間。有不得不
謂爲因人因階級因國而大不同者此也。（九）

　　（九）以上既講明欲望之種類。則如世人之所謂奢
侈與節儉者。一見雖似可截然區別矣。然於一般所謂
奢侈行爲之中。亦包含有欲滿地位的欲望者。對於此
二者之區別。欲與以明白之講說實難。畢竟欲望之界
限。因人因階級因國之貧富之程度而大有差異。此不
可不知者也。譬如在王公貴人。不過爲滿足地位的欲
望者。而在常人。則爲奢侈者即是也。

故奢侈品與必要品之區別。亦決不得謂爲絕對的存
在。譬如酒與烟。通常皆名爲奢侈品者也。各國政府。概
課以重稅。且定爲一般之原則。其所以如此者。雖於事之大
體。無所不可。然究不得不謂爲不過相對的斷定而已。（一〇）

　　（一〇）奢侈品與必要品之區別。相對的區別。而
非絕對的區別也。譬如烟酒二者。不僅人々認爲奢侈
品。各國政府。大概皆課以重稅焉。現今我國（指日
本言以下仿此）對於葉烟草（烟之一種）課以非常之

重稅。其結果。至採用專賣法。又據近來所傳說。對於酒。亦欲更課以重稅者。然烟酒二者。必非絕對的奢侈品。不過相對的奢侈品而已。學者於此。宜注意焉。

此二品、無論何人。不得不謂爲奢侈品矣。然在某人、非有烟酒二者。至不能維持其生命健康者亦有之。則此二者之在此人。其爲必要品無可疑也。使一國人而皆如此。固誠可嘆息。然在其國與其階級。不得以二者爲必要品也。其所以必要之者。雖胚胎於惡習惡慣。然自屬別問題。關於此等事情。以判其善惡正邪。非經濟學本來之職分也。無論飲酒吃烟。其習慣爲善惡正邪與否。然不滿足其欲望。則至於不能生活。此人之對於烟酒二者。經濟學上即不得不認爲必要品矣。是故奢侈品與必要品。不過出於實際便宜上之論斷。相對的而非絕對的者甚明。千萬人取之。各々不同。因人因階級因國而大異者如此。欲立其區別者。請注意於此點焉。

抑人類之所異於禽獸之點。其數頗多。倫理學者、謂爲良知良能之有無。動物學者、以爲在身體之構造與步行之狀態等。其他種々之點。雖可列舉二者間之差異。然自經濟學上觀察之。則人類之所以異於禽獸者。惟在其欲望之多大且高尚而已。是實著明之事實。而毫無庸疑者也。[一]

（一）人類與禽獸之異點頗多。所不待論。然觀其要處。因觀察點之異。故亦不可强同也。倫理家、則以爲人有靈魂。故以有良知良能之點區別之。動物學者則以爲在身體之組織及步行之狀態之異點。然退

而思之。則所謂步行之異者。據彼之進化説。則却足
證人類與獸類之相似處。即四足之獸類。其前之左足
前進之時。其後之右足亦前進。其右足前進之時。後
之左足即前進。而人之行走。其左右手足。亦互相前
後而進。頗相類似。猿之與人。則相似之點尤多。故
人之由下等動物進化之説。爲今日一般所公認矣。然
自經濟學上論之。則人之所以異於禽獸者。惟在其欲
望之多大且高尚而已。他之下等動物。其欲望極下。
其分量亦至少。極而論之。以禽獸比之人類。殆可謂
爲無欲望。亦非誣言也。

人類之欲望與社會之進步。漸次增加其數量者也。其
種類、品性。亦年年歲歲漸赴於高尚焉。

如此、則欲望者。因人類之進化而增加且進化者也。
故觀之原始時代之狀況。則野蠻人之欲望極少而簡單。翻
而觀之開明社會之狀態。則文明人士之欲望頗多而複雜。
此甚易知者也。由此觀之。則欲望之增加者。以決無可憂
爲原則。無論其及於上中下何等社會階級之影響。通常皆
無弊害。而大有益於生計之程度。且一方、因生計程度之
上進。更足爲可以歡迎之現象焉。[一二]

（一二）野蠻人之欲望。甚屬簡單。文明人之欲
望。則極複雜。是決非當憂慮之事也。然在某漢學
者。目擊今日文明進步之狀態。常不免有歎其流於奢
侈者。然此畢竟不過皮相之見而已。今人之欲望。比
往昔雖增加。其實由於經濟上之實力發達者多。故決

無可憂也。又有目覩近來各處之農民等。多爲奢侈之
行爲。即據之以主倡增征地租者。以余觀之。彼等之
奢侈。皆因近來物價騰貴之結果。而其實力發達之所
致也。即如論者所説。自其反面觀察之。欲使農民保
守原始之狀態。固執不化。豈非阻遏生機之虐政耶。故
余寧取現在之狀態。而使農民之生活。得日日進於高尚
也。彼之富之中央集權説。爲余向來所不希望焉。

然因左之事情。亦大有可憂者。

第一　增加不道德之欲望。[一三]

（一三）茲所謂不道德之欲望者。舉其一二。如沈湎
於酒、恒舞酣歌。非增進人生生計之正當方法之謂也。

第二　種種之欲望。於他之經濟上之事情。全無關係
而突然發達。經濟上之進步。不能隨之而進。惟見奢侈之
弊風流行是也。[一四]

（一四）無經濟上之進步。而僅見奢侈之風行者。
第二弊也。譬如現時農民之生活。資力雖頗相當。然
其經濟上之實力。不及往昔。而漫學都人士之弊風。
是誠可憂之事也。

第三　僅增加肉體上之欲望。而精神上之欲望。毫無
進步。人心有腐敗之傾向。是與第一項頗有密接之關係。
往往有殆屬同一事項而不可分離者。惟二者之別。僅得據
其觀察點之差異而已。[一五]

（一五）是與第一不道德之欲望之進步。殆屬同
一。惟其所異者。僅在其觀察點已耳。肉體上之欲望

也者。如熱心於衣羅綺。食美味。住居宏壯之家宅。如羅馬末路盛行之狀態是也。

第四　因欲望之增加。而使人人之勞動力思想力日衰。至於進取活潑之氣象微微不振者。[一六]

（一六）勞動力思想力進取之氣象等、日就衰弱之時。則自然流於怠惰者。亦一般之常態也。是等之勢力愈衰減。則社會之進步。遂全不行。

第五　使欲望滿足。惟有濫費奢侈之一法者。[一七]

（一七）欲滿足欲望。總不免於奢侈濫費。其極、有不至於破產不止者。此事驟觀之、雖無不可。然其弊、與第二弊同。二者僅異其觀察點而已。

以上五項。互相錯雜。任舉一項事情。自有他之事情包含其中。如上所述之種類。不過自其大體區別之已耳。

由右之五項事情。或發生有與之相密接之關係之一大弊害。即不論實用之如何。徒競華美。於其所用物品。漫然心醉於流行一時者是也。[一八]

（一八）欲望雖已充足。而猶必選擇物品之品質。以至於徒競華麗之裝束。而不顧適用與否。以追逐時流之好尚者。此現今社會普通之常態也。譬如流行之骨董品。流行之植物等類。如一品之骨董。一鉢之蘭。往往有祇知趨於時流。惟恐稍後。而寧投數百金而不顧者。雖在某程度。無特別之損失。然流於過度。豈非大可警戒者耶。

社會人事之不如意。往往有不免伴隨右之事情而增加其欲望者。獨在進步迅速之社會爲尤甚。是雖實屬可憂之事。然社會進步。有當然之結果。則欲望之增加。亦有不盡可以非難者矣。^(一九)

（一九）人類社會之事。總難如意。則因欲望之增加。往往有生上述之弊害者。特在過渡時代之社會。其弊害爲尤甚焉。然是非欲望之增加者之罪。惟附着於其上者有弊害而已。經濟學家。不可不明區別之。以當矯正之任。若因噎而廢食。則實有不可。蓋欲望之增加。爲社會進步自然之結果。學者幸於此注意焉。

以上、既説明欲望之原理。以下、請參照我國近時之狀態。以説明此原理之如何之動作焉。

余於我國近時欲望之增加。國民經濟之發達。有不得不感其種々之弊害接踵發生、而必欲一禁止之者。換言之、即人々大增加其與資力不相當之欲望。人心日々有流於奢侈之恐是也。而以戰爭後爲最甚。因之助長物價騰貴之趨勢。實毫無可疑也。人或以我國之近狀。比之羅馬之末路。是雖有稍失之過甚之斷定。余以爲在今日之聖世。固不宜爲此不祥之言。近時之狀況。比之維新以來一般社會之變遷。在過渡時代。亦往々有不能免者。或人之言雖不無杞憂。然人抱愛國憂世之至情。終至於發爲此言。則社會之狀況。大可歎惜。是知以先覺自任者。當努力誘導後進。以矯正國民奢侈之弊風也。

近時奢侈之狀況大略於左。

第一　世之所謂紳士紳商等之邸宅別莊等。非常增加。其中往往有出於借財而終至陷於困難者。其在意外者。則以最貴質樸之軍人。亦往往乘戰爭得意之餘勢。而徒事華美。至忘<u>摩兒特</u>①一派之美風。而不奉古名將之遺訓者是也。

第二　學生之消費。比之明治十六七年之時。平均殆在四倍以上。（明治十六七年之時。學生之宴會。大抵在飛鳥山②（地名）或日比谷原③（地名）今日宴會之會場。大抵在料理屋（酒舘）又其時每月必爲一回之遠足會、其會費、不過三錢上下（約值中國錢三十文）然遠足會與宴會之目的、皆能達到、及觀之今日之情狀。不幸大異。學生社會、亦感染世間一般之風潮矣。悲夫。）

第三　輸入品中。雖有幾分隨生計之程度而正當上進者。然亦有幾分足證奢侈之增加而輸入增加者。（參照貨幣制度調查會報告三七〇頁）

第四　各郡縣人民之生計。及冠婚喪祭費用之增加（參照同上報告三七二頁乃至三七五頁及同附錄三〇六頁乃至三二六頁。）

第五　世間普通所謂不生產的營業並同業者之增加（參照同上報告三七〇頁及附錄三二八頁）（但據此報告、

---

① "摩兒特"，即赫爾穆特·卡爾·伯恩哈德·馮·毛奇（Helmuth Karl Bernhard von Moltke，1800—1891），普魯士和德意志軍事家，德國陸軍元帥。
② "飛鳥山"，即飛鳥山公園，設立於 1873 年，是日本最早設立的公園之一，現位於日本東京都北區。
③ "日比谷原"，即日比谷公園，設立於 1893 年，現位於日本東京千代田區。

有更涉於詳細者、雖曾經提出於同調查會之特別委員會、
然公布之時、不免有傷國體故未公布、）

第六　郵便貯金、却大減少（參照京華日報四一三頁）

此等事實而外。其他之事實。較此弊害更大者。尤不
遑枚舉。至於近日。則拜金宗之風潮。亦漸次發生。（真
拜金宗、尚可恕）而襲爲奢侈。希圖僥倖。以試其投機之
技倆者。不絕於代。余所以不一一舉證之者。誠不勝慨歎
故也。

第二章　財貨 ^(一)

（一）財貨也者。由德語之（Güter）英語之
（Goods）而譯出者也。其語蓋爲相集成富之意。而富
字則與德語之 Reichtum 英語之 Wealth 相當。然德語之
Reichtum 若詳細玩味之。單爲財貨之相集者。其意義
少異。英語之 Wealth 與富字同。頗有曖昧之意義。原
來財貨之相集合者。德語謂之 Vermögen 最爲適當。在英
語中相當之語。有爲其法律上之意義者。抑 Vermögen 有
二意義。（一）財貨之集合者。（二）財産即是也。英
語之 Wealth 雖於財貨之集合體。非不適當。然余向來
譯德文之 Güter 爲貨財矣。但貨財之語。多用於集合。
殆與富字之意義同。爾來始改爲財貨。蓋以財貨者、
爲組成富之分子故也。

　　財貨也者。果屬何物。古來學者於此。有種々之議論
矣。羅脩氏常下定義曰。"財貨也者人之所認爲直接或間接
滿足人類之眞正的欲望之要用者也。"此定義、於欲望之
上。特加以"眞正的"之形容詞。則凡不眞正的欲望。即
據羅氏之意。凡滿足違反德義人道之欲望者。當全置之於
財貨之範圍外。同時經濟學全體之根本概念。不僅當爲心
理的研究之目的物。且當兼爲倫理的研究之目的物矣。如
此、故不免有苦尼斯①、瓦格列兒等諸氏之非難也。蓋羅脩
氏之定義。誠有不得其當者。第一、氏之定義中。以"人
之所認"云々爲條件。猶如附加者然。全屬贅語。與定義
之貴簡單明瞭之旨趣適相違反。蓋財貨者。被人所認而始
成立。因對於人之關係而存在。離人則不僅決不能單獨存
在。凡經濟上之事。斷無有可以與人分離之語。故"人之
所認"云々數字。不宜入於財貨之定義中。⁽二⁾

　　（二）英國派之學者、向來多主張道德與經濟。爲
全然無關係者。然二者之間。其實有重大之關係。故
以滿足不道德之欲望之要用者爲非財貨有如羅脩氏之
所論。然以所謂滿足不道德之欲望之所要者。即解爲
非財貨。殊大有不便。羅脩氏之此定義誠不得不亟々
修正之。顧羅脩氏之所謂滿足不眞正之欲望者。亦不
失爲財貨。若夫滿足此欲望者。以其不道德之故而謂
爲非財貨。則當定以如何之名稱耶。譬如窮奢極欲

---

① "苦尼斯"，即卡爾·克尼斯（Karl Knies，1821—1898），德國歷史學派經濟學家，反對資産階
　級古典政治經濟學。

者。必當論定爲非財貨矣。然既非財貨。則經濟學
上。至不可得而論斷之。在何種學問始可得而論究之
歟。於經濟學以外。又苦無可以攻究之之學科也。

其次、僅以滿足所謂"真正的"欲望爲財貨者。亦不
免大誤。何則、財貨也者。於善惡正邪。決無關係。苟爲
人類之欲望而存在。則不論其真正與否。又無論其爲道德
的與否。凡適當使之滿足者。皆不得不名之爲財貨。若如
此而以爲非財貨則當名之爲何物而後可。且其關係於此之
學問。又果爲何物耶。惟其如此。終不得不謂爲皆財貨。
其關於此之學問。結局亦不得出於經濟學之外。況欲判斷
其欲望之真正的與否。又決定其不道德與否。終非絕對的
所能爲之事耶。況以同一之財貨。有時爲滿足自然的必要
之欲望者。有時又爲滿足奢侈的不道德之欲望者耶。

加之在經濟學全體。不僅當爲心理的研究之目的物。
兼又當爲倫理的研究之目的物。自此點觀之。則所謂"真
正的"之形容詞。毫不見其必要。在社會經濟之大體。其
不可與倫理道德相矛盾者。所不待言。即關於財貨之現
象。關於欲望之現象。皆無不當準據人生々活之大本者。
此所應知者也。如以"真正的"三字冠於欲望之上。其必
要果在何處耶。羅氏之定義特加此無用之文字。誠不得不
謂爲蛇足之嫌也。[三]

（三）如本文之所論。則羅氏之定義。當生奇怪之
結果有斷然矣。蓋氏之對於經濟學全體之根本觀念。
既以爲與心理倫理諸學。有密接之關係。而欲自此點

以説明此意於財貨之中。遂不免加以贅語。其意以爲若非附加以"真正的"之文字。則經濟現象之心理上及倫理上之現象。不可得而明。故有當附加之必要。然經濟上之行爲。其全體有不得不準據倫理之大本者。實屬當然之事。今更無事贅言也。何則、經濟學者。離人則不能成立。既自人類社會之必要而生。故與人類處世之大本之倫理。有斷不能絕其關係者。若就其行於多數人民間之事々物々。而一々分別觀察之。誠不免有不倫不德之事。然自其大體論之。則固仍以人生生活之倫理之大本爲基礎者明甚。故羅氏之定義。雖非全爲錯誤。然終不得不謂爲不適合於定義之原則也。

故余下財貨之定義。與氏之定義聊有所異。曰財貨也者。凡適當滿足人類之欲望者是也。[四]

（四）余之定義與氏之定義雖無大差。然財貨也者。無論凡欲望之不道德與否不正與否。皆以滿足之爲主眼者也。又定義中明曰"適當滿足"而不僅曰"滿足"者。蓋財貨之所以爲財貨。非必要現實有滿足欲望之事實。方能適當滿足。即無現實滿足之事實亦可。譬如米、本財貨也。其所搭載之船舶。被沈没於海中。其米至葬魚腹。歸於損失之俄頃。尚不失財貨之性質之類是也。

財貨之種類果屬何物。是蓋因標準而異。自有種種之分類法。且有其實際焉。余所主張之最要分類法。即分財

貨爲二。^{（五）}

（五）今據前揭之定義以分財貨之類。一爲内部之財貨。一爲外部之財貨。然據余所信。寗以内界之財貨及外界之財貨之名稱爲優。

即第一、内界之財貨。第二、外界之財貨是也。

第一　内界之財貨。（一曰無形財貨）^{（六）}

（六）内界之財貨。又可稱爲無形財貨。然無形財貨之名稱。頗不妥當。何則、内界財貨之中。亦有有形財貨。故余名之曰内界之財貨。

内界之財貨云者。附着於人人之心身而不可買賣讓與者也。如腕力、智識、藝能、心身之特質等。屬此種類。是皆不可買賣讓與者也。然一變其形狀。而化爲所有主之勤勞之時。則對於他人。即爲外界之財貨。^{（七）}

（七）内界之財貨云者。凡附着於人類之身體、或心裏。而不可分離者。即人類所固有者是也。故無論以如何之高價。不得而買賣之。是以就普通之現象觀之。經濟學上非可得而論決之者也。然一變其形狀而化爲所有主之勤勞之時。在他人、則爲外界之財貨。在自己、依然爲内界之財貨。譬如車夫之力。不能全然自車夫之身分離而賣却讓與之者也。然一時效忠於雇主。則爲勤勞。故當此之時。自雇主視之。即爲外界之財貨。是不獨腕力爲然。凡性質藝能等。大都如此。譬如所謂性質云者。如因某人之正直。可以用爲某銀行之管理金庫者。其正直之性質。自銀行視之。

即外界之財貨也。

第二　外界之財貨。（一曰有形財貨）[八]

（八）有形財貨云者。亦缺妥當。何則、此種類財貨之中。亦有無形財貨。故余特名之曰外界之財貨。

外界之財貨也者。圍繞吾人人類之外界之一部分。可據之或採之。以供吾人之用。而適當滿足吾人之欲望者是也。故不問其有形與無形。苟存於宇宙間而在人類（必具有人格之人類）以外。足供人類之用者。皆得爲外界之財貨。故名外界之財貨爲有形財貨者、誤也。

外界之財貨、細別爲二。即

（甲）自由財貨。（或曰非經濟上之財貨）

（乙）經濟上之財貨。（或曰經濟的財貨。交換的財貨。又可交換的財貨）是也。[九]

（九）自由財貨之語。由西洋語直譯者也。非經濟上之財貨云者。若經濟上之財貨言之。兩兩對舉。雖亦妥當。然據余所信。審以自由財貨爲優。

（甲）自由財貨。自由財貨者。人類不以勞動、或報酬與他、且無論分量如何。得自由使用之或獲得之者之謂也。如空氣光線等即是。自由財貨。亦有二種之別。即

（A）絶對的自由財貨。

（B）相對的自由財貨。

是也。

（A）絶對的自由財貨也者。除一時非常的例外外。常不失爲自由財貨者也。如空氣光線等。本來屬此種類。惟

於例外以人爲之故。遂一時失却自由財貨之性質。(一〇)

（一〇）絕對的自由財貨也者。如其名稱所示。除非常例外之財貨外。常不失自由財貨之性質之謂也。即在非常之例外。雖一時失却自由財貨之性質。然普通常得謂爲自由財貨也。但茲所謂絕對的云者。與哲學上所謂絕對的。少有所異。乞稍注意。

（B）相對的自由財貨也者。因場所之異同。歲月之經過。而失却其自由財貨之性質者之謂也。如生於原野之草木、果實即是。土地雖本屬此種類。然在方今各國。既已失却自由財貨之性質矣。在往昔未開之社會。土地全爲自由財貨。故人々皆得自由占領之。社會尚不認個人或團體之所能特有。然時勢變遷。土地亦漸次歸於一個人之所有。或一團體之所有。於是遂認定土地之所有權。而代價亦由是發生。非有一定之報酬。則有不能獲得之者。洎於今日。則土地在諸種財貨之中。其價最高。其所以如此者。亦並非因於人爲的手段方法。惟土地從時勢之變遷。隨人民之進步。而自然脫離自由財貨之區域而已。(一一)

（一一）因時勢之漸次變遷。至認定土地之占有權。而其價額以生。非與以報酬。則不能獲得之。然土地因文明之進步。其價值次第昂貴者也。特在都會之土地。其價尤高。所謂文明開化者。以廣義言之。雖似爲人爲的。然欲增漲土地之價值。而專依人爲之手段實難。且有因特別之事情。特依人爲之手段不使土地之價格騰貴者。其所以如此。則比之全體土地之

騰貴、無價值之可論也。蓋土地之價格。因時勢之變
遷。自然騰貴。而土地遂至失其自由財貨之性質。又
如自然生於原野之果實。在昔時占有之者。並不要勞
力或報酬。惟僅據先占之勞。即可取得之。若在今
日。則無論在如何不毛之地。無不屬於某人之所有。
即不屬於一個人之所有。亦當屬於國有。無論公私何
人。必有一人自有其生於其原野之果實收得權。故他
人皆不能自由收得之。是即果實一項亦爲相對的自由
財貨也。

（乙）經濟上之財貨　經濟上之財貨也者。爲圍繞吾人
人類外界特可區劃之一部分。依人爲而滿足人人之欲望、
且得適當之形狀。或置於適當之地位。而後始得財貨之性
質。或增加其財貨之性質者之謂也。（一二）

　　（一二）經濟上之財貨也者。圍繞吾人外界之一部
　　分。且特能區劃者也。但此、因人爲而始得成財貨之
　　效用之形體。又因地位之變更。而生其財貨之性質或
　　增加之者也。就於普通言之。多因地位之變更。同時
　　即變更形體者有之。依人爲而適當滿足人類之欲望
　　者。舉例示之。如銅或鐵即是也。當銅鐵未經採掘之
　　間。即爲鑛山。既成爲一體。即銅鑛或鐵鑛也。如欲
　　使之滿足人類之欲望。即不可不加以人工。質而言
　　之。鑛物之未變原形者。即不能有充分之效用。精製
　　之、而後始有充分滿足人類之欲望之效用也。所謂精
　　製者畢竟即爲人爲的之行爲。鑛物得此人爲的精製。

始得有經濟上之財貨之性質或增加其性質。加之以銅
鐵堆置於山中。亦無何等之效用。必變更地位。而後
始能大增加其財貨之效用焉。今又舉一例示之。因變
更地位而生適當滿足欲望之性質或增加其效用者。譬
如存在於太平洋海底之珊瑚珠。其深千百尋也。人類
取之。有何效用。然一度採之以揚之陸地。則因其採之
揚之之力。即大生其效用。當爲人所同認矣。是即因地
位之變更。而發生或增加滿足欲望之性質也明甚。

經濟上之財貨。依人爲而始據有其重要之性質。其大
要必依勞力而始有之。故無勞力。即謂之爲無有財貨亦
可。但以同一之勞力。亦非必遂生同一之財貨或利用者。
同一之財貨或利用。往往有依異種之勞力而起者。故經濟
上之財貨之起原。有由於種々之勞力者。如先占、僅以極
容易之勞力。而財貨即生。又有非日夜刻苦勞動則財貨不
生者。但無論何種經濟上之財貨。於其所要多少之勞力之
點。皆相一致。僅因此理由。有々限之性質。經濟上之財
貨。除以不法獲得之之外。非自行勞動。或以報酬與他。
否則從他人以無代價讓與之。其他決不能得之者。其恒
事也。

經濟上之財貨。通常多指稱外界之特可區畫之一部
分。吾人人類非投資本或費勞力。則必不能自由左右之或
利用之。換言之。即不可以之屬於一個人之所有權之範圍
內是也。（經濟上財貨之重者。尚多有與此少異其趣者。其
説詳後。）^{（一三）}

（一三）可以自由左右或利用之者。即毫不費資本、或勞力。不能得之者之謂也。若夫不費勞力資本等。而可自由左右之或利用之者。是即甲種自由財貨。非經濟上之財貨也。本文所舉。惟在依於勞力或資本之助。而能自由自在利用之或左右之者是也。

經濟上之財貨。其種別有四。

（A）貨物

（B）人的財貨

（C）有利關係

（D）某種類之權利

是也。

（A）貨物　貨物也者。一曰“有形財貨”又“有形經濟的財貨”又“有形之經濟上之財貨”。凡圍繞吾人人類之外界。而有特可區劃之一部分之重者。其常態皆有財貨之性質者也。^{（一四）}

（一四）世亦有以財貨稱爲“有形財貨”者。然於貨物之外。以尚有有形財貨[1]觀之。即不得謂爲穩當之名詞。又有謂爲經濟的財貨者。亦不妥當。何則、若謂爲“有形經濟的財貨”則聞此名稱者。即不免有誤解爲有可足用之性質或利益較多之財貨之恐。故此名詞。不可不極力避之。又若附加以“有形”之文字。雖無不可。然貨物既皆屬有形物。則加以有形之文

---

[1] “有形財貨”，該書正誤表更正爲“無形財貨”。

字。似未見其必要。蓋貨物者。既爲圍繞吾人外界之
一部分。則其財貨之性質。不僅一時可保有之。無論何
時皆得常有貨物之性質者也。質而言之。縱令一旦雖爲
廢物。然猶有種々利用之方法。故得謂爲財貨也。

是實財貨中最普通者。經濟學上。用之者最多。於某
意義上。最不可不注重者。如通常之商品珍奇之美術品。
食用品。製造品等皆是也。^(一五)

（一五）此項、殆可無庸説明。蓋天下之財貨中。
若問其在總種類中。以何者爲可貴。則必答曰。在某
意義最爲貴重。且在多數之實際。其最可貴重者。無
不知爲貨物矣。然人類有不僅以有形之貨物即可滿
足。而必有待於精神上之快樂者。譬如所謂"鼎鑊甘
如飴求之不可得"者。其氣概亦可謂爲一種之無形財
貨。而爲世所尊重。但就增加有形之富。與圖謀有形
進步之上觀之。則今茲所論之貨物。最不可不注重。
而此貨物。即普通存在於世間者。如美術品、食物品等
是。其他如牛馬、如鷄豚。亦無非貨物。總之苟有常態
而足以滿足人類之欲望於外界爲有限者。皆貨物也。

（B）人的財貨。^(一六)

（一六）人的財貨之文字。語極奇怪。其所以然
者。蓋謂其人及與其人有直接關係之財貨之意義也。
人或有名之爲屬人的財貨者。然財貨之中。既以人之
自身爲財貨。則謂爲屬人的財貨。實屬有包括未盡
者。故余寗稱之曰人的財貨。

　　人的財貨也者。人及與其人之身有直接不可離之關係之財貨也。欲説明之茲從便宜。更分爲（a）（b）二種。

　　（a）人。人也者。於生理上並心理上。與他之人類雖無所異。然在社會上、經濟上、並法律上。有視之與貨物等而被支配者。其實際。遂至帶有貨物之性質。但其帶之與否。及所帶之之程度如何。皆因其時之習慣風俗與法律制度而定。^(一七)

　　（一七）人也者。在生理上並心理上。無異於普通之人類。而在社會上、經濟上、並法律上。則有視之與牛馬雞豚毫無所擇者之謂也。夫所謂人者。至於與牛馬等類無所擇。則在社會上、經濟上、並法律上。雖儼然爲人類。亦不認其有人類之資格。如此之人。則其帶貨物之性質與否。及其所帶之之程度如何。皆依其時之風俗習慣及法制而定。蓋在古代並中世之社會。曾認奴隸制度。且公然許其買賣讓與。於是此種奴隸。在生理上並心理上。與他之人類雖無所異。而在當時之習慣風俗與法制。已不認之爲人。故社會至視之爲一種之貨物。其後奴隸制度雖完全廢絶。然尚有所謂半奴隸者存在。經濟學上。仍視爲一種之貨物以處理之。

　　各國之中。於生理上並心理上。並非以彼確與他之人類有異也。然在社會上經濟上並法律上。則視爲普通之貨物。至以之爲實際之貨物買賣讓與之。又有雖爲奴隸而未至於奴隸者。則所謂準奴隸即半奴隸制度公然存在。是亦

爲人類而非人類。可稱爲貨物者也。此所謂準奴隸即半奴
隸者。蓋在完全奴隸制度雖經廢止之後。然各國中。尚多
存留有此制度。其一種之 Serf 即土隸。（農僕或莊僕）近來
猶有存者。如俄國、在四十年前。始全廢之。其以前存在
於該國之土隸。恰如雜草樹木。與土地同買賣焉。且其被
買賣之時。尚有視爲草木之不若者。是等之土隸。據一八
六一年二月十九日之詔敕。及一八六三年三月十九日始被
解放。據當時之調查。其數實達於二千一百六十二萬五千
六百九人之多云。(一八)

　　（一八）農僕雖年々逐漸減少。然其全被解放。在
　　一八六三年。其實數尚有二千一百六十二萬人之多。
　　則其以前之狀態。自可推想。然此豈獨俄國爲然。亦
　　何國蔑有而已矣。但此等事情。若詳細研究之。頗有
　　趣味。惟其必當研究之者。爲法制史經濟史社會學等
　　之事。茲不暇詳論。僅少述之。以證明其爲人而不得
　　謂之爲人之事實存在而已。

（b）勤勞。勤勞也者。於欲望之滿足上直接所要之一
定之活動也。其明爲經濟上之財貨者。則以一定之時期爲
限。而提供其一定者也。可以要求當該權利者。爲（D）種
之經濟上之財貨。(一九)

　　（一九）勤勞之性質。與貨物對比以考察之。則最
　　易明白。蓋勤勞也者。人類以一時及於外界之影響。
　　其影響接續之間。有財貨之性質者也。質而言之。則
　　人之活動。在以某異狀與物體之期間。其活動爲財

貨。此活動若止息。則又非財貨矣。

譬如雇人之勤勞即是也。雇人之勤勞者。大抵以一年或一月爲期。而定以若干之給料①。即代價。故此代價。爲彼雇人之期間之代價。而彼之勤勞。在其期間中。自雇主視之。即財貨也。（二〇）

（二〇）定以一年或一月之期間。則雇主對於雇人有督責其勤勞之權利。此勤勞之爲物。雖可以讓渡於他人、然雇人之本人。則不獨能買賣之或讓與之。即毆打之亦有所不能。此盡人所知也。

此種財貨。以不可捕捉之故。即不得占有之。故勤勞者。非若（A）種之財貨。即貨物然。屬於完全之所有權之範圍內者也。即對之之所有權。雖法律上已經認明。其實際則總不免不完全也。（二一）

（二一）勤勞者、無形物也。故不能捕捉之。即不能全然占有之。故不能如貨物。可爲完全的所有權之目的物。究之以勤勞爲財貨之一種。學者間亦不無多少異論。惟自其可以滿足吾人之欲望之點觀之。則不得不看做爲一種之財貨也。

（C）有利關係　有利關係也者。對於他人或財貨之某人之關係。有之者則有利益之謂也。若以此關係與外物區別。而認爲經濟上財貨之一種之時。則其心中要多少之抽象力。（二二）

---

① "給料"，即工錢、工資、報酬。

　　（二二）有利關係也者。爲對於人之關係。又爲對
於物之關係。有之者則有利益者也。其對於人之關
係。在對於一個人或一般社會之關係。本屬無形。若
以此關係與他物區別之。則其心必要多少抽象力。所
謂抽象力者。與擬制力稍相似。

欲論此種經濟上之財貨。可分爲左之三種以述之。

（a）自由交通上自然發生者。自由交通上自由發生之
有利關係也者。並不待法令之規定而始起。由於人類在經
濟社會之自由活動而自然發生之利益關係之謂也。譬如商
店之名譽。即其對於他人之有利關係也。^(二三)

　　（二三）以此與後所論（b）種類相對照。則更易
明瞭。蓋自由交通上自然發生之有利關係。並不待法
令之規定而始生。在法令所不加以特設之制限之各人
之自由行爲。對於他人。自然生一種之關係。此種關
係。有之者即有利益。如（a）之種類是也。譬如商店
之名譽。並非因於特殊法令之力。而全於^①自由行爲而
起者。此等名譽。在商業社會。最可貴重。商業愈發
達。則愈覺其必要。觀彼之以盛大之商業。冠絶世界
之英吉利。其判決例中。關於商店名譽之訴訟最占多
數。即足以證其貴重矣。

（b）經濟上之特別關係。因經濟交通法令而多少被限
制。其後始得有經濟上之財貨之性質。即自特別保護、專

---

① “全於”，該書正誤表更正爲“全由於”。

賣特許等之法令所生之有利關係也。^(二四)

　　（二四）是即經濟上一種之特別關係也。蓋經濟交通。一般本可自由。然特因某種類之法令。而多少被限制。自己乃因之以得有利益之關係。是即對於一般社會爲制限。對於自己則爲保護是也。據此特別保護。乃能發生有利關係。如專賣權特許權即是。然此有利關係。可以賣與於他人者。蓋此關係。自法令上言之則爲權利關係。自社會經濟上言之。即有利關係也。

（c）以人類生活上必要不可缺之勞務。欲其終始不懈。常循規則。以之執行而設備者。即自然的發生之各種制度文物。特關於公益之種々設施是也。

　　舉例言之。如國家、及附屬於國家之各種制度組織地方自治團體、其他類似此等之種々制度組織即是也。

　　自右三種之有利關係發生。而又與之有密接不可離之各種權利。亦可看做財貨。當更以（D）之種類揭載之。

（D）某種類之權利。所有權並其他之權利。即對於他人之勤勞貨物等之請求權是也。故以此種契約爲基本之權利。亦不可不看做爲一種之財貨。^(二五)

　　（二五）此蓋自以上（a）（b）（c）三種之有利關係發生。亦與之密接不可離之一種權利也。故當別置一項目以說明之。而對於他人之勤勞貨物之請求權也者。譬如雇主與雇人之關係外。尚有對於勤勞之權利是也。對於是等勤勞之權利。亦爲雇主所有之一種財貨。更無可疑。

以勤勞與有利關係爲經濟上之財貨之理由。

經濟上財貨之觀念。僅止限於貨物耶。將又擴張之。
而以勤勞與有利關係（特種之權利亦同）亦得適用耶。斯
學上今尚爲未確定之爭論。前種之意見。則稍古流之學者
代表之。自一般言之。英國學者最多主張其說。德國學者
間。拉烏氏於其最初之著述中亦主張之。(二六)

（二六）經濟上之財貨。但限於有形者之貨物耶。
抑或不以貨物爲限。即無形之有利關係、及特種權利
等亦包含其中耶。此在往昔。雖無異議。而近來。則
爲學者間論爭之燒點。迄今尚未爲全然確定之問題
矣。經濟上之財貨之觀念。其意見僅以貨物爲限者。
比較的則古流之學者足以代表之。就中英國學者。其
主張尤力。如斯密 理嘉圖 彌兒 華錫特等是也。德意志
法蘭西等之學者亦間主張之。

然近來之學者。如德法兩國學者。特多採後說。故關
於此問題。亦似因國土之差異。與時代精神之差異而有特
色之差異云。(二七)

（二七）如右所述。則英國學者多唱前說。而德國
學者反對之。至於近來。則尤以德意志及法蘭西之學
者多採後說。此問題亦與經濟學之他種問題同。彷彿
有因國土之差異、及時代之差異、即因時因地之差
異、而其特色亦不同者。凡經濟上之問題。可以絕對
的論斷之者。不過抽象的一般的之部分爲然。其他、
則不可不以相對的論斷之。如本問題。亦其一也。

　　然世人亦往々有以此爭論爲可以不必者。是決不然。
何則。必此爭論如何決定。而後經濟學之範圍。乃有限定
焉。況此決定之如何。在因執業而提供勤勞者之在經濟上
之地位。於其職分與價値大有關係。如家庭使用之僕婢、
所謂從事於自由職業之醫士、辯護士、學者、技術家等以
至國家。其於經濟上之評價。亦有重大之影響耶。（二八）

　　（二八）世人往々有以此爭論爲無用者。是蓋以此
　事淡漠置之者爲然。若平心靜氣論之。即知其不當
　矣。何則、此問題如何解決。則不獨經濟學之範圍可
　以限定。即以提供勤勞爲職業者。其在經濟上之地
　位、職分、及價値、皆大有關係。而在爲特殊之勞動
　者。與其他所謂從事於自由職業者。其勤勞果得爲經
　濟上之財貨與否。更進一步。則國家之提供的勤勞。
　亦得爲經濟上之財貨與否。乃能決定也。

　　勤勞亦被認爲經濟上之財貨。於是如前所述。則各個
人及國家。乃能在經濟上之意義得爲生產的。若反之、以
經濟上之財貨之觀念。僅止限於貨物。而以是等者爲經濟
上正當之評價。則欲充分發揮其價値。實有所不能。且社
會主義之理論。容易陷於偏重有形之生產事業上所需用之
身體手足之勞動之誤謬。而以經濟上之財貨僅限於貨物之
思想相關聯者。學者於此幸勿輕々看過。

　　以本問題爲爭論者。有兩種議論。往々以經濟上之財
貨、與交換財貨。即交換的財貨。換言之。則在可以交換
的財貨之間。因不立正當之區別。而誤以無關緊要之財產

（私有財産尤甚）之觀念投於此爭論之渦中也。^(二九)

　　（二九）以經濟上之財貨僅限於貨物與否者。如論者之所説。有以爲然者有不以爲然者。然二者皆不免陷於一誤。蓋兩者於經濟上之財貨與可以交換的財貨之間既不立正當之區別。而誤以經濟上之財貨。即爲交換的財貨。使二者混同。於是觀念既誤。遂誤以無關緊要之財産觀念（私有財産觀念尤甚）爲此問題之論點矣。

　　換言之。則以無形之財貨。（勤勞）自經濟上之財貨中除去。又何故耶。其全然以爲非交換財貨。遂謂爲不足成財産之一部。或於其無條件。有謂爲不然者。有謂爲縱屬偶然。而其所以然與其形式方法。全與貨物之爲交換財貨故能成財産之一部之形式方法大有所異故也。然此説全屬誤謬。^(三〇)

　　（三〇）兩者議論中。其以經濟上之貨物僅限於貨物之論者。則以無形財貨（勤勞）必自經濟上之財貨中除去者。其意以爲勤勞與其他無形之財貨。全然非可交換之財貨。惟對於特殊之勤勞。有與以報酬者。然此種勤勞。不過對於一定之期間有與以報酬者則提供之。其所以給與於勤勞之報酬。非直接可以交換者。故不得以勤勞爲可以交換之財貨。即不成財産之一部。雖偶然法律附以某條件。而得看做爲財産之一部。究之總不若貨物。假令即讓一步。而以勤勞成財産之一部。然法律在如何條件之下。謂之爲財産耶。

貨物既絕對爲經濟上之財貨。故成財産之一部。其形
式方法。亦全相異。故勤勞不能認爲經濟上之財貨
也。然此説誤矣。

何則、是蓋誤以經濟上之財貨之觀念與交換財貨之觀
念全相符合爲前提。而將財産之觀念陷於偏頗的故也。此
種批難。拉烏及其他多數學者。均所不免。拉烏氏於此
問題。其所著經濟學原理①（第八版）第一編第一節第二
節第四十五節及第四十六節之甲部。曾有左種誤謬之議
論矣。(三一)

　　（三一）以勤勞並其他無形財貨爲非經濟上之財貨
者。蓋誤以經濟上之財貨之觀念。與交換財貨之觀念
全相符合爲前提故也。況財産之觀念。非定於先天
的。而因各國立法之主義不同。故謂勤勞爲非財産。
自絕對不能斷言也。若法律認之。又有認之之設備。
則即認爲財産。夫亦何所不可。如以從來之立法僅止
於以財産爲有形之貨物。則財産之觀念。必不如此
狹隘。且即有此種立法。然交換的財貨。非可以掩
蔽經濟上之財貨之全部者。拉烏之説。亦不能免此
非難矣。余欲決此問題。特揭拉烏所論於左以試其
駁論焉。

---

① “經濟學原理”，即卡爾・勞所著的《政治經濟學教科書》（*Lehrbuch der politischen Ökonomie*）。

拉烏之言曰。適合於人類經濟上之目的之現象界之各部。曰有形之財貨。又曰具體的財貨。又曰外界之財貨。其中爲人類永久占有。可以隨意使用。又刺激人類使爲種々之活動者自有種々之特質。學術的觀察上。特爲重要之一大種類。名之曰占有財貨。即可占有之財貨也。^(三二)

（三二）現象界也者。爲人類之精神界或心理界之對象。總稱現於世界中之實際之現象之謂也。斯賓塞所謂不可知者或不可思議者是。物理學者下以種種之名稱。以區別印象於人之心者。其以外者則曰現象界。現象界者自有種種之部分。其各部分或曰有形之財貨。或曰具體的財貨。或曰外界之財貨。拉烏氏明認有形之財貨、具體的財貨、外界之財貨三種。而余則認外界之財貨、有有形無形之區別。拉烏所說之當否。茲不論。惟於拉烏之用語法。有一當注意者。則此外界之財貨之種別中。有占有財貨。占有財貨也者。人類非一時的而永久的所有之或占有之。且得隨其意以使用之。因而刺激人類使其使用之者是也。

對於有形之財貨者。名曰屬人的財貨。屬人的財貨者。由於人類之某狀態與特質而成。或因其自身。即以其自身爲一個目的或更以之爲獲得他種財貨之手段。而被尊重者也。健康、腕力、氣力、智識等即是。^(三三)

（三三）與有形之財貨相對。而自可以看做全爲別種類者。即屬人的財貨也。屬人的財貨也者。余以之與內界之財貨區別。而認爲該當於人類之特質或狀態者也。即人類之健康。爲一個狀態。譬其富有膂力。其特質也。屬人的財貨皆如此。由於人類之某狀態或特質而成立者。如健康、在其自身亦可得爲其自身之一個目的。所不必論。且此種財貨。不僅其自身得爲一個目的而已。尚得爲他之種類之財貨即拉烏所謂外界之財貨之手段。拉烏之所謂有形之財貨。殆屬例外。其自身尚不僅爲一個目的而已。

以之爲有形之財貨之手段。而隨意使用之者。一依據毫無妨害且能所有之或處分之之合法能力。而於一定之時期。以立於處分一人格之所有之合法能力之下。其一定量之有形財貨。即構成當該人格之財產者也。⁽三四⁾

（三四）自有形之財貨觀之。若以之爲手段而得隨意使用之者。必有毫無妨害之合法能力乃始得爲之。縱令在自然的雖有可以使用之或處分之之處。然苟爲法律所禁。則不能爲也。但在某一定之時。可以所有之或處分之之某一定之人格。其立於合法能力之下之一分量之有形財貨。即構成其人格之財產也。其人格之爲私人與否均非所問。

一國國民全體之財產。與一人格之財產同。皆依其得所有之或處分之之有形之財貨之權力而成立者也。經濟行爲。當先以占有使用此種之財貨爲目的。⁽三五⁾

（三五）據拉烏所說。則國民全體之財產與國民中各個人格之財產同。皆因可以使用或處分有形之財貨而成立者也。此外則經濟行爲。非可得無形之利益者。

然此種財貨。多充滿於空間而爲五官所能確認之有形
有體者也。人類皆以之爲達其經濟上之目的之手段。其根
本的即與屬人的財貨有別。^(三六)

（三六）爲個人之財貨之内容。又爲一國々民財産
之内容之構成分子。多充滿於空間。依五官而可得知
之有形有體者也。人類得以之爲達經濟上之目的之手
段。自必以充滿空間依據五官能認識者爲必要。故根
本的即與屬人的財貨不同。

屬人的財貨者。與人類密接不可離者也。其發生、保存、
移轉、及消滅之原因事情等。皆與有形之貨財^①大異。^(三七)

（三七）此點殆可無庸説明。如前所述。則其發
生、保存、移轉、及消滅。皆與有形之財貨異。譬如
有形之財貨可以移轉。而屬人的財貨則不然。又有形
之財貨。一經使用則歸於消滅。屬人的財貨則反之。
不獨多不消滅。且有因使用愈多却愈强大者。其他關
於保存消滅之各事情。亦自不同。

屬人的財貨者。與所有主之身心不可離者也。故其左
右之處分之之能力。最被限制。其自身既決不能爲交換之
目的物。其原則即不得以數字的分量的認識計算之。^(三八)

（三八）屬人的財貨。與人類之身體精神密接不可
離者也。故他人之左右之處分之之能力。不僅最被限
制。即其自身。亦大有限制。譬如健康。即不能隨自

---

① "貨財"，該書正誤表更正爲"財貨"。

己之意可以左右之處分之者是也。故屬人的財貨。其
自身既不得爲交換之目的物。則雖依勤勞之形得爲提
供。然此不過財貨之變形而非交換也。故其原則。即
不得以數字的分量的計算之。質而言之。即無由算出
其價值是也。然對此原則。有一例外。如人之視力腕
力等。有用適當之器械。而以數字的表示其程度者。
如此、則屬人的財貨與有形的財貨。非可互相補充代
表者。^(三九)

（三九）譬如健康之代價。雖以百萬之金圓亦不能
補充代表之者是也。

人若違反一般慣習之用語。而以財産與經濟之觀念。
即在屬人的財貨亦得適用之。則是欲以有形之財貨使之同
於經濟上之財貨也。如此、則經濟學因爲國家民人之用。
而爲處理總財産之學問。即國家學也。其範圍可謂漫無
限制。^(四〇)

（四〇）經濟上之財貨。若違反以有形之財貨爲限
之用語之習慣。而至以屬人的財貨。亦謂爲經濟上之
財貨。則經濟學至爲國家人民處理總財貨之學問。如
國家文武官所爲之行爲然。無非爲國家人民者。以是
等之行爲爲經濟上之財貨。則經濟學亦幾可謂爲國家
學。而其範圍遂漫然擴張。然經濟上之財貨。雖不可
絶對以有形之財貨爲限。若以此理由。而於無形財貨
之中。夾入不可不稱爲經濟上之財貨之議論。則不足
爲反對者之有力的根據。何則、蓋文武官之勤勞。何

故不得不以之爲經濟上之財貨耶。又、此文武官之勤勞。經濟上有如何之價值耶。此雖在經濟學所當攻究。然非如拉烏所云。凡文武官之行爲。皆當攻究者。故其範圍。不得不謂爲漫無限制。

然人類之對於有形財貨之態度。即總括關於經濟行爲之人類間之總現象使之特然獨立以系統的攻究叙説之。有終非學術家之所可避者。何則、有形之財貨與經濟現象、自有一定之特質。而立於不能適用屬人的法則之下者也。[四一]

（四一）對於有形財貨之經濟行爲。欲正其系統而以之爲一種獨立之學問以攻究之。頗屬必要。當政究[①]斯學之任者所不能避也。然其性質之在根本的即相違背者。即以關於屬人的財貨之國家民人之總行爲。亦欲使之包含其中。則不免紊亂學術之系統。何則、有形之財貨。自有特色。而不能適用屬人的財貨之原則者也。故當取此原則之可適用者。而一括攻究之。

然屬人的財貨。亦往々影響於經濟現象。故經濟學亦不能全然度外視之。且有不能不爲之攻究叙説者。其影響大概有二。[四二]

（四二）如右所述。雖僅以有形之財貨一括攻究之。然屬人的財貨。亦於經濟上大有影響。不可不攻究者。故經濟學上以之爲從物以處理之。

第一　屬人的財貨。大有助於有形的財貨之生産獲得。

---

① "政究"，有誤，應爲"攻究"。

於個人並國民全體之幸福。無不依於精神上之能力者。或雖少。亦當因其大小而被制限。^(四三)

（四三）屬人的財貨。大有助於貨物之生產獲得者也。自其程度言之。則於個人之物質的幸福。即其滿足衣食住及其他肉體上之欲望使高其生活之程度者。多依於精神上之能力。使屬人的財貨充分活動。而後乃得滿足物質的欲望也。人々之物質的幸福有然。國民全體之物質的幸福亦何莫不然。

第二　有形之財貨。有改良人類之生活狀態之目的者也。

故財產不獨其自身可貴。其對於人類社會之關係。即其適用於屬人的財貨之生產的事情。既可藉之以評價。而後始能充分置重者也。（拉烏氏經濟學原理第四十六節）^(四四)

（四四）此點、與第一點自有密接之關係。蓋試思有形經濟財貨。即貨物。果何為而存在。是畢竟不過欲改良人類之生活狀態而已。且因此而知貨物雖如何多蓄。苟不利用之。則有悖於一個之手段。其僅知儲藏之者。終不免陷於以善儲蓄為能之誤想者也。故財產之自身雖可貴。而不僅其自身之可貴而已。同時、財產又可對照於人類社會之關係。得評其價值。於是始顯其價值也。即財貨如何而後能適用於人類社會之生活耶。換言之。則財產能使人類之精神上之能力增加。用之則益使之發達。即照其正當被用之狀態。乃始得評定其價值也。故縱令雖有鉅萬之富。然社會一般之人。其智識學問程度極低。僅知儲藏而止。而不

能用於計畫精神上之發達與學問進步之方面。則財產
之價值。尚不能充分發達有斷然矣。

　　如教育看護保護等之勤勞。爲直接以屬人的財貨之形
式之利益與他人者。往々對於有形財貨之形式之報酬而爲
提供。故雖與後者同有價格。然不成財產之一部分。^{（四五）}

　　（四五）勤勞雖有數種類。然如教育、看護、保護
等之勤勞。則固明々以屬人的財貨之形式之利益與他
人者也。如教育、其所以與生徒之教育上之勤勞。即
直接以屬人的財貨之形式之利益與之者也。看護人所
以與病人之勤勞。於藥劑以外。亦屬必要。則自病人
取之。亦爲與以屬人的財貨之形式之利益者也。如警
察之保護。亦同此理。此等多爲雇人的財貨所與之形
式之利益之勤勞。往々有對於有形財貨之形式而爲報
酬者。即教員之徵收授業料、看護人之得看護料而提
供其勤勞者是也。然是等之勤勞。時或有不論報酬之
有無而爲之提供者。且有排斥報酬而爲之提供者。其
在對於報酬之提供。其勤勞雖與其報酬同有價格。然
不成財產之一部也。

　　故教育家、醫師、辯護士、藝人、軍人、警察官等。
對於其俸給謝禮而提供之勤勞。在其自身之不足爲財產構
成之分子也所不待論。若凡交換財貨。即可交換之財貨。
即有價格而凡在經濟交通之範圍內者。不得不認爲財產之
一部分。此豈獨屬人的財貨爲然耶。凡依賃銀而被任使之
勞動。（即凡被雇勞動賃雇勞動）皆無不然。天下豈有如此

無理者耶。（洛邑滿[1]氏亦以爲非難之點）其可稱爲消極的勞動者。即不爲某一定之行爲。亦往々有與之以報酬者。譬如不參加競賣之入札。或不公表某事情之議員。其他棄選擧權而不請求恩惠者。皆往々對於報酬。而不爲其可爲者也。屬人的財貨。亦與有形財貨同。可爲滿足人類之欲望之手段者。其多數、或多少亦能用爲收益之手段。然此等財貨。與有形的財貨相異太甚。若以之與後者。總包含之於財產之範圍內。則於學術上。無何等之利益。否則亦有終非可以正當得之者。何則、彼等既屬不可占有。則亦不過時時斷續的謂之爲財貨而表現之而已。故其蓄積之結果。常不能現存多量。如欲儲藏之於倉庫或他處。則終有所不能者也。(四六)

（四六）屬人的財貨。雖亦爲滿足人類欲望之手段。而與有形財貨無所不同。此滿足欲望之手段之勤勞。又有收益手段。其爲收益手段者。雖往々有爲實際之狀態者。然此等財貨。與有形財貨中之金銀穀物等。大有所異。故不能與有形財貨相提並論也。其理由爲何。則屬人的財貨。不僅不能占有。且其發生之時。常爲時斷時續者。其蓄積之結果。終無有多量之現存。又不能儲藏之於倉庫與他處。故與有形財貨差異太甚。遂亦不得謂爲與有形財貨同樣。而概括於財貨之範圍內以並論之。

---

① "洛邑滿"，不詳。

　　況其能助善良之結果者。尤必俟受其勤勞之提供之對
手人格。有相應之協力而後可者也。譬如教員之勤勞。其
自身無論如何重大。然必俟學生々徒之勉勵。而其效果始
彰。講述者之勤勞。其自身無論如何高貴。亦必俟聽講者
之熱心領悟。而其効力乃能畢擧。即赤十字看護婦之勤勞
如何熱心親切。亦必受傷軍卒。能服從其指示。而後乃能
迅速痊可。再達出征之望等之類是也。^(四七)

　　（四七）屬人的財貨、如勤勞、不僅不能儲藏。且
此種財貨。欲奏善良之結果。而達其目的。尤不可不
俟受勤勞之提供者之協力焉。蓋凡勤務。有提供者。
即有受提供者。欲使勤勞生善良之結果。有時不僅有
巧於供者即可畢事。其受之之對手人。亦要協力焉。
譬如教員、雖如何提供重大之勤勞。苟無學生々徒之
勉勵。則其結果不現。講師之勤勞。無論若何盡善。
若聽者不熱心領悟。則其効果不完。看護婦之勤勞。
無論如何懇切。若病者不能服從其指示。則亦難奏其
効力。勤勞之所以爲勤勞者。必俟受之者之協力。而
後乃能奏善良之效果也如此。則欲以之與有形財貨相
提並論。又惡可得耶。然此亦非獨勤勞及其他無形財
貨之特色而已。何則、勤勞之爲物。非有受之者之協
力。則不生充分之效果之理。即有形之財貨亦有之。
譬如食物。因其可保自己之健康。故食之也。然亦自
有一定之分量一定之時期等。且胃極弱者。無論食若
何富於滋養之肉類。苟不消化則不惟毫不滋養。却使

胃弱之度更高。如此、則雖屬貨物。如欲使其有充分
之效用。則用之者即消費者。亦不可不有所協力。果
然、則就此點論之。無論有形財貨與無形財貨之間。
皆無何等之差異。故不得僅以此爲無形財貨（勤勞）
之特色也。

然而一箇人所能提供勤勞之能力。其性質不過於接續
期間內。構成不一定確實之無形屬人的財貨而已。[四八]

（四八）一箇人能提供勤勞之能力。與有形財貨之
有接續的性質者絕異。

凡一箇人或國民全體。無論其將來可得成就之勞力。
或既開始之勞力。僅依其自身之一定量不得謂爲富也。惟
因之以獲得有形財貨者乃始得謂之富焉。[四九]

（四九）無論爲一個人與全體國民。凡在將來可以
成就之勞力。其自身所有之某一定之分量。不僅不得
謂之爲富。且一旦既提供其勞力。則其勞力之一定之
分量亦不得謂之爲富也。惟因一定之分量之勞力。而
生産或獲得有形之財貨者。於是始得謂之富焉。

世人往往有引證藝人以爲譬者。可謂善明此理矣。即
如遭遇難船而失其所有財産之藝人。於斯時也。既不得謂
爲富也明甚。然彼尚能依其技能以投世人之意向而提供動
勞者。仍可再得富也。由此觀之。則一時依據信用。而多
少可得融通者。即勤勞之性質經濟關係有如此也。如前所
論。此理固易明白矣。然勤勞之理由亦有二。而爲國民經
濟上之最重要者。即（Ａ）其及於國民經濟之影響甚大。

（B）確能使其提供之之人得與於有形財産之獲得者是也。（此點在第四十六節之甲）^{（五〇）}

（五〇）勤勞之性質及經濟上之關係。如上所述。固不能即以之爲經濟上之財貨矣。然於國民經濟上。則有重要之關係。其一、及於國民經濟之影響甚大也。如官吏之勤勞是。其二、勤勞之所以爲勤勞。能使提供之之人與於有形財貨之獲得。即爲提供之勤勞者。雖不與於有形貨物之生産。然得與於生産貨物之分配者是也。故勤勞者。無論自國民經濟之一般觀之。或自一個人之生存、繁榮、發達等觀之。其關係皆極重大。故經濟學上以之爲從物而論之者即此理也。

以上。拉烏氏之所論定者也。與其同一派者。大概皆共推爲首屈一指之有力文字。然此論定。惟不過以勤勞比之有形財貨有種々之特質。故於經濟上之財貨中。得證明其成特別之種類而已。^{（五一）}

（五一）以上所述。皆拉烏之所論定也。拉烏此論。苟與其爲同一派之人。無論國籍雖有異同。就中最占多數者。尤爲英國之同一派者。大概皆同認爲學問上之確解。而明示爲有力之文字。以主張不可以勤勞認爲經濟上之財貨矣。然此論定之可得證明之點。究在何處。其要處不可過證明勤勞比有形之財貨、即貨物。自有種々之特色。故在經濟上之財貨中。當受特別之處理而已。若謂其不與貨物同樣。而不當認爲經濟上之財貨者。則毫未能證明也。

據此論定。則以勤勞爲全然不構成財產。或雖構成財産而終不若貨物然。有同一之式樣方法者。故謂勤勞絕對的非經濟上之財貨。則未能斷定也。^(五二)

（五二）拉烏之論定。止知以勤勞之自身全然非構成財産者。即構成財産。而其方法形式等。亦與貨物不同。故謂勤勞絕對的非經濟上之財貨。尚不能斷定也。何則、若欲如此斷定。則先不可不證明經濟上之財貨。皆不可不構成財産而後可。關於此點。既無何等之證明。則謂經濟上之財貨。皆爲構成財産者。殊爲無理。

與拉烏一派之人。皆好反對以勤勞爲經濟上之財貨者。舉其理由。一則以爲前所列舉之財貨之特質。即生滅存亡之變化太甚。其存在時間往往有止於刹那者。且雖可蓄積。然不能使之達於一定之量額也。然以此點而論。則勤勞與多數之貨物亦共通有之。^(五三)

（五三）與拉烏一派之人皆以勤勞爲有特質。因有此特質。故不得謂爲經濟上之財貨。舉其差異。（一）則以生滅存亡之變化太甚。即一度爲財貨而出現。倏忽即已滅亡。其存在時間。時或僅止一刹那間者。（二）苟欲蓄積之。常不能得一定之量額是也。然此不獨勤勞之特質爲然。凡多數之貨物。皆與勤勞同有其特質。如前者之例。則在夏日。最能得其比擬。如冰如烟火皆然。而烟火之所以成爲烟火之效用。止在發火之頃刻。其存在時間。全爲一瞬時的。後者之例。

譬如生造之鯉魚是。終非可以蓄積之者。此外、其例
甚多。故關於此點。凡<u>拉烏</u>一派之論者。雖以之爲勤
勞之特質。而好爲標榜。然就此點而論。則貨物亦有
之。故決不能謂爲勤勞之特質也。惟其與貨物相異
者。在其程度如此而已。故以此理由。遂謂勤勞不得
認爲經濟上之財貨。而不當以之爲經濟學上之從物而
處理之者。可謂大誤。

勤勞者又比之多數貨物。對於社會之需要。有容易失
於過剩之特色者也。是蓋一則因其提供往往有多少密着之
趣味快樂。而能使勞動者所犧牲的辛苦。可以多少和緩或
全歸於消滅者。^(五四)

（五四）勤勞雖不能蓄積。然常有比社會之需要。
動輒提供過多之特色者也。是蓋一則因勤勞之提供。
自與普通器械的勞動異。必非僅爲衣食而提供者。故
必有幾分能與精神上以慰安。或惹起研究心等密接之
趣味快樂者。其含有勞動之一特色之犧牲的觀念。雖
艱難辛苦。有因之而多少和緩或全部消滅者。故提供此
種之勤勞。欲以爲收益手段者。其數自容易失之過剩。

一則如文武官等。對於提供之特殊之勤勞之需要上。
國家殆有伸縮自在之强大之勢力是也。^(五五)

（五五）勤勞之過剩提供之第二原因。如右所揭。
非必僅以文武官爲然。然對於是等者所提供之勤勞。
國家因其財政上政策上等之便宜。自能伸縮自在。殆
有無制限之需要力者也。譬如國家因節省經費。乃生

冗員。即當淘汰之。然在提供之者。縱令他人雖被淘汰。而其自己更可因此而起其自勵心。故提供者愈多。然國家既有伸縮自在之需要力。設一旦下有淘汰之命。則其結果。其所提供必有比國家之所需要尤多者明甚。

勤勞之提供。其有趣味快樂之密接者。必其爲社會之所尊敬或最有名譽者也。觀之從事於所謂自由職業者其數尤多者。可以概見。就中、以關於教育、學藝、技術之職業最著。從事於此種職業者。以提供勤勞爲最。其總勤勞。常多少有超過社會需要之傾向焉。(五六)

（五六）勤勞之提供。其有趣味快樂之密接者最多。就其爲社會所尊敬。或有多少之名譽。而從事於所謂自由職業者觀之尤著也。是等人之在社會。果有如何之尊敬名譽。則皆依社會之需要之程度而定。是等之勤勞。姑置勿論。自一般言之。則勤勞之供給。因勤勞隨其自身之有趣味快樂而存在。故常有超過社會需要之傾向焉。是亦勤勞之一特色也。

然在現今經濟社會。大量生產之法最爲風行。貨物之生產過剩。亦往往有之。且終有不可得而免者。故就以上所述。謂爲勤勞之一特色。亦非絕對的特色也。在多數之貨物。亦往往有之。故以此區別勤勞與貨物。而僅以後者爲經濟上之貨物。殊缺穩當。(五七)

（五七）勤勞有過剩提供之存在。雖無可疑。然徐而察之。庸獨勤勞然耶。即貨物亦有之也。觀於工產

物尤然。何則、現今之經濟社會。務必以少時間生產
多大之貨物者也。故其規模。則惟恐其不大。其所備
之器械。則惟恐其不精。且加以晝夜兼營。其結果、
至使生產之貨物。時或有惹起經濟社會之不景氣者。
而不能如所豫期。以悉數售賣之。而徒藏之庫中以爲
裝飾品者。蓋往往所不免也。且一度既擴大其規模。
不僅倉卒間不能縮小。尚有如某種器械。若擱置而不
使用。却有比使用之之時。更貽損失者。於是工業主
雖明知生產貨物。無人需要。然器械之運轉。不能中
止。因此益生出貨物之過剩生產。此狀態若到某時期
尚接續不斷。則貨物之過剩生產。與事業之經營。必
不相容。故遂至來資本之缺乏。工業主至不得已而中
止其事業。在此等貨物。至於有超過生產之需要。而
爲勢所不免。則謂勤勞爲獨有超過社會需要之傾向。
不得謂爲其絕對之特色。故以此理由。遂斷定貨物獨
爲經濟上之財貨。而勤勞不然者。亦見其所見之不當
而已矣。

　據右所論述觀之。則勤勞者、雖非全無與貨物相異之
特色。然尚不失爲經濟上之財貨。是審可謂得當之見解
矣。<u>拉烏</u>氏於其經濟學原理第六版（第四十六節甲部之
註）有言曰。"勤勞之屬於財產與否。因之得爲經濟上之財
貨與否。一依財產並經濟上之財貨之定義而定。"然則然
矣。但據其所論。不過使發生以勤勞足以包含於經濟上之
財貨中而不可不採用此定義之結論而已。^{（五八）}

（五八）勤勞與貨物相異之特色。非全無之。然其
特色。則在不妨以勤勞爲經濟上之財貨者是也。然<u>拉
烏</u>之言曰。"勤勞之屬於財產與否、因之而得爲經濟上
之財貨與否。一依財產之定義與經濟上財貨之定義而
定。"對於此論。似毫無所容其議論矣。然<u>拉烏</u>此言。
以屬於財產與否又得爲經濟上之財貨與否之問題相爲
解答。可謂毫無意義。徒以問題答問題者也。何則、
<u>拉烏</u>之言。不過生"故以勤勞爲經濟上之財貨。則不
可不採足以包含之之定義"之結論而已。

經濟上之財貨果如余所信。非依勞力及其他之犧牲。
則不能爲人類所使用或獲得滿足欲望之手段。故此觀念。
不僅對於貨物爲然。即對於勤勞亦可適用。^(五九)

（五九）據余之所信。則經濟上之財貨。必依勞力
代價及其他之犧牲。而後能使用之或獲得之者也。然
其適當滿足吾人人類之欲望者。則此觀念。尚不關係
於財產。財貨之形狀性質等。苟依勞力及其他之犧牲
而可適當滿足欲望。則皆可以適用。故勤勞亦與貨物
等。均得爲經濟上之財貨也。

此觀念即對於全缺自由且被束縛者之勤勞。對其提供
者。既不可不供以生活之必要品。且多少當受法律之保
護。則亦見其適用也。^(六〇)

（六〇）束縛自由之勤勞也者。如彼之奴隸之勤勞
是也。蓋奴隸所提供之勤勞。非出其自由意思。而全
出於其主人者。但既有此勤勞。則右所揭示之經濟財

貨之觀念。亦可適用。何則、雖屬奴隸。不僅不可不與以生活上之必要品。且其主人。無論有若何生殺予奪之權利。亦必多少受法律之保護焉。又於其主人以外者。若加之以行爲。亦不得不多少受法律之保護。然法律所與以保護者。要國家之機關。故因奴隸提供之勤勞而滿足欲望者。亦不能不以一物供其犧牲。故此亦不失爲經濟上之財貨也。

惟勤勞之爲經濟財貨與否。其根本的理由非他。曰人類之欲望者。非僅因貨物而可以滿足者是也。蓋欲望之滿足。不僅當依據貨物。且當依據他人之勤勞。而在法律保護各種之獎勵等。國家所要之提供之勤勞。無論何人。尤無所用其疑焉。[六一]

（六一）思之思之。惟彌兒之所言曰。欲決勤勞爲經濟上之財貨與否。其根本的理由。則以人類之欲望。原來有非僅以貨物而可滿足者是也。依欲望之種類。往往有在貨物以外。必依他人之勤勞而始能滿足者不少。如法律之保護各種之獎勵、誘導、開發等。國家提供於國民種々必要之勤勞尤爲明白。蓋吾人之住居。所以得安然者。因有法律之保護也。其他如教育之獎勵、誘導、開發。或如欲圖農工業之進步發達。而有所獎勵、誘導、開發等。是皆因國家有爲國民提供之勤勞。而後始得滿足其欲望者也。然謂國家之勤勞。非因有何等形式之對價則不能提供。故不得爲經濟上之財貨者則又大誤。

更進一步論之。則凡關於滿足欲望。如他人之養育保護教育獎勵等之勤勞。在人類取之。爲必要不可缺者。即令一時以爲可缺。而在某特定之生活狀態尤有覺其然者。^(六二)

（六二）更進一步論之。則因滿足欲望。往々有必要他人之養育保護教育獎勵等之勤勞者。此種勤勞。爲人類生活上所不可缺。即令一時以爲可缺。而在某特定之生活狀態。尤絕對的感其必要焉。蓋凡人類之在幼少時代。斷非可以獨立生活者。故對於養育保護等之勤勞。終不能缺。而在教育。尤以小學教育爲然。若在此生活狀態。而可缺此種之勤勞。則人類之生存。斷不能見。故在此生活狀態。雖少亦不可缺此勤勞之必要有斷然矣。

然而此勤勞及關係。時或有於欲望之滿足上爲惟一之手段者。否則亦有要與貨物爲交互的手段者。譬如病者所要之看護之勤勞。即屬前種。^(六三)

（六三）如前所述。勤勞與其他種々有利益之關係。在其自身。有時或以之爲滿足欲望之惟一手段者。譬如某種病人。不要藥劑僅依看護者之勤勞而即可治之者。又如他種病症或某時。有必要藥劑與看護相俟。而始克治之者。如此、則於欲望之滿足上。可以證明勤勞與貨物之必要爲交互的也。

又、兩者之財貨中。果當何擇。是皆往々因其要求滿足當該欲望之人。有根據於其教育習慣等之一定性質而偶然定之者也。譬如醫師之意見與藥劑。講演與著書。國家

之保護與自己獨立保護之間。其選擇決定。往々有當依此
標準而定者是。[(六四)]

（六四）茲所謂兩種之財貨者。如勤勞之無形財
貨、貨物之有形財貨二者之謂也。二者之中。當擇何
者。始滿足其欲望。則往々因其欲滿足欲望之各人之
性質而定者甚多。且其性質並非定於先天的。而不過
依其偶然成於外界之事情而定者也。譬有一任醫師之
意見。而用其所投之藥劑以滿其欲望者。又或有自求
藥劑以滿足之者。皆屬偶然之事。而因其人之教育程
度與風俗習慣等而定者是也。

故勤勞與貨物之差異。惟比較的當依其不重要之點而
已。何則、蓋在勤勞。則甲僅依其勞力而可直接滿足乙之
欲望。如在貨物。則必間接乃得使之滿足。所謂間接使之
滿足者。其結局。即依自然供給之材料。加以甲之勞力。
而變其當該材料之形狀。又移易其地位。使滿足乙之欲望
者之謂也。[(六五)]

（六五）據普通之事情思之。必以貨物爲直接滿足
欲望。勤勞爲間接滿足欲望者其恒也。而究不然。蓋
勤勞爲直接。而貨物則爲間接。譬如負傷者欲滿足要
看護之欲望。則依看護之勤勞。即可直接滿足之。然
欲滿足對於貨物之欲望。則對於其貨物。雖少亦不可
不加以何等之勞力。就此點言之。則貨物實間接滿足
欲望者也。又病者如在當投以特定藥劑之時。亦先要
調合之之勞力。當其服用。亦要其他種々之勞力。況

其藥劑之由草根樹皮以至於合成藥劑。尚有必加以種々之勞力者耶。

交換財貨、即可交換之財貨也。^(六六)

（六六）茲當注意者。以上所言。凡所用經濟上之財貨之語。即單謂爲經濟財貨。亦屬無妨者也。故以下改經濟上之財貨之語曰經濟財貨。讀者幸毋誤解。

第一　經濟上之財貨。在交換財貨。當全然可占有。且不可不有可以讓渡移轉者。欲決定之。不僅當據其當該財貨之性質形狀等自然的技術的所謂純正經濟的者。且要有一層有力之法律制度者也。^(六七)

（六七）余於前所述。交換財貨與經濟上之財貨。非必一致。而謂前者比較後者。其範圍稍狹。此見解余頗信爲正當矣。故以某財貨爲交換財貨。於其爲經濟上之財貨要件之外。更以某要件爲必要。則經濟上之財貨。非即交換財貨。如規定於民法之占有。以有體物爲限。而如權利之無形者。亦有準用規定存在者也。然余茲所謂占有者。比民法之以占有有體物爲限者更進一步。苟得爲經濟上之財貨。則不問其有形無形。皆得適用之。而經濟財貨者。在交換財貨。不可不有完全可以占有之者。即不可不有法律認定其占有之者是也。占有之最完全者。於動產見之。如不動產中之土地。無論法律上或事實上亦得完全占有之。然縱令可以占有、至其交換則又禁之。即其讓渡移轉。無論法律上事實上皆所不許。故不得爲交換財貨。而

欲決定其可爲交換財貨與否。不當僅依財貨之性質形
狀等。譬如土地、雖可占有而不許其讓渡移轉。其許
其讓渡移轉者。不可僅依其土地之性質形狀。即其土
地之適當滿足人類之欲望者。於此以外。更有一層有
大效力之法律存在。而當依據之者是也。

　故法制之規定如何。即決定特定之經濟財貨爲交換財
貨與否者也。然前者、果即爲後者耶。若爲後者。則以在
如何之程度爲然耶。是當斟酌純粹之經濟關係。乃能論斷
者。若單自此見地決定之。頗屬難事。[六八]

　（六八）如此、則法律制度者。即決定某特定之經
濟財貨爲交換財貨與否者也。若以某經濟財貨。決定
爲經濟財貨。則以全條件爲然耶。將以條件附爲然
耶。是等之間。苟非斟酌純正經濟關係。不能論斷
者。即法律當論定之之時。亦要費多少之斟酌焉。如
彼之空氣。若假定爲經濟財貨。而以法律定爲交換財
貨。則事實亦有全不可行者。故斟酌是等之經濟關
係。假令如此。亦非交換財貨。則純正經濟關係之斟
酌。立法上雖爲必要。然僅就此見地觀之。似亦非可
以斷定爲交換財貨與否者也。

　由是觀之。則其所謂交換財貨之觀念。亦決非純粹之
經濟觀念。其爲主者。寗可謂爲法律觀念也。然規定關於
經濟上之財貨與交換財貨之觀念。必不同一。有因時勢之
必要與社會之狀態而異者。且有不得不異者。故兩者之觀
念。俱非絕對的、非自然的、非純正論理的。而相對的

也。人爲的也。歷史的法律的也。^(六九)

（六九）如右所述。故所謂交換財貨之觀念。亦與經濟財貨之觀念同。非純粹之經濟觀念。其爲主者。仍法律的觀念也。但其規定決定此二者之法律。各國必不同一。有因時勢之變遷與社會之狀態而自不得不異者。故經濟財貨之觀念與交換財貨之觀念。皆非絶對的而相對的也。非自然的而人爲的也。（在廣義）非純正論理的而歷史的法律的也。然經濟的觀念。本與歷史的法律的觀念不可離者。故右之兩者之觀念。縱令雖有主客的區別。然不可不含有歷史的法律的觀念。所謂純正經濟的觀念者。則其常也。

是雖屬當然之事。然學者往々輕々看過之。甚至有全置之於度外者。如拉烏 黑滿^①羅脩等。當其論交換財貨財産。其他類似之觀念時。皆以此重要之法律的原素雖非全然置諸度外。然於此重要之程度。不與以相當之注意。比較的寗屬輕視殊可惜也。^(七〇)

（七〇）如右所論。其爲當然之事。毫無所疑。然通古今之學者觀之。往々多輕視之而不與以充分之注意。其甚者至全置之度外。近世經濟學大家。如拉烏 黑滿 羅脩三氏及其他著名之人。皆以此重要之法律的原素關係。雖非全然置諸度外。然此三氏。尚以法律的原素輕々看過。於其重要之程度。不知與以相當之注意。惜哉。

---

① "黑滿"，即弗里德里希·赫爾曼（Friedrich Hermann，1795—1868），德國經濟學家、統計學家，著有《政治經濟學研究》。

滿羅侑等當其論交換財貨財產其他類似之觀念時皆以此重要之法律的原

素雖非全然置諸度外然於此重要之程度不與以相當之注意比較的寧屬輕

視殊可惜也。（七〇）

（七〇）　如右所論其為當然之事毫無所疑然通古今之學者觀之往々多輕

視之而不與以充分之注意其甚者至全置之度外近世經濟學大家如拉烏

黑滿羅侑三氏及其他著名之人皆以此重要之法律的原素關係雖非全然

置諸度外然此三氏尚以法律的原素輕々看過於其重要之程度不知與以

相當之注意惜哉。

其他若路易斯列兒侑兒黑德瓦格列四人其着眼於此點頗厚其論旨亦甚得

宜。就中如黑德瓦格列二人。其重視此點尤力殆可謂為千古之卓見矣

第二　交換財貨之觀念比經濟財貨之觀念狹。　此無論何國之法律向來皆無

例外。而明々限定交換財貨之觀念比經濟財貨之觀念狹矣即在經濟上之財

貨之貨物亦往々依其種類法律上有置於經濟交通之範圍外而不得為交換

《社會經濟學》第 108 頁

其他若<u>路易斯</u>①<u>列兒脩兒</u>②<u>黑德　瓦格列</u>③四人。其着眼於此點頗厚。其論旨亦甚得宜。就中如<u>黑德　瓦格列</u>二人。其重視此點尤力。殆可謂爲千古之卓見矣。

第二　交換財貨之觀念比經濟財貨之觀念狹。此無論何國之法律。向來皆無例外。而明々限定交換財貨之觀念。比經濟財貨之觀念狹矣。即在經濟上之財貨之貨物。亦往々依其種類。法律上有置於經濟交通之範圍外而不得爲交換財貨者。^{（七一）}

（七一）此點、即謂爲自第一點推究而生之結論亦無不可。然此要件之與第一要件其見地少異。以交換財貨之觀念欲使其更加明瞭。則第二要件。即交換財貨之觀念。當比經濟財貨之觀念稍狹。方爲適當。此在今日。以之與各國之法律相對比。固屬同一。即在從來之歷史上。無論觀之何國之法律。亦殆無有例外。而皆限定交換財貨之觀念比經濟財貨之觀念稍狹矣。其限定也。或雖認爲交換財貨。然非其交換財貨之主的性質。即可以交換之能力。設一定之限制。於其交換。設不可不履行之條件者。或有全不認爲交換財貨者。後者尤爲極端的限定交換財貨。前者、即於交換設種々之條件者。亦相對的限定交換財貨也。其限定之最多者。如勤勞或有利關係。雖對於無形之財

---

① “路易斯”，不詳。
② “列兒脩兒”，即威廉·格奧爾格·弗里德里希·羅雪爾。
③ “瓦格列”，即阿道夫·瓦格納。

貨。無論何人皆無疑於其爲經濟財貨。又實際有以之
爲經濟財貨而處理之者。即對於貨物。其凡完全與以
交換財貨之性質者。雖不限於貨物。然依其種類。法
律上有全置之於經濟交通之範圍外。而不許其自由買
賣讓渡者。若法律制限之。或全置諸經濟交通之範圍
外時。則當該經濟財貨。有因之被限定交換財貨之能
力。或全至於失却其能力者。如此、則其經濟財貨。
雖明々爲貨物。然依法律之力而被禁爲交換財貨或被
制限者。其例甚多。不遑枚擧也。在歐洲大陸。多以
之爲法典編纂之基礎。即在系統不同之英國。亦受其
影響。而仿照羅馬法。設多數例外以補充之。譬如以
某種之貨物。不得爲交換之目的物者。羅馬法上一般
通用之格言也。今在此範圍内。擧其具體的之例。如
墓地、墓石、及其他有附屬的關係之物品等。皆不使
其屬於何人之所有。而以之爲神之所有物而視爲神聖
者也。故雖有祖先之墓地者。其有之者。亦非有所有
權。而當全視爲一種特別之狀態。且不可不保存之。
雖其子孫。對於墓地。固嚴禁其買賣讓與之與他人。
即其有附屬的關係之物品。雖一物之微。亦莫不然。
其他附屬於神社佛閣之土地森林。或備附於神社佛閣
之物品。雖似爲社主之所有物。然非如今日之與以所
有權也。即社主雖以爲神社佛閣之目的。可以使用。
然在其目的以外。縱令爲一時的。亦不得利用之。其
他如土地、（以上所揭除土地）或有全禁止其交換者。

羅馬法有然。近世法律之仿其例者。亦決不少。即在
我國。縱觀今古。亦往々有其例焉。如在舊幕時代之
拜領物。不許賣却讓與之於他人者。極而言之。其在
例外者。有雖分與於自己之配下。是固爲依據有相當
之理由者。然往々有必得自己之君主特別之承諾而後
能爲之者。是自在不知不覺之間。爲武士道之習慣所
禁。而與法律有同樣之效力矣。然如金錢。本以使用
爲目的者也。故在拜領金錢者不禁止之。即至今日。
如勳章、年金、恩給等。亦皆禁其買賣讓渡。其他如
此類者。尚不一而足也。

　經濟學者固不可不知有此種之例外。然此亦非獨法律
偶然有特殊之規定之時爲然。不宜度外置之、或輕視之而
已。其在個別之處。固有偶然全出於法律之狀態。而無所
容疑者。然以公利公益與其必要爲限。則國民經濟。常有
要求此例外之存在者。亦不可不爭者也。況此種之例外。
決非稀有。而實有多數存在之事實。必當注意者耶。(七二)

　　（七二）如右所述。經濟財貨非交換財貨。其存在
　　於例外者。多數之經濟學者皆不可不知之。然若以此
　　爲法律規定之偶然結果。故不能以之決定一般交換財
　　貨之性質。而挾此理由或輕視之。或度外置之。均屬
　　大誤。何則、其在個別之處。於特種之貨物。雖非無
　　偶然的規定者。然以此認爲例外。則公利公益與國民
　　經濟。當無不以此例外之存在爲必要。即認此例外。
　　而禁止當該貨物之買賣讓與者。皆爲社會之維持上所

必要也。如往者之禁止拜領物之買賣讓與。與武士道
之保存者。不外養成忠君愛國心之必要。果然、則結
局、當以此例外存於公利公益之所命爲必要之範圍
矣。故不得以之爲例外而輕視之。況此例外。並非稀
有而多數存在者。故非嚴正的例外。唯在經濟財貨之
中。對於交換財貨上止有此數而已。

如此、故經濟學不僅以攻究關於交換財貨者即可畢
事。又當依據貨物之種類。其交換買賣等、亦被重大之制
限。譬如土地、即往々有之。又、法律對於特殊之人類。
不公認爲身體自由之時。即不過視爲經濟上之財貨。其爲
奴隸之交換財貨之資格。僅於例外。全無制限而已。(七三)

（七三）如右所述。若以之爲例外而置諸不議不
論。則經濟學不獨以攻究關於交換之財貨。遂可滿
足。縱令雖非交換財貨。然既爲經濟上之財貨。亦不
可不攻究之。如貨物。依其種類而明々有其交換買賣
之制限者。其最多被制限又無論在何國皆被制限而無
有例外者。則土地是也。往昔之時。不許土地爲箇人
所私有。其許之者。亦視之與動產異。而不許其賣却
之。縱令許之。亦必不可不立於一定條件之下。即以
之供抵當者。亦有一定之制限。他國且勿論。即如我
國。雖間因各地方而大有差異。然無不禁土地之質入
者。即至今日。如華族所有之土地。謂之世襲財產。
其買賣讓渡。尚全然禁止之。法律又對於特種之人
類。不公認其有身體之自由。而認爲所謂奴隸之存在

者。則奴隸亦即經濟上之財貨也。且有體物也。故爲
貨物。惟欲使之與他種貨物區別。故附之以人的財貨
之名稱。其性質則全與貨物同一。此爲貨物之奴隸。無
論在如何極端之處。其無制限而認爲交換財貨者。全屬
例外。而必有多少制限存在。是殆人道之所使然歟。

有利關係與特種之權利。有爲交換財貨之資格與否。
其有之之程度如何。皆爲法律之所規定。且更有法律强爲
決定的。譬如專賣特許權之買賣讓渡。或全被禁止。或不過
被認於一定條件之下。而一依法律之規定如何者是也。^(七四)

（七四）如商店之名譽、或專賣特許權、或因之發
生有利關係、或其他種々之權利。果爲經濟上之財貨
與否。或有爲交換財貨之資格與否。又其有之之資格
程度如何。皆一依法律之規定且更可强爲之決定者。
譬如專賣特許權或僅許其得特許之人可任意利用之。
而不許其賣却讓渡之於他人者。或縱令許之。然因其
無條件則不許。而必設一定之條件。僅限於一定之
事。有一定之資格之人而始得許之者。全依法律之規
定而定者之類是也。

余嘗舉關於公益之種々制度文物。亦謂爲經濟上之財
貨矣。其爲交換財貨之資格。全屬缺如。而國家之所以爲
國家。尤不能爲交換財貨者更無庸議。然執特定財貨不足
爲交換財貨之理由。遂謂爲不足爲經濟上之財貨。則其理
由殊不圓滿。蓋雖非交換財貨。而尚不妨優於經濟上之財
貨者。世間亦往々有之。^(七五)

（七五）余嘗舉關於公益之制度文物。謂爲經濟上之財貨矣。是等之物。若論其爲交換財貨之性質。則全屬缺如。蓋不用勞力與費用。而欲維持是等之制度文物。終屬不可能之事。故其爲經濟上之財貨。實毫無所疑。然究非交換財貨也。就中如國家。其不得爲交換財貨也。尤易明白。然其他必要不可缺之制度文物。亦無有交換財貨之性質者也。但以此特種之財貨。爲非交換財貨之理由。遂謂爲非經濟上之財貨。則殊爲無理。蓋世間亦有衆多之財貨。往々有優爲經濟上之財貨。而不足爲交換財貨者。多數經濟學者。每謂經濟上之財貨。必爲可以交換之財貨。實無理由。此論盖忘却依據不可交換之財貨。而亦可滿足吾人人類之欲望者故也。

第三章　財産及富

財産及富

財産之觀念。亦多少與經濟觀念同。依二箇之觀察而有所異者也。自純正經濟上之觀察點。即所稱爲純然的經濟的觀察點言之。則財産的觀念上所要之法律的觀察甚少。亦與經濟財貨之觀念上所必要者同。[一]

（一）財産之觀念。亦與經濟上之觀念同。因其觀察之之方面有不同。而不得不異者也。其觀察之也。要由於兩箇方面。其一、即所謂純正經濟上之觀察點也。自此點以觀察之。則財産之觀念上必要法律的觀

察者甚少。然此觀察方法。自全體論之。不得謂爲完
全之觀察方法。何則、經濟上之觀念。原來與法律上
之觀念有不可離之關係故也。

反之、若自歷史的法律的之觀察點言之。則財產之觀
念。寧以法律的觀念爲主。故其範圍與內容。皆依法律而
定者也。(二)

　　（二）第二、即歷史的法律的之觀察點也。自此點
言之。既如其名稱所示。財產之觀念。全以法律的觀
念爲主。而其使之屬於財產之範圍之內容如何。皆依
據法律以定之。

第一　以純正經濟上之觀念爲財產者。即滿足欲望之
基本。而存在於一定期間之經濟財貨之一定之額也。在此
意義之財產。則財產之自身。廣義的、即國家之財產也。
國民一般之財產也。社會全體之財產也。否則亦往往有爲
是等之一部分之意義。(三)

　　（三）以純正經濟學上之意義爲財產者。自人類與
欲望滿足之關係觀之。即其爲滿足人類欲望之本原之
手段者。在一定之時之集合者也。是寧爲客觀的財
產。在此意義。則財產之爲財產。其自身即爲構成財
產之內容。廣義的國家之財產。即此意義。狹義的國
家之財產。則以國家爲一箇人格。而指稱其在其資格
所有之財產也。故在此意義。含有法律的觀念。又在
此第一義之財產。往往有爲國民之財產社會之財產之
意義。譬如市町村其他公共團體所有之道路若善良。

則得運輸交通之便。因而國民全體。於欲望之滿足
上。乃有利益。故在此意義。亦得謂爲國家之財産社
會全體之財産。是雖不免稍失之廣泛。然不得謂爲全
不當也。

此觀念、爲一般的最適當滿足人類之欲望之一定存在
額。僅見其有構成財産之經濟財貨之效用而已。其於各箇
之特定人格。對於此財産所有之各種權利。皆非所問。[四]

　（四）如右所述。以純正經濟上之觀察爲基礎之財
産觀察[①]。僅於一定之經濟財貨之現存額。自其適當滿
足人類之欲望之方面觀之而已。其於箇々之人格。對
於其財産法律上有若何之權利。均非所問。如前例所
云之道路。各種人類。皆以之共同滿足其欲望者。故
自此方面觀察之。則謂爲國家之財産社會全體之財産
足矣[②]。其爲市町村所有或國家所有。均非所問。

故此財産之自身。無論其爲直接可以滿足欲望之享樂
手段。（即享樂財産。）間接可以滿足欲望之生産手段（即
可新生産財貨之生産財産）（即資本）皆於確實的經濟狀
態。有可認爲必要之前提者也。[五]

　（五）在此意義之財産。其自身有所謂享樂手段生
産手段二者。享樂手段者。即直接滿足欲望者也。譬
如穀米家屋。國民之財産中。爲此種享樂手段之集合
者。名曰享樂財産。生産手段者。雖不直接滿足欲望。

---

① “財産觀察”，該書正誤表更正爲“財産觀念”。
② “足矣”，有誤，應爲“是矣”。

然能以之爲其手段而生産者。譬如器械物件是也。是
等者、即所謂資本、或生産財産、即可用於生産之財
産也。此二種之財産。於國民之健全生活上。殆無不
認爲必要之前提焉。

此意義、不僅包含所謂國民之財産之名詞。即所謂世
界之財産之名詞。亦明々包含之。如前所列舉經濟上之財
貨。其爲交換財貨與否。其得爲交換財貨與否。均非所
問。又其價值。無論其於數字上可以估計交換價值與否。
皆屬此種財貨之範圍中。且即據法令、或經濟交通、因被
限制。而始得爲經濟上之財貨之有利關係等。亦不過其例
外爲然。其當算入於國民之財産。則毫無可疑也。^(六)

（六）此意義、不僅包含國民之財産之名詞。即世
界之財産人類之財産之名詞。亦明包含於此意義。前
所列舉之經濟上之財貨種類中。有爲交換財貨者。有
不然者。其現爲法律所不認爲交換財貨。然依法律之
改正。得容易認爲交換財貨與否。皆非所問。又其交
換價值。無論其現於數字上與否。皆屬於此意義之財
産中。且其依據法令或經濟交通之制限。始得爲經濟
上之財貨之有利關係。果得爲國民之財産與否。雖毫
無可疑。然此種有利關係。語其總數。欲不算入於國
民之財産中。則有所不能也。

譬如在特殊狀況之下。因一般社會之必要。而以特定
企業之成立上不可缺者爲前提。以其特權與特定之企業家
之時。其基於經濟交通之法令的制限之有利關係。實際仍

屬國民之財産也。^{（七）}

（七）有利關係、引例譬之。如特種類之經濟狀態盛行之時。在其狀態之下。有一般社會認爲必要之事業。若非特以特權與某者。則不能保證其不使他人與之競爭。而無論何人至皆欲從事於其事業。當此之時。則國家特以特權與某者。以排斥他人之競爭。因有此法令的制限。於是此種之企業以起。因此企業。乃得應社會一般之需要焉。故在企業家。有利關係也。因有此有利關係。而其企業乃能成立。且社會一般乃得因之而滿足其欲望。在此種之有利關係。即看做爲國民之財産。夫誰曰不宜。

在中世之經濟狀態。其適例決不少。反之、他種類之有利關係。則爲無條件而屬於國民之財産者。而尤以國家爲然。至其强健有爲之國家。則於國民之財産中。實占最重要之部分。^{（八）}

（八）如右所述、因特殊之有利關係。以經營特殊之事業者。近世雖不少其例。然在中世之經濟狀態。其適例亦往々有之。譬如以某製造業。僅許在特定之都府。或都府附近周圍一里內乃得經營之者。如"巴列喜"^①之制度是也。有利關係依法律之制限。始得爲經濟上之財貨者。已如上所述矣。其他之有利關係。有不要右之條件而得爲國民之財産者。譬如强盛有爲

---

① "巴列喜"，不詳。

之國家。屬於其國之人民取之。亦得爲財產之最重要
者也。

第二　以歷史的法律的爲觀念之財產。即某一人格之
所有經濟財貨之一定之額也。稱之曰所有財產。又屬人的
財產。或箇別的財產。此觀念。先觀於存在於所有者與財
產之間之法律關係。然後漸察之於第二構成財產之經濟財
貨之存在者也。(九)

　　（九）第二意義之財產。即歷史的法律的觀念之財
　　產。而一定之人格、即一箇人、或團體等、爲法律所
　　認爲人格者所有之經濟財貨之一定之額也。茲所謂所
　　有者。非僅有事實上所持之意義。而有以事實所持法
　　律認爲正當者之意義。特稱之曰所有財產。又曰屬人
　　的財產。即屬於某人格之財產之意義也。又或曰箇別
　　的財產。是即對於國民之財產世界之財產云々者之漠
　　然之意義。而舉其反對之箇別的之意義也。原來以國
　　家爲一箇人格。則其所有之財產.亦自與第一意義所謂
　　國家之財產不同。蓋占有（即所有）者。將爲事實
　　耶。或權利耶。法理論雖有多少爭點。然茲所謂占有
　　者。非僅指事實而言。並其因事實而占有之之權利而
　　言之也。又財產之文字。我民法雖使用爲權利之意
　　義。然茲所謂財產云者。非謂其權利而謂其內容即客
　　體也。此在歷史的法律的財產之觀念。第一當着眼
　　者。即存在於占有與財產之間之法律關係也。其在法
　　律。認定特定之占有者。即所有者所持一定之財產與

否。質而言之、即以之爲權利而所有之與否之點。第
二、乃漸察其構成財產之經濟財貨之存在者也。

在此意義之財產。並其經濟的作用。法律於其三點。
有決定的重要關係焉。即第一、關於所有權之主體的人格
也。第二、關於所有權之客體即財貨也。第三、關於所有權
所包括之經濟財貨之使用、收益、處分等各種之權利也。[一〇]

（一〇）法律對於此意義之財產之存在。並其財產
有如何之經濟的作用。皆有重大之決定的關係者也。
即財產之爲財產。其正當爲經濟的作用者。必經法律
認定而始然。若法律禁之。或全無關係。則不得謂爲
第二意義之財產。然則法律在如何之點。乃有重要之
關係耶。第一、則關於所有權（廣義）之主體的人格
也。第二、則關於所有權之目的物之財貨也。第三、
則關於包括所有權之使用權、收益權、處分權等細別
之權利也。是等種々權利之存否大小。畢竟皆依法律
而定。

（甲）財產主體之人格。與其當然可以所有財產之能力
之觀念。一依法律而定。法律上若不認此人格。則在第二
意義之財產毫不存在。故在此意義。則國民之財產或世界
之財產。皆非所可言者。此甲點、關於會社、組合、團體
等之組織尤爲重要。何則、法人之權利之主體。必要有各
種之條件。而尤以獨立有財產所有之能力者爲然。必要之
條件。即依據法律而定者是也。[一一]

（一一）財產之主體之人格。即如何之人。得所有

財産耶。又其人格得所有財産之能力之範圍如何。皆
當依據法律而定者也。故法律不認所有權之主體爲人
格。則不認爲合法之能力時。其第二意義之財産。必
毫不存在.假令宇宙之經濟財貨。爲人類所共有。而在
第二意義之財産不存在。則在第二意義之財産。遂不
得爲國民之財産或世界之財産之觀念矣。財産之主體
的人格與其能力。必據法律而定。此甲點、尤以關於
會社、組合、其他之團體等之組織特有重要之關係
焉。何則。以是等爲權利之主體而存在。自必要種々
之條件。法律定其條件而具備之之時。始得認爲權利
之主體。而在是等之權利主體、即法人。獨立有財産
所有之能力之時。其所得所有之之必要條件。亦當依
據法律而定。然自然人之所有財産。亦因法律認定而
始然。故同屬自然人。如在不認爲權利之主體。而認
爲奴隸制度存在之時代。即一部之自然人。亦不能取
得所有權。是即第二義之財産之觀念所以必一據法律
之規定也。

（乙）所有權之客體者。即經濟財貨之種類。一依據法
律而決定者也。法制既異。則其財貨之種類。亦自不能無
廣狹之差。故以之爲所有權之客體之經濟財貨之觀念。亦
與一般經濟財貨之觀念同。非絶對的而相對的也。（一二）

　　（一二）所有權之客體的財産。其種類如何。當據
　　法律而定。譬如在遵行土地國有制度之國。則土地非
　　自然人及其他私的團體之所有權之客體。惟有國家之

人格者。乃得所有之。至於專賣特許權、著作權、其他之有利關係。法律若認定爲自然人或法人之所有。而後始得爲財産之客體。此點之最明白者。其差異、尤以認定奴隸存在之時代與不然之時代爲然、蓋以奴隸者。無有人格。非所有權之主體而客體也。故在認其存在之時代。其爲所有權之客體的經濟財貨。不過比之今日之不認其存在者。多一種類而已。其他類似如此之例尚多。故謂所有權之客體。爲財産之目的物之經濟財貨之觀念。亦與一般經濟財貨之觀念同。皆因時因地而不同。非絶對的觀念而相對的觀念無庸疑也。經濟學者中。其最着眼於此點者。以<u>苦尼斯</u>爲最早。其論經濟學研究之目的物之經濟財貨。謂其爲所有權之目的物與否之問題。當因其時代之異與國之不同而有差異。而不當依據財貨固有之性質及其滿足欲望之厚薄等而決定者。可謂深達此旨。

（丙）權利之存在否。既一依法律之認否。則其種類内容之如何。亦不可不俟法律之規定焉。據此規定。而後各種之權利。於經濟上乃得爲如何之動作可知也。[一三]

　　（一三）此點、無俟深説。即種々之權利。皆當依據法律而定。而不待定於他者。據此法律之所定。而後各種之權利。經濟上乃得爲如何之動作也無疑。

經濟學關於財産二種之觀念皆不可畸輕畸重。而當兩々對擧者也。當其擧示第二之觀念。則財産之法律的方面。在斯學亦頗重要而不可看輕。乃世人多昧於此。殊爲可惜。[一四]

（一四）人或謂經濟學僅舉示第一義之財産即足
者。殊爲大誤。蓋觀察現時世界之情狀。若以存在於
世界之經濟財貨。使人類全般共同的自由使用。畢竟
有所不能。故箇人與國家其各自取得經濟財貨之時。
取得方法斷不可有不法者。關於財産之法制。既認各
別之箇人。皆得爲財産之主體。故世間無論有若何多
大之經濟財貨充滿。若何多大之富。而貧者皆不得濫
獲得之而濫使用之。此所以必要基於法律的歷史的觀
念。以論經濟上之財貨。而決不容畸輕畸重於其間
也。若將此點輕々看過。而謂經濟學爲世界經濟之學
問。則今日之所謂世界經濟者。尚當以國民經濟爲其前
提。故經濟學之法律的觀念。有不可輕視之也如此。

第二義之財産。即分爲箇別的財産。以其主體的人
格。在法律上之地位爲標準。則有二箇重要之種類。即公
有財産與私有財産二者是也。^(一五)

（一五）茲所謂公有財産者。與吾國現時之法制。
普通所云之公有財産。其意義稍異而較爲廣泛者也。
吾國現在之法制所謂公有財産者。蓋指市町村等公共
團體之財産言之。而不包含國家之財産。然余茲所謂
公有財産者。則包含此二者言之。即公法上所謂強制
共同經濟之主體的總團體之財産之謂也。此財産
（甲）以一般國民或公民之利用爲目的。單在國家及其
他公共團體爲法律上之代表者。而附與以財産所有權
者是也。（乙）以國家及其他公共團體之占有財産二種

而成立者也。屬於甲種之財產。即供公共所用之道路河川等是。屬於乙種之財產。更可以二分之。（A）行政的財産也。行政的財産者。國家、或其他公共團體。因提供某勤勞之財産。同時爲其動作而同時用之者也。譬如因執行諸官衙之事務所必要之建築物。及其他各設備是也。此與道路河川。以一般之利用爲目的者異。（B）財政的財産也。此種財産。一面爲財産。同時又爲國家或其他公共團體供給其執行職務所必要之手段。即歲入之所生者是也。譬如國有之森林礦山。市町村有之森林耕作地皆屬之。以上、皆國家或其他公共團體有公法上之人格者之所有也。與脫離歷史的法律的觀念之第一義之財産異其意義。反之、若所謂私有財産者。則指自然人或私的法人之所有財産而言之也。

由此論之。則財貨之於第二義與第一義。其觀念全屬不同也可知。即取箇別物品觀之。則此兩種意義。雖可適用於同一物品。然其觀念之爲二者。則固不可混淆也。

與財産之觀念相密接。所謂富之觀念者。亦與前者同有二樣之意義。所謂純正經濟上之意義之富者。蓋單指巨大之財産即經濟財貨之一大存在額而言之也。^(一六)

（一六）富之觀念。亦與財産之觀念同有二樣之意義。即純正經濟上之意義。與歷史的。法律的之意義二者是也。純正經濟上之所謂富者。不過指其巨大之財産。即經濟財貨之一大存在額言之。

其所謂巨大者。即因之可以滿足欲望之數量。其比例
甚大而綽有餘裕者之謂也。世人所謂國富或國民之富者即
此意義。^(一七)

　　（一七）巨大之額云者。果有何界限。自軀幹短小
之人。以視五尺之童子。亦得謂爲巨大也甚明。蓋所
謂巨大之語。本屬惝恍無憑者也。若茲所謂巨大者。
則其經濟財貨之存在額。比欲望之數量更大者之謂
也。即雖遭遇多大之欲望。尚有可使之十分滿足之財
貨存在者即是。譬如一年必有一萬圓之所得。乃得滿
其自己及家族之欲望者。若茲有二萬圓之所得於此。
則其所得之財源。不僅可以滿足自己及家族之欲望。
且尚有十分之餘裕。是即所謂大富也。然雖無如此之
大有餘裕。苟比其可以滿足欲望者尚多少有餘裕。則
亦不失爲富焉。

　　反之、若在歷史的法律的之意義之富。則必有巨大之
所有財產之意義。其所謂巨大云者。不僅比所有者之所要。
即欲望之總額比他人之所有財產較大。其爲利息之根源的資
本。或爲地代之根源的土地。於其元本不致減少價額。且全
不要勞力。或雖要勞力亦少。而不過僅要其所有者自身管理
之勞。即可於所有者之欲望滿足上。充分與以必要之所得者
之謂也。^(一八)

　　（一八）純正經濟上之意義之富。其所以異於歷史
的法律的之意義之富者。蓋謂巨大的所有財產也。所
有財產也者。在法律認定之範圍內。爲一人格所有之

財産之謂也。故法律觀念既包含於此語中。然則巨大
之所有財産云者。果屬何物。即滿足所有之總所要。
尚有剩餘。即其成巨大之一面者。於此外尚得比他人
之財産較大。且不僅要比自己欲望之總計甚大。即比
他人之財産亦大是也。然在此意義之富。不僅含有此
意義。且有更進一步之意義。即如生利息之根源的資
本。及生地代之根本的土地。雖不減少價額。尤以不要
所有者自身之勞力。或即要勞力。亦僅以管理之勞即
足。乃可以充分生其所得以滿足所有者之欲望者是也。

故在此意義之富。當以認爲關於生産手段之箇人所有
權。及由於勞力所生之賃銀之形式之所得之外。其由於土
地資本奴隷之所有財産所生之所得。而尤以地代並利息之
存在爲正當之法制系統爲前提者也。吾人所謂箇人之富之
語。畢竟皆在此第二之意義。(一九)

　　（一九）在此意義之富。其在箇人之資本及土地之
所有權。並自勞力所生之賃銀之形式之所得。及其在
奴隷之形式之所有財産所生之所得。若有認定之法制
系統存在之時。則必以此法制系統爲前提。而後箇人
之富。乃可得而言也。若法制不認土地資本之所有
權。則謂第二義之富可存在者。殊屬無據。

在此意義之箇人之富。其於理論上。則國民巨大之富
之存在之條件。亦非全不可缺也。(二〇)

　　（二〇）第二意義之箇人之富。其於國民全體之
富。即第一意義之富之巨大者。亦非必要存在也。在

理論上。其第二意義之富與第一意義之富。亦往往有
全不一致者。故國民之富即不存在。而箇人之富。固
猶然可以存在也。何則、國民之貧富。亦有懸隔太甚
者。譬如五千萬國民之中。其一百萬人。則皆依自己
所有財産之取得。而生活綽有餘裕。其殘餘之四千九
百萬人。則日々窮於生活。將陷於赤貧之狀態。此在
貧富懸隔過甚之社會所有之狀態也。當此之時。國民
全體之富。雖不得謂爲巨大。然在其國之箇人之富。
仍不得不謂爲大也。若以其百萬人所有之富。使之供
公共之用。則因其不至使殘餘之四千九百萬人窮於生
活與否。乃可得決其國民全體之富果大與否者也。在
此理論上。則國民之富與箇人之富。當異其觀念也固
彰々明甚。

實際上、則後者必依據前者。其關於生産手段之箇人
之所有權。與所得之種類而有地代並利息之存在者。在國
富之發達上。即國民之巨大之富因之而成立者也。唯法制
上當有不可不公認之必要條件而已。^(二一)

（二一）箇人之富與國民之富也者。自屬別物。觀
之理論上自明。然於實際上。則國民之富。多依箇人
之富而成立。兩者互有相俟之必然的關係。唯關於生
産手段。其能認爲箇人之所有權之所得種類。必要有
認爲利息並地代之法制存在。若此法制不存在。則箇
人不能取得所有權。因而無自利心之刺激。必至有無
何等之活動。而湮没以終而已矣。此法制之在國富之

發達上所以必要者。惟此狀態爲然。國民之富與箇人
之富。有相互的關係者。實際上則箇人之富與一國全
體之富有相俟而成者又不可不爭也。

　財産無論在第一義或第二義。皆以在經濟上之目的。
依其用之之方法。而可分爲二種。第一、曰享樂財産。即
由於享樂手段而成之財産也。第二、曰生産財産。或生産
的財産、即由於資本而成者也。資本者、有生産之目的者
也。反之、若第一之享樂財産。則因滿足欲望乃始被用。
其直接爲目的者。惟在實際用於人人所必要滿足欲望者而
已。細別之。（甲）消耗手段。即消耗品、（乙）使用手
段。即使用物。甲種之財産。因一次消費而用之以達其目
的。其被用者爲經濟財貨而隨即消滅者也。縱令其經濟財
貨不消滅。雖少亦當有一定之形式一定之特質消滅。反之
若乙種之財貨則滿足同一之欲望。而可數次用之者也。譬
如衣服家宅等即是。

　以上、余於財貨、財産及富之兩問題。說述既畢。茲
更以財貨之種類列表示之。

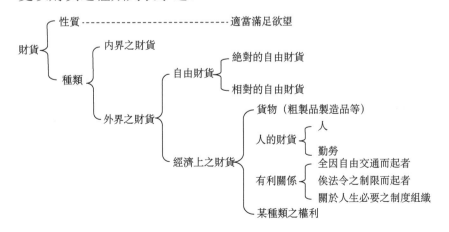

第四章　價值[一]

（一）價值也者。德語謂之 Wert 英語謂之 Value 法語謂之 Valeur 然英法兩國之用語。僅與價值之一種價格相當。若以英法語嵌於德語之 Wert 之中。其意義又稍嫌過狹。似缺穩當。故余之所稱爲價值者。比英語之 Value 法語之 Valeur 之意義稍廣。其與普通一般所稱爲價格者有不同也可知。

關於價值并價格之參考書類如左：

A. Smith，Wealth of Nations，Book 1.，chap. 4—7.

D. Ricardo，Principles，chap. 1. and 20.

H. Carey，Principles of social science，chap. 6.

W. Tompson，An Inquiry into the Distribution of wealth，etc. London 1824.

W. S. Jevons，Theory of Political Economy，chap. 3 and 4.

A. Marshal，Principles of Economics，Book 3. chap. 2.

P. H. Wicksteed，The Alphabet of Economic Science，Part 1. London 1883.

K. Knies，Die Nationalökonomische Lehre vom Wert，Zeitschrift f d. gesamte Staatswissenschaft，1855.

Y. Neumann，Die Revision der Begriffe Wert und Preis，Tub. Zeitschr.，B. 28.S. 257 ff.

" "，Grundbegriffe und Grundlagen，Abh. im Schönberg' schen Handbuch.

" "，Gestaltung des Preises，Abh. im Schönberg' schen Handbuch.

Rodbertus，Zur Erkenntnis unserer staatswirtschaftlichen Zustände，Abschnitt 1.F. Lassalle，Kapital und Arbeit，Kap.3.

K. Marx Kapital，B. I.

Gossen，Entwicklung der Gesetze des menschlichen Verkehrs und der daraus fliessenden Regeln für menschliches Handeln，Braunschweig 1854.

Böhm-Bawerk，Kapital，II.S. 134 ff.

" "，Grundzüge der Theorie des wirtschaftlichen Güterwerths，Conrad's Jahrbücher，N. F. B. 13，1886，s.1 ff.，s. 477 ff.

V. Wieser，Natürlicher Wert，Wien 1889.

" "，Ueber den Ursprung und die Hauptgesetze des wirtschaftlichen Werts，Wien 1884，bes. S. 126 ff.

E. Sax，Grundlegung der theoret. Staatswirtschaft，bes. S. 250 ff.

Auspitz und Lieben，Untersuchungen über die Theorie des Preises，Leipzig 1889.

Zuckerkandl，zur Theorie des Preises mit besonderer Berücksichtigung. der geschichtlichen Entwicklung der Lehre，Leipzig 1889.

H. Dietzel，die classische Werttheorie and die Theorie vom Grenznutzen，Conrad's gahrb. B. 54，N. F. 20.

Patten，Abh，im Conrad's Jahrb. B. 57（N. F.B. 2）S. 481—534.

Friedländer，Theorie des Werts. Dorpat 1852.

C. Menger，Grundsätze der Volkswirtschaftslehre，S. 77. ff. Wien 1871.

F. Bastiat，Harmonies Economiques. ch. V.

Walras，Eléments d'Econ. pol. pure，1874 ff.

" Thorie de la monnaie，1886.

" Eléments d'Econ. Pol.，（1889）2. éd，s.65 ff.

Gide，principles，1. livre 2 ch.

Loria，Nuova Antologia，April 1890.

Pierson，Leerbook der Staats-huiskunde，Harlem 1884.

價值也者。所有之財貨、有適當達人類經濟上之目的之性質而爲人所認識者也。換言之。則價值也者。即人之認其爲適當滿足欲望之財貨之性質（即效用）也。[二]

（二）價值之觀念。古來學者議論頗多。至今日。尚無一定不動之説。而所謂價值論者。尤浩如烟海。今在經濟學中純粹理論中。厖然成一巨册者不少。蓋價值者。滿足吾人人類欲望之財貨之性質而爲人所認識者也。從來論價值者。謂當取之物之自身之固有者甚多。前所言價值之所由生。以人之認識爲必要者。所最宜注意者也。

然此性質。非以之與他種財貨之適當滿足人類之欲望之性質相比較。則不可得而明。故謂價值非財貨固有之性

質。而人類依其主觀的認識以付與於財貨也亦宜。[三]

（三）使人認其有價值之財貨之性質。非以一種之財貨與他之財貨相比較。則其程度不可得而知。譬如欲知砂糖之甘味。必以蜜之甘味比之。乃得知其程度者是也。則價值者。畢竟因人之認識力而所與於財貨之性質者也。故即一旦雖爲有價值之物。然因一時流行或風俗之遷變。有全喪失其價值者。譬如太古之衣冠。至今日全無價值者是也。主觀的認識力者。存於人類腦筋中之知覺力也。主觀的者。蓋爲客觀的之相對語。

人類之主觀的認識。對於種々之財貨自有不同。故種々之財貨。其滿足人類之欲望之程度既大々不同。則其價值無論依於何種之財貨。亦自不得不異。故必精查比較其附着於種々之財貨之性質。乃得知其真正之價值。況即對於同一之物。而人類所附與之價值。亦因其物之存在額如何。有全部效用與一部效用之懸隔。不能同一者耶。

分價值爲二。即

第一　利用價值

第二　交換價值

是也。

第一　利用價值[四]

（四）利用價值。（一曰效用價值。或使用價值。）

利用價值也者。爲一種之財貨、直接適於人類利用之性質。此種財貨之所有者。或欲所有之者。因其自身或社

會一般特認爲足以滿足其欲望而生者也。^(五)

（五）利用價值也者。爲某財貨直接適於人類利用之性質而爲人所認識者之謂也。譬如有滿足餓時之欲望之性質者。則爲食物。此食物、即有利用價值者也。

利用價值。更可細別爲二。即

（甲）具象的利用價值

（乙）抽象的利用價值

是也。

（甲）具象的利用價值。（一曰特別的利用價值）

具象的利用價值也者。在某人爲特別且直接的利用價值也。即財貨之所有者或欲有之者。在某種類之財貨。或某一定之時。以其一定之分量。認爲足滿^①自己之欲望而因而成立者也。^(六)

（六）譬有人如此。正值非常口渴之際。求茶湯不得。容易求得冷水。則即先用其冷水。亦普通之情狀也。當此之時。其冷水、即有具象的利用價值。何則、冷水之爲物。若在平時。無論何人取之。本無有何等之價值也。然以某一定之時期爲限。則有特別之價值。又因時因地而以一定之分量。滿其人之欲望者。譬如"安知必林"^②之某分量。服用之則可解却其發熱者。僅得此分量之安知必林而服之之時。則一定之分量之安知必林。在一定之時。即有具象的利用

---

① "足滿"，有誤，應爲"滿足"。
② "安知必林"，即安替比林（Antipyrinum），有機化合物，分子式爲 $C_{11}H_{12}N_2O$，常作爲解熱鎮痛藥。

價值者也。

（乙）抽象的利用價值。（一曰一般的利用價值）

抽象的利用價值也者。一種之財貨。其性質上因適當滿足人類之某欲望而爲世人一般所認而成立者也。[七]

（七）茲依便宜。再就前述之例說明之。夫水之醫渴。安知必林之解熱。因爲世人一般所認識。於是々等之物。乃生一般的利用價值也。但共由於世人一般之迷想發生之認識。則不生抽象的利用價值。故如古物骨董品等。不過偶然爲一二人所珍重寶貴而已。一般之人既不珍重之。則不過認爲有具象的利用價值之財貨。而不可稱爲一般的利用價值者也。然於具象的利用價值之外。毫無他之性質者。亦不得謂爲有交換的價值。

要之抽象的利用價值者。一般的也。具象的利用價值者。特別的也。故稱前者爲一般的利用價值。後者爲特別的利用價值亦可。

第二　交換價值

交換價值也者。英法經濟學者之中。其多數今尚視爲與價值同一。而以一種之財貨。可與他之財貨相交換之適當之價值也。英法舊派經濟學者。每多以交換價值。即爲價值。而以若爲單純的利用價值。則亦得附着於不可交換之財貨而不特認之爲價值者。然交換價值。究爲間接之利用價值。唯其利用不過不能認爲一時猶豫者耳。[八]

（八）余於價值之意義。冒頭即以最廣義者解之矣。然英法之學者。每僅以交換價值即解爲價值。究之交換價值者。間接之利用價值也。故交換價值。雖不能直接滿足人之欲望。然間接有爲人之利用之性質也。譬如金錢。雖直接無有滿足衣食住之欲望之利用價值。然與衣食住之必要品。有可交換之性質。間接即有利用價值者也。而在某時。金錢亦非無直接利用價值。惟其真相不因之而變耳。茲當注意者非他。所謂利用價值交換價值云者。其實即以同一之價值。自兩面觀察之耳。決非有別箇之價值獨立存在是也。

欲知此理。試列舉交換價值成立必要之條件自明。

交換價值成立之條件有三。

（甲）利用價值之存在。

（乙）於獲得有交換價值之財貨。必要提出勞力或與之以報酬。

（丙）所有或買賣讓與有交換價值之財貨者。要爲法令之所認許。

是也。（九）

（九）於甲之條件。有當一言者。原來有利用價值者。乃始生交換價值。故交換價值。決非能單獨存在者。譬如金錢。即碎之爲一種潰金。亦有一種之利用價值。故金錢之爲金錢。雖與其記載於表面之額。有同一之交換價值。然其利用價值。往々與其顯於額面者異。其他信用證券等。亦同此理。要之有交換價值者。必有利用價值者也。試於（乙）之條件。舉一例

示之。如空氣、雖有利用價值。然無有交換價值。何
則、空氣者、不費資本或勞力而亦可獲得之故也。
（丙）所有或買賣讓與有交換價值之財貨者。要不爲法
令之所禁止。故奴隸既爲方今世界之所禁止。即不得
謂爲有交換價值。又、依於竊盜強盜之行爲而奪取他
人之所有物者。其爲法令所認許者。自有歷史以來。
殆未聞之。故贓物在爲贓物之間。法令皆禁止其所有
及買賣等。則亦無有交換價值。又如景色。雖有利用
價值。然無交換價值者。則其常也。

由右所述觀之。則有交換價值者。通常以經濟上之財
貨爲主。而尤以貨物爲最顯著。然自由財貨。若具備右之
三要件。則亦不得謂爲無交換價值也。[一〇]

　　（一〇）三要件也者、即指稱前述之（一）利用價
值（二）要勞力或報酬（三）不爲法令之所禁止等之
交換價值成立之條件也。就普通事物觀之。凡有交換
價值者。以經濟上之財貨尤以貨物爲限。然經濟上之
財貨中。亦有無交換價值者。如國家即是。蓋國家
者、本以爲有利關係爲原則。而無有交換價值者也。
故謂經濟上之財貨。皆有交換價值。則又不能一概論
斷。譬如指有四足之動物。皆謂爲犬。不得謂爲確實
之論定也。蓋四足動物之中。犬以外尚有其他動物
故。故論定經濟學上之有交換價值者亦然。如自由財
貨。亦有有交換價值者。譬之水。本自由財貨也。然
在某場所。則有非掘井不能得水者。在此時之水。既

依勞力並資本而得。則謂爲無有交換價值得乎。又如
存在於原野之天然果實。在他人不能容易獲得之之
時。雖其性質上。本爲自由財貨。然至今則亦生交換
價值矣。其他如土地。既如所述。在古代雖爲自由財
貨。然至今則需要者衆。其供給又有限。故非與之以
勞力或報酬。則不能取得之。故在現今之社會。土地之
有交換價值。殆無所於疑矣。且土地即自今以往。其永
久不失其價值。尤可斷言焉。要之若具備以上之條件之
時。則自由財貨亦可生交換價值者不可忘也。

如此、則價值、雖有利用價值與交換價值之二大區
別。然如前所述。則有交換價值存在條件之一者。即爲利
用價值。有利用價值而交換價值始生。故財貨之價值。畢
竟皆依於單一之主觀的之認識者也。（一一）

（一一）余論價值。雖爲交換價值利用價值之區
別。然非謂同一物而有二箇之價值也。不過指同一之
價值。自一方觀之。爲交換價值。自他方觀之。爲利
用價值。換言之。則二者之區別。唯由於其觀察點有
二而已。蓋天下之事事物物。皆不外具備有兩面者與
僅有一面者二種。故財貨之備有此二種價值。夫復何
疑。然從來關於利用價值及交換價值。經濟學者間議論
頗多。其實則由於觀察方面之異。遂至爭論不休耳。

雖然、交換價值之基礎。常爲利用價值。而利用價值
之多少。則必依於其有之之財貨與他之財貨比較交換。乃
始確定焉。其對於財貨之需要適切與否。以之與他之財貨

得爲交換與否。必依其可決定之根柢。而後其可交換與
否。乃能決定其利用價值之大小如何者也。由是觀之。則
利用價值者。必依交換價值而確定。交換價值。亦因有之
之財貨之利用如何而生。故兩者之關係。實如車之兩輪鳥
之雙翼。必相俟而始得完全者也。然利用價值。雖非待交
換價值而始生。但非依交換價值之助以量定之。則仍屬漠
然而不可捕捉也。譬有人於此。欲飲西江之水。當此之
時。其水之確有利用價值。毫無所疑。然僅據此事實。其
不能估計利用價值之多少必矣。故利用價值雖存在。然欲
明示其數字並在議論上立以證據。則不可不有待於交換價
值之量定焉。原來二者之區別。決非同一物而有二箇之價
值。如前所言。惟於同一之價值。自一面觀之。爲利用價
值。自他之一面觀之。爲交換之價值而已。[一二]

　　（一二）此段、即説明交換價值與利用價值互相俟
而完全者也。盖利用價值。非以其有之者與他之有利
用價值者比較對照。則其多少不可得而知。而利用價
值又必依交換價值之量定乃能確定。兩者、恰如鳥之
雙翼車之兩輪。缺一不可者也。譬如欲飲西江之水
者。因之而可滿足口渴之欲望。固不待言。然僅據此
事實。則其水之利用。果有如何之程度。不能知也。
是必以之與他水相比較。乃始得確定其程度如何焉。
要之利用價值之程度。必待交換價值之量定。乃始得
知之者也。然其利用價值與交換價值云者。即對於同
一之價值。不過因其觀察點之異。乃有此區別耳。

　　夫如是、則經濟學上之區別價值爲利用價值交換價值
二種者。其所區別畢竟不過以同一之價值。自二方面觀察
之而已。若進論其基於主觀的認識力。以決定單一之價值
者。其應如何斟酌之處。世人通常以下之二者參照之。

　　一　財貨固有之利用（即認爲價值者所有之自然之效
用）。[一三]

　　　　（一三）價值之起原之主觀的認識力。當依何者而
　　定。其爲主者。即參照現揭之二者而定者也。其一、
　　即財貨固有之利用是也。詳言之。即其天然自然本與
　　人以幾分之利用者之性質也。然所謂天然自然者似覺
　　過於廣漠。然取譬於水。即指其一般有醫渴之性質之
　　類是也。

　　二　人之對於財貨之欲望。

　　右二要件中。其第二欲望。即因其適切與否而生不同一
之結果。因人之所需要與財貨之存在額之關係而被支配。而
其所需要。又因社會上經濟上種々之事情而定者也。[一四]

　　　　（一四）人類之不需要者。則不生價值。此盡人所
　　知也。故其生價值之第一要件。爲生於天然的。第二
　　要件。則因適切與否而價值乃有高低。其所起因固在
　　需要供給。且其需要。又因社會上經濟上種々事情而
　　定者。換言之。即需要者。因文明之程度風俗習慣而
　　定。而決非如舊派諸學者之所言。出於單純者也。

　　此二者、雖不可不先斟酌。然其他尤爲必要者。則種々
價值之可得比較者是也。是不獨在可以交換之財貨爲必要

且屬可能之事。同時即在不可交換之財貨。亦屬可能者焉。

關於價值之事。尚有必欲一言者。則交換價值與價格之關係是也。

從來英法美之舊派經濟學者。以廣義之價值。與原來極狹義之價格視爲同一者頗多。故世人一般皆以爲價值之一種的交換價值與價格混同爲一者。亦非無因也。蓋交換價值之價格關係。即貨物之可交換的可能性。而現在有交換之事實者也。（一五）

（一五）交換價值者。所謂可能性也。其現在果爲交換與否。尚屬未來之問題。即可交換之可能性。不可與現在爲交換之事實者視爲同一。質而言之。則交換者、必至爲一箇事實之時。其交換價值乃始生價格也。

價格者、一種之財貨。實際與他之財貨交換而始成立者也。故甲之價格。爲其現與交換之乙之分量。自乙方言之。則乙之價格。即其現與交換之甲之分量也。譬如米一升與紅茶一斤相交換。則米一升之價格。爲紅茶一斤。紅茶一斤之價格。即米一升也。然則價格也者。決非單獨存在者。必其於他有比例於他有關係而始起者也。而其起也。在以自由交通爲原則之近世經濟社會。必依其以財貨相互交換之人々的自由合意者方爲財貨。存在於自由交通之經濟社會。而通常多可以交換者。稱之曰貨物。即有形之經濟上之財貨也。常能與他之貨物相交換。而以交換爲職分者。稱之曰交換之媒介。在今日之社會所稱爲貨幣者即是。貨幣實亦貨物之一稱也。（一六）

　　（一六）凡價格者、決不能單獨成立。必比例於他
乃始成立者也。而價格者。在自由交通之經濟社會。
又因財貨之互相交換而生者也。譬之方今世界。即觀
之深山窮谷之農家。彼等之生活狀態。多屬自耕而
食。自織而衣。於交換殆不見其必要矣。然細察之。
則彼等亦非全然孤立於自由交通社會之外者。不過彼
等之社會。比之其他商工業社會稍異。其交換略爲緩
慢而已。

　　價格者、其原則、亦非依據法令而定。而依於交
換財貨之人々之自由的合意而定者也。其在經濟社
會。最多存在。而通常指爲可交換之財貨。稱之曰貨
物。貨物也者。即有形之財貨也。與此貨物可常交
換。且以交換爲職分者。名之曰貨幣。古昔之時。其
通有無也。僅以現物交換。而無特別爲交換之媒介
者。然在現今之社會。則依此交換方法。不僅人々不
能充分通其有無。且在某時。尚有以現物交換爲全不
可行者。於是乎貨幣以起。而爲交換之媒介矣。

　　無爲一般交換之媒介之時。則財貨之相爲交換者。僅
爲其可爲交換之多數種類之價格而已。即各種之財貨。對
於與之交換之他之財貨。可得謂爲實際交換之媒介也。如
此、則價格者。非成立於一種之單獨財貨。而必因二種或
二種以上之財貨之比較交換。乃始得成立焉。故謂一財貨
之價格爲騰貴之時。則交換上所得他之財貨之比例。其實
際爲增加。謂一財貨之價格爲下落之時。則交換所得之他

之財貨之比例。即爲減少也。^(一七)

　　（一七）財貨之價格者。僅有其屢與爲交換之多數
種類者也。譬如米一升與鯉五尾相交換。則米一升之
價格。即鯉五尾也。若更以米一升與帛十尺相交換。
則米一升。又與帛十尺有同一之價格者也。是故一財
貨之騰貴云者。爲其所得他之財貨比例之增加。其下落
云者。爲其所得與之交換之他之財貨。其比例減少也。

　　故一財貨之價格。對於他之種々財貨爲下落。則其與
他之財貨相交換之比例即應減少。然存在於一國一社會之
總財貨。斷無同時互相騰貴或互相下落者。何則、價格也
者。本來爲二種或二種以上之財貨之交換比例也。故一方
有騰貴。則一方當有下落。若雙方共騰貴或共下落。實可
謂爲絶無之事。^(一八)

　　（一八）此點、驟觀之雖似稍有可疑。然細察之。
則實容易明瞭。蓋一財貨之騰貴。對之必有他之財貨
之下落者也。若總財貨互相下落或互騰貴。則決非當
有之事。何則、價格也者。一物與他物之交換比例
也。此關係。恰如繫於繩之兩端之汲甕然。一方上
昇。則必有一方下降。其常也。若夫雙方同時上昇或
同時下降。則汲甕之效用斷不至此。

　　然世人往々有聞騰貴之聲。而即疑總財貨當同時騰貴
者。物價騰貴之原理。豈有如此之意義耶。嘗試察此妄想
所起之理由。畢竟在今日之社會。不如昔日。不曰茶一斤
之價。爲米一升。米一升之價。爲帛十五尺。而曰金十五

錢或金二十錢。以貨幣爲價格之標準。故見總財貨之騰
貴。遂謂爲對於其貨幣之交換比例之騰貴。而不知貨幣以
外尚有常騰貴者。蓋物價之騰貴也者。即貨幣之下落也。
觀之方今社會一般之情狀。殆因貨幣買賣之方法慣習既
久。而不知物價騰貴。多爲貨幣之下落故也。^(一九)

　　（一九）是爲經濟學之初步。最易明白之道理。然
　　世人動輒因物價之騰貴。遂不免誤信總貨幣。當同時
　　騰貴者。然物價之騰貴也者。貨幣以外有騰貴者之義
　　也。換言之。則總財貨於貨幣騰貴之意義也。蓋今日
　　之經濟社會。與昔時實物交換之時代不同。不曰米一
　　升之價爲茶一斤。而以貨幣爲價格之標準。曰金十五
　　錢或金二十錢。故謂物價騰貴。爲總財貨同時騰貴。
　　而忘却於其總者之中除却貨幣者。往々有之。是蓋吾
　　人習用貨幣既久。遂於不知不覺之間。致蹈此誤想之
　　故也。

以此故稱貨幣所表示之價格曰物價。又曰市價。由是
觀之。則物價或市價者。爲種種之財貨之交換比例。而不
可看做爲價格之一種者也。然其貨幣自他之種々財貨之關
係上觀察之。則與貨幣相交換之他之種々財貨。非貨幣之
市價而其價格也。^(二〇)

　　（二〇）凡物價也者。爲其總物之價。固已。然此
　　中不包含貨幣。則不可不注意也。何則。物價或市價
　　云者。爲對於貨幣而言故也。

　　如此、則物價或市價者。既爲他之種々財貨。與特種

財貨之貨幣之交換比例。則對於貨幣之他之財貨之價格若
騰貴。則他之財貨之市價。悉皆同時下落。貨幣之價格若
下落。則他之財貨之市價。皆當同時騰貴。故價格之同時
昇降者。非決無之。惟在市價乃有之耳。蓋所謂物價騰貴
也。爲貨幣之購買力下落。物價之下落也者。即貨幣之購
買力騰貴是也。^(二一)

　　（二一）總財貨之價格。雖不同時昇降。然對於貨
物之價即市價或物價之有昇降則無疑也。蓋物價之下
落也者。爲貨幣之購買力騰貴。物價之騰貴也者。即
貨幣之購買力下落也。然茲有當注意者。即物價之騰
貴。斷不可誤解爲常原因於貨幣之下落者即是。蓋原
因結果問題。與事實問題。不要混同。物價之騰貴或
下落者。一箇事實也。其下落、果原因於貨幣之騰貴
乎。將尚有其他原因存在乎。是常因時因地之不同。
有當特爲決定之問題也。即在現今我國。最近數年以
來。世間之議論此事者頗多。其論旨既分爲銀論者與
金論者二種矣。據金論者之所主張。則謂近年物價之
騰貴。爲專原因於銀之下落者。（明治三十年十月止、
日本貨幣尚爲銀本位）銀論者反對之曰。銀之下落。
如金論者之所言。故於物價騰貴有多少之影響。固
己。然其主要之原因。則爲明治二十七八年日清戰爭^①
之餘波。中等以下者之購買力。一旦猝然增加。對於

---

① “日清戰爭”，即中日甲午戰爭。

種々之財貨。其需要遥超過供給是也。譬如因土木建築工事之日盛。而材木之需要非常增加。對於勞力之社會一般之需要。亦因之以起。而勞銀非常騰貴。延而至於招惹一般物價之騰貴也。且銀價之最下落者。爲二十六七年之頃。至三十年乃至三十一年。物價始漸々騰貴。殊無理由。加之金貨本位。寔有幾分使物價下落之傾向者也。然自實施以來。却呈反對之現象。由此觀之。則物價騰貴之罪。其不能獨歸之於銀之下落也甚明。（自明治三十年十月、日本始採用金本位貨幣）要之探究近年物價非常騰貴之原因。銀之下落。雖居其一。然其他貨幣以外之尚有原因。亦無可疑。且此種議論。不獨我國爲然。即歐洲各國。亦復爾々。近來歐洲論物價大下落之原因者。別爲二派。即第一、以金之騰貴爲原因者。第二、則以爲在生產法之發達。即機械之發明、交通之便利增加之事實等者是也。今欲語其詳細。則涉於繁雜。特省略之。然其真理。則當有可以折衷兩説之議論者。要之物價之騰貴。雖爲貨幣之下落。物價之下落。雖爲貨幣之騰貴。然是不過單表明事實上之關係而已。至貨幣與物價之間。固非必常有原因結果之關係存在者也。

經濟

第五章　經濟

人類之欲滿足其欲望。無不希望以最少之勞費而得最

大之結果者也。是實自人類之天性而生。所稱爲經濟主義
者之根據也。據此主義。而在基於一定之計畫之全體。循
其正當之順序方法。以滿足其欲望。而不絕獲得使用經濟
上之財貨爲目的之人類之活動。名之曰經濟的活動。又曰
經濟。此種活動之集合。在其欲望與其滿足之範圍內。自
成一個之系統。又稱其可認爲成一個之系統者。曰社會經
濟。或曰國民經濟。故社會經濟者。爲一個有機體而有活
動力者也。屬於此有機體之各個之活動。名之曰經濟的活
動。關係於此之當該活動現象。即經濟的現象也。

　　關於經濟之人類之活動。單可稱曰活動乎。將又可稱
爲勞力的活動即勞動乎。歐美諸學者之所常懷疑者也。瓦
格列氏曰。如對於土地之地代。又對於家屋之貸借料。雖
僅以收益爲目的之單純財産之管理。亦不僅常必要屬於勞
動觀念之活動。即使用既獲得之收入亦同。但關於經濟主
體所要之勞動之分量與其種類。僅就所謂經濟觀念。尚無
何等之規定。是自屬別問題。故僅謂之爲活動之時。似不
如用勞力的活動。又與之同意義之勞動之文字較爲適當。
然地主之爲單純的地主。資本家之爲資本家。（又不爲者）
往往有不得稱爲勞動者。但其爲經濟的活動。仍無可疑。
故余寗採所謂活動者之簡單語。而以勞動與非勞動之經濟
的活動二者。使包含於此中。而認爲尤適當焉。關於經濟
或經濟的活動之意義。若更欲求其明白。則其與技術、或
技術的活動之區別。亦不可不知也。

第六章　經濟的活動之前提

第一節　社會

　　一箇人者。非全然可以單獨孤立、以達其生活之目的。而必要他人助力者也。故人類之互相集合而結團體者。實爲自然之必要。人類之團結而因之以達共同之目的。其存在之有機體即社會也。稱社會之包含總人類與總生活之目的。泛稱之曰人類社會。而人類社會之各箇人之間。有種々之共同的活動。就中、自其依據經濟財貨以滿足欲望爲目的者觀察之。則人類社會者。即經濟社會也。在經濟社會之人類之活動。非直接共同之主權者。或共同之代表者。準據法令所定而行。而寗可謂爲一箇人與一箇人。或國民與國民。以經濟上之目的互相接觸。其活動即經濟的活動。屬於自然的行之者也。但所謂自然的之文字。亦非有絕對的之意義也。經濟活動之主的原動力。爲自利心。（Self-interest，Intéret Personnel，Eigennutz）自利心也者。人々欲使其欲望必能十分滿足之願望也。伊理林克①氏以爲依最少之勞費而得最多之結果者是也。自利心之之馳於極端流於鄙野者。稱之曰我利心。（Selfishness，Egotism，Egotisme，Selbstsucht）自利也者。在不以損害加於他人之範圍内。而圖其自己之利益者也。我利也者。雖以損害加於他人。亦不顧惜。而惟圖自己之利益者是也。

---

① "伊理林克"，即魯道夫・馮・耶林（Rudolph von Jhering，1818—1892），德國歷史學派法學家。

二者之間。自有微妙之區別。自利心雖實爲經濟的活動之
主的原動力。然於人類社會的生存必要上。不可不有之公
共心。則當被多少之制限焉。故支配經濟現象之主要力。
爲自利心。其助之者。則公共心也。公共心作用之範圍。
因文明之程度而大異。或發而爲箇人的慈善事業。或養成
一般之風俗習慣。或由於公力而特認爲一國之法律制度上
所採之主義。故論經濟現象而單以自利心爲根據者。實不
免於誤謬。

第二節　國家

國家

　　欲充分達人類並社會之目的。則在人類社會。亦當結
稍狹少之團體。此狹義之社會。即國家的社會也。若自國
家學上觀之。是即國家也。國家者、畢竟爲人類社會之一
部分。在有一定之區域之領土內。奉唯一不分割之主權。
以國家的社會之維持與發達爲目的者也。然而以一箇之社
會爲國家與以社會制度爲國家者不可不明區別。後者、蓋立
於國家主權之下。以指導國民。使全體向其達共同之目的之
方針者也。國權之作用。其結局。即一以此爲其目的焉。

　　社會制度之國家有二種重要之職分。

　　　　第一　據立法行政司法之手段。以確立法制而維
　　　　持之。以整理公共之秩序。而使屬於國家的社會者得
　　　　遂其共同生活。

　　　　第二　除去內事妨害。以避妨害的之影響。且設備
　　　　補助人文發達之獎勵的制度組織。使達社會之目的。

是也。

如前所言。凡人類與人類之經濟也者。必假定爲有社會乃始得認其存在者。實無可疑。故多數人相集而成社會以營共同之生活。縱令其不完全。亦不可不有國家的制度組織。是以國家之法制。實與人類同其起原者也。而在最初有國家並國家的制度存在以前。其有真正之人類者。斷非如<u>盧梭</u>[①]輩之所想像。謂有絶對的自由之箇人相集而任意協議。乃始組織國家社會者也。謂國家之起原。惟在契約説者。真不過一種之妄想焉耳。

私有財産制度

第三節　私有財産制度

凡人類之存在於此世也。其關於規定必要之衣食住之關係。以保持人倫之大本。使之遵行德義。嚴守法制。斷不可不有賴於國家之制度組織焉。故一箇人或組合會社等。所以獲得使用經濟上之財貨（貨物）之能力。有非僅據其實際所有之腕力智力金力等。而必據國家所制定之財産制度。乃得終始保持之者是也。(一)

（一）人類生存之必要的衣食住之關係。其有待於國家固已。即進而觀於人倫之大本。及法制之不使之有名無實者。亦因有國家則然。其結果。故人類生產交換或消費財貨之能力。僅依據腕力智力或道德心。雖亦有以爲十分可據者。然僅據此等之力。則人類經

---

① “盧梭”，即讓-雅克·盧梭（Jean-Jacques Rousseau，1712—1778），法國啓蒙思想家、哲學家，著有《論人類不平等的起源和基礎》《社會契約論》等。

濟上之能力終不確定。而不可不有賴於偏於此者之財
産制度焉。何則、腕力智力。雖十分富於生産力。然
財産制度不備。則生産之結果。仍當歸於社會之共
有。有斷然也。

財産制度之規定。因如何而使人々之經濟上之能力。
根本的大有所異耶。至於違反國家之法制。而獲得使用財
貨之時。則經濟學無論斷之之必要也。(二)

　　（二）人々在經濟上之能力。必依於國家之法制而
定。固已。然世間亦非無反於法制之行爲。而究之非
經濟上之問題所當論究者也。譬如依竊盜强盜等之行
爲以謀衣食者。其不爲經濟問題所當論究。夫豈待
辨。然從來之學者。往々以之與正當的經濟行爲相混
同。而同視爲生産事業者。不得不謂爲誤謬之甚也。
蓋若以此論爲生産事業。則伏於社會裏面之他之隱祕
事項。亦至不得不取而論之。如此、則經濟學之範
圍。至不能不愈加以擴張也明甚。但此等問題。在經
濟學上。亦有談論及之者。究之亦非以之爲經濟的行
爲而論之也。不過欲比較例證之故及之耳。譬如奴
隸。雖非現今社會之所認。然彼在歷史上固嘗有重要之
關係。則於説明之便宜上。引用及之。夫豈得已耶。

加之經濟學。當其單論人類全體。與人類社會一般之
富。或國民全體、與國富全體之關係之時。或有不特注重
財産制度之如何者。雖亦未爲不可。然在專論人類社會全
體之富、或一國全體之富、當如何分配於一箇人並各社會

階級之間之問題之時。則斷不可置之不問焉。然今日之經
濟學。與昔日之經濟學異。不置重於國家社會一般之富。
或一國全體之富。（即國富之總額）而專置重於分配於其各
社會階級之間。或箇人間之分量者。則財產制度之大體。
所不可不知者也。國家之制度法律中。於人類之經濟生活
最有密着重要之關係者。實在國民之財貨。而尤以規定對
於有形貨物之關係之財產制度爲然。

　　財產法所謂私有財產者。即對於存在於社會之總經濟
上之財貨之一箇人之私分也。故在一定時期之一箇人之經
濟的能力。與其保有之財產權之內容相等者也。所謂財產
權之內容者爲何。即經濟上之財貨是也。一箇人之財產權
云者。即據國家之法令。綜合其在財貨上對於他人所有之
種々權利也。此財產權之性質如何。其取得讓與之之方法
如何。皆於經濟上有重大之影響。故關於財產制度之經濟
現象。實不能不謂爲不大。如公法。雖亦以重大之影響及
於經濟現象者。然其影響多屬間接。且其大小強弱。決非
可與財產制度之影響。同日而語也明矣。財產制度。無論
公法上有若何之變遷。政治上有若何之改革等。而百年殆
如一日。決非可以容易動搖者。在經濟現象。常成必要之
條件。在一般經濟社會。常直接有強大之影響。實深切著
名之事實也。[三]

　　（三）財產制度之如何。於社會經濟上有巨大之影
響。此當然之事也。然世人往々昧之。蓋因慣習於此
制度之下。而習焉不察耳。不知財產制度。有無論公

法上之變遷如何。政治上之改革如何。而終不與之同
其變革者也。顧私有財產制度之主義。則謂其自有歷
史以來。未曾變更者。亦非過言。何則、如現在我
國。亦常欲實行個人主義之財產制度者也。然終不能
遂行。至於今尚不能不採取折衷家族主義與箇人主義
兩者之財產制度。非其明效大驗耶。

先有經濟上之狀態之變化。而後有財產法之改正者亦
往々有之。然經濟上之現象。常影響於現在或過去之財產
制度。而以之爲前提之大條件。又實毫無可疑之事實也。

財產制度之根本主義。大別爲二。一爲總合主義。一
即箇人主義也。

（甲）總合主義

總合主義者。一曰共同主義。又曰國家主義。或社會
主義。立於此主義財產制度之下者。則一箇人之對於貨
物。僅有一定期間之使用收益之權利而已。自由處分之
之所有權。惟國家或其他政治團體乃專有之。^{（四）}

（四）在總合主義財產制度之下之一箇人。其對於
重要之貨物。僅於一定之期間。有使用之權利。而無
有自由處分買賣讓與之之權利。約而言之。則此主義
之財產制度。即共有財產制也。凡重要之貨物。皆爲
國家或其他政治團體之所有。一箇人對之。不過僅有
其使用權。此主義之財產制度。自有歷史以來。雖所
罕見。然在歷史以前。即未開時代。亦殆有行此主義
之財產制度者。即在今日。其對於土地也。如我國之

之變遷如何，政治上之改革如何，而終不與之同其變革者也，顧私有財產制度

之主義，則謂其自有歷史以來，未曾變更者亦非過言何則如現在我國亦常欲

實行個人主義之財產制度者也，然終不能逐行，至於今尚不能不探取折衷家

族主義與箇人主義兩者之財產制度，非其明效大驗耶。

先有經濟上之狀態之變化，而後有財產法之改正者亦往往有之，然經濟上之現

象常影響於現在或過去之財產制度，而以之為前提之大條件又實毫無可疑之

事實也。

財產制度之根本主義，大別為二。一為總合主義。一即箇人主義也。

（甲）總合主義

　總合主義者，一曰共同主義。又曰國家主義。或社會主義，立於此主義財產制度

之下者，則一箇人之對於貨物，僅有一定期間之使用收益之權利而已。自由處

分之之所有權，惟國家或其他政治團體乃專有之。（四）

（四）在總合主義財產制度之下之一箇人，其對於重要之貨物，僅於一定之

《社會經濟學》第 165 頁

沖繩縣。及俄羅斯之農業地方。尚多行此主義是也。
然對於一般之財産。則絶無行之者。至其主張此議論
者。則往々有之。如共産黨社會黨即是也。

（乙）箇人主義。（一曰私有主義）

據箇人主義。則人々對於總經濟財貨。可以永久所
有。而有完全的財産所有之權利者也。^(五)

　　（五）茲有當研究之一問題。即財産法、認人類爲
財産與否之問題是也。今日文明各國。以視人類爲財
産者。一般皆禁止之。而認人爲一般財産權之主格。
（主體）不認爲物格（客體）者比々然也。然古代以
來。既有奴隷制度存在。則人也而物格視之。既如余
前之所述矣。且在今日之社會。雖非公認其無階級。
然以法令定其在各階級之間。遂異其經濟上之能力者
則無有也。故當論經濟現象。自無區別階級以立説之
必要。譬如華族士族平民。雖有階級。至其經濟的能
力。則法令上皆一切平等也。故經濟學即據此平等主
義。以論經濟現象足矣。然如資本家勞動者等之社會
階級經濟階級。其經濟的能力之有差異於實際往々有
之。然此差異。不能以之與法令所認者同一視也。

關於財産所有之法制。由古迄今。果如何發達而來
耶。按其沿革。則太古之世。全採總合主義。而不認一箇
人之私有財産。謂凡經濟財貨。當悉爲社會之所有也。然
<u>盧梭</u>一流之學者。既於一箇人之權利。非常置重。而又欲
復歸於總合主義盛行之原人時代。使人類復其所謂自然之

狀態者。亦可謂自相矛盾者矣。

　　現今之社會。總合主義之思想。亦非全不存在也。如對於鐵道、郵便、電信、電話等之極新事物。亦往々有採此主義者。而或則於理論上倡之。或則於實際上行之。對於是等者之國有論。其最著者也。又有制限一箇人之財産所有權者。如土地收用法即是。然此不過例外而已。自一般言之。則方今文明各國所行之財産制度。則專據箇人主義也。^(六)

　　（六）文明如今日。總合主義之思想。亦非全然消滅也。往古之世。僅對於有體物認其所有權而已。今日則對於無形物。（如版權是也）亦認其所有權。且對於鐵道、郵便、電信、電話等極新之事物。亦採此主義。而至有主張國有論者。其以之爲學理上之主義者。則方今鐵道國有論者。一般之所是認也。蓋以鐵道事業。與普通之事業不同。於國家之命脈。直接有至大之關係者也。余從來對於鐵道。亦嘗主張國有論者。然余所持之主義。與世間所謂鐵道國有論者。所倡之主義大異其趣。在我國現今所主張鐵道國有論者。其多數。皆非眞實業家。而寗可謂爲虛業家者也。彼等之多數。非前年熱心主張東海道^①鐵道賣下論者耶。如論者之所言。則在本年雖主張國有。然至二三年後。世間之景象恢復舊觀。株券之價直^②。較前騰

---

① “東海道”，日本行政區劃“五畿七道”之一，指本州太平洋一側中部的行政區劃。
② “株券之價直”，該書正誤表更正爲“股票之價值”。

貴。又必更主張民有論矣。直截言之。則論者之多
數。其心目中惟希望株券①之騰貴而已。審復知其他
耶。且如論者之所云。凡鐵道不可不一時買上。如
此、則鑑之方今之財政界。實余之所最不贊同者也。
蓋欲實行鐵道國有主義者。惟採之爲國是而徐々實行
其國有主義即足。必非限於以全國之鐵道。必不可不
一時買收之者也。且此問題。並非政黨政派之黨派問
題。而無論在何內閣之下。皆屬不可反對的國是之大
方針之事項問題也。

　　又論者、何故僅對於鐵道。主張國有論。而於電
話則不然耶。我國幸自創用電話以來。即採國有主
義。故對於此事。即無議論之必要矣。然此主義。歐
美各國尚不免有所議論。唯一般大勢之所趨。對於此
等事情。其是認國有之主義者。每占多數而已。

　　古來以一箇人之所有權爲正義者。其所基之理由。雖
不一而足。然大別之。則有三說焉。

　　第一說　　此說、爲德人亞林士②之所說明者。然實際、
則爲法國學者間所常唱道之性法自然法之說。而以所有權
爲基於人生固有之性質者也。據此說。則人類生而有天賦
之自由與天賦之權利者也。保維之使之特立獨行。而得爲經
濟上之行爲者。先由於有所有權。有所有權而後人類之生存
發達。乃可得而完全也。故謂所有權爲全基於天賦。(七)

────────────

① "株券"，該書正誤表更正爲"股票"。
② "亞林士"，即欣里希·阿倫斯（Hinrich Ahrens，1808—1874），德國哲學家、法學家。

　（七）此説、根據一種之假定而成立者也。即人類
有天賦之自由權利。其爲經濟上種々經濟之行爲者。
即欲全此自由權利者也。然欲完全天賦之權利與天賦
之自由。若不認所有權。則人類之進步發達不可得而
望。換言之。則所有權者。亦出於天賦者也。由於此
而後人類之進步發達乃得完全。然天賦之自由權利。
果依據何者可以認識。其所基者。不過一種之空想。
而甚覺漠然之假定説也。然古來此説。曾大得勢力。
且信之者至不可思議之多。而使彼之法國演出最慘澹
之大革命。於歷史上永留血腥者。非即此説之效力也
耶。然謂人類爲平等者。全然一種之空想也。何則、
按之事實。非與吾人以不平等之現象耶。且主張此説
者。亦常倡男女同權論矣。按之實際。其然耶。其不
然耶。彼等之欲實行之者。則方今世界之實際。無論
何國。皆屬男尊而女卑矣。且謂人類若不平等。則社
會全體當來不幸者。又豈其然耶。

　　雖然、此説之大得勢力。由來已久。即至今日。
亦非絶口不談也。世之政黨者流。常以人類之自由平
等。爲可以明揭於其政綱者。至於今日。則此流派之
人士。且顯揭此事實問題於其政綱焉。即在我國。當
明治十四五年之交。政黨之綱領往々有標舉此等之文
字者。至今各派。殆如相約者然。始全然廢止之。且
法國學者中。其唱道性自然法之説者。今殆亦全絶其
跡矣。

　　第二説　　此説、即<u>虎哥克樂雪士</u>①<u>司達爾</u>②<u>巴士秋</u>③<u>洛克</u>④等所主張之勞力説也。謂對於財貨之起原。要行其正義。故一箇人之所有權即存在。據此説。則財貨之起原者。勞力也。勞力大別爲二。一即先占。一即普通所謂勞力也。有此二種之勞力而後財貨始生。故對於財貨所由生之起原之勞力爲正義。則一箇人之所有權即存在也。(八)

　　（八）此説、即命名爲勞力説亦可。然與前揭諸學者所唱道<u>盧梭</u>等之所説。雖大旨相似。要之主張此説者。則謂所謂天賦之權利。爲基於人之勞力矣。以勞力分爲二種。其一即占有也。（謂之先占亦可）如獲得在山野之鳥獸或果實即是。第二、即普通之勞力也。要之此説之根據。以一度生出之財貨。當使之歸於其生之之人。而不當使之歸屬於他人。故有勞力。則欲對之行正義。即不可不認其所有權也。然以總財貨之起原。謂爲皆在勞力。則殊不妥當。何則、譬如空氣。吾人並不別要占有之勞。而可常々呼吸之者也。但雖不因之支拂⑤代價。然空氣。亦一財貨也。惟於此點。與他之財貨異。故稱之爲自由財貨。又以他之事

---

① "虎哥克樂雪士"，即胡果・格勞秀斯（Hugo Grotius，1583—1645），荷蘭法學家、人文主義者和詩人。
② "司達爾"，即斯達爾夫人（Madame de Staël，1766—1817），法國女作家、政治理論家、文學批評家，著有《從文學與社會制度的關係論文學》《論德國》等。
③ "巴士秋"，即弗雷德里克・巴師夏（Frédéric Bastiat，1801—1850），法國自由貿易派經濟學家，階級調和論的代表人物。
④ "洛克"，即約翰・洛克（John Locke，1632—1704），英國哲學家、經濟學家、啓蒙思想家，早期資産階級天賦人權理論的代表人物。
⑤ "支拂"，該書正誤表更正爲 "支付"。

實證之。譬如因相續①而取得所有權者。亦不要絲毫之勞力者是也。據此則此說之不穩當自可推知。

第三說　此說、即霍布士②孟德斯鳩③賓沙④瓦格列兒諸氏所主張之法律說。而非如前二者之主張先天的之理由者也。據此說。則一箇人之所有權。不過由於國家之便宜上以法令認之而已。⁽⁹⁾

（九）是即今日之實際也。然亦有不可一概斷定者。即法令所以認之者之理由。果屬何在。對於此全無說明。亦不能不謂爲此說之缺點也。然此說比之前二說。其爲突飛進步。實無所疑。唱道此說最力者。如孟德斯鳩之萬法精理⑤及賓沙　瓦格列兒　霍布士等皆是也。

右列之三說。雖非不含有多少眞理之分子。然尚未足爲圓滿之議論。而不可不取眞理以折衷之者也。余故曰。一箇人之所有權者。人類由於先占與勞力以取得外界之財貨。（貨物）而自其發源於人類之性格者。因社會國家法制上認此性格。乃始完備者也。⁽一〇⁾

（一〇）所有權之原理。若從根本的攻究之。則非經濟學之本分而法理學上之問題也。此處惟略叙是等

---

① "相續"，即遺産繼承。
② "霍布士"，即托馬斯·霍布斯（Thomas Hobbes，1588—1679），英國哲學家、政治理論家，機械唯物主義的代表人物，早期資産階級天賦人權理論的代表人物。
③ "孟德斯鳩"，即沙爾·孟德斯鳩（Charles Montesquieu，1689—1755），法國哲學家、社會學家、法學家、經濟學家，著有《羅馬盛衰原因論》《論法的精神》等。
④ "賓沙"，即耶利米·邊沁。
⑤ "萬法精理"，即孟德斯鳩所著的《論法的精神》（*De l'esprit des lois*），1902年，張相文譯爲中文，名《萬法精理》。

諸說之同異。而附之以大體之意見焉。

一箇人之所有權。與在法制範圍内之人身之自由也者。皆在社會上、經濟上之發達。最爲必要之條件。實無所於疑者也。而尤以對於土地之所有權爲然。然現今關於私有財産與一箇人之所有權之法律制度。至其至微極細之點。亦不得視爲毫不可動而萬世不易者。照之國民之經濟上並精神上之進步。審不得不謂爲有多少變化者也。徵之既往之歷史。亦已如前所述。所有權之性質。既因時代而大異矣。在幼稚之社會。人々之利害既多同一。共有財産之制度乃行。共同所有權獨爲法令之所認。反之、世運進步。則人々之利害既異。漸次至於互相衝突。同時經濟上之關係。亦次第趨於繁雜。而存在於社會之總經濟的勢力。欲使之充分發達。則社會經濟必要之總機關。亦必欲使其充分善於動作。則法令上遂不得不認一箇人之所有權。而此所有權者。常與文明之進步共擴張其區域者也。即至於不可以手足觸不可以眼目視如精神上者。如版權所有亦是也。[一]

（一）一個人之所有權。非出於天賦。前說既盡之矣。然既以之爲社會進步之條件。則不得不認之。但此制度。亦決非千萬年之後毫不可變易者。即在古昔共有財産制度盛行之時代。亦可考知也。然共有財産制度。在人々之利害同一之時。雖不見有弊害。若世運進步。則狡猾之徒。即不免生獨占利益之弊。遂漸々見利害之衝突矣。於是一個人所有權之制度。即

由此而起。其所認爲所有權者。在昔時雖不過僅對於
弓矢銃砲等有之。然因社會之進步。則有形物無論
矣。如版權之無形者。亦至認其所有權焉。

　如此、則一個人之所有權。因法令之一次認許以來。
而漸次至於擴張。固有然矣。然他之一方則因社會之進
步。一私人之利害與公共一般人之利害。互相衝突者既增
加無已。故欲保護後者正當利益之進步。則於前者。有多
少制限之必要。亦漸次增加。是以國家因之。或設强制買
收法。或定土地收用法。或於田畑、森林、鑛山、鐵道、
電話等之所有權。加以種々之制限者即是。且基於此理
由。而更進一步言之。則舉是等而總歸於國有。或市町村等
之公有之議是也。此國有又公有之説。實際上雖非無其他種々
理由。然其爲主者。則以所有者之一私人與社會公衆一般之
間。常有利害之衝突。則因之欲以保護後者。而所謂社會政
策之理由乃與有力焉矣。

　生於一箇人之所有權。欲使之完全得稱爲自然的增補
者。即相續權也。相續制度者。即財産之所有者。雖至死
後。尚能使其意思公然貫徹者也。然在所有者自爲之耶。
或據法律之所規定耶。（推定相續法定相續即是也。）或明
以自己之遺言爲之耶。然在相續權。亦與所有權同。其處
分財産之自由。不免有多少爲法律所制限。是等之制限。
第一、基於社會公共之利害關係。第二、保護遺族之道德
上並經濟上之狀態之必要。如世襲財産之設定。極不容易
者。即基於前種之理由也。如遺留分之規定。即根據後者

之理由也。關於是等之詳細事項。參照民法相續編自明。

　　貧富懸隔過甚之事實。古來往々有欲代私有財産制
度。而設他之制度之議論矣。其最重者。即基於共産主義
與社會主義二者是也。共産主義之説。雖欲廢止私有財
産。而代之以共有財産。然其爲之之程度、順序、方法
等。則共産論者中。異説頗多。社會主義者之説。則欲將
現今之私有財産制度。與自由競争。在社會上並經濟上之
狀態。舉其反於正義之弊害過甚者。全然打破者也。且又
僅以勞力爲定富之分配額之標準者也。因欲達此目的。於
是採社會主義者之中。至案出極巧妙之計畫與方法者甚
夥。然其所持之主義。其結局。皆不免陷於共産主義。及
歸於私有財産（資本及土地之私有財産）之廢止與箇人自
由之廢滅者。如此、則在凡社會主義論者。其共通之觀
念。雖不全然如此。然其所主張之手段方法。與其實際所
採之運動方針。則不免相互大有所異矣。今於其詳細。雖
不暇論。惟茲有當一言者非他。即一般設定共有財産制
度。使箇人之自由全然束縛。自由競争全然歇絶。戻人類
之天性。而使自太古以至現今。文明之進步發達。全相矛
盾之事實是也。^(一二)

　　（一二）如本文所陳述。若以生産之要具之土地資
　　本等。使爲社會之共有物。而以生産物之分配。僅一
　　據各人之勞動。是不獨於過去之文明進步之狀態既相
　　矛盾。且既一度排斥自利心。而僅依據公共心。則經
　　濟上之進步。當全静止。且無論在經濟上或一般社會

上。亦皆當靜止而同歸於退步者也。故據共產制度以
組織社會者。終無成立之一日。且有演出自有人類歷
史以來。所未曾有之最甚之專制社會。亦未可知。加
之私有財產制度若廢止。則必有不能不將道德上並經
濟上之繁榮所必要不可缺者。如家庭之神聖與家族制
度。一齊打破之或毀損之不止者。則在人類社會。詎
非無上之不幸耶。

且社會黨所主張之共同經濟組織。如強欲實行之。則
其當監督生產之任者。不可不教育之。或養成從事總生產
者之子孫。且於一般消費。亦當加以監督。因此、則需要
多數官吏之弊。亦殆所不免矣。且其最可恐者。其當監督
者之官吏。尤以上級之官吏有無限之權力者爲然。而當常
立於實行之地位者也。如此、則社會不僅至苦於古來無類
之專制。且因有無限之干涉與監督。則生產之結果。比於
在現今制度之下之結果。不僅決不能多也。且却有不得不
減少者。有斷然焉。何則、以吾人之經驗。則在方今之社
會。其自利心之活動。有全無者。或有之亦甚少者。則其
生產。即不免有甚少之結果與惡結果焉。一般之事實。夫
固彰々在人耳目間也。

生產手段之不枯
渴者

第四節　生產手段之不枯渴者

經濟的活動之第四前提。謂生產之無限者也。即生產
所必要之機關之活動全不停止。而因人類之欲望。尤以自
然的欲望之增加。少有助於生產之增加者是也。自然的欲

望之增加者。縱令人口因之增加。亦常有之。然其爲滿足
自然的欲望之根本者。則爲土地。其在全世界之土。原來
有限者也。組織國家之社會之人民。其居住僅在地域有限
之範圍内。無論其不能增加。即有之亦不過於其耕地。可
以多少擴張而已。故人口日益增加。則多數人之生活程
度。其關於必要之衣食住。必感不足。而不得不低落者。
是即所謂人口過剩之狀態也。欲説明此不幸之狀態。英人
馬爾薩司氏嘗著有有名之人口論。而謂人口之增加。爲幾
何級數的。生活上必要品之增加爲等差級數的矣。其詳細
後再論之。然此事實既發生。則生産之當減少。經濟的活
動或全至休止亦未可知也。故生産之無限。生産機關不能
動作不已者。在人類之經濟的活動。亦不得不謂爲必要不
可缺之一前提也。

經濟學之定義並其分科

第一章　經濟學之定義

　　凡定義、以簡單明瞭爲貴。故其下一定義也甚難。即
舉家財器具各種單純之物品言之。如欲與以適當之定義。
亦不無多少困難。況學問之定義耶。況其所欲下者。又在
關於人類之學問之定義耶。經濟學也者。即研究關於人類
社會極複雜無定之現象之學問也。今欲與之以定義。而謂
其可以免於非難。余雖庸陋。亦期々知其不可矣。故茲惟
假揭以定義焉。（一）

　　（一）凡定義之貴簡單與明瞭。此論理學上重要之
原則也。必其言簡而意該者。乃得謂爲良好之定義
焉。然欲得適合於此原則之定義。頗屬難事。蓋即取
單純之器具。如几與椅子等。欲與以適當之定義。尚
且不免感多少之困難。況學問之定義耶。就中、尤爲
關於人類社會之學問之定義耶。如經濟學者。既爲關

於人類社會最複雜之學問。則欲與之以完全之定義。
其困難夫豈待言。余於此點。可謂深知其甘苦者。故
茲唯假揭其定義而已。抑爲最初之原則者。即爲最終
之原則者也。西哲之言。可謂先得我心。蓋無論在何
種著書。於其劈頭即揭示學問之定義者。此普通之狀
態也。然學問之定義。非在研究之之後。則斷不能了
知。余猶憶距今二十年前。當研究普通學之時。曾向
物理學教師。質問斯學之定義之爲何矣。教師對曰。
是在修了此學科之後。乃得知之者也。迄今思之。猶
不能不贊嘆此教師之答辯爲適當焉。經濟學之定義亦
若是耳。

然當講述此學之時。非豫將余之所對於經濟學之全體
觀念如何略爲説述。則至後或致惹起意外之誤解。亦未可
知。故所説即不完全。亦不得不下之①以定義也。至於充分
之定義。則必將經濟學內容全體。子細研究。而後乃得知
之。且即令知之。而欲與以完全無缺之定義。亦屬絕對的
不可能之事。蓋無論何定義。皆爲不充分的。而經濟學亦
其一也。欲知經濟學之爲何。則所謂經濟學之語。有如何
之意義。先不可不知也。所謂經濟之語。在西洋學未入我
國以前。已先存在。其附加以“學”字者。則適用英語之
（Political Economy）亦三十餘年前事也。然經濟二字。與西
洋語之“葉科諾密”相當。據普通一般所使用之意義觀

---

① “不下之”，該書正誤表更正爲“不與之”。

之。則有儉約節儉等之意義。儉約節儉者、皆有多少爲修治一身整頓一家之秩序所必要。故此語自含有自然事物之秩序也。譬如彼經濟家也。此經濟主義也。在宇宙萬物自有一定之經濟法則之處。則是等之意義。似含有"葉科諾密"之意義也。⁽二⁾

（二）經濟學、即"葉科諾密"之語。據普通一般所用之意義觀之。則有儉約及節儉之意義。當其行節儉及儉約也。非多少爲一身一家之秩序。則畢竟難行。譬如不知一家之收入支出之大概者。而欲如何節儉如何儉約。終有所不能故也。

尋此西洋語 Economy 之起原。是即從希臘語之（Oikos）（Nomos）二字而出者也。Oikos 者。有"家"之意義。Nomos 者。即法則之義也。故 Economy 者。爲家之法則。所謂家法或一家之秩序整頓之義也。自主觀的用之。即指稱關於一家之法則之學問。或整頓一家之術也。其後、漸冠以（Political）之語者。則適用於位於一家之上之一村一町一市一縣一府一國等之公共團體。而自小以推移於漸大者也。⁽三⁾

（三）此段、事理甚明。其説明略之。

至於我國及支那所用爲經濟之語。則可謂由廣義而漸入於狹義。由大以漸移於小者也。觀支那之使用"經"字者。在易之屯卦。則曰君子以經綸。周禮之天官。則曰太宰以經邦國。注、經、法也。王謂之禮經。又、左傳昭公二十五年。爲夫婦內外經二物。注、夫治外。婦治內。各治其物。又、詩之大雅。經之營之。其他有所謂經緯、經度、經紀者不少。由此推之。則經字大率用爲動詞。而有治之之義。用爲名詞。則指治道之常則。而於其中包含有一致、和合、整理。秩序等之意義者也。其解"濟"字。謂與齊通。與定、調等字同義。結局、亦與經字無異。然以二字連用爲經濟者。則與西洋語之（Economz①）相當。支那自秦之時代以來。亦有經濟之熟語。而適用於治天下或天下理財之道之義者也。我國古來亦然。取<u>太宰純</u>②所著之經濟錄一書讀之。其所言皆治國平天下之術。則知其用此二字之意義。與後人之用此二字者同。而以論富國强兵者。即解爲經濟矣。自是以後。經濟之意義其用稍狹。即一身一家之事。亦適用之。至泰西之文物輸入我國以來。則以此熟語適用於研究理財及圖國家之生存所必要之原理原則之學術。又一轉而及於一身一家之會計矣。故我國及支那所用之經濟二字之意義。謂其由大至小由廣入狹實非過言也。^{（四）}

（四）我國及支那所謂經濟之語。果有如何之意義。是亦一要研究之問題也。觀於易周禮等之古書。即多少有所得。據其見於是等書籍之所用者。則以經字爲名詞。即指治道之常則也。以之爲動詞。則有治之之義。其用濟字也。謂與齊字同。至運用此二字爲經濟之熟語。自秦以來。即用爲治天下之義。即有用

---

① "Economz"，有誤，應爲 "Economy"。
② "太宰純"，太宰純（1680—1747），字德夫，號春台，日本儒學家、經世學家。

於政治之意義者也。其後則推之一身一家之事。亦適
用之。我國古來。其所用亦與支那無異。觀太宰純所
著經濟錄中所論。其大部分皆爲治國平天下之事。如
今日之論究經濟學者。則不過其一小部分。其後、則
關於治國平天下之術之一部如財政等亦使用之。又漸
則適用於一身一家之事矣。要之日本及支那所用經濟
之語。其意義。皆由大而小。由廣入狹。變遷之迹實
無可疑。故比之歐洲所用經濟之語。其意義不得不謂
爲全呈反對之變遷也。

古來諸學者所下經濟學之定義。其種類之多。殆與學
者之數略同。於此即足證此學之尚屬幼稚也。觀其所下之
定義。非流於廣。即失之狹。求其能得中庸者。實不數
覯也。(五)

　　（五）今於諸學者所下之定義。不暇一一引述。惟
　　於其大體一言之。則諸學者所下經濟學之定義。其數
　　之多。略與學者之數相等也。如亞丹斯密始著富國論。
　　（嚴氏譯爲原富①）迄今不過百二十餘年以來也。自亞
　　氏以後。諸學者所下之定義。亦各々不同。就其中而大
　　別之。則爲二種。其一失之廣。其一又失之狹。求其能
　　得中庸者則甚少矣。

美人竭理氏一派之學者。以經濟學爲包含有社會之一
切現象者也。甚至在氏之自身。亦下以社會學之名稱。在

---

① “嚴氏譯爲原富”，1900 年，嚴復將《國富論》譯成《原富》，於 1901—1902 年由上海南洋公
　學譯書院陸續出版。

經濟學史近時之傾向。其漸至循此而進者雖頗不少。然余
則不憚逆此風潮。而欲鳴其不可以經濟學與社會學相混同
之非也。故竭理氏一派之見解。畢竟皆不免失之廣泛。反
之、若英人馬克拉德^①氏一流。則以此學爲關於財貨之交
易者。是又失之過狹。亦非可採之定義。蓋交易之現象。
不能與生產之現象分配之現象及消費之現象分離攻究之者
故也。^(六)

　　（六）竭理氏曰。經濟學者。與攻究社會現象全體
之社會學同一者也。如是、故汲氏之流者極多。近來
之風潮乃始知以經濟學視爲現社會者之誤謬。蓋經濟
學者。雖與法學統計學及史學等各種之學科。有密接
之關係。然因其有密接之關係遂視爲同一。寧非誤謬
之甚耶。且社會學者。所以攻究社會一切之現象者
也。與經濟學之專考究社會現象之一種者。其方法自
有不同。溯宇宙萬物之起原。無不自混沌而漸次分化
進步者。譬如法典。在彌生法典^②。則與宗教若不可
分。至哥蘭教典^③。則已略似刑法之規定。然漸次進
步。乃成今日之法典。其一例也。亦即事物循發達之
途徑而進步之原因也。要之竭理氏一派之學者。既誤
進化之原則。而欲使今日之文明。復還於原始社會之
狀態。亦殆可謂爲不達事理者矣。又馬克拉德氏一派

---

① “馬克拉德”，即亨利・麥克勞德。
② “彌生法典”，疑即《摩奴法典》，古印度的宗教和法律匯編，是古代印度法制史上第一部權威
　法律典籍，於公元前 2 世紀至公元 2 世紀陸續編成。
③ “哥蘭教典”，疑即《古蘭經》，伊斯蘭教經典。

之學者。謂經濟爲關於交易者。亦不免誤謬。何則、蓋交易與生産分配也者。本有密着之關係。故不能分離以論之。是恰如研究人體之生理者然。若以手足與頭蓋分離而研究之。則生理之原理。必不能遂其完全之研究。若欲爲完全之研究。則手足與頭蓋。其不能不以之一同研究也甚明。經濟學又何以異是。

故余之所與於經濟學之定義曰。經濟學者。關於人類社會之學問。而專攻究關於經濟上之財貨之現象者也。

此定義在最初之一段。必明言經濟學爲關於人類社會之學問者非他。是即不欲蹈理嘉圖及其他英法等舊派經濟學者之非。單注意於經濟上之財貨或富。而不置重於人類並社會。甚至視人類爲從事於富之生産之機械的動物者故也。[七]

（七）此定義。雖頗簡單。然其闡明經濟學之關於人類社會之學問。實可自信爲毫無餘蘊者也。蓋若謂經濟學僅爲關於人類之學問。則不免有惹起謂經濟學僅爲關於箇別人類之學問之虞。是以定義中。必明言關於人類之集合團體之學問者即此故也。且此定義中。所必要説明者。從來英法等之舊派學者。每置重於富而輕人類。其對於下級之勞力者尤冷遇之。其極、至有視爲使用於生産之器械者。其當矯正其非豈得已耶。蓋自機械發明以來。機械既足當一部之勞動。若婦女、若稚孺、皆足以當駕馭之任。而被雇爲職工以從事勞力者甚多。（向來家庭中之勞動。雖非無使用婦孺者。然大工場等、則多據物理學上之原則而

從事於機械之使用矣。）於是教育風紀衛生等皆大生弊
害。對於是等之弊害。若欲保護幼工女工等。則不可
不加以多少之限制焉。即自機械之裝置、工場之建築
以至男工、女工、幼工之工場及休息所之區別。若於
衛生不加注意。則其弊害。必有延及子孫者。然<u>理嘉
圖</u>氏一派之學者。不僅於此毫無顧慮。且明目張胆而
爲之説曰。是等之婦女子幼年者。若非利用於工場。
則彼等將窮於衣食而傍徨於路衢矣。是豈非皮相之見
耶。何則、此等幼老婦女子等。若不使之入勞力者之
社會。則一方勞力者之賃金。必當騰貴。勞力者之子
弟。皆可依其父兄而得衣食。又安見有自爲勞動之必
要耶。此余之所以必欲矯正之也。然<u>滿秋司他派</u>[①]、即
英國自由貿易派之議論。在實際社會。今尚大有勢
力。英美固不必論。即在我國。雖一方有干涉派之議
論。然其在實際社會。其炎々欲燃之狀態。殆不可遏
也。故無論將來。即在今日。於經濟學之定義中。所以
必要明言關於人類社會也歟。

定義之後段。所謂關於經濟上之財貨之現象也者。即
關於經濟上之財貨或富之生滅增減等。凡人類之損益禍福
皆是也。然所謂富之生滅與增減二者。其議論頗多。於此
姑不詳説。而讓之純正經濟學中。^(八)

（八）關於財貨之現象也者。即關於生産分配等人

---

① "滿秋司他派"，即曼徹斯特學派（Manchester School），發端於 19 世紀英國的曼徹斯特城，代
　表人物有理查德·科布登和約翰·布萊特。該學派反對重商主義，主張自由貿易和社會公正。

類之損益禍福是也。人類之損益禍福。其非單由於富之分配生産等者。雖所勿論。然亦不失爲其原因之一。則亦毋庸疑也。

生産分配等之意義。欲以一言盡之。難望其完全也。故其詳細。讓之第二卷純正經濟學中。惟茲有當注意者非他。即人類者何耶之問題是也。人類也者。爲組織社會之人。即<u>亞理士多德</u>所謂有社交的性質之人類之謂也。

獨關於所謂人類之名詞。不可不少爲之説明者。茲所謂人類也者。與未開時代之原人異。非指其箇々別々全然孤立。獨自以狩獵漁業等爲業。朝而生産。夕而消費。僅乃謀其生計者之謂。縱令其不完全。亦當建設一箇之有機的社會者之謂也。即<u>亞理士多德</u>所謂人類之爲人類。必備有社交的性質而爲共同的生活者是也。然在此人類之間。有宗教道德政治法律等之現象。攻究之自有種々專門之科學也。其中攻究關於經濟財貨之現象者。泛稱之曰經濟學。故經濟學者。爲關於社會學之一。其所攻究者。即其關於爲社會之一分子之人類也可知。在未組織社會原人時代之間。其財貨上之現象。稱之曰箇人經濟、或私經濟的現象。是蓋爲箇人經濟學或私經濟學之所當攻究者。而非茲所謂經濟學之本來所當攻究者也。經濟學者。實攻究關於如日本支那英法德等。有一社會成一國家之國民之財貨之現象。並存在於國民與國民之間之財貨上之關係。即攻究國際經濟現象等者是也。蓋經濟學者。其結局。若離社

會國家之觀念。即不認其存在故也。[九]

（九）人類集合而成社會。其間自有種々之現象發生。攷究之。自有各種之科學也。其攷究關於財貨之現象者。廣義之經濟學即是。夫然。則在原人時代。雖非無生產及消費之現象。然非爲社會學之一種之經濟學所當攷究者也。

國家亦有種々。或有富强而無敵於天下者。或有不免日即於滅亡者。然不論其富强與貧弱。苟既有國家之組織。則行於其間之社會經濟之現象。皆得以之爲研究經濟學之目的物者也。然經濟學者。不僅一國一社會之財貨上之現象。所當研究。即一國民與他之國民之間。即國際間之財貨上之關係。亦須研究。如外國貿易是也。

然社會國家者。非多少備有國家的制度文章。則斷不能存在。關於經濟學之研究目的物之一者。其爲經濟財貨之現象。與政治法律等之現象。全然不能分離而動作者也。且在某時代。或在某國。其某法律全然影響於經濟上者雖可勿論。即在其全體。非具備國家之政治法律之系統者。則經濟現象。或絕無之。是以雖僅以經濟學稱之。其爲主者。仍論究社會國家之經濟之學問。此即按之古來經濟學者之所常説。亦可得而明者也。彼等之立論。雖往往以箇人的觀念爲基礎。然其所指經濟學者。決非説述箇人經濟即私經濟之現象也。[一〇]

（一〇）經濟學云者。其爲關於社會國家之學。自可不辯而明。此即據古來經濟學者所論。亦得而知之也。彼等立論之根據。雖往々在箇人主義。然縚理嘉圖 亞丹斯密等之著書。觀其所論。殆無非社會國家之事情矣。（亞氏之著書題曰國富策不曰人富策也）

然觀於近年社會之風潮。往々有好逞新穎之名詞。而以國家二字冠於經濟學者。是非由於誤觧國家主義。故生一種之偏見。即係直譯德語之（Nationalökonomie）者也。雖非有重大之過失。然實不得不謂爲自作聰明。且從古來之用語慣習。經濟學之爲關於社會國家之經濟。實無可疑者也。若於此更新添一國家經濟學之名詞。徒使我學術界之耳目。爲其所眩惑。殊爲無味。況既有國家經濟學云云者之名詞。則往々有使世人誤觧其範圍、爲更濶於單謂爲經濟學之範圍者。則又不得不謂爲多事。所謂國家經濟學云者。一則似爲單論國家之財政之學問。又似專研究在一國內所執行之經濟法則。然其單論財政僅限於國內之經濟法則者。實不過經濟學之一部分也。以有誤觧爲一部分之虞者之名詞。而欲表示其全體。此學問上不可不努力避之者也。故所謂國家經濟學之新語全不可用。而不如從古來之用語習慣尚無妨礙。而用所謂經濟學之簡單名詞爲猶愈也。

由此觀之。則所謂理財學之名詞。余亦決爲不足採也。何以故。第一、此名詞我國向來本未嘗使用。至近年始出現於世。其語意既甚不明。則世人多不能了知其真義故。[一]

　　（一）理財學之名詞。距今二十餘年前。始使用
之。其意義既未爲世人所周知則用之以研究經濟學。
殊非學術研究之便法。何則、研究一種真學問。與其
用佶屈聱牙之文字。不如取通俗易解者。猶爲使學術
進步最良之方法也。然於此點尚有可恕。至其次之第
二點。則實不可避之非難也。

　　第二、理財之熟語。其意義似稍狹隘。恰如指稱所謂
財政者略同。猶吾人平常謂某大藏大臣①之理財得宜。或某
人之長於理財術者是也。考説文云。財、人所寶也。徐氏
筆精②云。可用者也。又穀也。玉篇云。納財、謂食穀③
也。貨也。賂也。易之繫辭云。何以聚人曰財。注財所以
資物之生也。禮坊記注云。財、幣帛也。禮記云。財、物
也。注。各是土地之物。由此觀之。則財也者。其爲滿足
人類之欲望之材料也明矣。又考理字之義。玉篇云、正
也。道也。文也。中庸朱注云。理、條理也。然則理也
者。與法則之義相同。謂爲財理之時。則關於財之法則
也。若以英語之“波理齊卜④葉科諾密”直譯之。則與其謂
爲理財學。毋寧謂爲財理學。且以理字爲名詞。則爲法
則。若謂爲理財之時。則爲動詞而有治之之義也。自木理
之意義攷之。則理者、又玉之紋理也。故物之有紋理而能

① “大藏大臣”，即財務大臣。
② “徐氏筆精”，“徐氏”，即徐㷿（1563—1639），字維起、興公，明末福建閩縣（今福建福州）人，布衣。著有《紅雨樓纂》《閩畫記》《徐氏筆精》《鼇峰詩集》等。《徐氏筆精》八卷，爲徐㷿所著的考證札記，初刻於明崇禎五年（1632），後收入《四庫全書》。
③ “食穀”，有誤，《玉篇·貝部》作“食穀”。
④ “波理齊卜”，有誤，應爲“波理齊卡”，即 political 的音譯。下同。

治者即理也。唐人所用治之文字。皆改用理字。蓋避高宗
諱也。觀於此等之事例。則知治理二字。亦可交相爲用。
所謂理財之熟語。雖出現於唐以前。然其所謂理財者。即
爲治財之義。毫無可疑。則所謂理財學者。實不過如今之
財政學云耳。反之、若以財理學之熟語。用於解釋經濟
學。雖大致無所不宜。然不如經濟之二字。自古沿用以
來。更無窒礙者之尤爲可用也。余故不用新穎之名詞而寧
採簡單之語。遂認經濟學之名詞爲適當焉。（一二）

　　（一二）就理字之意義觀之。如玉篇中庸等所云。
則爲名詞。而有法則之意義。用爲動詞則有治之之意
義。故謂爲理財者。即與治財同義。在他之學問。亦
有所謂法理學生理學等。皆以理字用爲名詞。故能表
白其意義。若顚倒之。而謂爲理法學理生學等。則意
義全異矣。故如欲强用理字。則不如謂爲財理學爲猶
勝。何則、所謂財理云者。即表明關於財之法則也。
然余不好此新穎之名詞。而寧以慣熟之經濟學之文字
信爲適富①。

　　唐時文章用語。每以理與治同義。其所用之治字
即理字也。蓋因物之有紋理者爲紋理。故述事則曰理
由。木之有紋者。亦曰木理。現今我國所用之理字。
亦有統治之之義。譬如總理大臣法人之理事陸軍之理
事及海軍之主理等是也。

---

① “適富”，有誤，應爲“適當”。下同。

理財學之文字。一時風行。如專修學校。常用經濟學與理財學之二法矣。文部省直轄各學校。至明治二十六年。設大學之講座。皆用理財學之文字。然不如今日之用經濟學之文字者更爲適當也。

若欲强用新穎之名詞。則毋寧謂爲國民經濟學。或社會經濟學。較爲適富。此余之所以特用經濟學之名詞也。

經濟學之名稱。即在外國。亦頗有異説。自彌兒 華錫特等始。凡英人大抵皆謂之“波理齊卞、葉科諾密”也。獨馬謝爾稱之爲“葉科諾密克斯”。法人多稱曰“葉科諾密波理齊克”。意大利人謂之“葉科諾密野波理齊卞”。是等之名稱。要之皆與彌兒其他英國人所使用之名詞略同。在德語則謂之“波利齊修、俄葉科諾密”。然此德語之用法。比之英法意三國之名詞。似爲廣義。最合於三國之名詞之德語。則有下揭之三名詞也。何則。“波利齊修、俄葉科諾密”①之語。含有德國以外之各國。尚未認爲學問之經濟政策學與財政學故也。若用下之三名詞。即不包含此二種學科。三名詞之中。在純粹之德語中。有所謂“維德謝夫列理”②之名詞。其在人名。則有所謂“華克斯、維德謝夫列理”其人者。此皆方今使用最多之名詞。而實本來非純粹之德語“列遜列兒、俄葉科諾密”③。然“列遜兒、俄葉科諾密”實際亦往々有指稱經濟者。故研究關於經濟原理原

---

① “波利齊修、俄葉科諾密”，德文“politisch okonomie”的音譯，意爲“政治經濟”。
② “維德謝夫列理”，德文“Wirtschaftlich”的音譯，意爲“經濟的”。
③ “列遜列兒、俄葉科諾密”，德文“national okonomie”的音譯，意爲“國民經濟”。

則之學問。即稱爲"列遜列兒、俄葉科諾密"亦可。是蓋
自語尾之由來攷之。亦當然之結果。而與瓦格列兒氏所用
爲"波利齊修、俄科諾密克"有同義者。但此種德國學
者。當其使用純粹德語之際。則多區別"華克斯、維德謝
夫"[1]（即國民經濟）與"華克斯、維德謝夫列理"[2]（即
國民經濟學）當使用外國語之際。則又區別"列遜列兒、
俄科諾密"（即國家經濟學）及"波利齊修、俄科諾密"與
"列遜列兒、俄科諾密克"（即國家經濟學）及"波利齊
修、俄科諾密克"實屬常見之事。獨怪先輩諸學者。何故
不進一步。稱此學爲"濁嗟兒、俄科諾密克"[3]（即社會經
濟學）而曰"華克斯、維德謝夫列理"曰"波利齊修、俄
科諾密克"曰"列遜列兒、俄科諾密克"其意義不僅稍嫌
狹隘。且於經濟上之國民之活動與國家之活動之間。若判
然有區別者。又動輒有惹起誤解之缺點。獨至"濁嗟兒、
俄科諾密克"之語。尚無短處。此余之所以欲以德人所用
之此名詞。勸英人使嵌入於英語之"蘇謝兒、葉科諾密克
斯"之名詞中也歟。故我國學者間。如欲用新穎之名詞。
亦不若採用社會經濟學之名詞爲適合也。然新穎之名詞。
在外人之用之者。固甚珍重。而在我國。則不爲必要者何
也。畢竟在彼則因與從來使用之名詞。若糢糊曖昧。易惹
種々誤謬之發生。而在我。則從來既用經濟學之名種。至

---

① "華克斯、維德謝夫"，德文"Volkswirtschaft"的音譯，意爲"國民經濟"。
② "華克斯、維德謝夫列理"，德文"Volkswirtschaftlich"的音譯，意爲"國民經濟學"。
③ "濁嗟兒、俄科諾密克"，德文"Sozialökonomie"的音譯，意爲"社會經濟學"。

今日亦無特別之不便故也。^(一三)

（一三）社會經濟學之名詞。余之信爲適當者。自十餘年以前。嘗唱道之矣。至前五六年之頃。始有與余同見解之著述出。即德之<u>齊最爾</u>①是也。氏於<u>瓦格列兒</u>氏之經濟學全書中。曾舉其純正經濟學之部分。名之曰"濁嗟兒、俄科諾密克"矣。氏對於經濟學之全部。果使用此名詞與否。雖不可知。然余對於斯學。見此名詞之表見。不得不益爲斯學幸也。

前揭經濟學之定義。曾謂爲關於人類社會之學問而專攻究財政上之現象者矣。然此頗覺漠然。欲明其意義。不免感多少之困難。然近年來經濟學。實爲長足之進步矣。於其範圍内。至生種々之分科。則欲包含是等之分科。而下以適當之定義。其必用漠然之語者。亦勢使之然也。故欲明此定義之意義如何。則經濟學中所包含之各分科如何。皆不可不一攻究之。^(一四)

（一四）前揭經濟學之定義。曾謂爲關於人類社會之學問而專攻究其財貨上之現象者矣。此定義。似有甚覺漠然。而缺明瞭之嫌者。然經濟學近來既有非常長足之進步。於其範圍内。遂生種々之分科。故非以極能包容的圓滿之定義與之。則舉是等種々之分科。欲使其點水不漏。亦覺其難矣。其失之漠然也。又豈得已耶。至欲明此定義之意義如何。則次章所論經濟學之分科。自有攻究之必要也。

---

① "齊最爾"，即海因里希·迪策爾（Heinrich Dietzel，1857—1935），德國經濟學家。

第二章　經濟學之分科

　　經濟學上之原理原則。分爲二種。其一。則取關於攻究説明純理之事實。概括而記述之。而照之於原因結果之關係。使之無過爲目的者也。其一。則應用前者。兼斟酌其他之經濟原理原則。以達社會國家經濟上之目的。而攻究説明其圖謀繁榮之手段方法爲目的者也。故二者之區別。與文法上所謂直説法命令法之區別略同。⁽一⁾

　　（一）第二種之原理原則。以應用屬於第一種之原理原則爲主。且斟酌其他之學問之原理原則。以攻究説明關於經濟政策爲目的者也。故此種研究之主眼。不能謂爲僅據事實斷之。即可畢事。而不可不借助於統計學、史學、其他多數學問之原理原則者也。其採擇最多者。尤在第一種之原理原則。

　　直説法也者。當據某事實之原來而記述之之方法也。命令法也者。即講究其處分之之方法也。經濟學之原理原則中。其第一種與第二種之區別。殆與直説法命令法之區別相似。

　　攻究説明前種之原理原則者。名曰純正經濟學或曰純理經濟學。然人之解釋純正之意義者。有謂爲不使與真正或正當之意義相混者。是雖非無一理。然純正之熟語。理化學乃至他種之科學。既多年使用之。而不覺其稍有語弊。且若有一定之意義者。則經濟學之取而使用之。殆亦屬正當也。⁽二⁾

（二）研究第一種原理原則之經濟學之部分者。即純正經濟學是也。然一派之人。有謂此名稱。對於他或有不真正、與非純粹者之存在者。則不如名之以純理經濟學或爲適當也。余在經濟學研究會席間。有某會員亦取此同一之決議矣。然在經濟學以外之學問。其表示同一之意義。並用同一之文字。既不覺其稍有語弊。則在經濟學。即不應有語弊發生。故不如用純正之文字。或於學問之統一上。有多少之利便也。

或又謂當用經濟學原理之名稱者。是亦不當。何則。即攻究後種原理原則之部分。亦均可名爲經濟學原理故也。[三]

（三）此說亦不適當。何則、所謂原理者。並非限於第一種。即第二種亦爲經濟學之原理原則故也。不過第一種。以純粹之理論爲目的。第二種則以政策爲目的而已。謂之原理。則不可不舉經濟學之全部論之。

攻究第二種原理原則者。即名曰應用經濟學者是也。從來英法美之諸學者。其所與於經濟學之定義。多不過就其一分科之純正經濟學之定義言之。是雖無重大之過失。然其不完全。則固不可掩也。經濟學之全部。近年來已屬非常進步發達。奈何欲以應用的原理原則。欲包含而適用之。則狹隘之譏。其何能免。蓋彼等多數學者之眼中。其於經濟學之一分科中。有應用經濟學與否。或應有之與否。尚未能了然故也。然則在經濟學之現狀。其爲純正經濟學之職分或當爲其職分者。果屬何耶。是第一必要決定者。余請先決之。而後乃論究應用經濟學之爲何物焉。

惟其爲純正經濟學之當然職分。或其當爲之職分者。於人類社會之經濟現象。觀察其普通一般所有之性質。與其互相依賴之關係。照之原因結果之理而推論之。則即可發見或解說關於社會經濟之一般普通之原理原則也。質而言之。則純正經濟學也者。即攻究關於組織社會國家之民衆。循一定之秩序。依其在全體之正當方法。舉其包含於滿足欲望之經營之總活動。而指稱其社會經濟（又國民經濟）之一般普通之原理原則者也。(四)

（四）欲探究其爲純正經濟學之職分者。當先於財貨上之現象。求其共通之原因而生結果。其結果復爲第二之原因。更生結果。此關於一般之通則也。（參照第一編第四章）

故純正經濟學者。與物理學、純正化學、動物學、植物學等。同爲純粹學問之性質。毫無所疑。其關於某種之現象之一般普通原理原則。即攻究所謂天則者（非全以人爲置諸度外）是也。故其目的。唯在真理。其利害得失均非所問。(五)

（五）純正經濟學之目的。惟在真理。其自真理而生如何之結果。則非所問。此點、亦與動植物學、物理學、化學等無異。其所異者。惟在研究之目的物而已。然經濟學之所以異於是等學科者。以既爲直接研究關於人類社會之財貨之學問。則世人往往有屈曲其真理以逼迫學人者。此所以比之其他物理天文學等之學問。其進步甚覺遲遲也。然即以物理天文諸學論

之。其真理所在。亦往々有爲世人之所懷疑者。譬之
天文學。如哥白尼之地球廻轉説即其一也。當時世人
靡不以氏之所説爲異端邪説。於是大加攻擊。至於人
皆欲殺。而氏亦因之殞命於斷頭臺上。悲哉。嗚乎、
余輩悼氏之發明真理。而不得不歎世人之無情無識。
今氏雖已矣。然其真理。不依然爲一般所認耶。即在
經濟學。如馬爾薩司氏所倡之人口論。固亦常大受世
人之反抗矣。要之是等之學者。真可謂爲盡愚忠於學
術。而不顧世人之唾罵以唱道真理者。其自真理所生
之結果。爲良爲惡。彼等皆無容心於其間焉。乃世之
人僅取其結果而論難攻擊之。不亦愼乎。然其對於彼
等之攻擊。真可謂爲無價值之攻擊者也。真理與利害
得失也者。本屬全爲別物。而不容混同。僅就其結果
論之。其與學術之進步以至大之妨害者實多。於此固
足證明社會進步之幼稚。然此亦無暇爲昔人悲也。惟
望後人無再爲後人悲。斯亦幸耳。反之、應用經濟學
者。不僅以真理爲目的。其基於真理之利害得失關
係。亦當研究之。且指示其對於彼之手段方法者也。
質而言之。則應用經濟學者。即以純正經濟學爲重要
之基礎。而以人類之經濟上之目的。照合於當時之事
情。而指示吾人以最能達到之方策者也。^(六)

　　（六）純正經濟學之所當攻究者。固非利害得失問
題而真理也。若應用經濟學則不然。應用經濟學。蓋
以純正經濟學爲重要之基礎。以解釋利害問題。而教

吾人以最有益有利之手段方法也。爲此解釋之時。雖
不可不參照法學、史學、統計學等。然其最重之基
礎。則尤在純正經濟學。

人之論應用經濟者。亦有謂爲僅屬實業家之事。而非
學者之所當有事者矣。然其謂應用經濟學。爲非學問。是
畢竟未達近時經濟學之進步者之言也。（七）

（七）茲所稱爲技術者。與土木工學等普通所稱爲
技術者之狹意義有別。而有其最廣之意義者也。此所
謂技術者。並政策亦包含之。人或謂應用經濟非學
問。並所謂應用經濟學之所當研究者。亦謂爲實業家
之事。是蓋胚胎於五十年前之舊思想之議論。而不知
近時經濟學之進步者之論也。蓋時至今日。應用經濟
學。夫固可充分認爲經濟學之一分科之一種專門學
問。而爲其材料統系等久矣。

經濟學與理化學等異。其尚屬幼稚。固無可疑。然據
今日之情狀觀之。則其爲一分科之應用經濟學。何至有不
足認爲一種學問者。且所謂學問也者。亦非必限於僅與數
學物理學化學等爲比較的完全者也。（八）

（八）經濟學比之物理化學等。以前述之事情觀
之。其進步之稍後固毫無可掩。然指其一分科之應用
經濟學。遂斷言爲非學問。則實不免過慮。蓋經濟學
者。既於一種之學問。備有充分必要之材料順序系統
等。若以其不完全之故。遂謂爲非學問。則物理學化
學等。亦決非十分完全者。其將亦謂爲非學問耶。故

謂經濟學爲非學問。殊無理由也。

　然應用經濟學。既如其名稱之所表示。又照之前項之所略述。決非以純粹之真理爲目的之學問。而寧以觀察利害得失之關係爲主。而攻究對之之手段方法之技術的學問也。論者或聞技術的學問之言。又不免再起非實際論之感者。是亦坐未知技術與實際之區別爲然耳。蓋技術也者。與純粹之學問同。位於形而上。在思想界之範圍内者也。反之、實際也者。則位於形而下。而在物質界之範圍内者也。攻究技術者。爲從事可施於實際之手段方法。其從事實際者。則現在執行某事之義也。故技術之與實際。全爲別物。而介立於實際與純粹之學問之間者也。[九]

　（九）技術也者。形而上之事。實際也者。形而下之事也。詳言之。則技術也者。爲實際執行某事所當施之原理原則之謂也。實際也者。則現執行某事之義也。二者之差異。譬之計畫與實施者然。前者、即技術。後者、即實際也。二者之關係。洵屬密接。於實際往々有不容易區別者。然自思想之順序上觀之。則第一着。即爲技術計畫。現著手於某事之實際。即實施。其次也。故應用經濟學者。其原則雖爲可以實施者。然不鑒於國情與時勢而施之。則至有不能應用者。亦未可保。而不過指示普通一般以可適用之政策而已。醫師之處方也。若拘守處方書而不斟酌患者平素健康之性質。或病勢之程度。而漫然實施之。則其與病之不能適中也必矣。況複雜之應用經濟學耶。

縱令應用經濟。在今日雖不可論爲一種獨立之學問。然竟謂其爲實業家之事。而非學者之事。則殊無理由。何則。能取未足稱學問者而研究之。其結果至使之得爲一種之學問者。是豈非學者之名譽耶。經濟學之鼻祖<u>亞丹斯密</u>其人者。即其前例也。然則取應用經濟。而論究其如何。審非學者之職分耶。(一〇)

　　(一〇) 假令應用經濟學。雖未成立爲學問。然謂論之者爲實業家之事而非學者之所有事。則殊不然。何則。雖未足爲學問者研究之結果。竟能使之爲一種完全之學問。亦學者之名譽也。世間之學問。斷無有自然的存在者。無論如何之學問。蓋無不依於某々之手。乃始得成爲學問者也。譬如①經濟學之祖先<u>亞丹斯密</u>其人者。即其前例。氏以前。雖非無關於經濟上之時事問題等之論説。然一經氏之搜集。遂取經濟上之斷章零説。以創造爲有系統之學問者。實氏之力也。世之論者。或有謂經濟學之祖先應推法國之<u>蒙古勒霞</u>②者。其説之孰非孰是。別爲問題。茲不具論。余茲以<u>亞丹斯密</u>爲經濟學之祖先者。亦從一般之説也。

　　分應用經濟學爲二。即第一、經濟政策學。第二、單獨經濟政策學是也。

第一　經濟政策學 (一曰經濟的行政學)

　　經濟政策學也者。攻究説明國家並其機關。如何乃最

---

① "譬如"，根據該書正誤表，"譬"字爲衍字。
② "蒙古勒霞"，即安托萬·德·蒙克萊蒂安 (Antoine de Montchretien，1575—1621)，法國軍人、劇作家、重商主義經濟學家。

適應當時之事情。以使農工商等之經濟業務繁榮。使社會
經濟全體進步發達之手段方法者也。故其所以爲目的者。
惟在論究關於社會經濟之政治方針、並當從此方針之立法
行政之組織活動等。^{（一一）}

　　（一一）經濟政策學之所講述者。不過一股的學理
而已。其在實際當斟酌其時與地乃適用之。其爲目的
者。則對於社會經濟。當執如何的政治方針。或其方
針雖定。而其附隨之立法行政之組織亦不可不定。即
其組織既定。而於實際必如何而後能使其活動者之
途。亦不可不講究者也。且其活動也在人。於是乎經
濟政策學。又不可不取其人而論之。此學所當攻究之
人。即農工商教育問題是也。
（甲）經濟政策汎論。^{（一二）}

　　（一二）經濟政策汎論者。一曰經濟的交通汎論。
茲所謂交通云者。較之普通所謂運輸交通等之交通意
義。更有一層之廣意義。即取經濟上一般交通之義。
而包含其總關係者也。換言之。與所謂交易（廣義）者
殆同。更詳言之。則凡講究對於商業工業農業等共通之
經濟、與經濟制度之政策者。皆曰經濟政策汎論。
（乙）經濟政策各論^{（一三）}

　　（一三）經濟政策各論者。以論究關於農工商等各
種經濟業務之特殊政策者也。故其間接。雖於國家經
濟之全體有關係。然直接則僅於特定之經濟業務有其
影響而已。

（丙）社會政策論^(一四)

　　（一四）社會政策也者。對於因貧富懸隔所起之一大難問題之社會問題之政策也。社會問題也者。即自資本家並企業者與勞動者之關係不得其宜而起之問題也。近世社會每因種々之事情。至勞動者仇視資本家。資本家亦每視勞動者如奴隸。於是兩者之關係。與昔時異。而社會上頗呈危險之現象也。故對之不可不研究其救濟之手段方法。其持極端論者。至主張將現今之社會。須從根柢打破而欲全然改造之者。此說在某國。實際遂發生社會黨。其勢力亦非常可恐矣。而一方因資本家並企業者與勞動者之傾軋益甚。於是資本家企業者之待遇職工勞動者。不啻視爲機械之一部。而職工勞動者。每々對之。亦取同盟罷工等之手段。夫既有如此之衝突狀態。其欲調和之者。在學者或篤志之資本家。雖不乏其人。然大勢滔々。不僅不能抑制也。且其衝突之程度。尚有日益增加之狀態。於是所謂社會政策之語。在其自身。不獨有關於社會總問題之政策之意義。即社會政策論所當研究者。亦至爲社會問題之所獨占矣。

社會政策之主義。得大別爲二。其一、如自由放任說。即全然欲一任之優勝劣敗之大勢自然淘汰之原則者也。其一、即欲依賴國家之力。以講救濟之途者也。後者。更細別爲左之二種。

（A）社會問題之解釋。全然一任之國家之說。極端社會黨所主張之社會改造說即是也。

（B）以欲自根柢改造社會組織者爲不可。而單以漸次改良其不得宜者之說。即在從來存在的法律制度之上。以其多與於富者之利益。改而與貧者以同等之利益者是也。欲實行此說。或能使富之分配漸得公平亦未可知。

以上二說。（A）說、爲極端的急進主義。（B）說。則漸進主義也。此兩者。雖似爲表面上之差異。然冞入其中以探究其真相。則兩者之主義。根本的即有不同也可知。

社會政策上之重要問題。雖不一而足。茲舉其重要者於左。

（A）勞動者之保護問題。

（B）勞動者之保險問題。

此外若詳細論之。其問題之種類。尚復不少。然其結局。惟不過欲增長勞動者之地位而已。

第二　單獨經濟政策學

單獨經濟政策學也者。攻究國家並與國家不可分離之他之各種經濟主體。如何乃能適應當時之情事。而使其自身得達經濟上之目的者也。故其所以爲目的者。惟在說明各經濟主體。欲圖自身之生存繁榮當採之手段方法而已。[一五]

（一五）單獨經濟者。亦可稱爲特別經濟。蓋國家者。原來有種種之資格。其一、即彼之經濟團體之資格也。單獨經濟政策之一。即以國家爲經濟團體。而攻究關於其圖謀自身之生存繁榮之手段方法者也。農業政策工業政策等。雖亦間接爲經濟團體的國家圖其繁榮者。然與以國家自身爲其經濟團體。而直接圖其生存繁榮者。其必要之政策。自不得不異。

單獨經濟政策學有二。

（甲）財政學

（乙）私經濟學

是也。

（甲）財政學也者。經濟主體中。比較的極爲廣大。即攻究國家、並各地方之政治團體、或國家以上之聯合團體。如何乃最善於得收入、辦支出。以圖謀其自身之生存發達者也。故其所以爲目的者。其結局。惟在說明以最少之勞費。得最大之收入。使政費之出入得最宜之手段方法而已。

（乙）私經濟學也者。即攻究棲息於現時社會制度之下之箇人。又成於箇人之集合之私的團體。如何乃能適應當時之事情而得運轉其經濟者也。人或謂斯學、與經濟政策學並財政學爲全然相異。而以依賴所謂箇人經濟學爲主者。是決非適當之言也。蓋論原人社會之箇人經濟。其所爲基礎者。與論今日之經濟政策並財政固全不同。則在今日之社會。以應用的論私人經濟。其不能拘守古法也明矣。今日之應用的私經濟論。爲關於組織有機的社會之各箇人之經濟者。其爲主之基礎。即純正經濟學之一般原則。而決非特別可稱爲箇人經濟學之原則者也。（一六）

（一六）或曰私經濟學者。與財政學並經濟政策學有異。而當據純粹之箇人經濟學之原理以論之者也。

然此説也。在原人社會論箇人之私經濟。雖未爲不可。而今日之箇人。爲社會之一分子。即爲有機的社會之一分子而存在者。故其圖生存繁榮也。亦不可不基於純正經濟學之一般的原則焉。即與經濟政策學之以純正經濟學爲基礎者。毫無所異。譬如貿易商或米穀買賣商等。當其爲交易也。所賴者亦在純正經濟學之原理原則。不過其特稱爲箇人經濟學者。因之存在己耳。

欲知私經濟學爲應用經濟學之一部。則對於純正經濟學之關係。不可不明。欲説明之。又當先説明二者之區別。

純正經濟學者。以純粹之理論。講明社會經濟上一般普通之法則與一般普通之關係者也。私經濟學者。則不過以應用的説明經濟上特別之法則。與一局部之關係。是即二者之區別也。私經濟學。尚有二種之區別。皆與純正經濟學異。即左揭者是也。

（A）家事經濟學

家事經濟學也者。單論財貨之在一身一家之關係。而攻究其爲自己或一家族中最有利益之管理手段方法者也。然純正經濟學。則不僅不如此狹隘。即應用的手段。亦與其直接無關。（一七）

（一七）家事經濟學者。攻究家計上當採如何之方針。乃於一家族中爲最有利益者也。故其手段方法。如何影響於他人或社會一般。均非所問。反之若純正經濟學。則不僅於社會一般。大有關係。即應用的手段方法。亦非其直接所應講者自明。

（B）產業經濟學（一曰實業經濟學然實業二字不妥）

產業經濟學者。以應用的攻究關於各種工藝技術之特別經濟法則。而使從事各種產業者。攻究其產業之最有利益之組織、監督、經濟法等者也。其直接無影響於社會經濟全體自不必論。(一八)

（一八）產業經濟學也者。以應用的講述關於廣義之各般工藝技術之理論者也。即其所以爲目的者。惟在使各種產業之當務者。知其必如何乃最能多得利益是也。譬如欲營紡績事業者。則工場之組織。職工之監督等當如何。即其論究問題之一也。而當該事業。對於一般社會經濟。有如何之影響。皆非斯學之所攻究。此所以產業經濟學僅爲私經濟學之一部分而已。

今舉其重要之部門如左。

（A）農業經濟論

（B）工業經濟論

（C）商業經濟論

（D）交通經濟論

是也。

如此、則私經濟顯與純正經濟學有別。惟兩者之間。仍有密着之關係而已。蓋純正經濟學者。本來與各種經濟業務。僅以其結果之經濟上之財貨（貨物尤甚）爲論據者不同。而必照之社會全體之關係。取而研究之。其在一身一家一業之利害特別關係。及對於此之手段方法等。非所

論及也。惟其屢受私經濟學（特產業經濟學）之助力者甚
大。故不知農工商等諸業之經濟組織。並其種々之關係如
何。則關於社會經濟一般之原則。必不能詳悉。且自關於
是等之原理原則。推而至於關於社會經濟一般政策的手段
方法。亦不能詳知也明矣。則後者當爲經濟政策學所必
要。而經濟政策學亦與私經濟學有密接之關係自明。[一九]

（一九）私經濟學中之產業經濟學。其助力於純正
經濟學者實大而且多。故純正經濟學若非以農工商之
組織狀況等爲根據。則不獨其議論有不確實。且往々有
不免陷於空想之嫌。此二者之所以有密着之關係也。

私經濟學之對於純正經濟學。其必要與關係。既如前
所陳述矣。然前者之對於後者。其特爲必要不可缺者。尤在
分業、合力、機械、貨幣、運輸、交通、工業之設計等。

其反對右之所論述者。則以純正經濟學。當以社會經
濟之全體爲全體。以一箇人之不可妄侵者攻究一般普通之
法則。則執私經濟學使明瞭其原理原則者極多。故後者實
不可不根據前者以爲之主也。兩者之關係上。私經濟學之
必借助於純正經濟學者甚明。故前者全依據後者而歸於正
者也。是在純粹之箇人的經濟思想。雖甚狹隘。然自純正
經濟學一般之理論觀之。尚大可擴張者也。吾人於產業經
濟學。猶及見之。[二○]

（二○）私經濟學之所根據。全爲純正經濟學。其
應用純正經濟學者。其一即私經濟學也。然一旦既已
成立。則私經濟學之所以援助純正經濟學者實多。

如上所述。則應用經濟學之各分科。皆無不根據於純
正經濟學。固有然矣。然若謂爲惟一之根據。則又大誤。
何則、蓋應用的學問者。不問其種類之爲何。斷非僅基於
一種之純理的學問。而通常必自種々之學問。取其材料與
原理原則。以爲其根據者也。（二一）

　（二一）應用經濟學之各部門。其必根據於純正經
濟學。既如所述矣。然應用經濟學之根據。非獨當求
之於純正經濟學者也。凡應用的學問。無論關於社會
人類或關於物質上之事。決非基於單一之純理的學問
所能畢事者。譬如內科外科。其所爲應用醫學之根據
者。決非限於病理學。而必藉其他生理、解剖、物理
等諸學科之原理原則。乃始得立其完全之應用的原理
原則者也。其他如應用化學。亦非僅據純正化學。而
必得物理學機械學數學等之援助。乃得完全者。即應
用經濟學。亦必依據史學。統計學等之原理原則者不
尠。不過其爲主者。僅根據純正經濟學而已。然近來
有謂財政學。與經濟學之他之部門全爲獨立者。其言
曰。財政學者。不僅以一般經濟學爲根據。其借助於
他之學問原理原則者實多。故全爲獨立之學問也。然
應用的學問。無不如此。豈獨財政學爲然耶。然則謂
財政學全爲不可不獨立之學問、而其他之應用的學問
皆不然者。則世間豈有如此之學理耶。

按之經濟學之歷史。在英法及其他各國。於是等之
中。特爲判然的分科之區別者。實不多覯。英之彌兒氏嘗

區別爲經濟靜論、經濟動論、財政論三部矣。然其所說。
按之學理上。其缺點殊不少。至近年。席濟維克①氏又區
分爲經濟學與經濟術。其所論亦甚失之粗略。故以此區別
其各部門。爲精密之研究者。實自德意志之拉烏氏始。氏
嘗分經濟學爲三部。即

第一　經濟學原理

第二　經濟政策學

第三　財政學

是也。(二二)

　　　(二二)於經濟學設各部門。且從其各部門爲詳細
之研究者。實最近五六十年來之事也。英法學者。在
此年間內。因此區別以爲十分之研究者。殆絶無之。
況以前耶。惟英國之彌兒氏嘗分經濟學爲靜論、動
論、財政論三部以論之。然於學理上。惜乎其缺點不
少也。但氏之所說。雖不完全。然在當時。即能分此
三部分以從事研究。則氏之卓識。實可欽佩。至近年
以來。席濟維克氏又分經濟爲學與術之區別。要其所
論。亦甚粗。獨德國之拉烏氏。在距今六七十年以
前。即設斯學之部門以爲詳細之研究。今觀其著書
中。雖不無多少缺點。然猶不能不爲學者之所崇拜者
實多。氏之所區別之部門爲何。即經濟學原理經濟政
策學財政學是也。

---

① "席濟維克",即亨利·西季威克(Henry Sidgwick,1838—1900),英國經濟學家、功利主義哲
學家,主要著作有《政治經濟學原理》《倫理學史綱要》等。

然氏、以後之二者。與第一之經濟學原理對等並立。
於論理上。亦不得不謂爲有不穩當之嫌。蓋第二與第三。
既皆應用第一原理原則爲主。即使之與其原理原則相對。
而立於平等地位。不別設包括二者之項目。使此二者立於
其下。則論理上、豈得謂爲適當之區分法耶。故必名此大
部門爲應用經濟學。使與經濟學原理即純正經濟學相對
立。更以此應用經濟學細別之。或庶幾其可乎。(二三)

　　(二三)事物之區分。皆不可不依據論理學之一定
之標準者也。然拉烏氏之分經濟學也。則使三部互相
對立。而對於此三者。又取平等之論斷。則欲謂爲得
正鵠也得乎。以余思之。第二與第三。既均屬應用第
一原理者。則欲使之互相對立。非先設足以包容此二
者之部門不可。譬之欲大別宇宙間之萬物之時。當先
分爲無機物與有機物二種明矣。若謂無機物爲動物植
物。則誰信爲正當之區別法耶。故欲爲正當之區別
者。則不可不先區分有機無機二種。而更細分前者爲
動物植物有斷然也。

拉烏氏以後。德國經濟學者之區別斯學之部門也。雖
多從氏之説。然不免以訛傳訛。且不獨其區分法之誤謬過
多。甚至有於各分科之名稱亦失其當者。如拉烏氏所用之
名稱。雖已如前所揭。而他人則更改經濟政策學。而代以
實地經濟學、實踐經濟學、實用經濟學等之名稱。是等
者。不獨錯誤甚多。且實有大不可者。何則、是等名稱中
之所論。有爲僅可施於實地之方策。或實際可採之方針之

原則者。是等之原則。雖非超過學理之範圍。然用之自當
分別其地與時。而非毫不顧慮所能施之於國家經濟之實際
者也。若強欲行之。則欲免於失敗也得乎。蓋技術者。原
立於實地與純粹學理之中間。而爲兩者之媒介者。既如所
述。乃德國經濟學者之多數。動輒則以實地實踐或實用之
形容詞。冠於技術的學問之上。審非不當之甚耶。

下卷　純正經濟學

緒論①

純正經濟學當解釋之主要問題有二。其一。即關於生產之問題也。純正經濟學者。實研究關於此等問題。人類以如何之行爲。社會有如何之制度、文物風俗、習慣。及其他之勢力。以最少之勞費而適當得最大之富者也。(一)

（一）純正經濟學所不可不解釋之主要問題有二。其一、即吾人々類。以如何之活動。乃能以其少費而得多富。又、社會之制度文物。如何乃能助適當之生產也。質而言之。則研究財産法、保險法、或會社法等。當如何制定。而在是等法令以外之風俗、習慣等、又當據如何之原理原則。乃能行動之種々問題是也。

其二、即關於分配之問題也。純正經濟學者。即攻究生產於社會民衆之間之富。宜如何分配於各箇人並社會階級之間者也。(二)

（二）第二問題。分配問題也。即以社會所生產之富。宜如何分配於各箇人之間。並各社會階級間。皆悉有應得之分量與否。又今日之社會階級。其關於是等者亦不僅在一國内之分配。而有世界的經濟性質者也。其財貨之分配又當何如。純正經濟學即研究此等問題。當如何行動者是也。

---

① 目録爲"緒言"。

右之二大問題。即富之生產編與分配編所當攻究者。亦實純正經濟學之骨髓也。近年以來。學者亦間有特加關於消費之一編者。以余思之。則殊不必要。何則。蓋消費之事。其影響固屬重大。取而論究之。亦決非可緩者。然與其特設一編。則不如納之於生產分配兩編中。擇其適宜之場所時々論究之。或猶爲便宜也。(三)

（三）近來學者之間。往々有於財貨之生產分配二編外。特設消費一編者。然消費論。雖亦必要。至特設爲一編。則不必要。何以故。以關於消費既須特設一編。則關於他之部分者。亦有不得不區分一編故。如關於人口之問題即是也。在經濟學。既不容如此細分。則僅於消費之事。謂必宜特設一編。殊爲無謂。此余之取消費之事納之於生產分配兩編中。於適當之場所。時々論之。而信以爲適當也。

反之、物價、貨幣、信用、商業、交通等事。若別設循環編以論之。於實際亦若有便利者。然所謂循環者。在一方、則爲生產之手段。在他方、即分配之方便也。故非與生產及分配之問題。並駕齊驅。可以占同等之地位者。而寗可謂爲附屬於二者之問題也。故以嚴格的言之。在純正經濟學。惟當分別生產分配二編。而於此二者之中。包含循環與消費二者論之。較爲適當也。其謂循環宜特設一編者不過於實際上覺其便利而已。

第一編

財貨之生産

第一章　生産之意義

　　據物理學之原則。則宇宙間之物質。在其自身。非有生滅增減也。所謂物質保存說即是。然人類之肉眼。每以爲非自然存在於世間。而全屬於新創者。是畢竟因其眼界之狹隘。不能看出其新創造者即爲既存在者。而僅視其變換形體者爲然耳。但據人類棲息之地球上言之。亦非無由於自然之力。可新創造之物。然以人類之力。則有決不能創造之者。質而言之。即人類也者。決非能新創造物質之分子原材者也。故人類之所得爲者。不過發見存在於宇宙間者之利用。以結合調理自然之原材分子。而變更其形體。以創造種々之利用而已。即人力者。僅能以勞力加於自然之材料。而滿足其欲望者也。[一]

　　（一）取自然之材料。以發見其利用。變更其自然之形體。使適當滿足吾人之欲望。或增長滿足欲望者

之程度。其活動、即所稱爲生產者是也。故生產也
者。本非自無生有。以創造新者之謂。而不過發見既
存在之物之利用。加之以勞力。使之適當滿足人類之
欲望或增加其性質者之謂也。

　　然因人力而生自然物之價值或增加者。即所稱爲財貨
之生產是也。故生產者。必不可不有自然與人力二者。欲
其在國內之種々財貨之價值。全體增加。即國民全體之富之
增加。則國民經濟上之種々活動。其結局、即不可不以價值之
增加爲目的。且是等之在多數。亦有實際以之爲目的者。[二]

　　（二）如前所述。則生產也者。非遡於物之本原有
增加之謂。而增加其物之價值之義也。故生產要有自
然與勞力二者。

　　富之增加之標準。即價值之增加也。故雖自外國
輸入鉅多之貨幣。非必即屬富之增加。貨幣即多輸出
海外。亦非必即爲富之減少。且一箇人之富之增加。
亦有於一般國民經濟之上。無何等之影響者。譬如一
時雖見有損失。然非真損失也。蓋一般之富。有依財
產之移轉而可十分相償者是也。反之一箇人之富之增
加。同時即影響於國民經濟者。譬如一箇人專爲自己
之利益有所計畫。而同時對於一般經濟之利益於實際
亦能增多者。如彼之英國商人。向來皆欲爲自己之一
身。增加其富。而專心一意以從事計畫者也。其極。
至有將國家之利害。若彷彿絶口不談者有之。然英國
一般之經濟。反因之以致巨富。則此中消息固亦可以

少窺見矣。

然價值之起原或增加者。就一時一地言之。則人力與自然非必同時並要也。即單基於自然者亦有之。當此之時。雖本來不可稱爲生產。然準據生產之理由論之。亦屬無妨。茲就包含生產。與準生產二者之價值之起源並增加之方法大別於左。[三]

（三）生產也者。必要人力與自然之二者也。若缺此二者。則不能謂爲生產。然觀於價值之發生。或增加之狀態之實際。其不必要自然與人力者亦非無之。換言之。即僅依據自然。亦有可增加價值者。（然價值之增加。要爲人所認。則畢竟亦不能不要人力也。故僅據自然者、其價值不增加。）當此之時。最能類似生產。故余謂之準生產。

第一　欲新創造財貨。或欲使財貨之利用。比較從來更大。而變更其既存在財貨之形狀者。

此變更、更別爲二。

（甲）僅因於自然力而起變化者。

譬如森林。並不要何人之勞力。而樹木自然成長、繁茂而結果實者是也。[四]

（四）屬於甲之部類的生產方法。即前述之準生產也。毫不要人力而財貨之價值自由於天然的增加者。然認識其價值之增加者。則爲人類。故人類之認識力。亦不得不謂爲一種之勞力也。惟不得以之與普通之勞力同一視耳。

現今之山林事業。通常雖多加以人工。然在深山窮谷中。自然發生之樹木。亦有毫不依於人力。而成長繁茂者。是等之物。無論自何點觀之。皆不得不謂爲天然的有其價值之增加也。其他、自然繁殖於河海之魚類亦然。是等者。比之通常之生產。雖非全無異點。然其爲準生產則固無疑。

（乙）以人力加於自然之力而始生變化者。

更細別爲二。

　　（A）原始產業（或曰天產業又曰粗製產業）

　　（B）工業（或稱精製產業）

即是也。（五）

　　（五）乙、普通之生產事業。即其最主要者也。分之爲二。其一、即爲原始產業。雖非全然不要人力。然所要之人力。亦比較其所要之自然力甚少者之謂也。譬如農業、牧畜業、森林業等各項事業皆屬之。其二、即工業。其要人力。比較要自然力多者之謂也。而工業之中。又有手工業機械工業二種。手工業者。如其文字所示。以人力爲主之工業也。機械工業者。雖多依據機械力。驟觀之若不必要人力者。然機械之爲物。本非由於自然力而必俟人力而始成者。則其所要之人力。亦不得不謂爲比其所要之自然力多。譬如其利用水力或電氣力者。雖不可不利用相當之機械。然其機械。即爲人力所製造者。雖加以自然力水力或電氣力。然實際亦不可不加以巨大之人力也。

第二　主觀的認識與客觀的物體之關係。即自其定財貨價值之社會人類。與其所定之。財貨之關係變化而增加價值者。

（甲）自現在財貨之性質中新發見其於人類有利用者。^{（六）}

　　（六）於既存在財貨之性質中。而謂爲有用。或謂爲比從來有益者。皆研究之結果。因偶然所新發見者之謂也。譬如近世所發見之“護謨”①（俗稱橡皮）在往時。無人知其利用。及一度發見其利用甚大以來。於是種々機械器具等。殆無不用之者。今日多數物品之中。其利用最多者。亦當推爲一種。其始被發見也。蓋在十八世紀之頃。又如煙草。在未發見其利用以前。其無異於通常之雜草無可疑也。然一經發見其性質中。於滿足人類之某欲望頗有有功之特性。於是遂爲世人所珍重焉。其發見其有利用者。亦距今二三百年以前之事。

　　以上所述之護謨樹與煙草。今日皆以之爲一種産業而培養之者。自當別論。所不待言也。

（乙）以財貨送致於新有需要之場所。又因移於需要之人之手而增加其價值者。是畢竟以財貨比之從前。使歸於使用於有益者之所有者也。例如普通之商業、海陸運輸業等即是。是等業務之目的。即自不需要貨物之人。移於需要之人。又自需要貨物甚少之人。移於需要甚多之人者

―――――――――――

① “護謨”，“gum”的音譯。

也。是以貨物在商人或運輸業者之手之時。雖無有多大之價值。然一經交付於需要者之手。即爲非常高價之貨物矣。^(七)

（七）乙、貨物因場所之移轉而增加其價值者也。然場所之移轉。有二意義。一、如由論敦^①移於上海。二、即自不需要之人而移轉於需要之人者是也。然商業或運輸業。雖不增加財貨之數量。或變更其形體。但在是等之事業。或因立於需要者與供給者之中間。或因財貨之運輸即移轉而增加其價值者也。故商業又爲一種之生產事業。毫無可疑。然重農學派。即謂獨農業爲生產的。商工業皆爲不生產的矣。據其所説。無非以農業爲能新造出財貨而商工業不然耳。然穀物雖因培養而得收穫。要其種子之内容。已具有可得收穫之性質。則此性質。非由於農夫之手所新製出而因於自然力者實無可疑。由是觀之。則重農學派之所論。不獨與所謂物質保存之原理。全相牴觸。其不解生產之真義之誤謬。亦所不能免也。

又、公共事業之中。於財貨之生產分配交易。能安全行動者。亦因有與以必要之條件爲然耳。此條件。驟觀之、雖似不得謂爲生產事業。然決不能謂爲不生產的事業也。何則。是等之事業。爲生產事業安全行動之擔保故也。其爲是等之擔保者。如立法、司法、行政、軍備、警察等即是。而軍備之在國防上若

---

① "論敦"，有誤，應爲"倫敦"。

過於鋪張揚厲而爲不相當之擴張。則僅其不相當之部分。爲不生産的而已。其在相當於國防之必要之範圍內所擴張者。仍爲生産的也。然其於國防上果爲相當與否。則不可不加以詳密之調查焉。

如此、則價值之增自。加有①種々之方法。而其增加之分量。亦必有多少之不同。然在經濟學上。則無論農業工業商業。皆屬生産上必要之業務。而無所謂農優於工工優於商之言。蓋其間本無優劣之可言也。其爲"農者國之本也"之言者。在一國一時代。雖亦有足爲適當之格言者。然在經濟學。則絶對的不認此説。並有絶對的不能承認者故也。⁽⁸⁾

（八）農工商業於社會經濟上。皆爲必要之生産業務也。其必要之程度雖因時因地。不得不異。然其性質上。則斷無優劣在於其間也。徵之經濟學之歷史。在某時代。有謂農業之外。爲無可云事業者。此時代即明々排斥商工業爲不生産的矣。如重農學派之所唱道者即是。此事、亦非獨歐洲爲然耳。即徵之我國亦非無抱同一思想之人。譬之<u>太宰純</u>等。其思想雖非全然同一。然爲其重農主義。則固無可争也。

謂農者國之本也之格言。在一國一時代。雖不失爲含有一種真理之公明正大之格言。然此格言。非不論時與地之如何。而當絶對的是認之者也。縱令即在

---

① "增自。加有"，有誤，應爲"增加。自有"。

同一時代。而因國家之地勢既異。則與其重農也。無
審使商業發達爲尤利之國亦有之。故經濟學所以絶對
的不能認此説也。

　　又農者國之本也之言。爲應用經濟學上之問題。
而非純正經濟學之問題也。且即在應用經濟學。亦不
能一般皆據如此斷定。而謂爲完全之格言也。惟在一
國一時代。或可爲政治家當採之方針之格言者。則嘗
有之。古來我國。本稱爲瑞穗國。故有農爲富國之源
之言。而在今之世。若拘守之而罔識變通。或有使國
家經濟歸於滅亡者亦不可保。蓋今之時代。開國進取
之時代也。自我之面積上。以觀察圍繞各國之狀態。
則不可不使商工業日益發達之時。更進而照之我國今
後國是之大方針思之。則我國之地勢。既不若美國或
澳洲等。可以經營大規模之農業。則即不適於與是等
之國。齊驅並駕。同爲農業上之競爭。而不可不以商
工業爲國富之源也。就中工業。我國尤持別享有天然
的利益。今試擧其重者。第一即富於石炭之供給也。
第二、適於應用電氣也。且我國之河川。概屬急流。
於應用水力電氣尤爲便利。而國民之多數。其手足又
頗巧於工業。謂非天然之工業國也得乎。

　　然論者、有於右所揭述之外。更以我國賃銀低
廉。爲適於使工業發達者。余則頗不謂然。何則。賃
銀者、因工業愈發達。則愈漸々不廉。而決非永久足
恃者也。不審惟是。賃銀者。必使與他物比較而得權

衡。此最不可不注意者也。否則彼之可恐之社會問題之解釋。又將奈何耶。

以上、不過以應用經濟學上之原則。適用於實際問題而已。故我國今後之國勢。不可不以“商工業者國之本也”爲真實之格言。然亦斷非謂農業爲絕對的不足顧惜也。讀者幸勿誤會。

自此理以推論之。則內國貿易。於增加一國之富之上。亦不可不斷定爲不讓於外國貿易者。故利用前者。雖可增長國內種々財貨之價值。使之非常盛大。然利用後者以增加一國之富。亦未始不大也。乃世之論者。往々置重於外國貿易而輕內國貿易。寧非可怪之事耶。[九]

（九）不曰農業。不曰商業。並不曰工業者。皆以其同爲生產的業務。故理論上。即無軒輊此三者之理明矣。由此推之。則於增加一國之富之上。如內國貿易與外國貿易。亦不容有輕重之別自不辯而明。然世間往々有重外國貿易而輕內國貿易者。洵屬不可解之事。余於說明商業政策論之際。既有所述。茲不再贅。要之其爲一國之政策問題者。若獎勵外國貿易。而輕內國貿易雖亦未爲不可。然論學問上之原理。則兩者之間。實不可有所輕重也。

曩於生產之觀念。曾述自然與勞力二者之必要矣。然經過太古原人時代之時。則經濟社會之生產。其發達縱極幼稚。然於自然與勞力之外。更有一必要者發生。即從事勞力之期間。必要貯藏維持人類之身體精神之食物者是也。[一〇]

　　（一〇）原人時代之生產。於自然與勞力二者之外。不要今日之所謂資本者。前既述之。然既經過此時代。則僅據自然與勞力二者之外。有斷不能生產。而不得不多少借助於器具者。此器具爲何。既非勞力。又非自然。即所謂資本者是也。故僅以自然勞力二者所能生產者。惟在未開時代極短之時間爲然。即除<u>亞丹</u> <u>伊蒲</u>①之時代以外。蓋無不要器具也可知矣。

　　人或謂資本爲生產之一條件。而非其要素者。如前段所述。無資本而得生產者。惟僅短之原人時代之期間爲然。至今日進步之社會。則自然勞力資本三者之中。若缺其一。則生產即不可行有斷然也。且經濟學者。不可不因社會之進步而進步者也。故今日之經濟學。所以必要適應於今日之時勢也。若謂資本爲不過於其存在之有無多少之如何。影響於生產之大小精粗。而非生產所必要不可缺者。則在今日之經濟社會實有不可。質而言之。則現今之經濟社會。資本實爲生產之要素而非僅爲其條件而已。

　　若此食物不貯藏則其從事於生產之事業者。即不能一意專心而不得不日々汲汲於謀食之不暇。如此、則在全體之富之生產增殖者。決不可得而望也。故於富之生產。必要先貯藏食物者。實屬至明之事。然食物之貯藏、必如何而後可得者。即其以勞力加於自然之所得不以其全部一時

―――――――――――――――

① "亞丹伊蒲"，即《聖經》中記載的人物亞當（Adam）與夏娃（Eve）。

消費。而留其幾分以充不時之需之手段也。^(一一)

（一一）無多少之資本。則必有日々求食之不暇。

而其他之生產。至於決無可爲。然其取得資本之方法。即不外以因於單純之自然與勞力者之所得。不舉其全部一時消費而留其幾分。漸次蓄積之以儲爲他日之資本者是也。

且於食物之外。即勞動者之衣服、器具、什物等。亦均有同樣之性質者也。蓋無論在如何劣等之勞動者。若無衣服器具等。則不能從事於其職業也甚明。故此衣服器具亦與食物同。而爲生產上不可缺少之物。總括是等者而論之。即資本也。^(一二)

（一二）世人一般、往往有以資本僅看做爲金錢一種者。是未知資本並不限於金錢。金錢不過爲資本之一種而已。

故資本者。即生產上所不可缺者也。且非獨生產上不可缺資本而已。即人生百般之事。亦斷未有能缺之者。政府據之而成立。法令依之而行動。道德宗教亦因之而得完全。誦古人衣食足而知禮節^①。又曰有恆產者有恆心^②之格言。則亦足證明資本之爲人生所萬不可缺者矣。^(一三)

（一三）生產之不可缺少資本。既如所述。故資本者。實生產之要素。而決非僅爲其條件也明矣。古語

---

① “衣食足而知禮節”，語出《管子·牧民》：“倉廩實，則知禮節；衣食足，則知榮辱。”
② “有恆產者有恆心”，語出《孟子·滕文公上》：“民之爲道也，有恆產者有恆心，無恆產者無恆心。”

云。衣食足而知禮節。又曰有恆産者有恆心。其爲此
言者。雖不過爲安心立命者説法。其意固自有在。然
即移之以説明資本之必要。或亦不無適當乎。

由此觀之則財貨之生産。於自然與勞力之外。必更要
資本也愈明。故稱此三者。曰生産之三要素。

消費之意義

第二章　消費之意義

消費也者。生産之反對現象也。蓋據生産與準生産二
者。則爲價値之起原並增加。而與之適爲正反對者。即其
滅失並減少也。財貨之價値。當滅失之時。與其起原之
時。有同樣之作用。但其作用。有依正反對之順序者。其
財貨（貨物）實因於自然之力。嘗因死亡、腐敗、或暴風
之災害等。而被滅失破壞者有之。又有由於社會人類之主
觀的變更。而價値全然滅失者亦有之。此吾人之所常目擊
者也。(一)

　　（一）財貨之價値之滅失。與其起原之時。有爲同
　　一之作用者。譬如上山之與下山。其作用相同等也。
　　拾級而登者則亦盤旋而下。登山之狀況。大抵如斯
　　耳。然生産與消費。其作用雖同。至其順序則異。今
　　依前例譬之。則生産猶之上山也。而消費則如自山而
　　下也。又如苗之枯槁也。必自生長之時乃至漸次枯死
　　有斷然也。則其枯槁與成長所異之順序。不適成爲正
　　反對耶。

財貨之滅失並減少。通常雖因於自然之力。然亦有由於人之主觀的意思者。譬如一時之流行物。因其資格之變動者往々有之。如古代之戰爭。多以弓矢。故其價最高。至今則已爲無用之長物。故其價亦不得不非常下落也。故在是等之物。縱令其物質毫無變化。然由於人々意向之變化。而其物之價值。至於滅失或減少者。此實不一而足也。

如右所述。則凡價值之滅失或減少。有僅由於自然力者。有由於自然力與人力兩項之合同者。其包含二者之廣義的財貨之滅失。則與前章所述廣義之生産（即財貨之起原或價值之增加）相對者也。然由於合同自然與人力二者之狹義的滅失。則與狹義之生産爲正反對者也。即名之曰財貨之消費。故消費也者。因吾人々類使用財貨。或因吾人對於財貨關係之變化。而其價值歸於滅失或減少者之謂也。即與前章論生産之時。有同樣之理由。非謂原財分子之消滅也。其財貨之消費云者。不過僅指其價值之變化、減少、滅失等之謂也。

生産與消費也者。雖如前所述。全然爲正反對。然兩者之性質上。在生産、則常包含有自然消費之事。在消費、亦包含有自然生産之事者也。此即兩者之所以異也。要之生産者。即爲價值之增加。消費者。即爲價值之減少。其差點僅此而已。[二]

（二）自生産與消費之性質上言之。則生産之中。自含有消費之事。消費之中。亦自含有生産之事者也。在某時。其所消費。亦非無全然無助於國家經濟上之生產者。然是亦非二者之作用。根本的即不相容也。

今有人於此。欲生產財貨。其僅從事生產乎。則在其自身。決非以之爲終局之目的也明矣。蓋生產財貨之目的。在於後來之使用之消耗之。而以之滿足人類之欲望者也。故貪婪無厭之徒。惟知以積蓄金錢爲事。是畢竟混同目的與方便。而陷於忘却生產之爲消費者之過失者也。[三]

（三）生產之結局之目的。惟在消費。故不使用財貨。或不消費財貨。而專從事於生產增殖者。惟用於生產所使用之機械爲然。若普通之人類。則斷不爲此也。亦斷非可以爲之者也。故自普通一般言之。不如謂人類者。以消費爲目的者也。欲達此目的之手段。則爲生產。

故可以生產之財貨。必其本來可以使用或可消耗者也。其消費也亦同。當其消費財貨之時。雖若僅以消費爲事。而毫不顧及後來之事者。然通常之消費一物。大抵皆欲因之以生產他物者也。故生產與消費。畢竟互爲原因結果。有一原因。則生一結果。有此結果。更爲新原因而生其次之結果者也。二者互相關係之理。與生產消費互相關連之理毫無所異。前者曰原因結果相關法。後者即生產消費相關法也。

第三章　生產之三要素

生產之三要素

第一節　自然

自然

分自然之生產要素爲二。即自然及自然力是也。

第一　自然

自然也者。爲存在宇宙間種々之物體。不論在何形象。得參與於生產者也。更細別之爲二。[一]

（一）自然之與自然力。本有密接之關係。實際極難區別判明。惟在觀念上。不妨以區別之爲優耳。

（甲）自然發生成長。採之即可供人類之用者。

例如野蠻時代之人類所住居之岩窟。樹木之窩巢等是也。又人類因之以保生命之草木果實等。亦屬於此種類。但關於是等者。雖要發見採取之勞力。然決非屬於乙種也可知。[二]

（二）甲種者。天然發生天然成長。採取之即可以滿足人類之欲望者也。其採取或發見之勞力。雖屬必要。然較乙種所必要之勞力。則大不同。譬之以得果實之目的而栽植樹木者。當屬於農業或園藝業。則是等之生產物。決非可屬於甲種之範圍者甚明。

（乙）依於勞力而生產之。乃始得供人類之使用者。

例如器具什物家屋等。以種々之勞力加於自然之物體。而後始能供人類之用之材料是也。在此種之物品。往々有因時因地。而難於判然區別其爲自然與資本者。[三]

（三）屬於乙種之物。欲區別其爲自然與資本。頗覺困難。其以勞力加於自然物者。雖得謂爲資本。然此種之自然與資本之區別。其當由於使用於某目的乃能決定者甚多。則資本之所以爲資本者。非附着於物之自身之性質也。關於資本之詳細議論。讓資本之部再述之。

第三[①]　自然力

自然力也者。如風雨水火與其他物體所特有之自動之勢力之謂也。分爲二項。

（甲）爲勞力之代用者。譬之風。可因之以行船。又譬之水。可因之以迴車者即是。

（乙）自然力與勞力相合而爲用者。更細別爲二項。

（A）無限而不可以人力左右之者。如氣候、風土之變化、海潮之干滿。地中之火氣等、吾人々類無論如何盡力。亦不能生滅增減之。惟不過被其力之影響而利用之者也。然是等之力。極爲强大。不獨關於財貨之生產爲然。即國民之性質、風俗、及習慣等。殆無不受其影響者。如欲詳細論究。請參攷巴哥兒[②]之文明史斯賓塞之社會學原理[③]等書。（四）

　　　（四）自然力中之（A）種。即無限者也。人類雖得利用之。然不得而增減生滅之。惟不過被此種之力之影響而利用之而利用之而已。譬之氣候不能以人力左右之者也。然得而利用之。如函舘（日本北海道地方）之寒地。可以製冰而送之暖地。亦得利用相應之氣候以增進人類之幸福者也。且以文明之力。雖能使氣候變化幾分。然終不得而全然左右之。譬如伐採森

----

① “第三”，有誤，應爲“第二”。
② “巴哥兒”，即亨利·托馬斯·巴克爾（Henry Thomas Buckle，1821—1862），英國歷史學家，著有《英國文明史》（*History of Civilization in England*）。
③ “社會學原理”，即斯賓塞所著的《社會學原理》（*Principles of Sociology*）。

林。以開拓無人之地。而移殖人民之時。則使氣候之
上。有幾分之變化者。此無可逃之事實也。現如我北
海道小樽地方。近年因家屋稠密。人口增加。其結果
比於昔日之積雪皚皚者。已風景大殊矣。又風土之變化
亦與此無異。其他海潮之干滿、地中之火氣等亦然。現
今之利用地中火氣以助生產者。亦不乏其事也。

　且氣候風土等之力。不獨於生產等之上。大有影
響。其影響於人類之性質風俗習慣等者亦頗不少。譬
如熱帶地方之人。其奮勉心概屬薄弱。而有遊惰之
風。其思想之所趨。雖富於想像力。然無有推理力。
熱帶地方之人。亦多有被制於感情之傾向。寒帶地方
之人。則又似趨於冷淡一流。如支那之大國。南方與
北方之人。其性質不無同異。在孔子及其他遠識之人
亦均認之。故有南人慓悍北人沈毅之評判。即如我
國。以南方北方分別言之。則家屋之構造。衣服之製
作等。亦不無多少之異點也。

（B）有限而可以人力左右之者。即依吾人人類之增殖
改良。而可從新生產者。或加勞力於天然之狀態。而更使
其適當滿足人類之欲望者是也。如空氣與飲用水。一見雖
似屬此種類。而不屬於（A）種。然特殊之空氣或山巔之水
及在特殊之場所或某時之空氣與水。往往有不能謂爲屬於
此種類者。^(五)

　（五）與前之（A）爲正反對。可以人力改良增加
者也。然改良增加云者。僅指財貨之價值之增加改良

者而言。非謂原料分子之增加改良也。

　　如空氣、固往々可以人力改良變化之。即水、亦因人
為的可以清潔之。此吾人之所常見也。然此水與空氣。皆
由於人力而改良清潔者固當屬於 B 之種類。[六]

　　（六）改良空氣云者。非真能改良空氣之物質之謂
也。譬如使室內之空氣另換新鮮。而施消毒物於汚穢
物之類。間接以改良空氣之謂也。於水亦然。非謂改
良水之物質之謂。不過指稱水道工事等。由於其工事
之改良。而間接為水之改良者之謂也。

　　然屬於此種類之生產要素。其最重者為土地。而從來
皆以之為生產要素之一種矣。然於自然物並自然力中。獨
舉土地而不舉其他者。經濟學者中。持此論者甚多。其立
論之不當。固不待言。然在自然之中。土地尤為重要。故
多數學者。僅知重視土地。其亦不足深究也矣。[七]

　　（七）土地在自然力中。為有最大生產力者之一。
故舊派經濟學者。多以之代表自然之全體。而謂土地
為生產要素之一焉。此論決不穩當。如彌兒者亦不曰
土地而曰自然。則其他概可推知。惟華錫特始謂生產
要素。為土地勞力及資本三者。此外其他之學者。亦
言人人殊。一一舉之。頗涉繁雜。故略之也。

　　如此、則自然也者。固有第一第二兩種類矣。然余則
不論此區別。而自他點以觀察之。分之為二。一為直接為
人類所消費而可滿足欲望之享樂手段。一為間接滿足欲望
之生產手段。如此區別。亦一便利也。前者若失之過多。

即與兩者之失之過少者等。彼之熱帶地方之住民。其不能充分發達者。亦與寒帶地方無文明進步之國同也。則所謂文明開化充分進步。而支配吾人人類前途之運命者。其爲溫帶地方之住民乎。有名之化學者<u>李畢熙</u>[①]氏常以土地之豐穰。爲國民進步之一大條件。即此義也。然此言不過適用於文明發達之第一期。若其後土地過於豐穰。却有使國民流於游惰之傾向。讀古代<u>巴比倫</u> <u>葉尼巴</u>[②]之歷史。並觀之中世<u>西班牙</u> <u>墨西哥</u>等。非先例之足以證明者耶。[（八）]

（八）世界之文明。從來有北漸之傾向。是固爲歷史之所證明而毫無可疑者。然其真爲文明之中心者。則非熱帶地方。又非寒帶地方。獨氣候中和之溫帶地方。實能推究文明之原理而得其進步發達者也。即浴天惠過少之地方。不能充分發達。享天惠過多之地方。亦不能充分發達故也。

第二節　勞力

勞力

人類之利用自然而爲生産。則其打勝多少之困難。不得不要活動。此活動。即勞力也。故勞力也者。即總稱以生産爲目的之人之身體並心意之活動也。即手足之活動固不俟論。其凝工夫費思慮等。亦皆勞力也。

故勞力可大別爲二。

---

① “李畢熙”，即尤斯圖斯・馮・李比希（Justus von Liebig，1803—1873），德國化學家，對有機化學早期的系統分類、化學應用於生物學、化學教育及農業化學的基本原理都做出了重大貢獻。

② “葉尼巴”，即尼尼微（Nineveh），巴比倫地區的古城，中期亞述的重鎮，亞述帝國都城。

第一　體力

第二　心力

是也。

第二之心力。更細別爲二。

（甲）智識上之勞力

（乙）道德上之勞力

是也。

以上、蓋自勞力之固有之性質上而區別者。勞力又有種々之分類法。其最重者。約可分爲六種。

第一　發見並發明

發見也者。謂新發見自然物或其利用者也。發明也者。則謂加工夫於自然之原料。而新生產世人所未知之物者也。^(九)

（九）發見也者。例如科崙布①之發見美洲大陸。又二三百年前。發見煙草中所包含之特質。使供人類之用者之類是也。發明也者。例如製棉爲絲。即於自然物加多少之變更。而滿足人類之欲望或增加其滿足之程度者之謂也。

以上二者。本來以一概括之不甚適當。然以其既屬同一種類。即不妨概括言之。

第二　占有（一曰先占）

占有也者。謂採取自然物也。譬如伐採自然發生於山

---

① “科崙布”，即克里斯托弗·哥倫布（Christoforo Colombus，1451—1506），意大利航海家。

野之樹木。或獵禽獸。漁魚類。採掘礦物等之類是也。

第三　生産原始産物所必要之勞力。

生産原始産物也者。謂依於農業森林業牧畜業等。以製作純然之消費物或製造品等。以生産其必要之材料者也。[一〇]

（一〇）此項既於總論原始産業之下已經詳述。茲不再贅。

第四　工業的勞力。

即以原始産物生産爲精製品所必要之勞力之謂也。生産精製品也者。如製絲爲棉。以木材作爲器具家屋。以金屬類製成機械之類皆是。

第五　配當的勞力。

配當也者。運搬或買賣種々之貨物。以圖謀經濟社會之便益之事也。爲主者即通常之商業。[一一]

（一一）配當也者。或變更物之場所。或自甲以買賣讓與於乙。因其移轉而圖謀經濟社會之便益者之謂。即通常所謂商業。要之即以有無相通爲交易者也。

第六　勤勞。

供給此種勞力者之中。有上中下三者之別。其最占多數者。如婢僕等。其最下等者也。然其結局。如供給勤勞者之教育家、軍人、醫師、辯護士、官吏、美術家、音樂師等。雖與婢僕等同爲不直接生産貨物者。然其爲生産上所不可缺。或當生巨大之效果者。則更無可疑也。[一二]

（一二）勤勞也者。謂以在一定之期間內。服一定之勞務爲其本體者也。其所以設上中下之區別者。不

免有缺穩當之嫌。何則、蓋絕對的自其所對於勞務者
之社會之關係觀之。實毫無上下之區別也。然在社會
之秩序紀律之上。自以區別上中下三者較爲便宜。故
余從一般之說採此區別。

　　教育家軍人等之勞務。果爲生產的勤勞與否。學
者間異論頗多。其謂是等之勤勞。爲不生產的者。則
曰凡生產者。以增殖有形之貨物爲限者也。然彼等皆
屬生產無形之財貨者。至於軍人。則尤於生產有形之
財貨與以必要之條件者也。換言之。則使生產安全行
動成爲必要之擔保者也。且在今日之國際關係。惟在
維持武裝的平和。若無軍備。則農工商等。必不能一
日完全從事於生產也可知。故謂爲不生產的勤勞。實
余輩所不能贊同者也。譬如恐洪水之泛濫。而至於流
失人畜。尚不能無隄防之必要。則謂築隄防爲不生產
的不可得也。既以之爲必要。而又謂爲非生產的何
耶。故在今日之社會。既以教育家、軍人、警察官等
爲必要。則軍人所提供之勤勞。即不得謂爲不生產的
明矣。但於必要以外。若漫無限制而增設之或擴張之者。
則其不必要之部分。即爲不生產的。又不可不知也。

勞力之種類。皆包含於以上各種之中。故是等之種
類。皆爲生產的而決非不生產的明矣。然世間往往有認爲
不生產的勞力者誤也。蓋生產的不生產的之語。對於關係
於勞力之人。雖屬可用。然對於勞力則不可用。凡勞力
者、性質上皆不得不謂爲生產的者也。^(一三)

（一三）勞力也者、無生產的不生產的之區別者
也。若有不生產的。則決非勞力。在物理學上之意
義。雖非無是等之勞力。然經濟學上則決無之。

故自此點觀之。則其從事勞力者。或對於勞力有一種
關係之人。可分爲二種。

第一　生產者

第二　不生產者

即是也。

第一　生產者

生產者。即勞力者。細別爲左之二種。

（甲）直接生產的勞力者。更細別爲二。

（A）普通所謂生產供生產的消費之貨物之勞力者。

（B）普通所謂生產供不生產的消費之貨物之勞力者。

（乙）間接生產的勞力者。即製造家財、器具、什物
等。以間接補助總生產之勞力者。或從事公共之事業者。
或擔任養成人才之任者之類皆是也。^{（一四）}

（一四）以從事勞力或有關係與否爲標準而區別
之。則可分人類爲生產者不生產者二種。其生產者中
之直接生產的勞力者。即指生產有形之財貨者而言之
也。間接生產的勞力者。指間接補助生產者。即從事
於製造家財器具等者。或教育家、醫師、辯護士等即
是也。但所謂生產的不生產的之語。如前所述。本缺
穩當。茲以其爲普通之慣用語。故習用之。

在（甲）之（A）有欲一言者。譬如以沙糖與小豆

粉製成饅頭者。自消費者之一面觀之。則或爲生產的消費。或爲不生產的消費者也。然就其多數言之。則總屬消費於生產的之物也。於（Ｂ）亦有欲一言者。譬如消費麭包者。通常所謂不生產的消費也。然在以製造麭包爲業者。則與（Ａ）同。即（Ｂ）亦有以之爲生產的勞力者。要之物之自身。原無生產的不生產的之區別。因而其生產之者。皆爲生產的勞力者。僅因其消費之人如何。乃有生產的消費與不生產的消費之區別而已。

第二　不生產者

所謂不生產者。謂毫無助於生產。却受他人之救助。或妨害他人之生產者也。如窮民、强盜、竊盜、隱居、並現今之所謂壯士等皆是。然如隱居者。因其過去之勞力之結果。既可自謀生計。則雖非直接從事於生產。然其投金錢或加意見以從事窮民救助之事業。或爲學校、病院、博物館等之維持。則間接亦爲圖謀社會之福利增進者。但使不失之過多。則亦無可憂也。然彼之所謂幼隱居者。則甚不免非難。總之隱居之制度。在經濟學上社會學上法理學上。頗爲有趣味之問題。而有當研究之價值者也。

如此、則人類雖有二種之區別。然因社會文明之進步。則人類之欲望。亦當愈益增加。故欲以種々之財貨使副其欲望者。其所要之勞力當愈加多。故勞力之於生產上。其當漸々增加其必要之程度者可豫斷也。

勞力之種類中。經濟上最有重大之關係者。則身體上

之勞力也。如方今歐美各國之經濟社會。所嚚嚚不絕之社
會問題。即關於此身體上之勞力問題。蓋勞力問題者。實
方今之社會問題也。（一五）

　　（一五）勞力中於經濟是最有重大之關係者。爲生
　　産有形之財貨（即貨物）者。即身體上之勞力也。方
　　今之所謂社會問題者。觀其文字雖似頗有廣意義。然
　　其實則僅關於所謂提供身體上之勞力者之問題也。

　　身體上之勞力。有由於種々之原因而異其效果者。舉
其重者。則有左記之六種。

　第一　年齡之別

　　因少壯老幼之不同。而生産之效果大異者。此殆不辨
自明者也。壯年之男子。最能適於勞動。其從事也。則天
職有然。若幼少者。則不可不使其學習而發達其能力。苟
在無害於此目的之範圍內。雖使之補助普通之生産事業。
在例外（實際必不然、不可不限以例外）亦未爲不可。又
老年者、僅可用其能力之最後之殘餘。而不可使之迫於必
要。質而言之。即僅依其助力。使參與壯年者之生産。以
過去之勞動之結果。而使得全其晚年之地位而已。此老年
者救助之制度、老衰保險、養老保險等之所以必要也。此
問題、與窮民救助問題。蓋有密接之關係焉。（一六）

　　（一六）驅無數可憐之幼年者集於工場。而使之從
　　事過多之勞動。又使老年者以其垂暮之年齡。與血氣
　　旺盛之壯年爲伍。而使之不得不用其身體上之勞動。
　　是皆基於社會組織之不完全故也。換言之。則不可不

使壯年者。專任勞動。而使幼年者從事學習。以充分發達其能力。而得立於完全的後繼之地位焉。老年者、務必使之以過去之勞動之結果。而得全其晚年。則社會組織。庶乎可得完全之望。至其經營之際。則一方當設保護幼者之制度。他方又當設立保護老者之制度。兩者相俟。乃得完全。於是工場法之必要以起。若表面雖祇使幼年者在可以動作之範圍內從事勞動。而其實則不顧其結果。而驅使彼等與牛馬無異。則社會之健全。其可得而期耶。

第二　男女之別

是亦易覩之事也。婦女之勞動力。其不及男子之勞動力者。無論自何點觀之。皆無所疑。蓋婦女之天職。本在家庭。以其勞力從事戶外生產之事業。則於男女兩性間分業之大原則大相牴觸者也。女子之職任。其在使之教育小兒、監督消費經濟、整頓家政、使其良人無內顧之憂。乃能勝任愉快。惟在未婚之成年女子。使之就相當之生產事業。與男子同樣。依勞力以立生計之途。雖亦未爲不可。然是等之女子。亦不可使之從事以機械工業爲主之大工塲之勞動。務必使之從事在戶內所謂內職者爲宜。^(一七)

（一七）是等之問題。本屬於勞動問題、茲不及細論也。然男女兩性生產上之效果。有重大之差異。無論何人。當無所疑。即男女之天性。女子則適於掌管消費經濟。男子則適於躬親生產經濟的事業者也。近來雖有主張男女同權論者。然決非與此說相牴觸。如

此之區別。在社會的大分業既有所不免。而不使女子
從事戶內之經濟。不獨不適於天性。否則、亦有將家
族制度自其根柢全然破滅之懼。則又何說耶。

若使未婚之成年女子。漸占多數。則社會頗屬可憂。
論其原因。往々不得不歸咎於社會一般之罪者。此亦將來
一大社會問題也。此問題、在方今歐美各國。欲使婦女得
自由以就凡百職業者。其運動既已頗盛。且同時欲使之於
政治上經濟上並社會上有重大之關係者。此一說也。而其
自勞動社會所起之運動。即欲自一切之生產事業。驅逐婦
女。使避競爭之不利益者。亦頗有力焉。此又一說也。研
究此問題之真相。則後種之運動。蓋欲使男性勞動者可恐
之事。無波及於女性勞動者之競爭也。其結果即欲使婦女
在家庭得全其天職者也。比之前種之運動。寗屬社會上可
喜之現象。(一八)

（一八）方今歐美各國、關於婦女之職業。有一正
　　反對之大運動起焉。即其一、欲以婦女之職業。務必
　　求其擴張者。現在某國。已有欲使女子就職於地方自
　　治團體之議員、市會議員等者矣。此運動也。欲使女
　　子得就位於社會上流公共之事業。同時又欲使婦女得
　　就凡百生產事業者也。其一、則欲使婦女不就生產事
　　業者。其目的、即欲使之僅就中等以上不勞身體之事
　　業者也。此兩者之表面上。雖非直接爲正反對。然其
　　結果。却呈正反對之現象。要之此二問題。在歐美既
　　常有大問題風起潮湧。則將來之益々成爲重要問題也

自可推知。而在研究男女兩性之生產力之差等者。實可爲重要之參攷事實矣。

以上所揭二種之原因。自一般觀察之。則使役婦女並幼者。以從事生產事業。宜若招一般社會永久之不利益者矣。然他之種々事情。若屬同一之時。則在一國之勞動生產力。對於人口之全體。若成年之男子愈多。則其比例亦當愈多也明矣。就於此點。以觀察各國之差異。大抵多因於幼少者之多少。乃得其比較之差。故自一般言之。則人口增加最少之國。比較的即爲成年男子最多之國。其國之勞動生產力亦較大。此不可不知者也。[一九]

（一九）人口增殖之時。則一國全體之生產事業。亦因之而大。固己。然國民生產上之結果。比較的却所收甚少。例如英國、人口最多之國也。故其生產亦大。然就英國國民之一箇人而論其生產力。則平均却小。而在法國。則比較的青年男子最多之國也。其人口總數雖少。然就法國國民之一箇人而觀其生產力。則平均上却大。此亦不可不知者也。

第三　人種

人種之差異。其關係於勞動之生產力者。驟觀之雖似極少。而實際則有大出於意外者比々焉。舉其大者論之。則歐羅巴人之與亞細亞人。其勞動力之有差異。固不待辯。即自其小者論之。在同一歐羅巴人種之中。同一亞細亞人種之中。亦因國而大不同。且即在一國內。如有不同人種之民族存在於其間。則亦往々有重大之差異者。現在

英國之領土内。如"安克薩克遜"①人種與"愛爾蘭"人種
之間。既有非常之差異矣。其在德國。則住居近於原屬波
蘭國境之勞動者。比之一般之勞動者。甚爲劣弱。其機敏
之性質則又過之。是等者雖在一國之中。而因人種之異
同。其勞動力遂不免有種種之差異。且以一般之英人比之
德人。則英人之勞動力。比較德人爲優。常有駐在英國之德
國總領事。報告倫敦某同盟罷工者之顛末之時。其報告中。
嘗明言英國勞動者之生産力。遠勝於德國之勞動者矣。

第四　食物

食物之差異。其於勞動之生産力。與以重大之影響
者。就一箇人觀之。既無可疑。故其積而成一國一社會之
時。則於其全體之上。有與以重大之影響者。亦殆無説明
之必要也。(二〇)

　　(二〇)前述第三之下。於英人與德人之勞動力之
多少。既略有所述矣。茲就此二國之人種。精密論
之。則此二國之人種。在方今雖多有非常之變遷。然
尋其初。則二者、固皆日耳曼人種之國民也。故僅就
人種之上論之。其勞動力似不應大有差異。然實際既
已如前所述。則探其差異發生之點。或多因於其日常
食物之有差異者亦未可知。是蓋在英國之下等勞動
者。其衣服雖能安於麤末。而於日常食物。則頗有選
擇美味之風。而在德國之勞動者。則衣服概取美麗。

---

① "安克薩克遜"，即盎格魯-撒克遜（Anglo-Saxon），歐洲古代日耳曼人的分支。

然於食物則又自甘麤末。此兩者雖不免偏於極端之
論。然觀其勞動力之有差異。則固有不得不謂爲多基
於食物之有差異者矣。

第五　衞生

衞生之影響於勞動生產力者。殆與食物相同。茲無詳細
說明之必要也。

第六　氣候

此影響亦與前述第四以下原因影響略同。蓋氣候過於
溫暖。則易使國民趨於怠惰。若寒氣過甚。則又有使之日
就虛弱之虞。故氣候自以適合中庸爲最宜也。且此氣候之
影響。即就一國內之一人觀之。亦大有異。是蓋以盛夏之
時之生產力及嚴寒時節之生產力。與溫和適中時期之生產
力。互相比較。則其差異自明。(二一)

　　(二一)氣候者、固以得中和爲宜者也。其終始如
　　一。而無所謂春夏秋冬之差異者。則甚不宜。何則、
　　蓋無春夏秋冬之變化。則一年間之寒暖相同。其住居
　　於該地方之人。因缺乏同化之力。若遭遇少異之氣
　　候。即至於害及健康者有之。故多少有氣候之變化而
　　從春夏秋冬之時節。有一定之變化者。不得不謂爲最
　　適於健康之地也。故有此變化。則勞動者之生產力。
　　亦有多少之影響矣。

以上六種之原因。皆於勞動之生產力。生重大之差異
者也。就中、尤以最初之二原因。到底非可以人力得而左
右之者。又如第六之氣候。加之以人爲。雖非無多少之影

響。然欲全然左右之。則固有所不能。至於第四第五。其
太甚之程度。雖可矯正。然此二者。亦多基於一國全體之
形勢與社會一般的風俗習慣等。欲充分左右之。亦非容易
之業也。即就食物上之衛生。舉一適例觀之。如現今之德
國。其勞動者之被酒精之害者實多。或則罹疾病。或則爲
狂人。又或則陷於貧困者。不遑數也。在英國亦然。在倫
敦之社會上。察其種々被害之原因。其甚者尤爲含有所稱
爲"威士忌"及"精"①之酒精分最多之飲料。就中下等社
會之婦女子。被此害者尤多。據近年之統計。則倫敦市中
之婦女。因之誤其方向者。殆不下四分之一之多。即近來
各處。有以節酒或禁酒等爲目的而設協會或組合者。欲以
矯正此獘。無奈其效甚少。而被酒精之害者依然如故也。
由此觀之。則雖第四第五之原因。亦有不能容易左右之也
明矣。近來各國。均主張運動法。及兒童之體育。其結
果。於國家全體之衛生。有非常之影響。因而於全國勞動
之生産力之上。亦有重大之關係。然就此點論之。則歐洲
之各大國。又不及一蕞爾之瑞士國也。緣該國之各學校。
尤以小學校兒童之體育極爲完全。其方法亦頗完備。其注
意於女子之體育。尤爲無微不至云。

　要之關於勞動之生産力。固有種々之原因。而其影響
亦大。欲詳細調查之。不獨各國間之勞動上之差異可以判
明。且頗爲有益又極有興味之事也。近來德國之採講壇社

---

① "精"，即杜松子酒（Gin）。

則倫敦市中之婦女因之誤其方向者殆不下四分之一之多。即近來各處有以節

酒或禁酒等為目的而設協會或組合者。欲以矯正此弊。無奈其效甚少。而被酒精

之害者依然如故也。由此觀之。則雖第四第五之原因。亦有不能容易左右之也明

矣。近來各國均主張運動法及兒童之體育。其結果。於國家全體之衛生有非常之

影響因。而於全國勞動之生產力之上亦有重大之關係。然就此點論之。則歐洲之

各大國又不及一蕞爾之瑞士國也緣該國之各學校。尤以小學校兒童之體育極

為完全其方法亦頗完備其注意於女子之體育。尤為無微不至也。

要之關於勞動之生產力固有種種之原因。而其影響亦甚大。欲詳細調查之。不獨各

國間之勞動上之差異可以判明。且頗為有益又極有興味之事也。近來德國之採

講擔社會主義一派之學者。皆努力研究之矣然欲調查是等之實際之景況非深

明其原因結果關係。則方今之社會問題。欲其渙然冰釋實有所不能。故此派之學

人。特充分注意於此者決非無因也。(二三)

(二三)欲明勞動問題。則僅就社會主義之主義鑽研其根本的大疑問不憺也

會主義一派之學者。皆努力研究之矣。然欲調查是等之實
際之景況。非深明其原因結果關係。則方今之社會問題。
欲其渙然冰釋。實有所不能。故此派之學人。特充分注意
於此者。決非無因也。[二二]

（二二）欲明勞動問題。則僅就社會主義之主義。
鑽研其根本的大疑問不能也。非就其事實、照之沿
革、鑒於統計、以至至微極細之點。無不取而攻究
之。則決有不能完全知其原因結果之關係者。講壇社
會主義派之學者之所爲。蓋可謂得其要領者矣。我國
之研究關於此點者。既不充分。其材料又極少。而徒
唱社會主義等之議論。不注意於着實之事實的研究。
欲以解釋勞動問題之真相。其能免於遺笑方家也歟。

第三節　資本

資本

資本也者。得於數字上估計其價值之經濟財貨之一
種。原由於勞力而生。以補助未來之生產者也。據通常所
解釋之意義。則所謂資本之語。蓋包含有僅供未來之使用
而貯置之者。與補助生產者之二者於其中者也。然資本與
自然之生產要素不同。必藉人力之助。乃成爲財貨之一
種。惟其使用法如何。則定義之中不得不明言之。[二三]

（二三）資本者、有因補助生產而使用者。僅自此
點觀之。則自然之要素。亦與資本無異。然與資本之
異點。不可不區別也。即資本也者。加人力於自然而
助未來之生產者也。即在加勞力於自然者之中。其不

資本

非就其事實、照之沿革、鑒於統計以至於微極細之點、無不取而攻究之、則決有

不能完全知其原因結果之關係者、講壇社會主義派之學者之所爲、蓋可謂得

其要領者矣。我國之研究關於此點者、旣不充分其材料、又極少、而徒唱社會主

義等之議論、不注意於着實之事實的研究、欲以解釋勞働問題之眞相、其能免

於遺笑方家也歟。

第三節　資　本

資本也者、得於數字上估計其價値之經濟財貨之一種、原由於勞力而生、以補助

未來之生產者也、據通常所解釋之意義、則所謂資本之語、蓋包含有僅供未來之

使用而貯置之者、與補助生產者之二者於其中者也。然資本與自然之生產要素

不同、必藉人力之助、乃成爲財貨之一種、惟其使用法如何、則定義之中不得不明

言之。(二三)

(二三)　資本者、有因補助生產而使用者、僅自此點觀之、則自然之要素亦與資

《社會經濟學》第 268 頁

能估計其價值者。或爲法令上所不公認者。皆非資本。

何則。單因欲供未來之使用而貯置之者。有不必限於單爲資本之作用者存在故也。

欲決定某經濟財貨之爲資本與否。非謂其形體或他之固有之性質也。而當以其在經濟上之目的乃能定之者也。故雖同爲一物。有或則爲資本者。有或則非資本者。例如供給從事生產之勞動者之食物。固爲資本。然供給無用者之食物。則非資本。又如農業上使用於耕作之牛馬。固屬資本。若僅以之供遊樂而飼養之之牛馬。則非資本。此資本之觀念。所以與單純之財産觀念異也。^(二四)

（二四）欲決定某財貨爲資本與否。不可不一據其在經濟上之目的如何而決定者也。質而言之。即同屬一物。其爲助生產之目的之物。雖爲資本。其爲供奢侈遊樂之目的之物。則非資本。但到如何之程度。始得謂爲助生產乎。此實困難問題也。要之是等之程度。決非可以數理的決定之者。不過舉其極端之例論之。自易明耳。

資本之中。既不容有不可於數字上估計價值者。故人人之能力、智識、技藝、或國家等。雖得稱爲財貨。而不得謂爲資本也。反之、如商店之名譽。本來由於人力而成。不僅可以大助生產。且其價亦得於數字上估計之。故爲資本。此商店之名譽。即資本中名爲無形之資本者是也。又自一箇人之私經濟觀之。雖不過爲純粹之直接消耗品者。然自國民經濟之全局觀之。亦得爲資本者。又往々有之。但在一國中資本之增加。務必使參加於生產之物。比直接消耗品多生產。多儲蓄。而後乃能大有助於他日之生產也。^{（二五）}

（二五）資本者、不包含有不能估計其價直^①者也。故通俗所稱爲資本者。如角力家之大力、演藝家之藝術、講談師之聲音、勞動者之手足之力等。在經濟學上。皆非資本也。反之商店之名譽。雖屬無形者。然既可以估計價值。則資本也。在古昔商業未盛之時代。商店之名譽。雖不及今日之可以估計價值。然在今日。既明々可以估計之。而往々有以之買賣讓渡者。則一種之資本也。且一國資本之增加。多因於儲蓄而起。故自此理推之。則儲蓄愈多者。其資本亦當愈大。又何疑歟。

資本之種類。既有種々。則分類之方法。亦自不同。

因使用資本之人之異而區分者。其別有二。

第一 自用資本

自用資本也者。謂所有該資本者。自使用於其從事之生產之資本也。

第二 他用資本

他用資本也者。謂所有之者、不自使用其資本。而貸與於他人使其使用之者也。從來之通説。大抵僅以此第二種者稱爲資本。故謂爲資本家者。即指稱不自勞動又不自

---

① "價直"，本書正誤表更正爲"價值"。

爲事業之監督。僅據其自己所有之資本所生之收入即利息
以營生計者也。^(二六)

　　　（二六）今日之所謂資本家者。其自己使用所有之
　　　資本。或自爲監督而使他人使用之者頗多。蓋單有有
　　　資本者。即單純之資本家也。使用之而從事生產者。
　　　即企業家也。此二者之區別也。其使用自己之資本而
　　　從事生產者。則資本家且同時爲企業家者也。

　　其次、則因於資本形體之有無而區別者。可分爲有形
無形二種。

第一　　有形資本

有形資本。更可區別爲左之九種。

（甲）保生之必要品　　即生產者在從事生產之期間。於
接續維持其生命所必要之衣食住之貨物也。^(二七)

　　　（二七）自此以下。雖有九種有形資本之區別。然
　　　非絕對的區別也。故在一種之下者。同時又當屬於他
　　　之種類之下。茲不過就其大體上分爲九種而已。

（乙）器具、什物、機械　　什物也者。如鋤鍬鋸鉋小刀
之類。直接以手足使用之者之謂。器具也者。如籃筐箱桶
等。因保存或運搬貨物所使用者之謂也。機械也者。如印
刷機械紡績機械等。雖不直接以人力運轉。然最初僅指示
運轉之方向。因而藉其勢力之展轉。遂自然爲種々之動作
者之謂也。故此三者之發達順序。則前二者之被使用也頗
古。機械之發明也則新。是蓋無論其在於何國。而無不然
者也。

（丙）粗製品　即棉毛之類、爲精製品之材料者也。

（丁）有益家畜　加以人力之飼養者。如牛馬雞豚羊犬等之畜類。用於生產上者之謂也。

（戊）助成品　即用於銃獵之火藥。用於鍬冶之煤炭木炭等。不現於生產之結果的貨物之上。僅助其生產者之謂也。

（己）土地之改良　於土地加以改良。因之大增加生產穀物之力。或其他之生產力者。全以他之資本與勞力爲行動。而大助未來之生產者也。故疏水隄防等。亦屬於此種資本中。(二八)

（二八）現今之土地。大抵皆非如昔時爲純然之自然。而以勞力加於自然者也。然其自然之部分。與加以勞力資本之部分。論者有謂其不可明分。而以土地全爲資本者。是亦不爲無見。即不爾。亦當以施以改良之土地。而區別其改良之部分與不然之部分。以區別其爲資本與自然方可。

（庚）建築物　即家屋、倉庫、製造場等。皆以勞力造之而大助生產者也。故凡不可不加以人力之交通機關等。皆屬此種類中。如鐵道、電信、電話即是。(二九)

（二九）倉庫製造場等。其爲資本也固無所疑。然在家屋。則有單供居住者。有兼爲資本與消費用者。欲區別之頗覺困難。譬其毫無助於生產、而徒極游觀以供居住之時。是即爲消費而非資本也明矣。反之、其住居者。若爲從事生產。而以家屋供生產之用者。

則其家屋、即資本也。最著明者。即以賃貸家屋之目的而爲之建築。因賃貸而得衣食者之類是也。即賃貸家屋者。取之以爲賃貸。即明爲資本矣。

又、鐵道電信電話等。雖爲一種之建築物。然不可與家屋製造場等同一視也。且是等者。以之入於土地改良之種類。雖亦未爲不可。然審以之置於此處爲最適當焉。否則別設一項目以説明之。或更得宜也。

（辛）貨幣　貨幣者。爲交易之媒介價格之標準而使用者。明屬於資本之一種者也。然貨幣不過爲資本之一種。資本亦不必限於貨幣也。[三〇]

[三〇]貨幣之爲資本更無可疑。而無容有所議論者也。然世人每覩金融逼迫之狀況。遂動輒斷定爲資本之缺乏者。實爲大誤。譬如因鐵道敷設之業熾。而貨幣之大部分。化爲鐵道。其結果一時亦有惹起市場金融逼迫之憂者。是決非資本之缺乏也。故基於同一之理由。而貨幣特見潤澤者。亦不得即謂爲資本之豐富。且通俗尚有以貨幣與通貨同一視者。是亦未知通貨也者。於貨幣之外。尚包含有流通證券等比貨幣之意義更廣者也。

（壬）商品　商品也者。商人以之陳列於其店頭或藏置於倉庫。以待購買者之貨物之謂也。

第二　無形資本

無形資本也者。通常皆依於人力而生以備生產之使用者也。此點雖與有形資本毫無所異。然無形資本。多爲實

際所使用而無有減少者。因而無有消滅。且有因使用之度
數愈多。而却能繼續或增加者其常也。換言之。則無形資
本也者。因欲保存之。而愈不可不使用之者也。如彼之商
店之名譽。即明屬此部類又如人之才能技藝等。通常皆因
使用而益々增加其利用者也。故就此點觀之。亦頗類似無
形資本。然其價值。既於數字上不能估計。則雖得爲財貨
而不得爲資本。但此亦經濟學上之一疑問也。一派之學
者。固常有以才能技藝等爲資本者矣。

其次、則因資本之能移動與否而區別者。即動資本。
不動資本之區別是也。動資本也者。不變其性質形體等而
能轉換其存在場所者也。不動資本也者。非變其性質形體
等。則不能轉換其存在場所者也。(三一)

(三一) 動資本不動資本之區別。與法律上所謂動
産不動産之區別。大致相同。然欲絕對的以二者同一
視之。亦有所不可者。例如船舶。法律上通常皆視爲
不動産者也。然在經濟學上。則不得謂爲不動資本。

又次、則因資本可用之度數及其保存時間之長短而區
別者。則可分資本爲固定資本。流動資本二種。(三二)

(三二) 固定資本流動資本之區別。從來一般所採
用之區別也。然謂固定資本與流動資本之區別。即與
動資本與不動資本之區別。可以同一論之者。又不免
有誤。何則、機械者。固固定資本也。然非不動資
本。其他類似於此者尚多。故余論固定流動之區別。
即以基於使用之度數與保存期間之長短而區別之。

第一　固定資本

固定資本也者。其爲生產之使用也可屢。其耐保存之期間也頗長。惟不過漸見減損者之謂也。如器具、什物、機械、建築物、船舶、乘用之馬、耕作用之牛馬等皆是。

第二　流動資本

流動資本也者。當其爲生產也。經一度之使用。則變其形體。換其場所。且自此以後。不能屢々使用於同一之生產之用者之謂也。例如薪炭之類。一度使用之。則化爲灰燼而去。而不能再使用之於同一之目的者也。又如用爲資本之食物亦然。食物者、一度用之。而或則爲筋肉。或則爲排泄物。而再不能使用之者也。（三三）

（三三）貨幣、亦一流動資本也。乃一度使用之。而貨幣之形體未嘗變也如故。然一度使用之。貨幣即移轉於他人之手。不能再行使用矣。則貨幣者。爲交易之媒介。而常因於輾轉而全其效用者也。貨幣之與他之流動資本異者非他。蓋貨幣也者。自使用之者一面觀之。雖爲流動產本。然自一國社會全體之上觀之。則固一種之固定資本也。其因輸出入之平均。而被輸出於外國者。雖所常有。然一國內之貨幣。斷無一時悉被輸出於外國之理。此則其所以與固定資本之機械同。而皆由漸而減少者也。

固定資本流動資本之區別。頗爲重要之區別。故學者之論資本之區別者。往々僅舉此二種之區別。而不注意於其他之區別者。亦非無因。

　　一國之固定資本與流動資本之比例。因社會經濟狀態之不同。而因之大異者也。據方今世界一般大勢論之。則變流動資本爲固定資本以立永久之計者。策之最上者也。固定資本有增加。於是經濟上之眞正的公利公益。乃能增進。國家全體之生產乃見增高。反之若固定資本日見減少之時。則是縮少永久之生產。而使國家日即於衰弱之徵候也。（三四）

　　（三四）固定資本與流動資本之比例。因當時之社會情事或依國而當有不同者。然概括的言之。則方今世界之大勢。務必的使流動資本變爲固定資本乃爲上策者也。即方今之世界。既在物質的進步之競爭場裏。如種々之機械、並交通機關、鐵道、電信、電話等之事業。益々擴張。使流動資本漸次變爲是等者之類是也。然茲當注意者。若過偏於物質的進步。亦不免有一弊害。以上、不過於其大體聊一言之耳。若自其一國一時代論之。則使用固定資本過大之時。其結果即不免使流動資本缺乏。固定資本增加。而使一國陷於衰弱者亦所不免也。故即就一國一時代言之。其必注意於此兩資本之得權衡。固尤爲必要也。然所謂權衡也者。非於數字上可以定其程度者。惟不過比照於一國一時代。要具象的使其得相應之程度而已。

　　然即以某一國一時代論之。若固定資本獨見增加。對於流動資本。至失權衡。則最屬可憂之事也。故謂相應於國家時々之經濟事情。使二者得其均衡。互相依相助以圖經濟社會全體之進步者。經濟上實不得不謂爲眞正之理想。例如鐵道。固固定資本也。若國家以延長之爲有益。
則因延長時期之長短。即大異其得失焉。鐵道之延長。若
失之緩。則其效用薄弱。若流於急。則經濟社會。又或有
因之惹起大恐慌者。[三五]

（三五）以一國一時代言之。兩種資本之得平均。
最屬必要之事也。所謂平均也者。謂有充分運轉流動
資本之固定資本。又有充分可使用於固定資本之流動
資本也。如鐵道之延長。國家經濟上固有益之事也。
然因其時期之長短。其得失即大不同。若延長失之過
急之時。即影響於流動資本。其結果、却使流動資本
缺乏。而有惹起金融逼迫之虞。反之若流於過緩之
時。則其效用又不著。質而言之。即其影響於經濟社
會之結果甚少者也。然則延長之緩急遲速。謂非使兩
種資本得其平均之程度也乎。

故縱令在一國家。雖於固定資本多有必要。然於變更
流動資本之程度、順序、方法等。若不能照之經濟社會實
地之情狀。而漫爲措置之時。或當陷於不可思議之危險。
亦不可保是實經濟政策之當局者。不可不深加攻究者也。

第四章　關於生產三要素之法則

緒論

凡一國之生產之三要素。決非同時悉皆連結而活動者
也。換言之。即一國之自然勞力及資本三者。決非全體悉

皆同時連結。以投之於一國所要之生産事業者也。然則此三者。果當如何活動乎。即分種々之生産團體而活動者是也。其存在於團體之中。無論爲各箇人各組合會社等、凡合同連結生産三要素之幾分而使之活動者即是。方今之經濟社會。普通亦即此狀態也。由於如此而成立之團體。泛稱之曰職業。即農工商是也。換言之、則方今之生産事業者。非國家的、社會的。而箇人的、會社的、組合的也。

　經濟社會之繁榮。在種々之分團體之職業之中者也。故三要素必能互相協力。乃有可望。然照之社會經濟發達之沿革。則在某時。雖其一之要素爲重大者。又至某時。則其他之要素却重大矣。是不獨一般社會經濟爲然。即在各種之職業。亦復爾爾。蓋在社會文化未進步之時代。僅自然之要素、爲重大之作用而已。勞力亦不過因收採自然物乃使用之。當此之時。其農業尚專據粗大之耕作法也。⁽一⁾

　（一）自然勞力及資本之三要素。必各得其平均。而後經濟社會之繁榮。乃可得而望。然某時僅有自然之供給。而他之要素不隨之者。亦比々然也。譬如現今之北海道。自然之供給雖裕。而勞力與資産①則不隨之。又在某時、勞力資本雖多。而自然又不因之者。如現今之英國是也。然於學理上。則三要素者。殆不可畸輕畸重於其間焉。

---

① "資産"，有誤，應爲"資本"。

次之、則生産事業漸次需要最多者。勞力是也。如資本者、惟以之爲補助而漸次增加。於是乎農業漸爲緻密收約的。即人々之手工業。亦漸變爲機械工業矣。故概括言之。太古之世。所勿論。即至中世。資本之活動。尚微弱不足言。蓋資本之見重於時。去今不過百三四十年前事耳。洎乎今日。則生産要素中。又當以資本爲最重大焉。然於各種之職業。一種之生産要素。通常必與他之要素合同連結。使與當時之文明相應利用。而後經濟社會乃得收其重大之利益也。故一要素有餘。而他之要素不足。則三者不能合同連結。即不得不將其有餘之部分。棄置不用。而置之無用之地矣。然則三要素者。畢竟依其連合之程度如何。則雖以同一之材料。亦可生種種不同之結果。若據相當之組織。而不得使之適宜使用。則其生産力雖極大。然既使之各々不得其所。其弊豈獨無益也歟。(二)

（二）現今之社會。資本非常必要之社會也。然謂僅要資本。而其他之要素不必要。則又不然。何則、三要素者。各有其當盡之特別任務者也。故非連結之。使各盡其所當盡。則於社會經濟。斷不能與以重大之利益可知。即一要素雖有餘。而他之要素有不足。則有餘之部分。亦不能適當盡其使用故也。茲假定有農業於此。土地（即自然之一部）雖十分充足。然肥料農具勞力等不因之。則其土地。終不能充分利用。換言之。則其土地僅與其資本並勞力相平均之分量。雖可使用。然其他之部分。尚不能不置之閑散。

而有待於有是等供給之時。如前所述、現今之北海道。即其例也。又如英美二國。資本雖有餘。而自然與勞力又告不足。在北美合衆國土地雖十分充足。然勞力又不充分。反之如支那、如日本、勞力雖有餘。而資本又缺乏矣。故方今之世界。若使國際間無種々傷感情之事。則三要素尤得十分調和。而經濟社會。乃得大受其利益。要之三要素者。雖各自十分存在。然非合同連結。則生產必不能十分增加。例如廣島之勞力、北海道之自然、大阪之資本。就其各別觀之。固充分存在也。若欲以其資本與勞力。移於北海道。而缺機關之設備。則三要素既不得連合。則亦不能充分見其活動焉。譬如龍不得雲。則龍之所以爲龍之特性。亦不得而發揮者、同一例也。

關於土地之生產力之法則

第一節　關於土地之生產力之法則

關於自然全體之生產力之法則。姑置不論。本節僅就其土地一事論之而已。其故非他。蓋關於土地生產力之法則則若明。則其他自無難解也。

抑土地也者。即總稱田野、森林、沼澤之謂。而其生產力也者。即使之滿足人類之欲望之能力也。蓋吾人々類之所望於土地者。務必的以最少勞力與資本。而得多大之滿足者也。

土地之生產力者。（第一）由於地味之如何。而異其大小者也。然土地雖屬豐饒。若其位置距離一般之市場甚

遠。則因運送交通之不便。其自土地産出者雖多。而運送
於需要地方之時。甚爲困難。則其費於運送等之勞力資
本。既已增漲。故扣除之之時。其結局。則是等土地之利
益既少。即其土地之生産力。亦不可不斷定爲少也。故土
地之生産力。（第二）又當因其位置之便否如何。而大小不
同者也。

　凡土地者。其所用之勞力資本。有增加之比例可準。
而非無際限可增加其生産者也。其生産力。自有一定之限
度。自此限度以上。其生産即當漸次減少。茲假定有十畝
之田地於此。若投以五十圓之資本。使役五人之勞動者。
則可得米五十石也。然此土地以尚有可耕作之餘裕。於是
遂漸次增加所費之勞力與資本。而投以百圓之資本。使役
十人之勞動者則可得米二百石。循此以往。則投二百圓之
資本於此土地。而使役二十人之勞動者可收米二百石又投
五百圓之資本使用五十人之勞動者。可收米五百石。如此
則因勞力與資本之增加。而以同一之比例推之。自當增加
收穫而無已也明矣。然投百圓之資本。使役十人之勞動
者。既可收米百石。而決非以同一之比例而增進也。故在
此田地。雖使用二百圓之資本與二十人之勞動者。然其收
穫亦不過百五十前後而止。而決不能至二百石也。又雖使
役五百圓之資本五十人之勞動者。亦不過得四百石之收穫
而已。在收穫全體之上。雖有幾分之增加。然以資本與勞
力比例之。則屬漸々減少。是即土地生産力之明示限度者
也。在此限度以上。雖可改良耕作之方法。使其收穫愈

多。然其收穫。則在限度以内之比例。不僅不見超過。而
却見減少者。此其常也。是蓋爲經濟學上一種之重要法
則。學者所稱爲生產遞減法或曰土地收益漸減法者是也。

故生產遞減法也者。謂自某程度以上。對於土地。以
所費之資本與勞力爲比例。而漸次減少其生產力者也。生
產之達此程度者。既依一定之法則而進。同時其遞減法。
亦有一定之法則隨之而行。惟其所行之時期。不獨在各國
有所不同。即在一國之中。亦因各地方而大異。若一國之
人口。比其土地較少。則以其勞動者之全力。充分使用之
於土地。尚有餘裕。則所費之資本與勞力愈大。其生產亦
當愈益增加。而其距遞減法所行之時期亦尚遠。則因人口
之增加。而合同資本、盛行分業、以起種種之大事業。亦
易着手。故到某程度。則生產之比例。却當有次第增加
者。據多數國家從來之經驗。則遞減法若有將行之機會。
而因之大改良土地之耕作法。或發明農具農用機械等。以
俟後之實行者往々有之。故生產遞減法者。不過表示土地
生產力之大勢所趨而已。於實際究不常有也。(三)

(三)生產遞減法到實際可行之時期。非可以數字
預爲斷定者也。然此法則。則實爲確實。故即其實行時
期。雖不確定。然此法則之爲確實。則固仍無可疑也。

究之遞減法者。實爲極正確之法則。不過常因外界之
勢力。妨害活動而已。遞減法之在機械學中。實如所謂
"動"者之第一則。其妨害之外界之勢力。亦猶之空氣之有
抵抗力。地球之有引力等耳。

雖然、生產遞減法。固爲毫不可動之眞理。然其作
用。既常被外物所妨害。於是生自土地之社會之富。殆有
毫無可限制之程度而增進不已焉。此外物（即外界之勢
力）爲何。左列之事情即是也。[四]

（四）妨害生產遞減法之行動之外界勢力也者。一
言蔽之。即文明之進步是也。然文明之事業。過於廣
漠。欲得其要旨甚難。兹就關於經濟上者論之。特揭
示類別於次。

第一　內界之進步

內界之進步也者。謂一箇人之進步也。更分爲三。

（甲）各人身體上之發達　是即各人之身體發達。舉其
所費於土地之勞力之效驗。不勞而自然增加者之謂也。

（乙）各人德義心之發達　即各人尊重其所就之業務而
善盡義務。即因之以節省所費於監督之之勞力與資本者之
謂也。

（丙）各人智識之發達　智識之發達。即以同一之資本
與勞力。比較從前得爲多額之生產者之謂也。

第二　外界之進步

即起於一箇人以外之進步。更分爲二。

（甲）政治法律之改良　即政府改良關於土地之政策與
關於土地之法令。使所賦課之租稅。定其適宜之比例。而
無所謂畸重畸輕者之謂也。

（乙）農業之改良　更細別爲二

（A）使生產增大之方法　即絕對的增加生產總額之方

法也。更分爲四種。^{（五）}

（五）是即生産增加之積極的手段。於農業上加以加良^①者也。故與農業費用之減少等消極的方法有別。

（a）輪栽法　此法、即每年以同一物種植於其土地時。則其收穫比較的爲年々減少。而於每年或二三年更換其所種植之植物種類之方法也。據此、則以同一之勞力。費於同一之土地。比較的可多得收穫者也。

（b）栽種新物　即於從來所栽種之植物以外。而栽種新物。使增加收穫者也。

（c）於栽種一種植物之旁。更生産他物。^{（六）}

（六）此即以同一之土地。而能兩次利用之之方法也。例如種大豆於麥田。與養魚類於水田是也。但魚族之種類。往々有害及稻根者。故必要飼養無害之魚族。

（d）發見或發明有效之肥料。^{（七）}

（七）農業之必要肥料。所不待言也。因而發見或發明有效之肥料。其於生産上大有利益也可知。在美國常發見所稱爲“括蘿”^②之鳥糞以供肥料矣。又近來有利用廢物以製成人造肥料者。皆其有效者也。然據所聞。則歐洲之某國。雖有利用人糞爲肥料者。而此事不見於有力之著書中。且不僅不知利用而已。在歐洲之大都府。往々有苦於人糞之處置者。昔年英國國會。曾有一奇談焉。蓋倫敦之衞生組織。於人糞排除

---

① “加良”，該書正誤表更正爲“改良”。
② “括蘿”，“guano”的音譯，意爲海鳥糞（用作肥料）。

之方法。實不如今日之完全。其時即某夜之事也。有
議員某者。無心討議及此。有謂雖將人糞排除於海。
使一旦依潮流而依然漂着於沿岸。則臭氣難耐。我輩
其能安然議事耶。於是一議員遂提出散會之動議者。
而以滿塲一致可決之。議會遂中止而散會矣。夫政治
上社會上可籌議之事亦多矣。乃英國立法之議會。竟
以不堪臭氣之故。致拋國事而散會。使巧於利用人糞
爲肥料之我國人觀之。殆無不爲之噴飯者。然在歐洲
之大都會。竟至窮於處置。則利用之以爲肥料。審彼
等之所得知耶。自此點觀之。則日本人對於歐洲人。
或有優於爲農業上之師範之資格也歟。

（B）要資本與勞力比較的使之寡少之方法。

即少要勞力與資本。而相對的使生産增大之方法也。
更分爲三。

（a）農具之改良及發明　即以手足可使用之鋤鍬等之
改良及發明也。

（b）農業機械之改良及發明。

（c）道路並荷造運搬法之改良　即改良以農產物運出
於市塲之方法。並使道路間有便於往復之益者之類是也。

次之、則關於土地之使用法之大工作小工作之問題
也。然此與土地所有權之大小之問題。自有區別。在於某
國。其屬於一箇人所有之土地雖頗廣大。然其爲農家者之
大多數。則不過小工作而已。反之在於某國。其一箇人之
所有土地者。既多屬小地主。而又自兼工作者有之。此等

事實。與本問題自異。不可不分別攻究者也。前者、爲關
於生產之問題。後者則屬於一種之分配論之問題也。

　　然關於土地之使用。既有大工作小工作之問題。又有
大農小農之問題。其各々別爲問題固已。然在農業之實
際。二者頗有密接之關係也。在小農制席之下、而營大工
作之農業者。雖亦往々有之。然不過例外爲然耳。蓋在小
農制度之下。其營小工作之農業最多故也。

　　然則使用土地。於大工作小工作二法中。究以何者爲
善。是皆因時因地而大異。決非可以一概論定者也。若農
家重要之業務。不僅在種稻於水田。而尚有待於旱田之耕
作、牲畜、養雞等種々之事業者。則自以大工作爲得策。
何則、大工作者。利用分業。不僅有使用機械之益。且有
因土地之情狀。而爲之築土隄、設境界、使甌脱可虞之土
地。亦有收穫之望者也。然如我國。則以植稻於水田。爲
農家惟一之業務。故細分廣大之土田以作畦畔。終非我國
之所可行。故耕作者、亦無用大工作之必要。(八)

　　（八）以植稻於水田爲農業重要之種類。此我國之
　　情狀也。故縱令爲方百里之田地。悉屬於一人之所
　　有。然如美國之大農法。到底有所不行。蓋在美國、
　　不僅耕地多非水田。且不以米之耕作爲重要之農業。
　　而審以大麥小麥等之耕作爲重。故大工作之農業。容
　　易推行。而我國斷不能仿效者也。然大工作小工作云
　　者。本屬比較的事實。其當由於國之事情而不得不異
　　者固不俟論。然觀之我國之現狀。則欲仿行歐美風之

大工作。終有所不能也。

監督旱地之耕作或飼養家畜者。則大工作比之小工作其利益獨多。何則、在爲大工作之時。比較的則監督之人不多而事易足也。例如在小工作之牲畜場也。其養牛十匹者。其監督者必要一人。如飼養百匹。則照其比例必要十人之監督也明矣。而決不然也。又如耕一段之旱地者。雖要一人爲監督者。然耕五六段之旱地。則監督者不加多而事亦足矣。故在是等之時。則大工作之利益多。然如栽植葡萄等類。最要精巧之事業。使照普通之經營法。一任之日備勞動者。使從事普通一般之培養。則好結果不可得而收。而不可不利用小工作。使施充分之注意。否則葡萄之品質。即不免有粗惡之虞矣。總之大工作之農業。所費之勞力並資本較少。而其所得也較多。然既有使生産物流於粗惡之弊。則如葡萄等類。要精巧之耕作物。亦有不適。要之以收穫之多而且大爲專一之業務者。自以大工作爲便。以收穫之品質精良爲專一之業務者。則又以小工作爲最宜。故由於生産物之種類。而不得不於大工作小工作之生産法中。擇善而從者也。加之生産物之需要。若不甚大。而以大工作使其生産過多却有招惹損失之虞。是亦不可不慮者也。然需要之多少。一基於內外市場之景況者。若僅注意於國內之需要與商況。而不着眼於外國之市場。是皆近眼者流。所見不遠。若以此爲標準而定需要之多少。其不至隕越也得乎。故非放開眼界。注意於世界之需要。實有所不可者矣。近來我國之商人。雖多有口談外國

貿易者。至語其實際。其能爲真正之注意者。實寥落如晨
星也。是一皆出於封建鎖港主義之餘弊有以使之。在國際
交通頻繁之今日。而其貿易。僅跼蹐於國內之事。畢竟誦
古人之詩。而知①兄弟鬩墻不知外禦其侮者也。可勝歎耶。
然至最近時代。則外國貿易、移住、殖民之事業等。稍有
萠芽②。而漸次有欲燃之狀況矣。若鍥而不捨。使日趨於盛
大。則因內外交通之頻繁。使得一洗從來之弊習。審非我
國民之幸福耶。由此觀之。則臺灣之拓殖事業與其商業。
決非可付之等閒者矣。

關於勞動之生產力
之法則

第二節　關於勞動之生產力之法則

勞動之生產力者。隨社會之進步而增加者也。其增加
也。有絕對的。有相對的。絕對的增加也者。謂單增加生
產力之全體。由於勞動者數目之增加。而社會全體之生產
力因之增加者也。當此之時。若僅就一箇人之勞動者而觀
察之。則其平均生產力不惟不見增加。且却有減少者。然
其總額既增加。則自一國一社會之全體言之。即勞動生產
力之增加也。然勞動者之增加。基於人口之增加者也。故其
相關之法則。亦即人口增加之法則也。況在勞動者之階級。
其人口增加之法則。有比之他之階級更有一層盛行者耶。

人口增加之法則。始於馬爾薩司之説。近據達爾文③斯

---

① “而知”，該書正誤表更正爲“而惟知”。
② “萠芽”，有誤，應爲“萌芽”。
③ “達爾文”，即查爾斯·羅伯特·達爾文（Charles Robert Darwin, 1809—1882），英國自然學
　家、地質學家和生物學家，進化論的奠基人，著有《物種起源》一書。

賓塞 黑格兒^①等之研究。其到某點也。雖不免有被打破者。
然於其大體則益得證明其確實焉。據此法則。則人口之增
加。實可謂非常之迅速。而常有進於幾何級數的之傾向。
向此傾向而進。則地球上之面積。不出數百年。必至有無
可立錐之餘地者。而實際不然者。則以人口之增加有其制
限故也。制限人口之增加者爲何。即豫防的制限與抑壓的
制限二者是也。

　第一　豫防的制限

　豫防的制限也者。依於人爲萬物之靈之特性。而能先
事豫防之制限之謂也。更分爲左之二種。

　（甲）正當無害。專基於道德心之發達。兼又由於智識
之進步者也。例如自制自愼。不漫爲早婚之類是也。

　（乙）不正有害。而基於道德之腐敗者。例如男女之關
係極其亂暴狼藉。正當結婚之事甚少其一也。此弊近時歐
美大都會。最爲流行。此外違背天理、專恣情慾、秘密邪
淫之方法盛行。亦生同一之結果者也。

　第二　抑壓的制限（又曰强制）

　强制也者。非人之自欲之而自求之。以故意行之者。
而殆有必不可避之事實。且實際所有之制限也。故此種之
制限。在事起之後。始生減少人口之結果焉。然此中、有
基於自然者有由於人類之動作者。即自然的强制。人爲的

---

① "黑格兒"，即格奧爾格·威廉·弗里德里希·黑格爾（Georg Wilhelm Friedrich Hegel，1770—
　1831），德國古典哲學的主要代表，唯心論哲學的代表人物之一，著有《精神現象學》《邏輯
　學》《法哲學原理》等。

强制二者是也。

（甲）自然的强制　自然的强制也者。其作用以自然為主。與人類全無關係。即有關係亦僅少者也。當此之時。若欲以自然之作用與人力明為區別極難。何則、實際界之事。決非如單純之理論。可一覽而得示其分界者也。自然的强制果為何物。即左之五者是也。

（A）普通之疾病

（B）流行病及傳染病

（C）氣候風土之變化

（D）天變地異

（E）饑饉

（乙）人為的强制　此即以人為為主。與自然之力全無關係。或即有關係亦僅少者是也。左之七者即是

（A）害健康之職業

（B）過度之勞動

（C）酷貧

（D）不完全之育兒法

（E）大都會 ^(九)

（九）於（E）之大都會。有不能不一言者。蓋大都會有種々之原因。而因空氣之腐敗。及其他衛生上之危險極多。故死亡者之數。比之田舍尤多也。是即人為的强制之一所以數及此也。然今日文明進步。亦有種々之方法。使低減人口減少之程度者。至絕對的杜絕之。則終有所不能。

（F）戰爭

（G）火災

對於人口之增加。因人類自身所爲之豫防能行與否。及自然之强制逞其勢力與否之差異。因時勢而大異其趣者也。兩者之勢力。大抵互呈相反之比例。在野蠻時代。概屬自然之强制盛。而人類自身之豫防。殆全不行。及世界文明。則後者之勢力漸强而自然之强制又漸減少矣。

人口雖有以上之限制。然自大勢上觀察之。則漸々增進而有無限之傾向者也。觀於供給人類食用之情狀。其增殖雖亦同無限制。然其妨害之之行動。則比之人類社會殆又過之。故其結局。則人口增加之大勢上。終不得不謂爲較食物之增殖。尤有迅速之傾向者也。

據達爾文一派之進化說。則謂人類之增殖。雖屬無限。然其供給食用之植物。亦有無限之傾向者也。不寗惟是。人類之食物。非單限於植物。而又喜肉食者也。肉食也者、蓋指下等動物之可供食用者而言之。下等動物之繁殖力。比之人類之繁殖力則又過之者也。故人口無論如何增加。而食物之供給終無所苦。馬爾薩司以來。多數經濟學者之所唱導。謂食物之增加不能隨人口而增殖者實爲紕謬。

雖然、論者之說固當矣。然進一步思之。則植物之繁殖。必直接要土地。人類卽住居於數層之樓上。亦無妨其繁殖。而植物則決不然。故植物之繁殖比於人類之繁殖。不得不謂爲更要廣大之場所也。而無如土地則原來有限者也。(一〇)

（一〇）歐美各國、現今之構造層樓。使數家族乃至數十或數百家族。聚居一室內者甚多矣。故人類之繁殖。雖非不要土地。然不若植物之繁殖之必要粘著於土地也。土地、又原來有限者。則植物無論如何富於增殖力。而不得不被土地之制限其增殖。則固無可逃也。

又下等動物之繁殖力。亦無論如何强大。同時妨害其生存之外物。其動作亦極强大。故其結局、則植物之繁殖。與下動物①之繁殖比之人類之繁殖。終不免於遲緩之結果焉。故<u>馬爾薩司</u>所言。謂人口之繁殖。比食物之增加尤速者。實確鑿不移之論也。惟不如氏之當年所豫想者。則亦一事實耳。

勞動之生產力。其相對的增加也者。指同數勞動者之生產力比其從前增加者之謂也。然生產力之相對的增加。大抵在社會全體之生產力增加之時。一面爲勞動生產力之相對的增加。同時又爲勞動者數目之增加。亦顯明易見之事也。故苟在疾病貧困不甚增加之範圍內。則勞動之生產力。不論絶對的與相對的。當共增加者也。社會進步之徵候在此。經世家所當希望者亦即在此。

勞動生產力之相對的增加。其原因有二種。即無形之進步有形之進步是也。

第一　無形之進步

無形之進步。更細別爲二。

---

① “下動物”，該書正誤表更正爲“下等動物”。

（甲）箇人心意之發達

（乙）社會全體之安甯鞏固

第二　有形之進步

有形之進步。更細別爲三。

（甲）箇人身體之發達

（乙）合力（協力）即結合勞動力之謂也。例如運轉巨大物體之時。以一人一人更換推之不能動者。同時以數人或數十人之力推之。則容易動矣。

細別合力爲二。一曰單一合力。一曰複雜合力。單一合力也者。即前例所謂以數人或數十人同時合力而爲同一之事者也。複雜合力也者。數人或數十人爲種々不同之活動。其結局則合力以達同一目的者之謂也。（一）

（一）單一合力也者。即前例數人同時合力爲同一之事業者也。複雜合力也者。數人爲不同之活動。其結果則爲合力者之謂也。例如爲紙捲煙者。其事甚簡單也。然最先要有生產煙葉者。其次、則有乾燥之者、截之者、捲紙者、裝箱者、必經過多數之生產者。始得交付於需要者之手者也。其間各階級之活動。雖似各々獨立。毫無與於他之階級之活動。然其目的。則通各階級而同一者也。故其結果。恰與同時合力者無異。

與複雜合力密接而不可區別者。即以同一之勞動組織。因異其觀察點。遂附以別名。如（丙）之分業即是也。

（丙）分業　分業也者。參與生產之人。各自異其所

爲。以定分擔之勞動之謂也。據此方法。則因欲達某生產
之目的必要一人或一羣之人各自異其所執之手段方法者。
不如此、則所謂複雜之合力者不能存在。又、雖有分業。
然無複雜之合力。則分業亦不得有效。當此之時。何故知
其不能存在耶。畢竟社會之有分業者。即從事勞動者。互
相助合力而以爲社會全體爲事者也。然社會之得見複雜合
力者。因其所從事之人與所爲之職業。各有所異而存在。
故分業者。即自從事之人而觀察之之勞力之組織也。複雜
合力也者。則自利用之之集合體即社會國家之方面觀察
之。而爲同一組織之謂也。由此觀之。則分業與複雜合力
也者。必相俟而後乃能存在者也。

　　分業有三種別。即技術的分業。職業的分業。國際的
分業是也。

　　第一　技術的分業

　　技術的分業也者。謂各種箇別之職業。在私經濟範圍
內之分業之凡百業務也。例如製造場之場長、監督人等之
勞動。與職工之各箇人或數人共同從事之勞動。即各自異
其性質者也。又如工程師之建築家屋也。有持繩墨而爲之
指揮者。有執柄鑿而從事丁斲者。亦各自異其事之性質者
也。是即爲技術的分業。

　　技術的分業之種類。與其所行之程度。因職業之差異
而大不同者也。事業之規模愈大。則其生產法亦愈加精。
故即以製作一物言之。其順序方法等愈多。則分業亦愈
大。此種之分業。在一家內一町村內一國內亦行之。而因

其所行而生之結果。則以費於生産之同一勞力與同一時間者。比較其單獨孤立無一定之組織者。則可得多大之生産額焉。此種類之分業。歐洲十八世紀間。一面因工業之發達。一面有機械及其他之發明。於是利用之者愈益增加。遂至非常之進步。而爲此時代生産增加之一大原因。

　　針之製造與時計之製造。其分業之非常發達。實有可驚者。如英國之製造時計者。其分業固已盛行。語其職業之多。則彼等之間。其不同者。實不下一百二種。近在我國。技術的分業亦已非常增加。其於各種之工業大助其發達者實亦不少。如紡績業。尤爲最發達者。紡績場內所行之分業。殆有非昔日所能夢見者矣。

　　第二　職業的分業

　　職業的分業也者。國民欲滿種々之欲望。當生産種々之財貨。以國民全體必要之勞動。分爲種々之職業。使一人或一團之人。各自異其所就之勞動以生産各種之財貨。而互相交換以滿其欲望之方法也。其與此交換以便利。而介立於中間以從事運輸賣買等者。亦爲一種之職業而得謂爲分業者焉。此種之職業。在往昔之蠻民。或專事漁獵。或逐水草爲移轉。以專一牧畜者。其時代固全不行。即在純粹之農業國中。亦少有行之者。至於工商業發達之國。則殆如布帛菽粟不可一日無矣。於是遂有士農工商等從事凡百職業者之種別。而其發達亦可謂達於極點。然此種分業之中。其盛行者。士農工商中。尤以工業之範圍內爲第一也。

此種分業之結果。亦在增加生產額。而使國民充分滿足其種々之欲望者也。必有此分業。而後國民乃得進於文明開化之地位。以與列國抗衡。故此種分業。即稱之爲社會的大分業亦可。分而言之。如彼農夫之耕田、大匠之建屋、圬者之塗壁、軍人之爲國防、醫師之治疾病、學者之究真理。亦皆社會之大分業也。此社會的大分業。既與社會之進步同時增進。故在原人時代。雖不知農工商之大區別。至於文明時代。則農業之中。又自有耕作牲畜等之小區別矣。且也商業之中。亦有小賣卸賣等之小區別。工業之中。亦自有木工金工石工等之小區別。此吾人之日常所目擊者也。<u>斯賓塞氏</u>據社會進化之原則而爲之説曰。古人者、一人而爲萬能之府者也。而今人不然。故今人若全孤立。則衣食住其他萬般之欲望。不可得而滿。以此比之原人時代之人。則文明人士之欲望。可謂極多而且複雜者。實無可疑之事實也。彼我對照。其異點亦惟在此而已。

第三　國際的分業

國際的分業也者。地球上各國之人民。各自生產其擅長之貨物。而自他國得其所不長者。以互相交換有無之謂。而外國貿易即因之以起矣。其行之之程度。一則基於地勢風土等各國自然之差異。一則由於國民之政治上經濟上歷史的發達之異者也。此種之分業。亦與前二種同增加其生產焉。

如此、則分業雖有三種之別。然三者之利益。皆以增大生產額爲目的者也。如何分業乃能達此目的。其順序方法。可分爲左之七類。

第一　使各人應其能力與嗜好而得其所。^(一二)

（一二）是即<u>亞丹斯密</u>氏所舉之分業之利益也。更詳言之。則非人々各應其嗜好與能力以從事生產。則不能增大其利益者也。此第一、即不過使生產額增多之順序方法而已。

第二　使各人專就一種之業務。比較兼營各種之業務容易熟練。

第三　各人專修一種之業務。則有習慣自然之利益。在專修之前。既無須多要準備。即可短縮學習徒弟之期間。

第四　可省略自一種勞動移於他種勞動所費之時期與無益之勞。

第五　機械之發明並改良。既益增加。則專心一志以專修一事之時。於發明並改良。亦大有裨益。^(一三)

（一三）從事機械之使用者。其多數雖爲無教育者。然其發明並改良等。成於彼等之手者却多。此讀機械發明史所嘗見之事實也。其在專心從事一業之時。其發見缺點。比之局外者。雖極遲鈍。然其發明改良。究不得不歸功於分業之結果焉。是等之傾向。惟當局者乃深知之。

第六　得節省費於生產之資本

第七　增加職業。^(一四)

（一四）職業之增加也者。即因分業之結果而新生職業者也。是亦使生產額多得增大之利益者。

以上皆惹起分業利益之手段方法也。今關於此利益。特舉<u>亞丹斯密</u>所引用之一例示之。例如製針者。若照其順序方法。可分爲十八階級也。分此十八階級之次序。依分業法而使十人從事。則一日可得針五萬枚。然使該十人者。取十八階級之事而一人兼爲之。則一人平均。一日不過得針二百枚而止。是則雖以同一之勞力。而其生產額竟有二百五十倍之差異。分業之利益。其可驚歎也如此。

然一利一害。數之所不免也。分業之利益雖大。而弊害亦因之。照前例言之。則據分業而使一人從事於一種之勞動。在生產上雖有非常之利益。然使其人終身惟知以磨針爲業。則其人殆不啻一部機械矣。於磨針之外。幾不知世間更有他事。在其人有何益耶。且如礦夫等之苦役。及浚溝鑿井之工人等使終身從事一事。習之既久。於健康亦甚有重大之弊害焉。要之分業之弊害。當歸着於左之三點。

第一　始終從事一業而不變化。則勞動者之身體並精神。皆因之有害。而多陷於疾病。然欲救此弊非無方法也。今舉其重要者於左。

（甲）短縮勞動時間

（乙）使勞動者以其業務之餘暇運動於空氣清潔之所

（丙）獎勵勞動者精神上之快樂　即多開教育會、善良之社交會、通俗講談會、或音樂會、幻燈會等。一面獎勵勞動者精神上之快樂。同時又養成其高尚之精神。

利用右之三種方法之時。雖第一之弊害不能全然防止。然可以多少調和之則斷然矣。

第二　勞動者之所從事。偏於一方。則其倚賴職業之心過多。其倚賴雇主也亦甚。使一朝遭遇事變。則有不免大感困難者。

第三　勞動者若依賴事業之盛衰過甚。使一旦市場有恐慌及寂寞情狀。則至有傍徨無路者。

欲救右之兩種弊害之方法。惟使勞動者於兒童時代。在學校或在工場之內。其所受之教育。務必不宜偏於一方。而使之於普通一般之事。皆可從事。且其從事於工場內之勞役。亦當使之時々變更。乃爲無弊。

以上、即分業之弊害最甚者。故不可如彼之理嘉圖派之經濟學者。竟以勞動者視爲生產上必要之一種機械。而當以彼等視與資本家及企業家等。爲具有同等性質之人類。故宜以人類待遇之。此關係。實屬重大。而決非可輕々看過者。當豫防此弊害。務必使之減少。即令其不能全然防止。亦宜注意於豫防弊害。不使偏於一方。止知坐享分業之利益斯可耳。

雖然、理嘉圖並同時代之學者。何故於分業之弊害。毫不顧及。其一、即其視人類也。比於今之經濟學者。其意見固已不同。而當理嘉圖氏等之時代。其不説及分業之弊害也。亦因當時經濟社會實際之情狀。有不得已者在。何則、當時自分業所生之利益。既不可得而見。而其弊害又未發生。故其不論及者亦不足怪。此弊害之現於實際。而爲世人所確認者。實爲最近之事。故論經濟政策者。若在不可不獎勵分業之時代。則其當豫防之弊害也亦愈多。

而研究救濟策之必要。亦愈不可以已。

以上所論。則分業者、於生產上之利益極多。而弊害亦在所不免者也。其弊害既足制限自然發達。則謂分業之性質上已自有限制亦可。換言之。則分業者。非無有際限而可以長此發達者也。此外、尚有由於外部以制限分業者。其揭於左方者即是。

第一　市場之廣狹

生產貨物者。非由於需要之多少以斟酌分業之程度。則生產過夥。而弊害即因之。故當生產之時。則生產物之販路如何。不可不先攻究者也。若生產物之需要不多。而其分業又甚。並使役多數之勞動者。以產出多量之貨物。其產出高比之需要過鉅。則販路既塞。而欲免於損害。亦恐有所不能。所謂販路之廣狹云者。即定市場之廣狹重要事情。如消費者之購買力、交通、運輸機關之良否等是也。

第二　職業之性質

由於職業之性質者。即職務之在一年間內不能接續行動者也。故其生產期若在春夏。則秋冬二季。即不免閒居。例如農業。其自播種以至收穫之時。其間要費多少之時日。若以播種爲專門。收穫爲專門。而使之各各分業。則一方有從事職業者。他方即不免有束手賦閒者。不獨不便過甚。而分業亦終有所不行。如此者亦不獨農業爲然。即他各種類之職業。亦所不免。故由於職業之性質。而分業亦大被限制者即謂此也。

第三　資本之多少

資本充足。則欲擴張其事業亦不難。其從事者。即可各就其所不同。以使生產日盛。縱令暫時無販賣之路。亦可留其餘裕。儲藏之以待需要者之來。若資本缺乏之時。則需用者雖多。欲充分擴張其生產。無如其力有不及也。

以上所述。即自外部行動之三種制限也。加以前述之限制。則欲分業之無限發達。到底有所不能。及於今日。雖因世界之文明進步。分業之事亦排空馭電而來。其勢宜若不可遏矣。然觀於充分發達之歐美各國。其在現今。則唱道多少限制之必要者。夫固異口同音也。

第三節　關於資本之生產力之法則

社會主義論者。往々謂資本之起原。由於勞力。則自生產事業所生之總利益。不可不悉以之爲勞力者之報酬也。然此說誤矣。何則、蓋社會全未開化之時代。則如論者所說。謂資本之所生。全據勞力。猶屬無妨。然即以此點論之。亦不能斷定勞力爲資本之起原也。何以故。當時之所謂資本者。其發生與否。既爲即刻消盡。故不能與以真正資本之利益。必自此不即消盡之資本之中。漸次留其幾分。加以勞力而爲生產。又自其生產者之中。比最初再多儲蓄。如此順序漸進。而後今日之所謂資本者乃始發生。此即資本增加之順序之大要也。[一五]

（一五）即在未開時代。資本之起原。亦不獨勞力也。勞力固爲資本之父。使無自然者爲其母。則資本亦決不能發生。然則供給天然物之土地所有者。亦不可不受其報酬之一部分明矣。現今經濟社會之分配法。固不公平。然馳於極端之社會主義論者。亦屬不公平之分配法也。加之今日之社會。資本之所以為資本者。並非專助勞力者。且多為資本的生產而活動者也。則資本之自身。又生他之新資本之時代也。然則其對於資本家。亦不可不與以報酬也豈待言耶。論者之誤謬。於此益見矣。

然則資本之增加。其所以增加者。斷非僅據勞力。而不得不謂為資本亦與有力焉者也。若際此時期。而依然全無資本。則勞力處於孤立之地位。則生產之效用。必無何等之可言。畢竟勞力者。遇資本乃始得充分展其長。資本亦必得勞力。乃得為活潑生產的運動者也。故兩者之間。恰如車之兩輪。鳥之雙翼。常有不可離之關係。此二者又必加以自然。而後生產之事乃為完備。亦如車輪之迴轉。於兩輪之外。其要行走之場所。亦與要活動之力相同。若謂資本之最初起源。為由於以勞力生產事業所生之利益。當悉舉之以報酬與勞力。則依同樣之論法。其使勞力為其用。而自資本所得之總利益。亦不得不悉舉之而使歸於資本矣。然則資本者。俟勞力而始全其用。同時勞力亦必依資本而始得盡其長。故兩者皆必要有應分之報酬明矣。然此報酬之比例如何。則分配論所當研究者。苟有志於社會經世者。幸勿將此問題輕輕看過也。

如右所述。則資本者、在最初未開時代。雖多因於勞力而生。然其所生之資本。隨即消耗。則尚不得謂爲資本之真面也。蓋資本也者。必不可不永久存在而得爲其用者也。

同是資本之增加也。乃有時一箇人之資產之增加。與國家全體資本之增加。全不相因者。亦往々有之。何則、一人有所得。則他之一人必有所失故也。^(一六)

（一六）一箇人之資本與國家之資本。互相反馳者也。換言之、則一箇人之資本雖增加。而一國之資本不因之增加者其常也。一國之資本。雖因箇人之資本愈大。則亦隨之而大者固已。然有時一箇人間之得失。對於國家之資本毫無所損益者。亦往々有之。

故國家全體之資本增加者。新資本發生。同時舊資本亦不消滅。或縱令消滅。而其消滅之資本價格。亦當比新發生之資本價格較少者也。

然則資本者果如何而後能新發生耶。畢竟新資本者。不僅新生產於經濟財貨。其生產與否。則因於不僅供一時之消費。而更以之供後日生產之用而發生者也。其有此性質者則爲儲蓄。

儲蓄也者。某人不以其所有之財貨消費於目前奢侈之用。而以之爲資本。使直接或間接供生產者之謂也。然資本之最初之所有主。有非即儲蓄之者而全爲別人者。又有其儲蓄之結果。或全爲無用者。

儲蓄之性質。如前所述。則徒掌握財貨以藏置於倉庫者。決不得謂爲儲蓄也。如此者、止可稱爲儲藏。以其毫無助於生產也。至於儲蓄。則無論直接或間接。必不可不

有助於生產。（一七）

（一七）欲知儲蓄之爲何。則其與儲藏之異點先不
可不知也。蓋儲蓄也者。直接或間接。不可不有助於
資本之增加者也。若徒以貨財藏之倉庫。而毫不以之
供生產之用。則不過儲藏之己耳。在幼稚之社會。財
貨止有儲藏而無儲蓄。以儲蓄事業非社會進步時代則
不行故也。然銀行之存款。爲儲蓄耶。抑爲儲藏耶。
是無疑。其爲儲蓄而非儲藏也明矣。何則、銀行又以
之貸與於他之生產者而幫助其生產故也。

資本之增加。通常既由於儲蓄生產之結果。故政府或
以强制的獎勵之。然現今所通行之方法。則固以人々之自
由儲蓄爲最要矣。

儲蓄者之本人。通常不僅爲自己一身。可得永久之利
益也。同時其利於社會全體者。亦有甚大者在焉。其故維
何。則儲蓄者、不獨增加社會全體之資本者也。然因資本
之增加。通常即可助人智之開發。促工業技術之進步。致
生產法之改良。生運輸交通之便益。以減少廣義之生產
費。而增加生產物之總額。於是社會被此等之影響。財產
價格乃爲之一般低落。其基於此原因而物價下落者。比之
基於貨幣之缺乏、本位之騰貴。而物價下落者。大有所
異。此即以利益與於需要財貨者之消費者即國民一般之最
大者也。

儲蓄之反對行爲。則爲奢侈。奢侈者。公益之蟊賊。而
與普通所謂融通者同爲助長無益之奢侈。而有害無益者也。

資本之增加。通常皆由於社會文明之進步者也。社會
之文明。又由於資本之增加乃始得爲長足之進步者也。故
社會之文明與資本之增加也者。畢竟互相提攜乃全其用。

然則資本者。基於生產之結果而儲蓄者。雖已如前所
述。然儲蓄之能行與否。則有必要之二條件。即

第一　有儲蓄之餘裕

第二　有儲蓄之意思

是也。

斯二者不備。則儲蓄必不行。而第二之儲蓄之意思。
又由於內外二樣之事情而確定者也。揭於左者即是。

（甲）定儲蓄之意思之外界事情也者。即對於資本之利
息之利率之謂也。譬有人於此。有一定之資金。或則爲即
時消費。或則爲直接費於有利益之事業。或則間接費於有
利益之事業。或自己儲藏之。或存之銀行。皆因利息率之
如何而大異者也。故其心若以能得一分之利息則思儲蓄
者。如不能得五釐以上之利息。則不免有即刻消費。以滿
目前之欲望之傾向者矣。[一八]

（一八）因於國民之氣質習慣等。則儲蓄之多少大
有所異。固所勿論。然最有直接之影響者。則爲利息
之利率。故爲儲蓄之獎勵策者。多取利息增加策焉。

（乙）定儲蓄之意思之內界事情也者。謂有效之儲蓄之
願望。即對於利息之利率而存在之儲蓄之願望而有效力者
也。茲舉其定此願望者。則有便宜與儲蓄二種。

（Ａ）便宜　便宜也者。當實行欲爲儲蓄之願望。而便

利於儲蓄者之謂也。蓋凡儲蓄者。皆爲未來之利益。而以
現在之利益或不誤認爲現在之利益而供其犧牲者。其爲之
與否。即依向於將來爲利益與否而決定者也。故便宜也
者。畢竟即現在與未來之比較計算也。是以其所據之事
情。雖有種種。而因氣候與職業之如何而被其左右者。則
尤爲重要者焉。在氣候不適於健康之國。則人人之安心計
畫未來之事者。或全無之。或僅少數故勉力儲蓄者甚稀。
反之若在氣候適於健康之國。則欲確定終身之目的。以爲
將來之計畫者甚多。故儲蓄之願望亦因之而增大。職業之
性質。亦生同樣之結果者也。從事確實之職業。住居適於
健康之國者。比之住居於有害健康之國者。或從事變化無
定之職業者。或住居於天變地異無有定則之國者。其儲蓄
之傾向遥多。此皆容易得而觀察之之事實也。彼之漁師舟
子等。日泛濫於烟水微茫之際。其儲蓄心之薄弱。實其職
業有以使之。而其放蕩無賴者。世間亦不少概見。其能克
自抑制者。獨中等以上有教育之人爲然耳。又有即同一
人。亦因居處之不同。而所爲大異者。如彼之歐洲人。其
住居於東西印度、香港、西貢等處者。則濫費奢侈。無所
不爲。及一旦歸於歐洲之地。則又盡反前日之所爲。而自
然以勤勉節儉自勵。此皆世人之所普知者也。氣候職業之
影響之外。如戰争流行病等。亦與他之弊害。皆使人流於
濫費奢侈之弊害者也。

　故本前述之理由觀之。社會之秩序整飭。而法律又完
備者。則人人之生命財産。既有安全之望。故儲蓄之願望

益強。反之若在法律既不完備。而政事復形形腐敗[①]。則當此戰爭亂離之世。民人既不安於其堵。則儲蓄亦全不行。若當此之際。其儲蓄猶幸而能行者。是亦不過因對於資本之利息之率甚高。故捨目前之快樂。而出於投機心。以僥倖得未來之特別大利益者爲然耳。

（B）嗜好　嗜好也者。關於人人之好惡之感情的也。前述之便宜。則關於人人之判斷力之智識的也。二者之間。自有心理上之區別。

嗜好也者。有應自己一身之嗜好以爲將來計者。有爲他人並社會一般之利益計而爲之者之區別者也。在世界未進步之時代。則人人止知圖自己之利益。且專圖目前些須之嗜好。而汲汲不遑。其能欲滿足重大之欲望者。尚不多見。況其能慮及他人之事者則更無幾矣。然至方今之文明社會。則不獨爲自己一身。有當慮及將來。以選擇永遠有重大關係之嗜好。且其爲他人或爲社會全體者甚多。即公共心之發達是也。故今人之專事儲蓄者。爲自己一身之計。同時又以資本供家族之養育費及用於救助窮民。獎勵忠臣孝子等。以圖公私兩利之利益者也。故是等之事。皆與儲蓄之有無多少。有重大之關係焉。

如右所述。既有內外二種之原因。故僅因外界之原因。而不能獎勵儲蓄。即對於資本之利息雖高。而儲蓄少者往往有之。反之利息雖低。而因內界之事情完備整頓。

---

① “復形形腐敗”，根據該書正誤表，“形”字衍出一字。

儲蓄反能盛行者。則現今之英吉利。即利息之率甚低。而
儲蓄甚行。資本之增加。駸駸乎無有限制之國也。是蓋英
國之社會。一般之秩序。既甚整飭。而人人儲蓄之願望又
強。加之資本既益加多。則支配需要供給關係之經濟法
則。其行動益盛。因其行動益盛。則利息乃更低廉。而資
本之增加。既照幾何級數的而進行者。故利息雖低。而英
國之資本。則時刻增加。而殆不知其所底止者也。

　　資本之與他之生產要素異者。以其在一定之塲所一定
之區域内。其增加比例。比於他之要素遥爲超過者也。其
能蓄積於同一塲所之額。實際亦殆無有限制焉。

　　資本者。又得爲勞力之代用。故能使人類之機械的勞
力。漸次減少者也。而資本之增加。通常非永久有害於勞
動者。自一般言之。即使吾人人類得充分制限自然使爲己
用以得爲將來之計者也。[一九]

　　（一九）資本者、具種種之形體者也。其一種、即
　　爲機械。而爲手足勞力之代用者。然機械不能代人爲
　　精神的事業也。例如印刷。可以機械爲之者也。然付
　　之印刷之人之思想。則資本不能代人而出之。即屬此
　　理。要之資本者。在機械之形體。凡有形的勞力。皆
　　得爲其代用者。又如人力車夫之勞力。機械的勞動
　　也。故可作馬車鐵道或電氣鐵道以代用之。而收其利
　　益也。然反對者爲之説曰。以電氣鐵道等代用人力車
　　之時。則車夫必猝然失其衣食之途。而以機械代用勞
　　力者。殊爲背戾大道。然是不免皮相之見也。何則、

機械者非一時可以造出者也。車夫於其間。自可改而之他。且因運輸交通之頻繁。其結果、則車夫之賃銀。亦當騰貴。故機械之使用愈多者。即使一般機械的勞力。漸々減少。於是人類僅就精神的事業而事易足者也。故機械決非勞力者之讐敵也。

至於近世。則勞動者與資本家並企業家之間。常有利害之衝突。極端論者。至以之歸罪於資本。然資本非若人類之有感覺智識者也。即無求之於彼而惹起衝突之理由。其所以至此者。蓋非資本而在有資本者之人（即資本家）與使用資本之人（即企業家）也。（二〇）

　　（二〇）論者之中。其解說近世之社會問題。往往有歸罪於資本者。是甚無謂。若單以此說爲形容的而唱導之。雖猶可恕。然資本非有智能之物而死物也。縱令資本悉化爲各種之機械以侵蝕機械的勞力。亦屬社會之幸福而非害惡也。然論者之所以發爲此言者。亦非全無理由。蓋近世之社會問題。全基於資本家並企業家之資本使用法與勞動待遇法之誤。而對於勞動者之行動。尤非無可以非議者。然尋其衝突之根源。則不得不謂爲在於前者而非在於後者也。此事本甚顯明易見。然論者往往有輕輕看過者。故余不能已於一言。

以上所述。關於資本之經濟上之原則。已說明矣。余於前第二節說土地遞減法。第三節據人口論以說明勞力者之增加無限。故據此二法則以爲活動之時。則利息之率。自能低落。然利息雖低落。而非有他事足以償之之勢力。

則資本必尚不能增加。故他之事情若皆同一之時。則關於土地與勢力之二大法則。必至停止資本之增加者。資本之增加若竟停止。則社會沈滯。而百事無可爲。學者稱此曰社會睡眠之狀態。然其不使社會陷於此情狀者。則在反對於此大勢之勢力。必使之充分活動方可。世間固非決無此方策也。是在經世家之努力研究焉耳。

第二編

財貨之循環

緒論

　　財貨之循環也者。包括財貨自生産者之手歸於消費者之手之總順序方法也。分爲二種。即

　　第一　交換

　　第二　交運

是也。

　　交換也者。財貨自某人之手歸於他人之手之方法也。前者爲自此以後。爲自己所不必要或需要甚少者。若在後者。則爲必要。或需要甚多者。且自此即得而有之者之方法也。包括凡經濟社會之此等行動。名之曰交易。交易之效用。即通有無。節勞費以增加欲望之滿足者也。故交易愈發達。則社會經濟乃愈完全。使無交易。則經濟之事。亦不足言。否則亦無可言矣。

　　交運也者。爲交通運輸之略語。即財貨自某場所移於

　　他之場所之方法也。

　　交換與交運。即關於同一之財貨。有同時並行者。有不然者。如在外國貿易。則二者同時並行者也。然在買賣不動產之時。則交換雖成立。而交運不行。反之若東京之商人。自北海道支店取歸自己所有之貨物之物。則不過爲交運之一方法而屬於運搬者也。故非交換。

　　自交換與交運兩者所成之財貨之循環。不僅其規則不可不正。與必要確實而已。其所要之用費與時間。亦不可不減少。否則因其妨害與停滯。而經濟社會當來恐慌。亦未可知。爲循環之目的物而可輾轉買賣之財貨。通常稱之曰商品者是也。其適於財貨之循環之程度。因其種類而大異。而必不能同一者也。其鑒定之者。自以其容積、價格、保存時間等爲標準。在總財貨中。最善於循環者。貨幣也。蓋貨幣者。自某點觀之。亦不過爲一種之商品已耳。

　　循環行動之範圍。即所稱爲市場者是也。其廣狹、必依據經濟上之發達如何。由於財貨之種類。有以世界全體爲其市場。而有極廣大之循環之範圍者也。

　　以能交換之財貨之性質爲標準者。其交易之種類、分爲三、

　　　　第一　　貨物與貨物之交易
　　　　第二　　貨物與勤勞之交易
　　　　第三　　勤勞與勤勞之交易
是也。

　　以爲交換之媒介之職分有無爲標準者。其交易別爲二

種。即如左。

第一　單純交易

或曰直接交易。或曰實物交換。又物物交換。即以一普通物品直接交換他之普通物品者也。

第二　複雜交易

或曰買賣。或曰貨幣交換。即以直接適於使用之物品爲交換。（如貨幣）僅依其媒介以得他之物品之方便之謂也。

交換者之交換行爲。以實行之時期爲標準者。其交易有三種別於左。

第一　普通交易

此即交換之對手。當授受財貨時。同時即終了其交換行爲之實行者也。現今之經濟社會所謂現金交易。現金買賣皆是。

第二　信用交易

此即僅交換之對手之一方。即時以財貨交付於他方。至後日乃對之而得報償者也。

第三　定期交易

據此、則不過單結交換之約束。至後日之定期。乃始實行之耳。現今經濟社會。所謂定期買賣是也。

交易之所以能行者。其根柢起於分業。故兩者之發達。常有互相提携而不可須臾離之關係焉。然交易者。當其使財貨歸於最終消費者之手。非即終了經濟的活動之連鎖者。往往有在生產上必要的種々順序方法之中間占其地

位。而自爲一種之生產方法者也。如此、則交易者。一面
爲交易。同時又一面爲一種之生產方法。此方今文明社會
最多之事也。故文明愈進步。則分業愈多。而交易之成爲
生產之一方法而行動者亦愈多矣。何則、因文明之進步。
則不獨供給交易之用之財貨日益增加。即依於分業法。非
經參與生產之多數人之手。則不完成之財貨亦大增加。故
必在是等多數人士之間。輾轉買賣。乃始達於最終消費者
之手者甚多故也。

　　交換也者。通常必使雙方之對手。共有所利。或思量
共有所利爲必要者也。否則交易決不能成立。故在爲交易
者之間。必非利害相反。即必要一方有所得。而他方不能
有所失者也。然其必要。亦有不能見者。如買賣之賒欠。
在賣主通常雖通經濟社會之事情。若買主不達此事情之
時。則其利益至何時乃能歸於賣主殊不可必。此經濟市場
之常態也。總之據經濟上之原理。苟非出於恩惠與壓制二
者。則交易之對手。必當雙方共有所利者也。(一)

　　(一)謂交易於兩對手之間。必有利害之衝突者。
此誤解也。何則、交易者。因對手雙方之互有利益乃
始成立者也。然所謂利益也者。亦並非限於金錢上之
利益。凡可以滿足欲望者皆包含之。由此理推之。則
外國貿易。謂輸入超過之國爲常被不利益者。亦有不
可斷言者在也。

第一章　貨幣論

第一節　貨幣之起原

社會未開。財貨之交換未頻繁也。常以普通貨物即與普通貨物交換。所謂實物交換或物物交換是也。此種交換。有三不便。

第一　交換者雙方之需給不易投合

第二　無價格之標準

第三　貨物缺分割之手段

是也。

有右三種之不便。故因世界愈進步。而交易愈頻繁。則實物交換。即不得不漸々停止。無論在何社會。苟欲避此不便。則人人一般之所望者。惟取其可保存者。而以之爲一般交易之媒介而已。爲此媒介物者。非欲以之即刻消耗者固所勿論。且欲以之與他之財貨交換而使用之者也。如此、則定爲一般普通之交易媒介。即貨幣之起原也。然古來之用貨幣。即交易之媒介物。亦有選擇種種之物品者。[一]

（一）例如有用牛馬者。或用鹽之結晶者。或用革、栗實、布類等者。皆因時因地而異者也。然社會之發達。經濟上之事情。益益進化。是等之物。遂不得爲一般交易之媒介物矣。於是人人乃逐漸選擇比較是等更有價值者而交換之。如金屬尤爲人之所喜用者也。金屬之中。其最初用者爲銅。次用銀。最次乃用金也。即用銀之中。其始亦以秤其分量而爲交易也。

然交易之回數。必須秤其分量。其不便既甚。故人人
不堪其繁。而爲一定之分量者因之起矣。更進、則非
具備有一定之組織。一定之形體者。至於不能通用。
而現今之貨幣以生。觀其發達沿革史上。在最後之時
期。國家乃獨據其國法上之權利。以專有製造金屬類
爲交易之媒介之權。且爲保證[①]其交易媒介物之品質。
而公示之。同時又爲之防閑僞造、濫造、截斷等弊。
爲技術上之注意。於其表裏兩面及側面。雕刻精密之
文字圖畫等。而後乃得鑄造最完全之貨焉。

貨幣之性質

第二節　貨幣之性質

貨幣者。供社會一般人民爲價格之標準、交易並支付之
貨物。由於國家之法令。公認爲法貨乃全其性質者也。[(二)]

（二）此處所揭貨幣之性質。非謂可適用於總社會
之貨幣。而專指行於現今文明諸國之貨幣也。然現今
文明社會所用之貨幣。必要有爲價格之標準、交易、
並支付之媒介。及國家公認爲法貨等之條件者也。然
論者或以國家公認爲法貨之條件置之度外者。是大誤
謬。何則、若貨幣缺此條件。即與通貨毫無所擇故也。
然貨幣之中。有僅爲即時消耗之目的者。不能通用而
必與他之經濟財貨相交換乃能通用者也。故直接滿足衣食
住之必要者或不然者之貨物。皆得以爲貨幣。然善良之貨

---

① "且爲保證"，該書正誤表更正爲"且爲之保證"。

幣。則不可不備有必要之性質之物質焉。^(三)

（三）國家任取如何之貨物。使通用爲貨幣。固無
不可。然貨幣如爲未具有必要之性質之貨物。則不能
充分達其目的也。例如不換紙幣。固可使之強制通用
者。然因之而使物價一時騰貴。以致實際不能通用之
結果者。往往有之。

最適於爲貨幣之貨物。不可不具左列九種之性質。

第一　世人一般公認爲有價值者

以貨幣爲價格之標準。則貨幣自身。即不可不有價格
也明矣。然價格者。基於價值者也。故國家以之爲貨幣之
貨物。先不可不有價值。猶之計他物之長短者則有尺度。
尺度之自身。不可不有一定之長短者等耳。

第二　分量少而有高價者

貨幣者。一面爲交易之媒介價格之標準。一面又爲儲蓄
之方便者也。故必要以便携帶多儲置者充之。此所以分量小
而價值大之貨物爲特貴也。^(四)

（四）茲謂分量少者。固相對的語也。貨幣雖有他
之必要條件。然如金剛石等。實際不能用爲貨幣。且
不適於貨幣者也。

第三　容易分割者

貨幣既爲交易之媒介物。故因交易之情狀。必擇隨其
大小以適宜分割之。而不損失或減少其價值者。此金銀之
所以適宜而金剛石之所以不適也。

第四　不損價值而可永久儲置者

貨幣既須處處輾轉流通。若因寒暖而變其物質。或儲置過久即朽壞。或觸物則毀損者。皆所不宜者也。

第五　物質均一者

貨幣既爲價格之標準借貸之基礎。故其物質若不同。則貸借之關係上。當生損害之差異。故無論何時何地。必要其物質均一不變者。

第六　價格不變動者

隨時勢力變遷。而貨幣之價格變動。則於所有財產貸借關係等。當生損益之差異。甚不便也。故可爲貨幣之物。必要其價格一定而不變動。然百貨中幾無一具備此性質者。金銀之在近世。其價格變動尤甚。故絕對的不得謂爲適當也。惟比較的略具有此性質。故習用之。

第七　易認識者

貨幣爲交易媒介。如在日常之買賣交易。不容易判定其真僞。則不適用。(五)

（五）金銀之音響與光澤。常人亦得容易認識之。若寶石等類。則非專門家不容易判別其真僞。故不如金銀之適於爲貨幣也。

第八　耐鑄造者(六)

（六）是即附隨第七條件所必要者也。即因其鑄造。而於貨幣之表裏兩面等。刻以種々之紋章。以謀防止僞造濫造之弊。同時使之一見。即易認識。又於其側面刻以細碎之紋。使之不得截斷。此即現今通用

之貨幣也。但此等之紋章。亦幾經古人之考案。乃始
得今日之完成者焉。

第九　不易磨滅者

是蓋因每日必輾轉於百千萬人之手。而以之爲交易
之媒介之用者故也。(七)

（七）此條件之必要。是亦屬程度問題也。何則、
其物既可鑄造。則非絕對的不磨滅者可知。不過比較
的以其磨滅不速故用之耳。貨幣之磨滅。其速度有出
於意外者。如英國之鏒貨。比較的最爲完全之貨幣。
然據專門家之所言。則其爲法貨而得通用者。僅十八
年間已耳。蓋貨幣者。即以完全之機械鑄造之。然在
鑄造技術之上。總不免生重量及其他多少之差異。既
有此差異。其爲法令上所公認者即所謂公差是也。然
如鏒貨。若通用十八年。則其所磨滅。必有比公差更
大者。自此以後。即不可再通用爲法貨矣。其磨滅之
損失。當然歸於國庫之負擔。然鏒貨之通用年數。有
謂十五年者。有謂二十五年者。有謂十八年者。要之
皆不甚相遠也。

以上所擧。即貨幣之必要條件也。比較的最爲完備
者。惟金與銀。自有金銀之貨幣。而後人類社會之經濟交
通。乃愈容易。人類之勞力。亦得節減。故自此點以觀察
之。則貨幣者。不僅爲交易並支付之媒介。價格之標準已
耳。而兼爲助成生產之一種器具者也。既爲一種之器具。
則貨幣亦不得不謂爲資本。然自一國一社會觀之。則貨幣

者。固定資本也。自一箇人觀之。則貨幣又爲流動資本。
其故爲何。則因一箇人之一度使用之。即不能使用之於同
一目的者故也。

　　貨幣雖爲一種特別之貨物。然其貨物之性質。當常保
有之。若變更其貨幣之貨物的性質。或非其目的。雖以國
家之力。使認識某種類之貨物爲貨幣。然不能變其貨幣之
性質也。當法蘭西大革命時。同國政府。曾發行"亞細尼
亞"之紙幣。使認爲正當之貨幣矣。然同國民皆不認之。
至不能達其目的。其前例也。

國家對於貨幣之職
務

第三節　　國家對於貨幣之職務

　　此問題。本屬於應用經濟學中之經濟政策論者。茲從
便宜説述於此。然所講者。不過置重事實問題。其對於利
害得失政策上之問題。則力避之。

　　本節問題所當參照之重要書籍列左。

Jevons，Money and Mechanism of Exchange.

Dana Horton，International monetary conference，held in
Paris in Aug. 1878. etc. etc.

Karmarsch，Beiträge zur Technik des Münzwesens 1856.

Soetbeer，Beiträge und Materialien z. Beurteilung von Geld-
und Bankfragen Hamburg. 1855.

　　使貨幣有充分必要之信用。而能流通於社會一般者。
惟在國家有以保證之。故國家（第一）當定貨幣之本位。
定貨幣之本位也者。以之供交易之用之貨幣。當一定其法

律上支付金額之無制限之種類者也。（第二）當定貨幣之單
位。即以某重量與品質之一定者。爲計算起點之根據之單
位也。單位之高低如何。因其及於社會經濟上之影響而
大。故定之之時。不可不思量國民生計之程度。而採其相
應之額。若單位過高。則國民在不知不覺之間。有容易流
於奢侈之弊。若過低。則商業交易。不便亦多。此最當注
意者也。（第三）獨占鑄造貨幣之權。而因之以充分實行關
於貨幣諸般之取締①。然國家、對於社會公衆。有持生金至
造幣局者。不過徵收僅少之手數料。亦當應其請求。而使
之鑄造本位貨幣。方爲至當。何則、其與社會公衆以請求
權者。亦國家自己對於貨幣。得應社會之需要之一便法
也。否則無論如何之國家。任舉其雄偉之財力。苟欲單獨
以供給社會需要之求。實不易易。其對於請求鑄造貨幣
者。所徵收之手數料。稱之曰造幣料。英語謂之 Seignorage
獨逸語②謂之 Schlagschatz 徵收此造幣料者。貨幣政策上。
頗屬重要之事。若不徵收。則鎔解貨幣者。必非常增加故
也。且國家之所以徵收造幣料者。不僅爲取締上所必要。
而又不得不謂爲適合於正義者也。何則、貨幣者。對於其
分量。雖比生金之實價較少。然尚有幾分之價值。則固不
可沒也。然國家之獨占造鑄之特權。決非可以之爲財政上
之本源者。若以之爲財政上之本源而濫用之。則發行貨幣
（補助貨尤甚）過多之時。即屬社會全體之不幸。縱令幸而

---

① “取締”，日語詞，即管理。
② “獨逸語”，即德語。

未熾。然其發行過多之弊害。固非僅補助貨也。即本位貨幣之增加發行者。若超過需要之時。亦當來同一之結果焉。惟補助貨之供給超過需要者。不得不謂爲弊害更甚者耳。其故爲何。則因（第一）本位貨幣之供給。所謂自由鑄造之結果有自然的制限故也。（第二）補助貨與本位貨幣異。在一定之制限内。僅對於少額之支付。法律上得爲交易之媒介。故其所含蓄之生金之實價。比之表面記載之價格特少。其間既顯有懸隔。故補助貨之濫發。畢竟即使國民蒙莫大之損失者也。謀國者幸於此注意焉。

貨幣之本位

第四節　貨幣之本位

攻究關於貨幣本位之種類政策。應用經濟學之事也。故茲對於利害得失。不爲政策上之研究。而專置重於事實問題以講述之。然往往有論及政策上之關係者。實問題之性質上所不能免也。

本問題所當參照之著者及書目如左。

複本位主義 ⎰
Wolowski，La question monétaire. 1867
O. Arendt，Die vertragsmässige Doppelwährung. Berlin 1880
Lexis，Erörterungen über die Wahrungsfcage.1881.
Schäffle，Für internationale Doppelwährung[1]. 1881.
Dana Horton，Silver and Gold 1876. and edit，1877.
Jevons，Money and Mechanism of Exchange.
Henry Cernuschi，Lor et l'argent. 1874，La monnaie
　bimetallique. 1876.

---

① "Doppelwähurng"，有誤，應爲"Doppelwährung"。

複本位主義 {
　　C. Seyd. Die Münz-，Währungs-，und Bankfragen in
　　　　Deutschland. 1871.
　　——，Der Hauptirrthum in der Goldwährung.1880.
　　E.de Laveleye，La monnaie bimetallique.1876.
　　——，La question monétaire. 1881.
　　Wagner，Für bimetallistishe[①] Münzpolitik Deutschlands.
　　　　1881.
　　O. Haupt，La réhabilitation de l'argent. 1881.
}

單本位主義 {
　　Soetbeer，Denkschrift betrffend[②] die Einführung der
　　　　Goldwährung in Deutschland，etc，etc. 1856.
　　——，Die hauptsälichsten[③] Probleme der Währungsfrage.
　　Roscher，Betrachtungen über die Währungsfrage der
　　　　deutschen Münzreform. 1872.
　　Bamberger，Reichsgold. 1876.
　　Bertzka，Offenes Sendschreiben an Herrn Heinrich Cernuschi in
　　　　Holtzendorff—Bren-tanos Jahrbuch IV. S. 191. ff. und Referat
　　　　auf dem volkswirthschaftlichen Con-gress.1880.
　　Bueck，Beiträge zur Währungsfrage.1881.
　　Nasse，Die Demonetisation des Silbers in Holtzendorff—
　　　　Brentanos J. I. S. 115 ff. und die Währungsfrage in den ver.
　　　　Staaten von Amerika. ebendas H. S.113 ff
　　Frére Orban；La question monétaire，examen du systéme et
　　　　des effet[④] du double e'talom[⑤]. 1874.
}

　　貨幣之本位也者。供買賣交易之用之媒介標準。而爲
國家所認許者。其用之之時。法律上無論如何巨額之支付
得一時爲之者也。其對於此者。曰補助貨。補助貨者。雖

---

①　"bimetallistishe"，有誤，應爲"bimetallistische"。
②　"betrffend"，有誤，應爲"betreffend"。
③　"hauptsälichsten"，有誤，應爲"hauptsächlichen"。
④　"effet"，有誤，應爲"effets"。
⑤　"e'talom"，有誤，應爲"étalon"。

同爲國家所公認。然在於一時内。至一定之金額以上。即不能以之爲交易支付者。縱令支付人欲用之而受取人得而拒絶之者是也。

貨幣本位之制度。既有種種。請於左説述之。

第一　單本位制

此制、僅以同種之貨物（實際問題上最重要者金與銀也）爲貨幣者。以之爲本位貨幣。其他之貨幣。僅許爲補助貨幣而通用之者也。此制度雖有種種之區別。茲舉其必要者。有左之三種。

（甲）金單本位制

此我國並英美德荷諸國 Scandinavia 半島①等所公認之制度也。德國雖於一八七三年以來。法律上採用金單本位制。然觀於該國實際之情狀。則在明治三十四年之頃。尚爲由銀單本位制移於金單本位制變遷之時期。故本位貨幣雖爲金貨。而銀貨之一種。亦尚有本位貨幣之效力。例如以銀貨 Thaler②爲支付之時。其金額亦無限制者是也。

（乙）銀單本位制

此即一八七三年以來。行於德國。至明治二十六年六月。行於印度地方。現今尚行於支那之制度也。自現今東洋之大勢觀察之。此銀單本位制。不得不謂爲於實際頗得其當者。

（丙）紙幣單本位制

是無論何國。除戰爭及有非常之事情外。斷未有公認

---

① “Scandinavia 半島”，即斯堪的納維亞半島，位於歐洲西北角，瀕臨波羅的海、挪威海及北歐巴倫支海，與俄羅斯和芬蘭北部接壤。
② “Thaler”，即泰勒幣，16 世紀以來在歐洲廣泛流行的一種大銀幣。

之者。然在戰爭後。使一般通用紙幣。實際不啻以紙幣爲
本位者。如俄國。至前年尚用此制。我國自明治十年以降
乃至十九年。亦同採此制度者也。

第二　複本位制

此制、以二種或二種以上之貨物所成之貨幣。法律上
不定何等巨額之交易。而得爲其支付之制度也。

以二種以上之貨物爲本位貨幣者。歷史上雖未確有此
事。然以二種金屬爲本位貨幣者。則往往有之。故特稱之
曰複本位制。又曰兩本位制。用此制者。如有名之臘丁同
盟①諸國、即意大利、法蘭西、比利時、瑞士、希臘等。
與南美之秘魯、厄瓜多②、新加拿大③亞爾然丁共和國④四
國是也。

據金銀兩本位之制度。則兩種貨幣之價格比例。皆爲
法律之所制定。一切支付。無論以何種貨幣。皆爲法律之
所認許。然欲完全實行之。則自有必要之條件。即世界各
強大國。不可不同盟採用兩本位制度。否則亦當定以一定
之期間及金銀之比價。此期限經過後。又必更據列國貨幣
會議之決議。以改定公定比價是也。

又如兩本位制度。如欲充分實行之。則當任聽一般公
衆之所好。任持金銀某金屬。就政府之造幣局。請求鑄造

---

① "臘丁同盟"，即拉丁同盟（Latin League），古意大利半島拉丁姆地區約三十個小城結成的同盟。
② "厄瓜多"，即厄瓜多爾（Ecuador）。
③ "新加拿大"，據日文原書，即新格拉納達（New Granada），位於南美洲北部，18 世紀由西班牙建立的總督轄區。
④ "亞爾然丁共和國"，即阿根廷共和國（República Argentina）。

者。亦不可不以此權利與之。是即所謂自由鑄造之權利
也。若不與以此權利時。則兩本位制度。終無完全之望。
故臘丁同盟諸國。於一八七八年。又締結補助貨之外不新
鑄造銀貨之條約。自是以來。雖名爲採用兩本位制。其實
則毫無效力也。

　採用複本位之各國。金銀之比較。或實際有變動於公
定比價以外者。僅以一種貨幣爲交易之媒介。而一般流通
於有關係各國之間者。亦常有之。是蓋對於兩者之需要供
給關係。因時勢之變遷等。自有多少變動。而往往爲實際
所不能免且却有望者也。但、若以複本位制爲國際貨幣制
度。則金銀之比價變動。或庶幾有減少之望。亦未可知。

　至於所世。世界之文明。實可謂爲長足之進步。而從
吾人之欲望。使漸進於高尚矣。前世紀間。貨幣既有非常
下落之事實。則爲交易之媒介者。自比之從前。有要高價
貨幣之原因。故各國一般多主用金。遂漸々採用金貨本位
之制度。實時勢之所使然。而爲社會進化上當然之結果。
然欲世界各強大國。悉舉而實行之。恐終有所不能。即或
能之。則最可憂者。金貨本位制度既已一般通行。則銀之
價格。或比今更見低落。而金貨即不免非常缺乏。故本位
貨幣之價格。當顯著騰貴。而物價因之非常下落。市場遂
不免惹起多少之困難矣。當此之時。如欲除此患害。使貨
幣之價格、不致變動。則惟有開萬國會議。據國際的規
約。使列國同盟以採用複本位制度方可耳。

　故以列國同盟採用複本位制度爲善者。此現今多數經

濟學者之所主張者也。惟其實行之頃。將除英國而實行之
耶。抑或必經英國之承諾乃始實行之耶。關於此點之議
論。幾莫衷一是矣。由是觀之。則複本位論者之勢力雖云
強盛。附隨此制所起之一大弊害。即金銀之某一方。或多
有產出。而超過其供給之他方之時。則流通於貿易市場
者。時爲金貨。時爲銀貨。而變化無定者是也。且列國同
盟之勢力。果能防止金銀比價之變動。能應其成分終始不
變更與否。既未可知。而尤可恐者。即以一定之年限爲
期。至於不能改定比價者是也。當定此期限之時。雖可主
張以稍長爲貴。（例如十年）然其比價。若在每一年或二年
不可不一改定。則實不堪其煩。自此點觀之。則複本位
論。亦不能無所間然也。要之複本位論。有偏於依賴國際同
盟力過多之弊者也。惟其所主張者。足以匡正舊派經濟學者
專以金單本位爲最上貨幣制度者之過失。其功固不可沒。

　　據今日之大勢論之。則歐美諸國。欲採用銀貨本位
制。既已有所不行。惟就金單本位制或金銀兩本位制二
者。以比照其利害得失斯可耳。而此二者之中。尤以後者
爲最適當。故世界將來。或有兩本位制同盟之事將發表
乎。在歐美諸國。雖目下即有採用兩本位制之必要。然我
東洋諸國。則仍在銀單本位制度之繼續中。將來或因時勢
之變遷。有不得不與歐美諸金貨國。同盟採用兩本位制
者。固未可定。然照東洋今日之經濟上論之。則尚在幼稚
之社會。而不得不謂銀單本位制爲最適用矣。故印度前年
之採用金貨單本位制。以停止銀貨之自由鑄造者。實千古

之大失策也。反而觀之於我日本。雖未有此失敗。然寗保
守今日之情狀。鑒察世界之大勢之所趨。俟時機既熟。然
後改定法律上之貨幣制度。以實行複本位制方可。若今之
時。則決非可遽動搖之時。蓋國勢之所在。不得不置重也。
（以上余於我國貨幣制度改革以前、並改革論盛行之當時、
曾懷抱此意見、然今日既無可如何矣。惟取現行金貨本位
制之短處。講究彌補之策。余雖不敏。亦惟勉力於此。以
報稱國家而已。）

信用論

第二章　信用論

　　本章當參照之書籍如左

　　羅脩氏純正經濟第八十九節並以下

　　馬家羅克①氏商業字彙中信用之項

　　彌爾②氏經濟書第三卷

　　馬克洛德③氏之信用論

　　伊略特④氏之商業上之信用

　　苦尼斯氏之信用論

　　列彼紐斯⑤氏之 Offentlicher Credit

　　拉鳥氏經濟書

---

① “馬家羅克”，即約翰·麥克庫洛赫（John McCulloch，1789—1864），英國經濟學家、統計學家、作家兼編輯。
② “彌爾”，即約翰·斯圖亞特·穆勒。
③ “馬克洛德”，即亨利·麥克勞德。
④ “伊略特”，疑爲查爾斯·伯克·埃利奧特（Charles Burke Elliott，1861—1935），美國法學家。
⑤ “列彼紐斯”，即卡爾·内本紐斯（Karl Nebenius，1784—1857），德國法學家。

修福理①氏瓦格列兒氏路易斯列兒②氏等之經濟書

又商法專門之法學者葛德西米③氏之商法講義中。所述信用一段。亦大可參攷者也。

第一節　信用之性質

信用者也。謂某人必盡其諸般之義務。特能盡其貸借上之義務。而自他人推測之之信任也。故所謂有信用也者。以他人之信任爲基礎。僅以他日當爲報酬之約束。而得自由利用其財産或勞力者即是也。

信用者由於左之三條件而成立者也。

第一　得信用之人之自身有盡其義務之能力

第二　得信用之人之自身有盡其義務之意思

第三　得信用之人若任意不盡其義務之時則可强彼盡之且在不得已之時得借司法行政兩權以强制之

信用之法若行。則買賣之際。即無須現金。惟有支付之約束即足。因此、而賣主與買主間商業上之關係遂全成立矣。此種方法。英美等國最爲盛行。我國及德國等。尚未充分發達也。我國之酒店米店等。其售賣日用品也。亦有月末支付一時受取之習慣。頗與信用買賣相類。然比之信用買賣。寧屬帶有貸借之性質者也。何則、我國所謂月末支付云者。通常皆豫將價格增高。若於其內有算加以利

---

① "修福理"，即阿爾伯特・埃伯哈德・弗里德里希・謝夫萊（Albert Eberhard Friedrich Schäffle，1831—1903），德國經濟學家，德國新歷史學派代表之一，曾任維也納大學教授。

② "路易斯列兒"，即赫爾曼・羅斯勒（Hermann Roesler，1834—1894），德國法學者、經濟學者。1878 年赴日，任日本外務省公法顧問。

③ "葛德西米"，即萊溫・戈爾德施密特（Levin Goldschmidt，1828—1897），德國法學家。

息者。故與英美之信用大異其趣。即在德國。其裁縫店書籍店等。亦有當買賣之時。不受取現金而約於月末或二三月後爲支付之習慣。然此亦與日本之酒店米店等。較之英美所行之信用。似是而非者也。

使信用普及於社會一般。要左之六條件。

第一　資本之增殖漸盛

第二　種々之産業繁榮

第三　商業之交易活潑

第四　國民道德之程度漸高

第五　法律制度之整頓

第六　有政治上經濟上之自由

此六要件。皆信用之行動所不可缺者也。信用最行而方法亦充分發達者。惟英與美耳。歐洲大陸中如意大利國。在中世之頃。信用之事業非不發達。其後國内騷亂相仍。政治法律既不得宜。諸種之商業。委靡不振。因而信用之法亦遂不行。距今三十年前之時。意大利之信用。殆將掃地。舉其極端者言之。如買賣書籍者。類皆中流以上之人。即多少有信用之人也。然在當時。則非交付現金。有不能得書籍者。其腐敗爲何如耶。今則事態頗改舊觀。諸般事業。雖已著々進步。足與他之列國並駕齊驅矣。獨至信用之事。尚未恢復昔日（中世）之舊。故亦不及他國也。此非前述六要件之不具備而何耶。

第二節　信用之種類

　　信用之行動區域。頗爲廣泛。故其作用。亦有種々。吾人所據以行使信用者。如借地、借家、保險業、勞銀支付之延期等。皆所常見者也。然茲所欲説述者。則不過狹義之信用作用而已。

　　信用有公私之別。有生産的消費的之別。其對於信用。因典物之有無而分之之時。則又有對物信用對人信用之二大區別。試於左説明之。

　　第一　對物信用

　　是即得信用之人。因其特提供抵當物而成立或鞏固其信用者之謂也。其人若不盡義務之時。則債主得差押①其抵當物。此抵當之法式有二種別。一曰質入。一曰書入。質入者債主得占有其抵當物。書入則債務者僅以其抵當物書入於債主。而不使其占有者也。故兩者之區別。全在占有與否。書入僅於不動産用之。然自純理上言之。則書入之事。亦不僅用於不動産上。即動産之上。亦有可以設定者。

　　第二　對人信用

　　對人信用也者。通常在短期間。值資金之必要。欲避業務上時間之損失。與其他之諸雜費。而詳知借主人之人格而行之者。其專行於商賈之間者是也。然商人中之大商人。大抵亦自持有財産。而爲其實際信用之重要基礎。故其所得。仍非對人信用而對物信用也。大農亦然。皆依於

---

①　"差押"，即没收。

土地或他物爲信用之重要基礎。故亦以對物信用爲主。而
非對人信用也。其以對人信用爲主者果屬何在。則以自己
之勞力、德義、智識等爲信用之基礎。如農工商業上之小
民。或中産者以下之人民是也。

此種類之信用。在我國有必須使之發達者。實屬顯著
之事。其故爲何。則我國固中産者以下之人民最多之國
也。離此對人信用。如地主欲以長年月間爲期而借財者。
則非書入其所有之土地以得信用之外。別無他途也。蓋經
過期限過長。則身分上之關係。自不免有變更之事。故與
之以信用者。非得有如土地之確實之書入。則其心斷不能
安。故對人信用。惟於短期間得行之而已。

第三節　信用之利害

舉信用之在經濟上之利害有六。即如左。

第一　信用者。對於巨額之支付。及支付於遠方之
人。有手形①及爲替券②等。比於使用硬貨較有數利。其用
爲交易媒介之時。即得節省勞力與時間是也。

第二　信用者、可爲相當硬貨之代用。即使硬貨依於
他之方法。於經濟上得爲有益活動之作用也。

第三　信用者、無須變更資本之現在所有權。而使有
益利用者。得其機會。即得以資本使用於生産的者也。故
依於信用之力。即在無有資産者。苟有企業力。亦使之得
有資本而活動其勞力者也。因此、即可使之獨立。不致徒

---

① "手形"，該書正誤表更正爲"票據"。
② "爲替券"，該書正誤表更正爲"匯兌券"。

爲資本家之奴隸。而使陷於歐美諸國今日小民之狀態者也。故使信用得行於小民間者。蓋即社會政策上最良之方策也。

第四　信用者、可集合多數小額金圓。而成一巨額。使經濟上得有益利用。且不使社會之生產力。爲一國之中央所吸收者也。

第五　信用既行。則無論如何之金額。皆得有益使用。則自然獎勵儲蓄。而可廣爲將來之計畫者也。

第六　信用者、基於人々相互之信用而結關係者也。既使有經濟上交通之利害者。得圓滑於社會而得信用。故社會經濟愈發達。則各人愈知受他人之信用之有價值。而圖其利益。故其一舉一動。皆當執此方針以行。而社會全體之智識道德。自日進於高尚。如此、則國民何求而不得耶。由此觀之。則信用之效用。其偉大可知也。

信用之利益既如此。故苟能利用信用。則其有助於經濟上之生產。恰如氣候之順適者。其有助於國民教育之發達。大抵相同。蓋一國之氣候若佳良。則其幫助國民教育之發達者。雖不能明以數字的計算其價值。要其有助於生產。實毫無可疑也。信用亦然。其價值雖不可明以數字的計算之。然其增加生產有斷然矣。故彌兒氏謂信用非生產之器具者。實不免謬見也。然馬加羅克氏畢理[①]氏等謂信用爲一種之新資本者。又未免馳於極端。蓋信用者、其對於有之者。雖爲從新産出資本。然即以信用爲資本。則似不

---

① “畢理”，即亞瑟·佩利（Arthur Perry，1830—1905），美國經濟學家，自由貿易的倡導者，著有《政治經濟學》《政治經濟學概論》等。

免過當。信用者、基於人類相互間之信任。以助生産之一方便。恰如勞力之組織得其宜者。得大增加生産者同也。自此點觀之。又頗類似分業。且信用之作用。又如運搬之良法貨幣之作用等。有同樣之效果者也。

雖然、一利一害者。事物之常情。若信用流於太過之時。亦有可恐之弊害。其最要者凡四。

第一　利用信用者過於容易。却有爲無用之消費而減少資本於不生産者。

第二　與身分財産不相應之事業漸起。因其基礎不固。致惹起種々之災害。

第三　大致與第二項同。而使投機事業有增加之恐。

第四　有財産者、通常比無財産者。自然大有信用。若用之愈增大其勢力。則益踞於無財産者之上。而貧富之懸隔益甚。否則亦當陷於極困難之社會問題。而使人民愈陷於窮困焉。

欲匡正第四之弊害。惟於中産以下之社會。設信用組合制度。使小農工等、能廣利用信用之一法而已。彼之有名之 Schulze-Delitzsch[1]氏 Raiffeisen[2]氏等。其熱心説明信用組合之必要。謂當設立庶民銀行者。即不外此意也。

據上所述。則交易概別爲三種。即實物交易。貨幣交易及信用交易是也。因此、則經濟社會。亦當生三種之區別。此雖在次章論經濟之種類所當詳述者。本章特圖示其

---

①　"Schulze-Delitzsch"，即弗蘭茨·海爾曼·舒爾采-德里奇（Franz Hermann Schulze-Delitzsch，1808—1883），德國政治家、經濟學家，創立了世界上最早的具有現代意義的信用合作社。

②　"Raiffeisen"，即弗里德里希·威廉·賴夫艾森（Friedrich Wilhelm Raiffeisen，1818—1888），德國政治家，創立信用合作社的先驅。

要項於左。

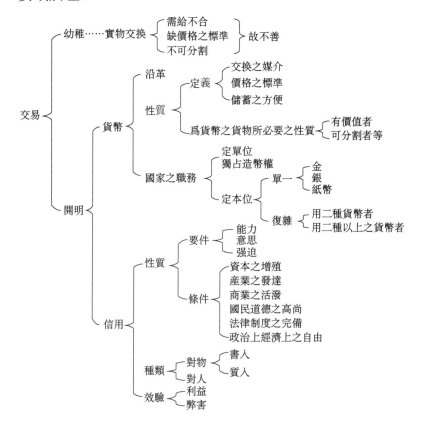

第三章　價格之標準並物價

本章問題之參攷書英文如

J. Tooke and W. Newmarch，History of Prices from 1793 to 1857. London 1838-57

Rogers，History of Agriculture and Prices in England，from 1259 to 1793. London 1866-88

德文如

Mangoldt，Volkswirthschaftslehre. Freiburg. 1868.

Neuman，Die Gestaltung des Preises，etc. J. f. d. g. Staatsw. 1880.

等是也。

物價與價格之爲何。總論既説明之矣。茲不再贅。

價格之標準

第一節　價格之標準

價格之標準也者。與所謂度量衡之標準全異其性質。而不如後者之爲有形的。可以耳目相接觸。而屬於無形之思想的者也。故價格之標準。即表示財貨與人類之關係。（包含萬般貨物）在人類之思想上。有如何分量的關係者也。然其爲一般價格之標準者。則與貨幣論中所論究者同。其要具備之性質如左。

第一　欲計種々之價格必其分割容易者

第二　欲使世人一般易於認識則其價值必爲公認者

第三　要隨時隨地不受其影響而極能獨立者

然此等之性質。欲其充分具備。得爲價格之標準。則在今日不完全之人類社會。終無自而發見之。彼之亞丹斯密氏。曾以人類之勞力。謂爲最良之價格之標準矣。然同一事也。其要勞力雖同。而出勞力之人則異。譬則有力能扛鼎之人。有不勝匹雛之人。同是人也。而苦勞大異如此。且一日之勞力。有因時因地而異者。又有因從事者之人而不得不異者。故以勞力之價格。離勞力之結果。使之全然獨立。則貨物之價格終有不能計算也可知。而謂價格

之良標準爲勞力者。亦可謂所見不廣者矣。人或有謂穀物
最善於爲價格之標準者。然穀物之價格。在長期間内。雖
能保其平均無甚變動。而歲有豐凶。即收穫有多少。其價
格即年々歲々自有不同。故在短期間内。亦不得謂爲價格
之良標準也。（例如以三年間之穀物爲標準者。如今歲爲
豐。則其價落。來歲爲歉。則其價昂。再來歲又爲豐。則
其價又當落。即不免始終變動者是也。）且穀物者。所以供
人類食用之最重者也。不僅因時因地而異。且又有因之^①而
大異者。故人類之所與於穀物之價值既大異。則其價格。
亦決不能同。在某國有以米爲重要之食料品者。則米之價
格特高。以麥爲重要之食料品者。則麥之銷場既廣。其價
格又特貴。故穀物亦不得謂爲價格之良標準也。

　　然貴金屬。則與以上二者大異。在一定之場所與一定
之短時期間。其爲一般價格之標準之性質。比較的最爲多
能具備者也。然貴金屬之價格。亦非終始一定不變。而常
適用一般之價格所支配之原則者也。其單獨自立能保一定
之價格者頗難。即以貴金屬之同分量者言之。亦因時有古
今之差異。國有東西之不同。而其購買力不同者。故亘於
數百年之長期間。以觀察物價變遷之狀況。則貴金屬又不
得爲比較之良標準矣。當是之時。又寧以穀物爲優。

第二節　價格之一般法則

價格之一般法則

　　價格之一般法則也者。欲說明何故以某貨物之一定分

---

① "因之"，有誤，應爲"因人"。

量。得與他之貨物之一定分量相交換。且不得與後者之分量之以上以下相交換者也。此一般法則。有基於二種之假定條件者如左。

第一　交換之對手、皆絕對的自由有充分關於市場之智識者、

第二　交換之對手、當爲交換之時、僅以直接之利益爲目的者、

是也。然在實際社會之交換。其妨害右之假定條件者。亦有種々之原因。即關於市場之智識、或缺乏、怠慢、風俗習慣、偏見、驕傲心等皆是也。

價格得區別爲二種。即時價。或市場價格、與正常價格。或相當價格二者是也。時價者亦謂之市價。（狹義）據其對於貨物之需要供給關係而定者也。前者爲正比例之昇降。後者爲反比例之昇降。需要也者。即依交換而獲得某種類之貨物之有資力者。及現在所欲獲得之一定之分量也。供給也者。因應其需要而現於一定時期之貨物之分量也。

正常價格也者。一曰自然價格、又曰自然的價格、即爲市場價格之標準者也。後者因前者之上下以爲昇降。需要增加。則市場價格超過正常價格。供給增加。則反之。關於正常價格之法則。有由於貨物之爲天然的與人工的而異。又有由於自由競爭能行與否而異者。請於以下二節。由於自由競爭能行與否。而價格變動有所異者論之。

第三節　論貨物之自由競爭其價格當如何決定

論貨物之自由競爭
其價格當如何決定

　　貨物之能爲自由競爭者。則其價格之決定。在賣主與買主互相主張其請求。於買賣交涉之間。得其平均之時而決定之者也。賣主與買主爲相對的充分自由。前者之所供給。與後者之需要。均有一定之關係而得平均。故其價格。由於競爭者相互之操縱。而決定該當於生產費之額若其上下者也。價格之昇於其以上或降於其以下者。皆非永久可以存在者。

　　價格若比該當於生產費之額爲上騰之時。則一方必驚恐消費者而減少需要。反之、則一方必獎勵生產者與商人。而增加供給。即欲占格外之利益。而立於供給者之地位者益多。其間相互之競爭亦愈甚。故漸次有低落之傾向。當此之時。則價格之支配需要供給之關係。與需要供給決定價格者相同。世人只知價格爲供給需要之關係所支配。而不知價格却能支配需要供給之關係者也。兩者之間。固自有互爲因果之關係。淺見者詎足以語此耶。

　　價格若降於生產費以下之時。則貨物既再不能生產。買賣交涉。即不得不中止。然供給至於減少之時。則價格又仍得恢復前狀。此不可不知也。

　　因生產費之多少。而使價格有高低者。亦易覩之事也。故生產費同一之貨物之價格。欲不起妨害於他之情事。則皆不可不同一也可知。

　　可以儲置而不容易從新生產者。其額若不足時。則自過去之時代以儲置之者。如有可以補充之貨物。其價格決非變化無定。而其平均價格。皆爲一定者也。若此貨物之生產費。因地而有差異之時。則其價格。即依於生產最不利益之事情之下者而爲決定。而在不可不爲此不利益之生產之地位者。因欲應付對於貨物之需要者過多。而增加供給之時。乃特就其業者也。在農產物並新發明品。有與某生產者以特別之利益者。即此理由也。[一]

（一）茲就農產物之價格舉一例言之。其價即因農民耕耘瘠地而定者也。何則、其價格過於下落。則瘠地之農民。只能照從來之農業而爲之。若價格上騰。則或再耕之。或在其以下之瘠地亦取而耕之。反之、若耕耘肥沃之地。則農民始終立於有利益之地位者也。何則。瘠地與肥沃地。於農產物價格之上。無有差異故也。

論制限競爭其價格
當如何決定

第四節　論制限競爭其價格當如何決定

貨物之供給有制限者。其價格全因得需要供給之平均之事實而決定者也。即無論如何之高價。苟有必欲得之者之需要者。即因之而決定者也。[二]

（二）貨物之供給有絕對的制限者。其價格僅依需要供給之關係而定。例如骨董。其供給有限者也。其需要者、苟信爲至當。其價格即因之決定。當此之時。其生產費毫無價格之標準也。反之其供給雖有限。而不值世人之一顧者。則在生產之當初。無論要

　　如何多額之生產費。然亦毫無價格。故欲如其生產費
以償之。亦終無所得①也。

　　如此、則對於貨物之需要。如迫切而多之時。則其價
當昇於生產費之上者益甚。如彼之獨占物價是也。然此貨
物若過於夥多。又有非常畏其缺乏之恐怖心。比於需要供
給之關係。實際不得其平均者。其價尚多。乃至高低無
定。而其騰貴之極點。常在購買者之資力如何。其價之實
際。雖如何騰貴。然購買者之資力。若不及其實際。則決
不能達也。故貧者之需要品。比於富者之需要品。其達於
騰貴之極點。遥爲迅速。就中如貧者亦需要不必要之貨物
時。則其達此極點更覺迅速。例如貧者亦使用世間普通所
謂奢侈品之時。則其貨物之價格昇騰而達於極點特爲迅速
是也。

　　經濟上之競爭。其有充分之自由者。實際所罕見也。
即其所謂自由者。亦在大工作之產業。乃多有之。至小工
作之產業則甚少矣。故需要與供給。欲得其權衡。斷非一
般可以充分決定之事。於是在通常之經濟社會。學者所謂
正常價格者。實際亦不能恆見之。蓋立於消費者之地位之
人。一般皆屬隨波逐流。惟專以近年之物價爲正當。而不
知依於需要供給之作用。以促其變動。故在獨占物價非常
高貴之時。自然容易破壞者。亦許其游行自在。此經濟社
會之常態也。故度量衡之改正。貨幣之改鑄。海關稅及其

---

① “終無所得”，該書正誤表更正爲“終不可得”。

他間接之新設或改正等。有特別之事情時。其影響於物價最甚。又最初之生產者與消費者相距過遠。而貨物之自一人以移於他人者度數愈多。則生產費之決定物價者亦少。其決定之者。寧以投機者流之影響爲多。要之經濟上之競爭。常不自由。而又有幾分被限制者。故物價之變動。非絕對的因需要供給之關係及生產費之變動而決定。乃因其他種々之事情而有影響者也。總括此等種々之事情。可稱之曰社會之風俗習慣。(三)

（三）彌兒氏謂決定物價者。其重大勢力。惟在競爭。而以習慣風俗之影響爲不過表現於例外而已。即以競爭爲原則。以習慣爲例外者也。然按之經濟社會之實際。則全屬反對。蓋物價之在小賣商業。依於習慣而被決定者常多。其依於競爭而被決定者常少。故就決定物價之勢力論之。毋寧以習慣爲原則而以競爭爲例外或庶幾可耳。究之彌兒氏所下之斷案。不過就英國之商業最發達之卸賣者①（即大規模之商賣）言之耳。若通全世界而亦以此斷案定之。則亦未見其言之果當也。

第五節　貴金屬並貨幣價格變動之原因

貴金屬並貨幣價格
變動之原因

貴金屬之價格。其行於自由交通之原則而存在於經濟社會者雖屬多量。然不能應人人之希望而可自由自在增加

---

① “卸賣者”，“卸賣”，即批發。卸賣者即批發商。

者。亦與他之貨物同。必因需要供給之關係而定者也。

貴金屬之使用方法。雖有種々。然其需要。畢竟因用於種々家財器具等之廣狹與供給貨幣之多少而決定者也。前者、爲由於人々之資力而決定者。其決定其多少之條件。結局、即國民之富之程度也。後者、則常被左之事情所限制。即

第一　商業交易之數量

交易之數量愈多。則貨幣之需用乃大增加。而有助於國民交通之便益者不少。

第二　貨幣流通之遲速

貨幣之數一。而因媒介賣買交易之度數多。則其數雖少。而爲媒介之用。亦充分得盡其長。故在交易之數。其比較最多者。都會之住民也。而所需要之貨幣數量。比之村落住民所要之數量反少。且在人口稠密。商賣活潑。萬事繁榮之國民。其需要貨幣之數量。亦比較人口稀疏。商工業微々不振之國。所要者尤少也。

第三　代貨幣爲交易媒介者之多少

等是也。貨幣之需要。亦因信用經濟之發達。而其比例較少。一國貨幣之需要愈多。其流通迅速之時。則貨幣之被磨損及其他之損失亦愈大。其必要增補者。較之以金銀製造種々家財器具之必要者。亦毫無所讓也。

上所陳述之外。尚有影響於貴金屬之價格者。即其生產費與新生產額（即採掘）是也。然貴金屬與他之貨物異。其需要既有伸縮極大之特性。故二者之影響於其價格

者。頗有制限。而不似他之貨物之價格之甚。加之自往古存在之額。既已極多。縱令新生產者爲數亦多。而其及於價格之影響亦不甚大。獨至近世。金銀貨幣流通之區域。已有合世界萬國爲一大市塲之概況。故貴金屬之生產。雖非常增加。然其及於價格上之影響頗小。而所起之變動亦極少也。

以上所述。僅就本國之生產貴金屬者言之。若本國不生產貴金屬。而必自外國輸入其全部或幾部分之國。則決定貴金屬在國內之購買力。於前述原因之外。尚有其一焉。即自不產出貴金屬之國。因欲交換。而輸出他之貨物於產出貴金屬之鑛山國之生產費（包含運搬費）是也。蓋文明程度尚低之國。比之商工業既已充分發達之國。其貴金屬之價值既貴。而金銀貨幣之購買力亦較大焉。其故、因前者之輸出於外國者。大抵皆多要運搬費。以其爲天產物或粗製品也。然後者之所輸出。則以精製品爲重。其運搬費比較稍廉。鑛山國從其所好而受之。非前者輸出品之比也。以貴金屬鑄造貨幣。若失於過多之時。則多被溶解。或流出於外國。暫時廻復舊狀者往往有之。又存在國內之貨幣。其額雖多。而一般之物價不因之騰貴者亦有之。若究其所以然。則人々以多額之貨幣藏諸倉庫。而不流通於一般者是也。由此同一之理推之。則貨幣之缺乏。亦有不容易使一般物價下落者。究其所以。亦因信用之作用。可代貨幣而大有助於經濟社會之融通是也。票據既代貨幣而流通。則貨幣即不甚多。亦毫無有障礙。此吾人所

常見也。然人或謂以貴金屬所成之貨物。若供給過多。則
其價下落。而通常貨物之價大抵皆當騰貴。故在種種事情
不同之下。其生產之貨物若經過種種之變遷。支配種種之
勞力。而全體同時騰貴之時。則以消費於造幣以外之目的
之金銀分量。減去而計算之。其貨幣之特爲低落之程度。
即不難推知也。然貨幣之下落。尚有基於他之原因者。亦
無可疑之事也。例如勞銀騰貴。或土地之價格增加。而貨
物之總生產。陷於困難。致多要費用之時。或世人一般希
望複雜。在高尚之貨物甚多之時。亦往往有爲物價騰貴之
原因者。此物價騰貴。即不外貨幣之下落也。換言之。即
生計之程度進於高尚。而爲貨幣下落之原因者有之。否則
隨文明之進步。而使物價一般騰貴者。又非必基於貨幣之
下落也。

第六節　貨幣價格變動所生之影響

　　貨幣價格下落之時。凡收入額之確定爲貨幣者。則其
人即當因之甚被損害者也。如貸金業者、地主、官吏、勞
動者等。其最著者也。然由於勞動者之賃銀思之。通常皆
當隨貨幣之下落而必不可不騰貴者。然經驗上則決不然。
蓋賃銀者、非能應必要品之價格變動而即變動者也。即供
衣食住之貨物。其價格雖騰貴。而職工車夫等之所得。不
即增加。故此輩即因貨幣下落。不免一時陷於困難。反
之、因物價之騰貴反占利益者。即其不以貨幣確定收入額
者。如農工商是也。商人處其間。通常尤以敏捷著聞。故

所得利益亦極大。然既有此不時之利益。則勞銀之騰貴、生產費之增加等。漸次使物價得其均平而見減少。遂至回復自然之狀態者有之。

因物價騰貴而漸次至於勞銀昇騰者。足以增社會之活氣。促生計之程度。惹起經濟社會之革新。其極至使物價並人々之收入變化無定。而再復其常狀者有之。惟不過行之以漸而已。其一旦復舊之物價。有不全如舊時而有全體或幾分增高者。然其騰貴及於全般。故各種貨物之間。能得其均平。是以物價雖騰貴。然社會不因之而騷擾也。反之貨幣騰貴。一般物價下落之時。其結果、全爲正反對矣。第一被此影響者。爲地主與小作人。地主若不能盡其貸借上之義務之時。則第二被影響者。即以土地爲抵當而貸金之金主也。同時尚有使起業之精神不振。而不免惹起恐慌者。因而使勞動者之困難益甚。必經過稍久之期限。貨幣價格之變動。乃漸歸於平靜而後乃得見經濟社會之平穩焉。

貴金屬價格變動之
沿革史略

第七節　貴金屬價格變動之沿革史略

欲詳述貴金屬價格變動之沿革。非短時間所能畢事也。故茲僅述其概要而止。

歐洲之古代。貴金屬之價格頗高貴矣。故希臘羅馬之盛時。不似今日之甚相懸隔也。爾來經種々之變遷。自紀元後三七五年至同五六九年。以至歐洲北方蠻民遍歷時代。貴金屬之產出。殆全停止。即存在於該時代者。亦多

被損傷①或消滅焉。^(四)

（四）歐洲以外各國。古代之事情。以書缺有間。無由得而研究也。即今後而欲研究之亦非容易之業。然考之歐洲之沿革。則向來亦稍有精細之調查矣。古代之時。貴金屬之價格。雖一高一低。變遷無定。概括言之。則固高價也。自第四世紀之末葉以至第六世紀末葉之頃。爲歐洲北方蠻民所謂遍歷時代。貴金屬之產出。殆全停止。加之從前存在之額。亦漸消滅。而貴金屬愈減少矣。

故至第八世紀之時。貴金屬之價格次第騰貴。幾達於最近百年間平均價格之四倍。然自第八世紀以後。産出額又漸次增加。銀之採掘量最多者。尤以玻利米亞②薩克梭尼③哈爾茲④等處爲最。其價格、至一千三百年。遂逐年下落矣。^(五)

（五）如前所述貴金屬之價格。漸々呈騰貴之趨勢。且世人之需要與文明之進步同時增加。既無何等特別之事情。則亦無由誘致其下落。然此時之金銀尤以銀之産出額突然增加。爾後即與前期爲反對。而呈下落之傾向矣。

自一三〇〇年以至一五〇〇年。無有變動。乃自亞美

---

① “損傷”，該書正誤表更正爲“毀損”。
② “玻利米亞”，即波希米亞（Bohemia），古中歐國家，曾爲神聖羅馬帝國中的一個獨立王國，後成爲奧地利哈布斯堡王朝的一個省。
③ “薩克梭尼”，即薩克森（Sachsen），位於今德國東部。
④ “哈爾茲”，即哈爾茨（Harz），位於今德國東北部的山地。

利加發見。遂來急激之下落。而尤以一五五〇年至一六〇〇年爲甚。在此時之價格。比較最近百餘年間。即前世紀間之平均價格。實爲一與一五之比例也。

自一八四八年以來。採掘高①又最增加。且此時一方因金之採掘高之增加。一方又因信用制度之擴張。而金銀之價格乃再下落。然此時代之下落。爲由於左之四原因者。並非有甚出於意外者也。

第一　文明諸國金銀之價格平均也。即蒙産出高之影響者。區域甚廣。故下落之程度亦不見猝增。（六）

　（六）影響於一國或數國者。比之影響於多數之國者。其影響當少。所不待言也。

第二　銀之流出於東洋諸國者甚多。（七）

　（七）印度支那等各國。其吸收銀之勢力甚大。故銀之流出於是等諸國者甚多。而歐洲之銀愈減少。因而欲防其價格之下落。當並東洋諸國之銀價下落而防備之與否雖不可知。然以前既有多量之銀存在。其影響當不少矣。

第三　各國漸採用金貨本位制。故金之需要益大增加。

第四　各國之富之程度既益上進。而金銀之裝飾品家財器具之類亦大增加。

由於以上之四原因。而使金銀之價格多少騰貴者。其全體雖有幾分可以抑制其下落之大勢。然不能全變其大勢

---

① “採掘高”，即採掘量。

者則無可如何之事也。

第八節　貴金屬之比價

　　因金額供給需要之比例不同。而價格即比銀有高低者。所不待言也。然一高一低。變化無定之狀況。業於古代見之。至耶穌紀元之初年。二者之價格比例。大抵對於金一。爲銀一三.三乃至一一.五之比。金之一斤即與銀之十三斤三分乃至十一斤五分相當。至加禄林長家。（Carolingian Dynasty）①即紀元後六〇〇年之頃。爲一與一二之比。其後因金價大落。遂至爲一與九之比。然自美洲發見以來。又再騰貴。而爲一與一一之比。其後漸次騰貴。至第十七世紀之始。爲一與一二之比。最終乃爲一與一五之比。

　　欲更詳述其後之變動。則自一七五〇年至一七九〇年四十年間。對於金一。爲銀一四.六之比。自一七九〇年至一八〇〇年十年間。對於金一。爲銀一五、四五之比。自一八〇一年至一八五〇年五十年間。對於金一。爲銀一五、六五之比。自一八五〇年至一八六〇年十年間。對於金一。爲銀一五、三五之比。自一八六一年至一八七〇年即普法戰争之年。十年間。對於金一。爲銀一五、五之比。其後年年之比例舉之於左。

---

①　“加禄林長家。（Carolingian Dynasty）”，即加洛林王朝，751—911 年統治法蘭克王國的王朝。

年	（對於金一爲銀之比例）	年	（對於金一爲銀之比例）
一八七一	一五、五七	一八八一	一八、一六
一八七二	一五、六三	一八八二	一八、一九
一八七三	一五、九三	一八八三	一八、六四
一八七四	一六、一七	一八八四	一八、五七
一八七五	一六、五九	一八八五	一九、四一
一八七六	一七、八八	一八八六	二〇、七八
一八七七	一七、二二	一八八七	二一、一三
一八七八	一七、九四	一八八八	二一、九九
一八七九	一八、四	一八八九	二二、〇九
一八八〇	一八、〇五	一八九〇	一九、七六

　　此年猝然下落者。由於亞美利加購銀條例之結果也。然下落之大勢。並不因之而防止者。觀下所揭自明。

一八九一	二〇、九三	一八九三	二六、四七
一八九二	二三、六九		

　　其後金銀之比價。雖亦有多少之變動。然金之價格。比於銀之價格。較爲高貴者。則與從來無異也。就中、尤以我明治三十年之頃。對於金一。爲銀三一、一乃至三一、二之比爲最甚。金銀對於他之貨物下落與否。姑置勿論。而銀價對於金價之下落。則其程度。實有可驚者。比之往時金一銀九之比價之時代。則幾下落三倍强焉。[八]

　　（八）右所揭之計數。雖屬乾燥無味。然經濟學者。或依於精細之統計。或照之古往今來之經濟現象。而不可不再三審慎以攻究之者也。且不僅攻究經濟學者而已。即從事法律學者。當其接觸事實而欲適用之頃。亦不可不確查其事實而後審理之。其他各種之學科。亦與此無異也。然我國人士。往々不免有忽略之者。則自封建時代以來。所謂武士教育之流風。尚未盡泯。而徒以治國平天下或經國濟民爲大言壯語。不知更加以研究心。是大誤也。故茲特述金銀比價之變動如何。使知於貨幣制度有重大之關係。而因以供潛心研究者之一助焉。

上揭之計算。即比較對照從來諸學者之研究之結果也。其爲主者。即依據美國之造幣局長。德國有名之學者<u>左伊德彼兒</u>[1]氏日本銀行、貨幣制度調查會之報告也。又其市價之標準。則一依英京倫敦之市價焉。

如右所述。則金銀之比價。古來雖有種種之變遷。要之自一六〇〇年亞美利加大陸發見以來。金價對於銀價。遂有急激之騰貴。而尤以一八七一年以來爲甚。然究未有屬於例外者。而據是等數百年間之金銀比價高低表。以作成物價高低比較表者。一見即得知其高低之變動如何。經濟學上不得不謂爲有益之材料也。

惟然、則銀之價格。自美洲發見以來。非常下落。殆有無所底止之傾向。其下落最顯著者。尤在前世紀七十年之後。茲研究其重要之原因如左。

第一　以銀爲貨幣之需要減少（參照貨幣制度調查會

---

[1] “左伊德彼兒”，即阿道夫・索特貝爾（Adolf Soetbeer，1814—1892），德國經濟學家，於 1843 年任德國漢堡商會秘書長。

報告第一章第三條第三項）

　　第二　一八七〇年以後銀之産出額非常增加遥超過金之産出額也（參照同上第一項及第六項）

　　第三　銀之工藝用品需要減少（參照同上第七項）

　　第四　以金爲貨幣之需要益大增加（參照同上第七項）

　　第五　以金鑄造貨幣之外其使用於種種工藝技術之額遥超過銀之使用額（參照同上第八項）

　　第六　銀之生産費減少

　　第七　儲藏金者一般增加（參照同上第九項）

　　綜合右所列舉各種之原因。於是遂起前世紀七十年代銀價之下落。其後銀之價格。更漸次下落者。又因是等之原因接續而起。且因我國並北美合衆國對於貨幣政策之變更等互相俟而使之然者也。

　　關於本節所論有可供參攷者舉之如左

　　各國之公私統計

　　貨幣制度調查會報告並其附錄

　　Fnternational[①] monetary conference held in Paris in August. 1878，with an Appendix containing historical material for and contributions to，the study of monetarypolicy，by S. Dana Horton.

　　Conrad，Jahrbücher für Nationalökonomie und Statistik. Bd. 34. 1880.

---

① "Fnternational"，有誤，應爲 "International"。

Ed. Suess，Die Zukunft des Goldes Berlin 1897.

Th. Hertzka，W ährung and Handel. Buch H Wien 1877.

A Soetbeer Edelmetallproduction and Werthverhältniss von Gold and Silber. 1879.

Petermann's Mittheilungen. Erg. H. 51.

第九節　土地之價格

　　土地之廣狹。原來有自然的制限者也。故吾人僅能填塞河海之一部分以擴張之而止。如此、則土地既不能以人爲的自由推廣。故欲因文明之進步。而增加其供給甚難。絶對的論之。即屬不可能之事也。若夫自相對的論之。雖非無關墾不毛之境以爲耕地者。然其綽有餘裕者。惟在未開時代人口稀少之時爲然耳。反之、若在開明諸國。其人口則年々歲々增榮繁殖。其土地之需用。亦不絶而增加。然其供給則斷不能與前者並行而進。故其價格常昇騰而不知所底止也。

　　地價騰貴之最顯著者。市街無論矣。即都會之漸赴繁榮。其對於土地。有並非因其特投下資本或加以勞力者。然其價格漸次上騰。則實可驚之事矣。至於鄉村地方之耕地。則非耕作之。或加以特別之改良。必其資本附著於土地。而後其影響。乃能及於價格之上。更詳言之。則耕地價格之上騰。大體雖基於社會進化之勢力。然其由於不可多投以資本之事情則尤多也。

　　需用供給關係以外。果持何術以決定土地之價格耶。

舉其重者。厥有三項。述之如左。

（甲）法律並信用之狀態　即法律對於土地之保護充分與否。對於土地抵當之信用。其關係法律之規定適宜與否。買賣讓渡或處分土地。認爲十分自由與否。有各種之關係而後及於地價之影響乃大是也。

（乙）純收入額　是地價最重要之基礎也。故後段特詳説之。茲不贅。

（丙）金利　金利之高低。自土地之純收入而定其估計爲資本之額者也。例如在一定之土地。每年有百圓之純收入。其金利普通爲五分。自此逆算之。則據此純收入以估計此土地之價。其價格即爲二千圓也。故金利之有關係於地價自明。如以數字之式表之。

$$x = \frac{a}{b} \quad (x=地價 \quad a=純收入 \quad b=金利)$$

故假令以金利爲四分。則前記之土地。遂有二千五百圓之價格。利息愈高。則地價廉。利息低則地價高。此不易之理也。

以上所舉。即決定地價之重者也。茲更有當一言者非他。即一國內之金利雖屬同一。然因對於土地之需用與其供給之關係有變動。則地價之昇於其收入額以上或降於其下者。往往有之是也。

地價之騰貴。以文明進步之國爲最甚。其低落也。亦以文明程度甚低之國爲然。是以國家當力圖繁榮進步之秋。人人欲得有土地之念慮最爲強盛。其欲購之也。雖對於其必要之資本利息甚少。却亦能滿足焉。且此念慮。不獨社會一部之人士極爲富裕之資本家爲然。即至日夜從事製造之勞動家。一般皆欲得有土地者比々也。

如此、則決定土地之價格者。固不外準據前記三種之原因。就中其關係尤深者。則不得不謂爲土地之純收入也。然欲決定土地純收入。又果操何術而可耶。其原因之存在凡六種。即

第一　地味

第二　土地之位置

第三　土地産出物之價格

第四　勞銀之高低

第五　利息之高低

第六　地租並所附帶各種之負擔

是也。

利息之高低　茲以利息之高低。爲決定土地純收入原因之一者非他。即農業者對於其使用於耕作之流通資本。不能不計算其利息之利率是也。謂一般社會普通之利息率。與農業者使用之流通資本之利息率。全屬同一而無有所差異者。此自由貿易論者所常唱道者也。然此在社會經濟交通完全發達。其言語風俗習慣。亦通都鄙兩者而無所歧異之時代。或有之亦未可知。若按之現今各國之實際。則決不然矣。且利息之率。不僅因地方而大異。其對於授信用之人之性質。有賢不肖之差別。亦不能無多少之關係焉。然則金利者。斷不能謂爲通一國一社會皆屬均一。而

必因地方之差異及信用之如何等。乃大影響於其高低者也。故爲一般利息標準之中央銀行之利息率。與行於農業者間之利息率。實際有不得不異者此也。近時英國倫敦之利息。平均雖爲二厘五絲上下。然在通常人之借貸間。則實際往往有非一分乃至一分五厘不可者。由是觀之。則農業者所付之利息。有不得不高者可推知也。而其有如此之差異者。在德國及其他歐洲大陸各國。較之英國尤甚。現今則有以防遏此弊爲目的者。而後關於信用之各種制度組織以起。農業者乃比較的始有以低利得資本之方便矣。

農産物林産物及其
他諸雜品之價格

第十節　農産物、林産物、及其他諸雜品之價格[①]

本節所論究之問題。其關於農産物價格之問題者。最重之參考書。有左之數種。

Conrad，Jahrbücher für Nationalökonomie und Statistik. XXXIX. Band. N. F. Bd. V. S. 177.

Rogers，History of Agriculture and Prices in England. Oxford 1882. Also London 1866/88.

Tooke，History of Prices 6 vls. London 1838/57.

Tooke und Newmarch，Geschichte und Bestimmung der Preise，deutsch v. Asher. 2 Bde. Dresden 1859.

Kremp，Einfluss d. Ernteausfalls a. d. Getreidepreise. 1846 75. Jena 1879.

---

① 　目録爲“農産物林産物及其他諸雜品之價格”。

Mulhall，History of Prices since the year 1858. London 1885.

Statistische Monatsschrift. III. Jahrgang. H. 8. B. Weisz，Die Getreidepreise im XIX. Jahrhundert.

Lehr，Beiträge zur Statistik der Preise. Frankfurt a. M. 1885.

據現時社會經濟之狀態。則農業者即對於其所生產者之極普通之穀物。亦且不能自爲主動者。以依其生產費之多少而定其價格。至使穀物之高低。不得不以市場之情況需要供給之關係爲主。由此之故。是以農業者於其有遺利存於土地之時。不得不以之利用之。投入之。以其密着之資本。十分有效運轉之。且於理論上最多得利益者。專心努力以爲之。爲其第一當注意之處。在彼等所由於耕作所得之穀物之中。其有選擇之餘地者。極爲狹小。而多數穀物之價格。又常基於國際貿易之情況者也。故即在最不利之土地。亦因需用之故。而不得不耕種之。其結局。且常有以之爲農產物價格之標準者。如此、則土地雖在遠隔地方。亦因種々之事情相迫而來、有不得不取而耕種之者此恆事也。然種々農產物之種類。其供實用者。本有幾分可以互相補充之故。其價亦通常於相互間有維持一定之比例。而變動遂極少焉。

人口之增加既相迫而來。於是遂不得不開墾劣等之土地。及耕種遠隔之土地。是實人生生活需用之增加有迫之使然而無可如何者也。故農產物之價格。涉於長期。其漸々騰貴之速度。有較之人口增加之比例。爲更有過甚之傾向者。此傾向之現象。無論何國。皆所目擊。而以近世之英國爲尤甚焉。其能制之者。則交通機關之發通各種發見及發明。農業之一般的進步。海關稅之撤去。稅關制度之改良等即是也。

抑吾人々類之抑制自然之能力。雖可漸次增加。然尚未能充分發達者。則固無可諱也。即凶歲飢饉。斷非吾人所能幸免者是也。吾人之所需用。在短期間內。殆屬一定不變。故因需用供給之關係而收穫之多少如何。乃於農產物之價格。遂有非常重大之影響者。亦必然之結果也。其影響之最著者。尤在與外國全然杜絕交通堅持鎖港主義之國爲尤甚。在此等國家。若採用開國進取之方針。使交通之便十分發達。則前日之影響。亦能使之漸次薄弱。然人口因年歲之豐凶。或則患餘裕之過度。或則恐缺乏之堪虞。兢々業々。終有所不安者。亦人情之常也。故終至使穫物之價格比其收穫實況之必要尤甚。而常々變動者所時有也。例如凶歲之米價。一斗二圓。而因人心之洶々。有霎時漲至三圓者。無論何國。皆所常見之事實也。其能免於飢饉之方法。以農事之改良與交通之便利尤爲有力。亦無所於疑之事實也。蓋能使耕作物之種類愈多。則可以調和飢饉之影響。而使人類感此影響者愈少。其故在使一物之收穫雖少。而因他物之收獲多。即足以補充其不足也。

依前述之理由。則與外國之交通頻繁。一國內農產物價格之變動。大可減少。觀於英國小麥之價格。在第十三世紀之間。常昇降於自一至五十六。第十四紀①間。則自一至四十。第十五世紀間。則自一至二十。第十六世紀間。則自一至八五。第十七世紀間。則自一至三五。第十八世紀間。則自一至四五。前世紀則僅昇降於自一至三之間而已。即確證也。

泊於近世。自國收穫之情況。其及於內地穀物收穫之影響者。雖頗減少。然因近時外國貿易非常發達。退而詳察之。即在一國內。亦因地方之差異。而穀物有不同者。又勢所不免也。故同在日本國內。而東京之米價不必與西京同。且不特米價之差異有然。即兩地間自古來特種之物價有關係者。至於今日。亦未全然消滅。故自此點論之。則一般之風俗習慣。大有影響於物價之高低者。其事實真無可疑也。

於長期間內。其價格最昇騰者。爲林產物。次之則農產物也。反之其增加分量有全依於人力或多依於人力。而以人類之勤勉與成功。能排除自然界之障害物。或制限之使爲己用。其途愈多。則生產之貨物。其價格雖昇騰。然其比例。必遠不及前者。換言之。即因一國之國民經濟一般繁榮。其價格最昇騰者。惟原始產物而已。至於工業品。則斷不能及之。且有日即於低落者。尤所數見不鮮之事。原始產物中。其價格騰貴比較的最遲者爲鑛業品。但鑛業品中。以貴金屬爲例外。比較的其騰貴尚爲迅速。至

---

① “第十四紀”，有誤，應爲“第十四世紀”。

於鐵、銅、石灰、煤類等。其騰貴則尤遲緩矣。

第四章　銀行論

第一節　銀行之沿革

謂銀行之濫觴。在兌換業。此人所同認也。然執兌換業而即附以銀行之名稱。則又未免擬於不倫。蓋往昔之所稱爲銀行者。有不能據今日之觀念以下視察者在也。即起於第十四世紀之初。所稱爲保護預銀行者。（Girobank）亦不能與今日之所謂銀行者同一視也。今考此等保護預銀行之狀況。則第十四世紀之初。在意大利之威尼斯（Venice）其兌換業發達者。已儼然類似一種之銀行矣。雖在普通之兌換業。亦皆經理存款。其後二業分離。在存款業一方。乃有所謂最單純之保護預銀行者出。此種之保護預銀行。在威尼斯及濟羅亞①地方。於十五世紀之初。頗占重要之位置。而日就發達矣。又荷蘭之安姆士廸兒丹②。在於千六百九年。德國之漢堡。在於千六百十九年。紐蘭伯嬉③在於千六百二十一年。皆各設立有一處之保護預銀行矣。此種之銀行。由於多數之商人相集而成。其組織不過以其所持之金。永存置於銀行之倉庫。或供國家之用。而因之以保有其帳簿。登錄貸借上之權利義務。比照出入。而使其得平

---

① "濟羅亞"，即熱那亞（Genova）。
② "安姆士廸兒丹"，即阿姆斯特丹（Amsterdam）。
③ "紐蘭伯嬉"，即紐倫堡（Nuremberg）。

均而已。其方法之大略。雖比於今日之存款銀行毫無所異。然其特性。則與此種之銀行有商賣上之關係者。不過其股東店員而止。對於一般社會之人。一切無有關係也。而其銀行之於其存入之資金。無論直接或間接於他之有利之事業。皆不得使用之。唯深藏之於倉庫而已。然則此種之銀行。果有如何之利益耶。語其起源。凡有三項。

第一　減少支付現金並送達現金之繁勞與費用也。

第二　在支付授受之時可防止金銀貨之磨滅或減少其他之損失也。

第三　流通於交易諸國所使用之種々貨幣可以制止。而得立於價格變動以外。有計算貨幣（即不用有形之貨幣惟在銀行帳簿上爲抵銷計算者也）之便也。（舉其實例如漢堡所曾使用之（Mark banco①）即是）

此三利益中。其第三、即因貨幣漸次流於粗惡。則交易上難免混淆。欲防止之。在當時特有重大之關係。故保護預銀行所以必設立之理由。即以此爲其當初最重之原因也。保護預銀行之業務。在方今雖不過爲銀行業中之副業。然亦往々有占重要之地位者。（"Giro business"②）即是也。如英國、則此種之營業。依然盛行。是蓋因無有獨立之保護預銀行有以使之。然銀行業務中。固屬一大重要者也。

銀行業務之非常發達者。在與之交易者。不僅股東及

---

① "Mark banco"，漢堡銀行發行的一種以銀爲基礎的計算貨幣。
② "Giro business"，即轉賬業務。

店員之最終時代。與公衆一般皆知利用其便益之時代也。公衆一般利用銀行。而以其所有之有價物（如金銀貨及生金銀）存入於其中之時。就其存入之方法。並其發達順序觀之。約經過左之三時期也。

第一期、銀行因保存有價物、對於存主取手數料之時代。是即古代金銀商最重之業務也。降及中世。則兌換商司之。當其爲供託物之返還時。必不可不以前存之現物。是即第一期也。

第二期、銀行代存主簡便處理貸借上之關係而存入有價物之時代。

第三期、銀行對於存入之有價物。附以如何使用亦無所妨之條件。而存入之時代。

既附此條件者。銀行對其存入之有價物。無返還其原物之義務。唯僅有返還其有相當價格者之義務而已。然其盡此義務。又當據二種之方法。

（甲）欲受取之時、要前通知之方法。

（乙）不及通知、而可即時請求支付之方法。

以上所述、由於時代有多少之差異。然通右之三期以稱銀行之種類。謂之存款銀行。（Deposit bank）此即比之他之保護預銀行更進步者。

其在銀行之發達上。爲一大重要之時期者。即彼之買入滙票。以利用存款之時期是也。是蓋實際由於票據銀行。已漸通行之故。其次之重要時期。即票據銀行漸起之時也。票據銀行之要務。在於不付利息而得發行支付約束

證書。以爲貨幣之代用。而此支付約束證書者。通常稱爲
銀行票據、或銀行紙幣。要在其所有主。得隨時以之提供
於銀行。而得與貨幣交換者也。銀行當發行此種票據之
時。其額雖得超過所準備之貨幣。與其相當之生金之額。
然就其相當之超過額論之。亦必要準據銀行條例。以準備
有價物。換言之、即其相當之超過額。不可不以政府發行
之公債證書、大藏省證券、其他確實證券、或商業票據爲
之保證準備也。（就此事論之亦由於各國條件之所規定有多
少之差異。）

　　如此、則票據銀行之發行票據。無論何時。僅對於有
提供之者。有引換貨幣之約束。然不付利息。而實際得借
財之用。其利益之偉大。自可推知。且據從來之經驗觀
之。凡銀行票據。斷無一時提供全額。而請求引換貨幣
者。故銀行常得以準備金之一部分。投諸他之有利益之銀
行業務而利用之。然當執行此等業務之時。爲票據銀行之
最大危險。若值商業界恐惶之際。或該銀行之自身。信用
稍有動搖。則不獨通常支取存款者日多。同時提供銀行票
據欲爲正貨之交換者。亦突如而至。以致準備金之減少者
甚多。銀行當此之時。其困難殆不可名狀也。

　　自有票據銀行以來。徵之各國之沿革。雖有當各々講
述之必要。然其狀況。就第二節以下所述。亦得明其梗
概。茲略之。

第二節　銀行之定義

　　銀行者、其營業爲授受信用之經濟機關。而爲通常純然的法人。且以代有資本者之一箇人。節省求借主之勞。代要資本者。免避求貸主之煩爲目的者也。然銀行當此之時。非若仲立人與代理人。周旋於債主負債主之間者。而在於自己之計算。或爲債主或負債主者也。

　　營銀行之業務者。有一私人、會社、組合、並公共團體四種。

第三節　銀行業務之種類

　　銀行業務、大別之爲二種。即

　　第一　　借方營業、或消極的業務（Passive Business）

　　第二　　貸方營業、或積極的業務（Sctive[①] Business）

是也。前者、銀行因之而立於債務者之地位。後者因之而爲債權者之業務也。關於二者詳細之事項。當就各種之銀行逐項說述之。要之此二者之間。務必使之互相平均。無過不及爲必要。即證明銀行之確實者。在於二者之互相平均。而銀行之業務。亦即由於左之方法而起。

　　一、以自己之資本。由於有利益之方法而儲置之或使用之者。

　　二、因存在於借方營業與貸方營業之間者。其利息有差而生利益者。

---

① “Sctive”，有誤，應爲“Active”。

三、屬於貸方之營業而致價格昇騰者。

右之三方法中。尤爲銀行所最要者。即第二方法也。若銀行單受短期之信用。則通常所與之信用。亦不可不爲短期。否則一朝請求支取存款者突然增加。或致有陷於不能支付之危境者。亦不可保也。

第五節①　銀行之種類並各種銀行之營業

銀行業務之種類並各種銀行之營業

本節先舉銀行之種類。次就各種銀行之性質。並其所營之業務略述之。

銀行者單以營一定之種類之信用業務爲限。而不兼營其他之業務爲最宜者也。據此理由以區別之之時。最要之銀行、可分三種。

（甲）商業銀行

（乙）對物信用銀行

（丙）興業銀行

是也。如勸業銀行農工銀行等。皆當屬於乙種者。以下特就右之三者聊論究之。

（甲）商業銀行

商業銀行

商業銀行者、授受短期之信用者也。據其所專處理之業務之種類更細別之。則有存款銀行、滙兌銀行、折現銀行、票據銀行等之各種類。然近世之所謂商業銀行者。則皆舉是等之業務。一括而經營之以盡信用媒介之職分者

---

① “第五節”，有誤，應爲“第四節”。

也。又有抵當放款銀行者。亦爲特殊之商業銀行。

商業銀行之借方營業

　　商業銀行中、以借方營業爲最重要。其爲基礎者。即存款業也。其經理存款業之存款。有以現金者。有以信用票據者之二種方法。其付利息與否。每依存款期限之長短引出之方法如何而定。

存款業

　　利用存款以營保護預銀行者。其發達遠在古代以前。至更進一步而爲便利之業務者。即交互計算也。（法語爲“Courant”德語爲“Current”）商業銀行（專指存款銀行）之業務中。尤要特別之注意焉。交互計算之一般的性質。我商法第三編第三章已明言之。銀行當爲此商行爲之時。即爲彼與其顧主在一定之期間。結業務上繼續之關係。實即彼之爲後者經理金錢上之業務者也。換言之。即銀行對於存款者（專指商人）欲以金錢支付他人之時。常使與之

交互計算業務

爲交易之銀行代其支付。此即其以交互計算營業務者也。當其爲之之時。銀行亦不過利用顧主之所有金。故對於其存款。有付一定之利息者。或有不請求手數料而處理其業務者。或有對其所受取之資金支付利息。更比其資金之利息多者。

存款業之利益

　　第一　存款者之利益

　　（A）以金錢或他之有價物存於銀行中。可免存主自置於住宅中。有火災盜難等損失之虞也。

　　（B）存主可節省自行經理之繁勞及費用也。

　　（C）直接不使用之金錢。亦可稍得利息。比之藏置於自己之倉庫者利便多也。

（D）不要特別之手數自能得容易且確實之信用也。何則、銀行於日常業務上之交易。凡顧主果可信用與否。已充分明瞭故也。

對於是等之利益。在存款者、僅有一種之危險。即銀行以其存款經營投機業是也。

第二　銀行之利益。即以他人之所有金供自己之用是也。蓋銀行於其經驗上。僅準備存款之幾部分。即足應引出之請求。其他之部分。尚得供自己自由之利用。故後者（銀行自由利用之部分）因交易之頻繁。而金融赴於活潑。亦當漸々減少。則該銀行對於存款所付之利息。即不得不低落也。

銀行之最可恐者。惟在商業社會之恐慌突然而起。存款者競引出其存款。且超過其存款之時而已。當此之時。銀行每因之而破産者。決非稀有之現象。然存款者若由於種々之種類而至。則可使其引出之金額。與存入之金額容易得其平均。銀行亦仍可得安全。故銀行對於顧主。不可不選擇從事社會多數之業務者。

第三　社會經濟全體之利益。

（A）現存在之貨幣。始終可以善於利用也。

（B）同一之金錢得爲二重之活動也。即存主當存款之時。銀行爲實際確實之金庫。而應其存在金庫之金額。以定其從事業務之種類廣狹。同時銀行即以其存款爲營業資本之一部分。其循環苟流通不絕。則社會經濟亦因之潤澤不少。

（C）存主之財産漸々增加。則國富亦有漸々增加之傾向也。是在恐慌之際。不使商業界動搖過甚者尤爲有望之事。

（D）關於存款雙方之間。即存主與銀行。互相制限。而使一般業務上之交易關係整飭有序。有確乎不易動搖者在也。

據右所述觀之。既有種々之利益。則惟有擴張存款業務。使之充分發達。最屬有望之事。而其使之充分發達擴張者。又在使存款之方法。務求簡易而已。其簡易方法凡五。即如左

（A）於全國設立大小各種銀行並其支店。使存款者易於從事。

（B）雖極少之金額亦得存入。

（C）以相當之利息與存主。使信用愈益增大。

（D）銀行務求確實且於投機事業一切無有關係。

（E）引出存款之方法務求簡易。

（E）之方法以利用支票（日本謂爲小切手上海稱支條）爲最宜。支票者。使交互計算最善之方法也。以下特就支票略述之。（關於支票、支票交易、並票據交換所之重要參考書如左）即

Bayerdörffer，Das Cheque-System Jena 1881.

Kuhlenbeck，Der Check. Berlin 1878.

Michael. Spareassen und Checkverkehr. Berlin 1892.

Seyd. London banks and bankers.1871.

Gevons，Money and Mechanism of Exchange.

eeorg[①] Cohn，Ueber den Entwurf der Grundzüge eines deutschen Chequegesetzes（Conrad's Jahrbücher，Bd 33，1879）.

Conrad's Jahrbücher. Bd. VIII.1867.

等是也。

攷之英國。凡少有財產者。無不以其所有金存入於銀行。而使之代爲支付者。因欲達此目的。各存主除在銀行記明年月日金額並姓名之外。更從銀行受取印刷之支票帳簿。（支票用紙數十頁訂爲一册者）備置於其手中。每應自己之必要。則截取支票之一紙。而以所需之金額記入之而使用之。對於銀行爲支付命令。是以銀行對於存款之有殘餘者。即有應此支付命令之義務。據此方法以爲交易。其便利不少。故他之各國亦漸次通行之。然攷其近狀。則各國尚不及英國之充分發達也。如我日本。則使用支票者。尤屬幼稚焉。

關於支票之現象中。其尤爲必要者、裏書[②]也。欲以支票讓渡於他人之時。不可不以裏書。（Indossament）裏書之事。觀於商法第四編中所規定自明。用支票以爲交易。所以勝於依保護預之方法以爲交易者無他。即其行使之者。雖對於與自己無有關係之銀行。亦得以爲支付是也。且支票之性質。又比之普通單純之金錢借用證書等。尤有安全之利益焉。何以故。論支票之證據力。與借用證書之類既

支票

---

① "eeorg"，有誤，應爲 "Georg"。
② "裏書"，即背書。

無以異。而支付人又爲銀行。則支付能力必尤爲確實故也。其勝於銀行票據（銀行紙幣）者。蓋即一紙之支票。既可供種々支付之用。若中途誤落於不正者之手。則又有不能用者在也。然支票雖能通行於一般交易。而以循環之便既開。則以巨多之資金。供貸借買賣之時。則國民經濟未充分發達之國。亦有不能行者。然其與國民以充分之利益者。其對於一般通用之人。於其貸借上之權利義務。皆得據銀行之計算帳簿。以爲相殺決算。故英京倫敦之各大銀行。在古代以來。即已相謀於每日定時集於一處。以其由於受取支票所生之債權債務決算。欲有所組織矣。厥後名其所組織之場所。曰票據交換所（Clearing-house）焉。

票據交換所

票據交換所之利益。即在於一定之場所與一定之時刻。爲其支付。且可減巨額之現金支付者也。多數銀行。苟欲於相互之間。繼續維持貸借授受之關係。則當然有實行之必要。又無疑矣。

　　商業銀行借方營業中。尚有當論述者。即與前項大異而帶有一種特別之性質。如銀行票據（或銀行紙幣）發行之業務是也。

銀行票據或銀行
紙幣

　　銀行票據者。如謂爲支付之媒介物。不如謂銀行之目的。實際以之爲借金之一方便也。然在所謂實業社會者。既實際以之爲支付之媒介。故人々遂謂爲支付之媒介物。而不知其係出於誤解銀行票據之性質也。

　　銀行票據者。非無論何人。皆負有不可不受取之義務也。故若有不樂於受取者。即不妨隨意拒絕之。反之政府之紙幣。則無所謂兌換不兌換之別。皆不得拒而不受也。如此、則二者之異點即在於此。而銀行票據雖爲貨幣之代用。而實際爲交換之媒介。然不能即指爲貨幣也。

　　銀行之需要。苟起於倉猝。則發行紙幣（或票據）者。實際即不啻借財也。故紙幣（或票據）在經濟上。不得不謂爲一大利益。而在銀行社會正值恐惶突起之際。經濟上即能顯呈非常之效用。而以此同一之理由。苟當金銀貨幣流出外國之時。則銀行即可依於紙幣發行之方法。而使之實際得補充流通交易之媒介者亦甚容易。惟其發行過度者。則不免陷於危險之狀況所勿論也。

　　銀行票據者。又能節省一般貨幣之用者也。故依其發行之多少。以爲流通之交易媒介。則因其終始變動無定。又當應於經濟社會之情狀者也。然發行票據之特權。若在交易之媒介需要甚少之時。則銀行若以票據流通於一般。而與之以信用者過多。則一方即不免有害信用經濟全體之安寧。同時票據銀行（即有發行票據特權之銀行）之自身。亦有傷害其安全之恐。然票據銀行之安全也者。常使多數之商人。保其安全之地位者也。故一旦若有動搖。則關於是等商人之休戚者甚大。是以關於銀行票據發行之政策。尤爲銀行政策中之最要者。人或謂銀行政策之狹義。即關於銀行票據發行之政策者。亦非無故也。

　　商業銀行之貸方營業中。其最重要者凡四。

第一　動産抵當放款業（Lombard Business）

　　此項業務。由於存款銀行之發達。而漸々成爲一種特

商業銀行之貸方營業

動産抵當放款業

別之業務者也。即銀行以其存入之有價物爲抵當。於短期間以金錢貸與於存主爲其特色者。中世之頃。金物商並兌換商之間。已先行之矣。

動産抵當放款業。可分爲三種。即

（A）對於貴重品（貴金屬寶石等）放款業

（B）對於通常物品放款業

（C）對於有價證券放款業

是也。

（A）之種類。固已無可疑之餘地矣。若（B）之種類。則不可不少有所説明。蓋（B）之種類之放款。有交給物品者。有單交給其確在倉庫或其他之合法保證書類者。就此等證書中細分之。則有船荷證書（Connossament）荷積證書（Ladeschein）寄託證書（Depotschein）倉庫預證券（Lagerschein）質入證書（Warrant）等之種類。然至於晚近。則動産抵當放款業之最重要者。實（C）之種類也。（日本亦然）惟因數年來股票時價之變動不常。遂顯出不安全之經濟狀況。蓋此種之放款若過於濫用。則多數之商店會社等。即不免有過於容易設立之弊、故往往有發行股票之後。閱時無幾。即以之供抵當、而得爲巨額之借入者。卒之對於將來之希望既不確實。而因此等之會社接續繼起。遂惹起經濟社會之紛擾。而至於忽起忽倒。恍如神出鬼没。不可端倪。詎非可恐之弊害耶。觀於歐米諸國。近年來之從事放款業務者。每蒙不測之損失。銀行因之破產者往往而有。非職是之故耶。我國四五年來。銀行會社等亦有陷於破產之境遇者。窺其現象。殆亦不外此也。

　　第二　票據業務

　　（A）票據業務之發達　如前所述。自最早之時代。凡
銀行從事之業務。即金錢之滙兌與貴金屬之買賣二者是
也。迄於中世之下半季。又有對於貨幣制度全異之國與遠
隔之地方。有爲支付之困難。而票據遂因之漸々發達也。
當是之時。此種滙票。不過兌換商送於他國或遠隔地方之
同業者之委托狀。而以其中之所指示者應其當交付於差出
人之金額。使爲支付而已。依此方法而爲票據交易者。其
盛大之景況。已現於第十三世紀之時。尋其起源。即意大
利國中商業發達之都府也。其後、他之各國亦仿行之。而
尤以各處之商品定期市場（Fair）最爲偉大。迨定期市場有
漸々化分之望。於是所謂滙兌市場者乃蹶起矣。然票據交
易之最頻繁者。其市場則以（Champagne① Provence②）爲
嚆矢焉。實在第十三世紀與第十四世紀之間也。若在
（Lyon③）則起於十五世紀。在（Besancon④ Piacenza⑤）之
間者。則起於十六世紀也。在是等地方。因欲使票據之交
易容易。故在關於市場者。特設定有特別利益之方法。凡
關於票據之訴訟手續與裁判執行之方法。務必以迅速且嚴
重爲主。於是特別之票據法。乃漸次發達矣。其尤有重大

---

① "Champagne"，即香檳，法國東北部一地區。
② "Provence"，即普羅旺斯，法國東南部一地區。
③ "Lyon"，即里昂，法國東南部一城市。
④ "Besancon"，即貝桑松，法國東部一城市。
⑤ "Piacenza"，即皮亞琴察，意大利北部一城市。

之關係者。又以前世紀以來票據之有裏書始。蓋裏書之效
用。即因有一次裏書之後。而由於票據之一人以渡於他人
之手既極容易。故其發達終能通行於國際間者。即因有便
利之支付媒介也。

（B）票據之性質並方式　票據者。當從商法或票據法
之所規定。而明記其支付之委托或約束者也。

票據之種類

票據有二種別。（我商法雖分票據爲三種、然其中之一
種爲支票、經濟上與他之二種稍異、據前所論自明、故茲
所論者、僅他之二種也、）其一爲發出者委托他人。即使第
三者在明記載於票據面之場所。至一定之時期。支付券面
之金額者也。稱之曰上票（Tratte, Trassirter oder gezogener
Wechsel）其一、即發出人自爲支付之約定者也。稱之曰期
票（Trockener Wechsel, eigener Wechsol）此二種票據。既
從法律之規定而被認定。故以之給與債主。皆能使負債主
無有異議。而不得不爲支付之權利。若負債主不盡其義務
之時。則債主即可據關於票據之訴訟執行手續。以請求嚴
重處分之即決。爲此票據之行爲者。其發出票據者。曰差
出人。或曰發出人（Trassant, Wechselgeber, drawer）受支
付之委託者。曰支付人（Trassat, Bezogene, Drawee）受取
票據而得支付金者。曰受取人（Remittent, Remitter）此受
取人即票據上之債主也。

票據當記載之事項

次即票據所不可缺者之記載事項也。舉之如左。

第一　當支付之一定金額

第二　票據發出之時與地

第三　票據支付之時與地（期票則無記載支付地之必要。以即不記載亦得以發出地爲支付地故也。）

支付義務履行之期限。即滿期日也。揭於左者之種類必要有其一焉。

（甲）票據日附後經過數日或數週乃至數月之期間。即有確定之期間者。其票據通常稱之曰定期付票。惟定期付之期限。則各國不同。

（乙）一覽之日、此種票據、謂之一覽付票。在受其呈示之時、即爲支付者。

（丙）一覽後經過確定期間之日、此種票據、稱之曰一覽後定期付票。即受其呈示之一覽後。再定期限而爲支付者也。但此期限、亦因國而不同。

（丁）確定之日、或期節

第四　發出人之署名

第五　受取人之姓名、或商號

受取人之姓名。有附記當支付於其指定人或所持人之旨與否之別。若無此附記者。實際有非常之不便。故近來流通之票據。皆無不附記之者。

第六　貼用印紙

以上所列舉之事項。無論何國、皆屬普通認爲必要者。若以下所揭者。則因國而認爲必要與否。自各有不同也。

第七　當表示票據之爲上票或期票之文字、是德國之法律所規定爲必當記載之事項也。然在英法二國。則不見有必要。我日本在現行商法實施前。雖實際有記載者。然自法律不認爲必要之方面觀之。毋寗謂爲不狃於德國之規定。而採用英法之所規定者也。唯商習慣不過常記載之而已。然在現行商法。則固明定爲必要記載焉。（參照商法第四百四十五條及五百二十五條）

第八　受取記載之金額要明示於票據券面。

票據之裏書

票據者、由於裏書而得讓渡之於他人者也。當此之時。受取人即裏書人對於被裏書人即讓受人當負充分之責任。故所持票據之甲某。欲以此票據支付於乙某之時。則當以券面之金額支付於乙某之旨。明記於票據之裏面而讓渡於乙某。自此以後。甲某對於乙某。無論何時。皆負擔其責任。萬一支付人有拒絕支付之事。則不可不代爲之支付券面之金額焉。由是乙某亦得依此方法。而讓渡之於丙。丙更可讓渡之於丁。由斯以談。則票據在有效期間。既可遞次輾轉授受。惟其對於票據之責任。則由丁而丙而乙而甲。不可不順次回轉負擔之。

支付人以其所承諾之旨。記載於票據券面且爲之署名之時。於是始加入於票據交易中。而當從商法或票據法之規定。以負擔支付之義務。稱此負義務者。謂之引受（Sccept①）若支付人不承諾支付。則票據所持人。可使公證人或執達吏應其請求。爲之作成拒絕證書。關於拒絕證書之規定。即我商法第五百十四條乃至第五百十七條所明定也。票據所持人於使之作成拒絕證書之時。自其日始。在

---

① "Sccept"，有誤，應爲 "Accept"。

若干日以内。對於發出人及裏書人。凡關於票據券面金額支付期限後。經過期間之利息及拒絕證書並其通知之一切費用。皆得請求其償還。對此請求而爲償還者之裏書人。自其日始、在若干日以内。對於自己以前之裏書及發出人。亦得請求其所償還之金額並其利息。故在拒絕證書作成之時。義務者若不付款。則所持人之權利者。即得遵由票據法上之嚴重的規定。而仰其裁決於法廷焉。

（C）滙兌市價 　　　　　　　　　　　　　　　　滙兌市價

（關於此項之參考書籍其重要者如左）

Seyd，Bullion and foreign exchanges. London 1878.

G. J. Göschen，Theory of foreign exchanges. 13. edit. London 1888.

Schraut，Die Lehre von den auswärtigen Wechselkurs[①]. Berlin 1881.

Schübler，Lehre vom Wechselkurs.（Stuttgart 1862.）

滙票者支付媒介之一種。與普通之物品同。常有價格之變動者也。此價格之變動者。稱之曰滙兌市價之變動。茲舉其影響之及於滙兌市價者凡有五焉。即如左

第一　折現之利率　此項、至後段叙述折現事業再詳說之。

第二　對於滙兌市場之支付媒介而爲滙兌之標準者。其與之約定之本位貨幣之價格。尤以滙兌約定地（或國）

---

① “Wechselkurs”，有誤，應爲 “Wechselkursen”。

之本位貨幣。與其爲支付之地（或國）之本位貨幣相差之時。則其價格之差異。即於滙兑市價大有變動。然亦有非本位貨幣。而因其既與通常所流通之貨幣有差異。則亦當受同樣之影響焉。

第三　支付期間之長短

第四　有支付之義務者、至滿期之日果能盡其義務與否。即爲滙兑交易之危險者不少。

第五　需要滙票之數量、與其供給者之數量之比例是實影響於滙兑市價之最重要者也。兩者之比例所定。皆當根據於經濟上種々之關係。而於其中尤有强大之勢力者。則一國之通商上對於他國之關係。即輸出入關係是也。

右之五者、即影響於滙兑市價之最重者也。然滙兑市價。既因地因國而變動不常。如欲使其平均。亦有一種之方法。如（Börse[①]）有一種之營業（Arbitragegeschäft[②]）者。即於市價極廉之處買收之。而賣於高價之處。以營其利益爲目的者也。其結果、亦得使滙兑市價。有多少整齊之狀况焉。

折現業務

第三　折現業務

折現業務者。現今銀行業務中最重要者之一也。英語曰（Discount）此語原出於意大利語。德法二國亦同用其文字焉。即意語所謂（Sconto）法國語之（Escompte）德國語

---

① "Börse"，即證券交易所。
② "Arbitragegeschäft"，即套利交易。

之（Disconto）是也。然尋譯①此語句之用法。果有如何之意義乎。即以某一定之時爲期。所當受取之票據券面之金額爲標準。於其期日前減去利息。更低廉其幾分之價格。以與現金交換者也。譬有一商人於此。現持有六箇月後。當受支付之券面一萬圓之滙票。該商人於此六箇月間。即不可不有時間之猶豫。故際此時期。雖有必要受取金錢之困難。然不能即得此金額也。若此商人以其票據持參於銀行。或至票據折現處而呈示之。得其承諾之時。即可減其相當之價格。以與現金相交換。是即所謂票據折現者是也。

折現之利率。即因希望前付者（即請求折現者）之多少與流通於市場之資金足供折現之用者之分量而定者也。換言之、即因關於票據折現者之需要供給而定者也。

然折現之利率。又常因於一般金利之高低而變動不定者也。其故維何。則以可供折現之用之流通資本之增減。比之資本全體之增減較爲尤速故也。設國民之企業心愈高。則流通資本必因而減少。如值商業交易停滯。則流通資本必因而增加。此殆金融社會之常情。而始終無或爽者。總之金融狀態之變動。雖於一般金利尚未有高低之可覩。而已先影響於折現利率之高低者。此實吾人所當時時注意者也。

英國倫敦之英蘭銀行。平時每於一週間。定折現利率一次。若在非常之時。往往有改定至二三次者。於是同地

---

① “尋譯”，有誤，應爲“尋繹”。

之他銀行或折現人。遂以英蘭銀行之折現利率爲標準。而爲之折現焉。夫如此、則使一銀行昇降其折現利率。而使支付之請求能適應於準備金額而不超過其區域。又不至有謝絕折現之必要。固不得不謂爲極良好之方法也。

交互計算上之信用放款業務

第四　交互計算上之信用放款業務

交互計算之爲何。前既言之矣。據此以爲放款業務。則銀行所付與之信用。可分爲有擔保者與無擔保者二種。前者、即對於有價證券之存入。或對於抵當又保證設定而爲放款者也。後者即僅據空信用以爲放款者。

以上所述四種業務之外。尚有非銀行本來之業務而爲附屬之業務。如普通商業銀行之所營者。即（兌換業）有價物及信用證券之保管、貴金屬之買入、各種之間屋（行棧）營業等是也。又其業務雖往往爲商業銀行之所經營。而實際極危險者。即彼之專爲自己之計算以應公債之募集過多者是矣。其他如商業銀行等。自投資本以經營工業。或以長期之信用與工業者。或從事投機買賣。皆屬不可不慎之業務。彼商業銀行、往往有因此而陷於破產之危境者。殆不少其例也。

對物信用銀行

（乙）對物信用銀行（即不動產抵當銀行也農業銀行之一種亦屬之）

對物信用銀行者。一稱不動產抵當銀行。其目的即對於以土地或其他不動產爲抵當。而爲放款之銀行也。語其起原及發達。當稍後於普通商業銀行。蓋土地所有者之難於得信用。不獨由於一般銀行制度未充分發達之故。且同

時又因附着於從來之書入法者。不無多少之缺點。惟依於
債權者及債務者間之自由契約得以補綴之。而不能使債權
者之權利。得受充分之保護。致地主之負債者。常有偏於
過多之嫌。故據此理由。毋寧使對於土地之物上信用。專
以一般組合組織之對物信用銀行給與之爲最善。然此種銀
行以外。其在農業小民之中。尚有獨立制度組織存在之必
要。以給與其對人信用者。所謂信用組合即是也。此等信
用組合。雖以授短期信用與鄉村小民爲其目的。然在於商
業銀行或都會之放款組合。（即對於都會小民之商業銀行）
苟亦欲從事此種之短期信用。恐終有所不能。

　　且對物信用銀行與信用組合二者。若欲使其全然分離
獨立。則必要善良的書入法之存在焉。此二種信用機關。
能適當組織之。以擴充於一般。使存在於地主社會。實爲
各種組合重要職分之一。而亦鞏固該社會階級之結合者一
種最有力之方便法也。然非國家或其他公共團體爲之獎勵
保護。（或間接亦可）則充分之成効亦有難必者焉。

　　對物信用銀行爲我國所最切要者不待論矣。然更進一
步觀之。則信用組合。比較的不得不謂爲尤要也。曩時我
政府聘用之顧問。如德人毛翼德①及易格德②二氏。嘗默察
我國之現狀。而極力主張對物信用銀行之必要矣。然以余
觀之。則於對物信用銀行所授與於中産者或其以下者之信

---

① "毛翼德"，即保羅・馬耶特（Paul Mayet，1846—1920），德國經濟學家、統計學家。明治時期
　受日本政府雇傭來日。
② "易格德"，即烏多・埃格特（Udo Eggert，1848—1893），德國經濟學家。明治時期受日本政
　府雇傭來日。

用。似尚不及信用組合之尤要。何則、我國之對物信用、
比較的大交易少。而當滿足小農之需要者尤多。

　　　　（丙）興業銀行（或曰產業銀行又工業銀行動產銀行亦
屬之）

　　　興業銀行、其組織往往有非股分公司者。若欲禁之。
恐終有所不能。而以個人有餘裕之資金相集而營興業銀行
業務者爲尤甚。惟此種銀行。專使之受長期之信用。以與
商業銀行全然分離獨立。則最要之事也。其弊害甚多者。
尤當據關於股分公司之法律以矯正之。且營興業銀行之業
務者。決不可許票據銀行爲之。惟以發行票據之特權與興
業銀行者。亦非絕對的不可。此吾人所當知者也。故據同
一之理由。則在土地抵當銀行即對物信用銀行。若使從事
票據之發行、或兼營興業銀行之業務。實有所不可。要而
論之。使商業銀行專盡力於支付媒介業務整理之職分。土
地抵當銀行、則使之充分確實盡力於供給農業者資本之職
分。其他各種銀行。又皆善守其領域。互不相侵。且不從
事一切之投機事業。是實各種銀行所奉爲金科玉律。而當
永久弗忘者也。

第五節　銀行政策

　　　本節之問題。原屬於應用經濟學所研究者。茲從便
利。特就其大體說述之。

　　　蓋所謂銀行政策者。自其廣義的言之。雖包含關於銀
行一切之政策。然舉其中之最重者。即關於銀行票據（或

銀行紙幣）之政策也。故以狹義的解釋銀行政策。即專指關於發行票據政策之意義。本節所欲攻究者。亦即此狹義者也。但就此問題。更可分爲左之三者說明之。即

第一　發行票據之特權當屬何人之問題

第二　如何則可防止票據發行過多有超過社會需要之弊之問題

第三　如何乃能確實以票據與正貨引換之問題

是也。然第二第三兩問題。實際即爲同一問題。而與第一問題相對。是以欲論究是等之問題。亦不必各別叙述。但以第一問題爲主。而以第二第三兩問題附屬而併論之足矣。

關於發行票據之事。銀行如何濫用此特權。與社會公衆一般之關係。欲充分判斷其利害。雖不容易明瞭。然其釀生種種之弊害則固不能免也。是以全放任於銀行之自由。國家毫不加以干涉。除往時蘇格蘭以外。殆不見有他例。然關於票據。以考查各國銀行政策之方針。則有左之三種焉。

（甲）自由制度

往時蘇格蘭所行之制度。即真正之自由制度也。然今日之所謂自由制度者。在設立票據銀行之時。雖屬自由。及其一經設立。則對之又有嚴重的法律規定之存在者。如北美合衆國之制度即是也。

（乙）獨占制度（一曰中央集權制度或中央銀行制度）

是僅使一銀行立於國家直接監督之下。而許以有發行

票據之特權之制度也。法蘭西墺大利①等諸國即採此制度者。

（丙）折衷制度（一曰地方分權制度）

是即立於第一第二之中間者也。據此制度。則於唯一之中央銀行以外。尚使若干小銀行。在法律所規定之制限內。亦得發行票據。如德意志英吉利之制度即是也。我國之中央銀行制度雖酷似英德二國。然實際不免稍有所異。

右述三種之制度。皆各有其利害得失。今請論究其概略如左。

舉獨占制度之長處。則有如下所云云是也。在經濟社會恐惶之際。能廣以資金供給事業家。且增大其效力者。惟有國家爲後援之中央銀行乃能盡其職分也。反之若在私立之小銀行。則值恐惶之際。方且自保安全之不暇。故其以信用與他人者。不免有非常之制限。其結果反使恐惶之現象愈加劇焉。

純然的國家銀行。比之僅立於國家監督之下之私立銀行。其專斟酌於收入支出之關係者又嫌過多。而祇知注眼於公益。不能旁及他事。然純然的國立銀行之信用。同時又多被制於國庫財政之狀況。則終始必有蒙政變影響餘波之虞。且當支配管理者。多屬國家任命之官員。能據歷年之經驗。以斟酌關於銀行之細密業務。而應社會公衆一般之需要者常少。要之其爲國家直接管理之銀行。雖能善應社會全體之利益。然對於各地方並個人之利害關係。未必

---

① "墺大利"，即奧地利（Austria）。

能下充分之觀察以施適當之處置。而欲增多銀行自身之收益亦覺甚難。故獨占制度。或使有特權之票據銀行。於經濟上有非常之勢力。則自然厚集於當該銀行存在之地。而理事者及於經濟界之勢力。自不免有偏頗之虞。然折衷制度。雖欲結合第一與第二之長。而利害長短究相因而來。亦爲勢所不免。即長處之中亦有短處存在者其常也。故一國之中。究當以採用何種制度爲善。欲解決此問題者。殆非熟察於該國中經濟上並政治上之狀況不爲功也。

欲銀行票據（或銀行紙幣）之完全。以確實維持兌換制度。其必要一般的條件者即左列各項是也。

（A）對於發行票據之三分之一備置準備金者。

是即德國所明規定者也。然此制限。實際亦不必要。何也。據從來之經驗。則票據銀行之準備金。常比票據發行額之三分之一多。如現今之英蘭銀行。非即準照票據發行額之十分之九而備置相當之準備金者耶。

（B）定票據之流通額。僅對於銀行資金之比例乎。抑對於資金與存款二者之比例乎。

是即瑞士國千八百七十六年法律案所採用之規定也。

（C）以至少有二人或三人署名之確實短期滙兌券。於法律上得規定爲準備金者。但滙兌券之期限。不得超過三箇月。

（D）無準備金擔保之銀行票據發行額。當絕對的限以一定之額乎。或在於超過一定之發行額時。則對於其超過之部分。課以重稅。如所謂制限外發行之課稅者乎。前者即

兌換制度必要之條件

千八百四十四年"彼兒"銀行條例（Peel's Bank act）^①所規
定。後者即現時日本及德國所規定者是也。

（E）在準備金以上尚發行票據之時。其代價要以利息附
之確實證券類存置於銀行。是即北美合眾國等之規定也。

（F）儘票據券面之最少額多備置者。據此條例。故英
國英蘭銀行所以不發行五磅以下之票據也。

（G）提供於銀行之票據。其交換現金之義務。要使銀
行負之。

就交換之方法。其在於採用獨占制之國。有使中央銀
行設支店於各地以經理之者。在於採用折衷制之國。則各
銀行對於總流通之銀行票據交換現金。而更使其發行之銀
行有差出之義務。如德國現行規則即是也。

（H）將銀行事務明確定之。僅限於其正當者。

（I）銀行事務之實況。定期公報之。（各國多定以一週
爲一期）

（J）定期之公報。使官吏充分監督之。

此條件非各國皆當採用者。如彼之北美合眾國至今尚
採用自由主義者是也。

（K）使銀行股東皆負有連帶責任者。

以上十一項、皆關於銀行所當規定之法律而舉其最重
要者也。然關於票據之兌換與銀行全體之地位。欲使之安
全鞏固。未必有充分之効驗。故欲據之使銀行之地位絕對

---

① "'彼兒'銀行條例（Peel's Bank act）"，指 1844 年 7 月 29 日英國議會在時任首相羅伯特·皮爾
（Sir Robert Peel，1788—1850）的主持下通過的《銀行特許法案》（*The Bank Charter Act 1844*）。

的確固。終有所不能。蓋兌換之確固與票據銀行之安全。皆當據營業之方針。而尤當據票據折現方針如何而決者也。然據從來之經驗。則關於票據銀行之三制度中。若比照其利害得失。其最得宜者。殆無有逾於折衷制度者。

第五章　商業

商業之意義

　　何謂商業。即以媒介財貨（尤注重貨物）之交易爲目的之一種經濟的活動也。凡從事商業者。稱之曰商人。或曰商業家。然我國人往々稱之曰實業家者、誤也。蓋實業家不僅商人。即農業家並工業家亦當然包有於其中者。且就某時言之。即學者技術家政治家亦皆實業家也。

　　商人者、以買入貨物再賣却之而營利益者也。故此利益。畢竟即屬於彼之收益所得。凡商人之種類。據其所專從事之商業不同。而種類亦大異。即據其目的物之財貨之種類以分之之時。則有左之三種。

商業之種類

　　第一　動産商業、即狹義之商業也。稱爲普通商業亦可

　　第二　不動産商業、即專以買賣土地家屋等爲媒介者也

　　第三　有價證券商業、即以買賣公債證書股票等爲媒介者也

　　一國之商業。若僅歸於外國人一手所經營者。即所謂受動的商業也。若歸於内國人所專營。則所謂致動的商業也。凡外國人而獨占一切種類之商業。在該當國内雖不無可憂。然事實上實所稀見之事。惟某種類之商業。往々有

不免爲外國人所獨占者。如我國之外國貿易。實際殆爲橫濱神户長崎外國商人所獨占。則當局者所不能不猛省者也。

商業之種類。雖尚有内地貿易、河川貿易、湖上貿易、内海貿易、沿岸貿易、海外貿易、卸賣商業、小賣商業、土着商業、行商業、輸入貿易、輸出貿易、代理商業、仲買商業等各種。然皆無特別説明之必要。茲略之。

商業之利益

一國之中。往々有國内不能直接生産。或必投多額之費用乃漸能生産者。則以廉價誘致外國品之輸入。却於販賣者與消費者兩者之間亦有利益焉。且在内地間。雖可以廉價生産之貨物。亦得增其幾分之價以誘致外國品之輸入。則於國民之全體亦不無多少之利益也。是蓋以他之内地産物（尤注重於前種之物貨）更對於可得高價之地方以擴張其市場故也。

社會尚幼稚。人類之欲望尚不複雜。則取諸家庭之間。亦自滿足。是即爲家庭經濟時代。而無商業之必要也。然世界進步。則一箇人者。不僅當爲自己兼又當爲社會及他人有所生産。於是社會經濟（又國民經濟）之時代於是始。而商業之必要以生。蓋商業者、由於社會經濟上之生産增加而發達。其範圍又每由後者之多少如何而被限定者也。故商業之盛衰與生産之盛衰。自以常相伴隨爲原則。然而商業之發達。往々有爲促生産增加之原因者固比比也。

商業若常不絶擴充於市場。且由於其擴張。每能使各地物價高低之差異。常有互相平均之傾向。故其結果。在

於物價之騰貴。（必要品之價格騰貴尤甚）比之往昔交通機
關之不完全者。其商業必不僅以頗狹隘之市場爲限焉。且
往古之時。各國民之最可恐者。莫如饑饉。然在今日商業
發達之時代。則斷無通全世界。同時均抱歉收之憂者。故
即全世界同時均有歉收之事。然生產物每由於其地方之異
而大異其種類者。故因有地理、氣候、種蒔、及收穫之時
期不相一致。則實際即不至有最大之恐慌也。

　　商業異常發達。其市場往々有成爲世界的之觀。其間
有爲人工所生產者之貨物。或祇圖擴張其販路。而其生產
品即不免有偏於無限增進之傾向焉。於是乎一時所謂生產
過剩之現象以起。而供給至超過真正之需要（即有購買之
消費者之需要）物價當大低落。事至如此。則不獨當該貨
物之生產與貿易。不得不全歸停止。其結果、往々有延及
他之貨物。而使一般貨幣市場大受困難者。是實所謂經濟
上之恐慌也。

　　商業者又不僅如以上所陳。有經濟上之關係而已。又
實爲一般文明先進之利器也。按之往古之歷史。與現在之
事實。皆可歷々證明而毫無所於疑。且其教吾人人類以勤
儉注意儲蓄等之美德者。更有當獎勵之影響。其與此等事項
大有關係者若計算簿計。其始不過商人用之。漸次則工業家
用之。至於方今、則一般農業家之間。亦殆靡不用之矣。

　　欲精密探知外國貿易之種々之種類與其利益。則單觀
察自一國以輸送於他國之貨物之分量。亦有非可滿足者。
必也舉信用業務之利益搬運費節減之利益等。又舉在內國

之外國人、與在外國之內國人。凡屬由於外國貿易所得之
總利益。皆不可不計算之。故國際間之支付。通常皆據差
額計算。而以外國滙兌結了之者此也。外國滙兌之供給。
由於銀行家之媒介者其常例也。銀行家當爲滙兌之時。每
從外國商店會社等之債權者購買滙兌。而轉賣於對於外國
欲爲支付之內地商人者也。外國滙兌之價格。參觀前章論
滙兌市價變動之原因所說自明。其爲主者、即由於其供給
與需要而定者也。若需要之供給過多。則滙兌市價騰貴。
所謂逆境者是也。反之則市價下落。而所謂順境者又至。
當滙兌市價之變動。其由於正貨之運送費及其他費用而定
者。比較的不過狹隘之範圍爲然耳。何以故。滙兌之使
用。畢竟祇能節約此等之費用故也。然外國滙兌市價之順
逆。其當依據外國貿易之順逆。而外國貿易之順逆。又當
根據於輸出入之關係者雖所勿論。然僅據輸出入之關係。以
論斷一國之利益得失者。其判斷往々有不免過激之嫌。故關
於此點。聊有所論究於左。關於此點。參攷書之最善者。如
（Roscher，Nationalökonomik des Handelsund Gewerbefleisses
與 Arendt，Die internationale Zahlungsbilanz 二者是也。）

　　彼之主張金錢即富之說。如往昔之商業政略論者。（又
重商論者）其馳於極端固不待言。即方今之保護貿易論者
亦所不能免也。其意以爲外國貿易之權衡。若己國處於不
利。即爲國之大患。而僅觀於輸入之超過輸出。遂判斷爲
國力貧弱之徵候耳。然爲此論者。殆未將貿易之本性深思
之也。蓋一國以己國產出之物品得爲支付之外。尚須消費

外國産出物品。其事實往々有之。其結果致輸出物之不平
均。而減少國内存在之資金者。尤以輸出貴金屬。致減少
國内存在之貨幣。或對於外國有募債者。亦往々所不能已
者也。然是等之現象。雖不免於危險。要之亦斷不如論者
之所説。可一概蛇蠍視之。乃斯密派之經濟學者。謂輸出
入之不平均。可以毫不介意者。則又不免過於輕視。而爲
研究此學者所不可不猛省者也。要之外國貿易失其權衡。
普通貨物之輸入超過。而使正貨流出過多。偏重貨幣之重
商論者視之。即不免憂之矣。然貨幣亦不過一種之貨物。
故無可以偏重之理。惟輸出入之關係。亦可以卜一國生産
力之消長者。過於冷淡置之。亦有所不宜也。故欲決斷輸
入超過之利害。當據國内之一般經濟事情與輸入品之種類
如何。以斟酌此二者而斷定之者。則輸入超過。亦非必盡
可憂。輸出超過。亦未必盡可喜者其大較也。然外國貿易
之順逆。本循環不斷而無繼續長處於順境或逆境者。是亦
論經濟者所不可須臾忘之原則也。

外國貿易之順逆
循環

　各國外國貿易上之統計。尚無有完全者。故關於輸出
入之權衡。欲精密知悉其事實上之真相。亦決非容易之
業。若計輸出入之真價。而以己國之物價爲其標準。則外
國貿易之權衡。却往々有比其實際不利益者。如此、雖非
必爲正當之計算法。然各國之所據者則固在是矣。

　凡由於貨物之輸入、遺産之相續、資金之借入旅行者
之負債、（廣義）勤勞之使用等所發生。而當應外國之請
求。以使其債權債務得相殺者。舉其方法之重要者。則有

外國貿易上債權債
務之相殺方法

左之七種。

第一　普通貨物之輸出

第二　現金之輸出

第三　在國內或外國發出之滙票其結果當支付於己國者

第四　在內國或外國發出之滙票當支付於權利者之所屬國若在其他第三國者例如認爲某人之所有當自外國收入之金錢請求權之證書等之類即是也

第五　利息附之有價證券例如公債證書利息附股票抵當債券（如不動產抵當銀行之利息附抵當債券之類）即是也

第六　（Coupons）類如利札①之類是也

第七　對於外國當供給勤勞者（專指運輸業）例如自法國輸送貨物於俄國途中當經過德國之鐵道在於後者即爲經理法國或俄國之運輸事業而供給以勤勞者也

關於商業、尚有當一言者。即交易所並投機買賣之事是也。請於左略述之。

在於一狹隘之地方。而欲使其需要供給之互相適應。即所謂市場是也。同用此理則包有廣大之範圍者。若一國全體之商業。亦當有其市場。而使生產與消費互相平均。（國際貿易亦然）欲其平均。則其需要與供給。大抵每日必互相會於一定之處以爲商業之中心點。此一定之處。即所謂交易所者是也。在交易所所買賣者。雖多屬普通貨物或有價證券。然此兩者之買賣。往々有在同一交易所而爲之

---

① “利札”，即優惠券。

者。且買賣商品者。通常在交易所。亦非必要現實存在
也。即假定其品質足以適合於普通之要求。亦得謂爲實行
買賣焉。要之此亦即交易所買賣之一特色也。且其貨物、
亦不必以即時授受爲條件。其以一定之期限後始授受爲買
賣者亦恒有之。是即所謂定期買賣。而爲投機者之競爭點
也。此種之投機。畢竟由於以時期之不同遂使貨物之價格
不同爲基礎。由是爭得減少時價之變動之效力。而爲經濟
上之利益。然亦往々有徒然取得附着於通常貨物或有價證
券等之時價之差異。而以之爲交易之目的物。實際毫不要
授受商品者。是蓋在交易者之初心。並不希望其有授受故
也。是即所謂差額交易。而投機買賣弊害所以發生之最甚
者也。定期買賣之期限過長者爲尤甚焉。我國之定期交
易。爲三箇月。似稍失之過長。（英國以二週間、德國以一
箇月、美國以一日爲定期交易之期限）其失之長者。各地
之交易所。不免空買賣之弊害叢生。而至於成爲一大賭博
者。此其原因也。試參照（明治二十六年法律第五號交易
所法三十二年七月二十六日農商務省令第十八號交易所法
施行規則等則於交易所問題之攻究上所得當不少也）

第六章　交通

　　本章所謂交通云者、非指所謂經濟交通之有極廣意義
者。惟就具有稍狹之意義僅含運輸通信二者而言之者也。
然既合運輸通信二者言之。則非徒若世人之所用。僅有最

狹之意義者所不待論。故就交通言之。即關於場所而助財
貨使容易循環者也。其機關、可分爲二種。一爲運輸機
關。即助貨物之運搬。而移轉於生產者（狹義）與消費者
之間。或自一定之場所以移轉於他之場所之作用也。一爲
通信機關。或交通機關（狹義）即媒介各種之報道以增進
交易之便宜者也。此兩種機關。當互相錯綜而爲活動。故
在各別之處。欲判然區別之。必有所不能。蓋同一之機關
而兼兩種之作用者。例如鐵道。雖爲一種之運輸機關。然
各種之報道亦常賴之。並非稀有之事。此所以名爲交通機
關（此亦近於廣義）也。

運輸機關　　　分運輸機關於左

　第一　　運輸線路。此指供運輸之用者。雖包含各種之
天然的道路與人工的道路。然爲交通機關所用以媒介各種
之報道者。亦在其中也。

　　（甲）陸路即普通之道路鐵道等是也。

　　（乙）水路即海洋航路、湖上航路、河川運河航路
等是也。

　第二　　運搬具。是即各種之馳驅機關、又依某種類之
進行動力而運轉者也。

　　（甲）依於人類而運轉者。其最重者即肩輿人力車
之類是也。

　　（乙）依於牛馬等獸類而運轉者。即乘用馬車載貨
馬車之類是也。

　　（丙）依於應用自然力而運轉者。即船舶蒸汽車電

車之類是也。

運搬具之中。尚有一物當揭載者。即自轉車也。（俗稱腳踏車）自轉車、雖依人力爲運轉。然必待微妙之機械。乃能得充分之效用。使其製造比較現今更爲低廉。則於一般運輸交通上。亦不得不謂爲有重大之關係也。

通信機關（或狹義之交通機關）之重者有三種。即　　　　通信機關

第一　郵便

第二　電信

第三　電話（俗名德律風）

是也。

關於運輸通信之總機關。其最完全者。不僅因其迅速確實便利等。有改良與廣大之點而已。其利用與低廉亦常因之。自此等種々方面觀之。則其進步發達。實爲一般文明與經濟上之進步最著名之原素也。何則、運輸通信兩機關充分發達。不獨於貨物之循環大有助力。即於生產消費。亦較容易。而常爲必然之結果焉。

使運輸通信事務善於發達而能整頓圓滑以行之者。其　　交通發達之利益
於一般之利益有左之數種。

第一　各種智識普及

第二　使道德程度愈高、即從事各種職業之人。得互相倚助同心協力而全其社會的生存。且因以知其當維持社會而期其發達者也。

第三　國家於一般行政與軍事上。有容易達其目的之便宜。

　　自交通發達所生之特別的利益即經濟上之利益記之
於左。

　　第一　消費者之利益

　　凡消費者、欲得外國或遠隔地方之產物。非借運輸通
信之便。則有全不能得之。或有必冒非常之困難乃漸能得
之者。故欲容易取得之。必由於左之原因。

　　　　（甲）運費之減少。是即取於外國所生產者或自生
　　產地之遠隔地方所消費者。皆當加入於計算中者也。
　　故運費愈高、則貨物之價格亦從而騰貴。致消費者不
　　能容易得之。然運費若低。則無慮此矣。

　　　　（乙）運送時間之短縮。是即對於重量與容積之比
　　例。價格稍貴之貨物或易於毀損腐敗之虞者。尤為必
　　要之點也。例如吾人現居於東京。而容易得食京坂之松
　　菌與沼津地方之魚類者。殆無非運輸機關發達之賜也。

　　第二　生產者（稍近狹義而有直接生產者之意義）之
利益。

　　由於交通之發達。則貨物之販路乃益擴張。故生產者
比於往昔交通不發達之時。不僅善於勞動。且因生產迅
速。比較的亦得減少其生產費。

　　第三　商業家（是亦生產者之一種然不妨姑與直接生
產者區別言之）之利益。

　　由於國異地異。而同一貨物之價格亦有高低。故商業
家即可利用交通之發達。而以低價買入之高價賣出之。以
大占其利益。然物價雖有高低。同時亦自然互相平均。其

差異亦斷不如交通不便之時之甚。是即生産者與消費者皆
得容易選擇其市塲之自由也。當此之時。商業家尚於此中
欲得利益。且實際能多得利益者亦決不難也。

　　第四　社會全體之利益。

　　一般經濟社會、由於交通之便利。比較的以僅少之勞
力與資本。可得與從前同量或比之更多之貨物也。

　　由斯以談。則既有此等之事情。故人類之經濟主義。
即可不絕以促交通機關之進步發達。而使貨物（貴重貨物
尤甚）之價格。常於範圍擴張之市塲内。得保其平均而變
動極少。有此傾向。此所以國際的分業。與一般商業。常
因交通之進步著々發達。不致使貿易僅限於内地産物。而
逐日赴於盛大也。

　　且也、資本與勞力。既得容易使用於他國或他之地
方。則勞銀利息並企業所得之不得其權衡者。亦可多少和
緩。是以交通之發達。即於富之分配。亦不得不謂爲大有
利益也。

　　然而交通發達、其結果、亦不免有多少之可憂。其故 交通發達之經過
維何。即人心多流於散漫。而不免於徒貪新利益與新快樂
之虞也。且因大都會之人口非常增加。則社會上經濟上。
亦往々有惹起困難之傾向。欲救濟此等之困難。其手段有
二。即在都會之自身。則使其交通繁盛。而使中流以下之
小民。得住居於郊外。即可節省費用。又有容易往來於市
中勞動工塲之途是也。故交通機關中如所謂市街鐵道者。
務必擴爲公有。而低廉其運費。則庶幾社會政策乃能見諸

實行焉。

鐵道

　　運輸機關中、於經濟上尤特著利益而占第一等之地位者、即鐵道也。鐵道之效用。不僅人類及普通貨物。因之多得運搬之便利。即如鑛山之採掘、森林之經營等。亦莫不可藉之以行其獎勵焉。何則、一方既於此等事業之生產物。使其運搬容易。在他之一方。又因線路之敷設、車輛之建造、列車之運轉等。對於材木、鐵材。石炭等。不僅常有直接之需要。且因此等之貨物。又有容易運出於一般市場之便故也。即農産等物。亦因鐵道之便利。費用較少。故多能致送於遠隔之地方。因而其價格在社會一般皆見低廉。然在農產地方。則比較鐵道未發達之時。反覺騰貴。其結果、即使一般之生活必要品。不至因國因地之不同而價格大異。僅因應於世界市場之形勢稍呈變動。即在各國間。亦常得保其平均。故準據同一之理由。則因鐵道之交通。而有運輸容易、馳驅迅速、規則正當、運費低廉等種々之便益。故對於工業品之生產與販賣。與以利益者誠不少。是故鐵道者、雖屬增加消費。而依於消費者增加之刺戟。反因之獎勵生産發達交易。而不可不謂爲大有造於經濟社會一般之影響者也。

郵便電信

　　郵便與電信、各國大抵皆以之屬於國家行政之下而經營之。是蓋欲使公衆一般之利益。確受保護且最進步者故也。所謂公衆一般之利益者維何。即使書信之秘密充分保障。而於書信及電報等類。又有最迅速確定配達之利是也。

　　關於本章之參考書其重要者如左。

Emil Sax，Die Verkehrsmittel in Volks und Staatswirtschaft. Wien 1878.

Van der Borght，Verkehrswesen. Leipzig 1894.

G. Cohn，Nationalökonomie des Handels und des Verkehrswesens. Stuttgart 1898.

K. Knies，Die Eisenbahnen und ihre Wirkungen.1853.

G. Cohn，Untersuchungen über die englische Eisenbahnpolitik. Leipzig 1874/75 u. 83

Wagner，Finanzwissenschaft. Ⅱ. Teil. Leipzig 1893.

Kaizl，Die Verstaatlichung der Eisenbahnen Oesterreichs，Leipzig 1885.

Hartmann，Entwickelungsgeschichte der Post. Leipzig 1868.

Stephan，Geschichte der preussischen Post.1859.

財貨之分配

緒論

　　此編所欲説述之財貨分配也者。非如世俗普通所謂商業並其補助産業等。爲分配業之私經濟的活動。與自其技術所生之經濟現象之謂也。商業與其補助産業也者。畢竟不過以生産者不能直接交付於消費者之貨物。而媒介其買賣。依最便利之順序方法。使歸於消費者之手。爲其本務者也。反之若在此編。則寧屬説明社會經濟上之分配者。然則自社會經濟上（或國民經濟）以觀察財貨之分配果爲何物。即生産物又其價格。自爲勞力或費財貨而參與於生産者之間。如何乃能配當之順序方法等。悉包含之者也。其從事商業並補助産業者之在此間。亦與他之生産者同爲配當。尤特要注意者所勿論也。

　　欲詳論分配。不可不先定所得之觀念。是余在本編第一章所欲説述者。茲於緒論之前。請少述之如左。

新生產的價值之全體。即自總生產的價額。不能不爲
生產所消費。減去既存貨物。即以所謂原料之價額爲主。
如此則減去原料並助成品之價額。與建物機械等固定資本
之損失價額。尚有餘裕者稱之曰純生產額。此純生產額
者。即能分配於種種生產者之間者也。故分配者。畢竟不
外生產所必要之廣義之勤勞。與生產物之交換也。然廣義
之勤勞。果包含資本家所供給於生產者與否。往往爲社會
主義論者之疑問。彼等之所論。多謂資本家實際不足與於
生產。而論其不當壟斷其結果之大部分者。其説之當否。
以非本題之範圍略之。

財貨之分配。爲通常一般所通行者。僅於稀少之時全
然不行而已。在此例外者。即生產之結果。全歸於世人普
通所謂生產者之手者也。例如地主單依自己之資本與自己
或其家族之勞動力。以耕作其所有之土地。其耕作之結果。
所得之農產物及其價額。即不能分配於國民經濟的是也。

財貨之分配。當據生產額即算法之實。與人口。即算
法之除法。與分配制度三者而定者也。換言之。即分配額
之多少。不僅當依據在於一國一社會所生產之額。以人口
之數除之。同時又不能免於分配制度之影響者也。分配制
度也者。即據分配之所行。凡社會組織與國家之施設。皆
包含之者。而不問其爲自然的與人爲的者也。但自然的人
爲的之字義。不可以絕對的解釋之。

自然的分配、即自由分配之所根據爲生產要具之土
地。並資本之私有財產制度。與生產者間之自由競爭二者

口之數除之。同時又不能免於分配制度之影響者也。分配制度也者，即據分配之
所行。凡社會組織與國家之施設皆包含之者，而不問其爲自然的與人爲的者也。

但自然的人爲的之字義。不可以絕對的解釋之。

自然的分配，即自由分配之所根據爲生產要具之土地並資本之私有財產制度。
與生產者間之自由競爭二者是也。土地並資本之私有財產制度。雖依於收用法。
及其他類似之規定。有多少之制限然其大體既被認許則以之爲自然的分配之
根據。究屬無妨。又生產者相互間所行之自由競爭。不僅有多少爲風俗習慣所制
限其爲一個人之慈善心與社會國家之權力關係所羈束者。亦往々所不免然此
不過於大體行之而已。其爲自然的分配之基礎。仍無妨也。

人爲的分配。即强制的分配爲全然依據統治社會之權力主體所定而行者。惟基於
所行者。在後者又不可不指導一切之生產亦所勿論故絕對的所能行者。惟基於
極端社會主義之共産的國家而已。然此共産的國家爲社會黨之理想。縱令讓之百
步一時間居然成立然欲望其持久恐終有所不能。故自今日觀之。不僅爲極拙劣

《社會經濟學》第 447 頁

是也。土地並資本之私有財産制度。雖依於收用法。及其他類似之規定。有多少之制限。然其大體既被認許。則以之爲自然的分配之根據。究屬無妨。又生産者相互間所行之自由競爭。不僅有多少爲風俗習慣所制限。其爲一個人之慈善心與社會國家之權力關係所覊束者。亦往々所不免。然此不過於大體行之而已。其爲自然的分配之基礎。仍無妨也。

人爲的分配。即强制的分配。爲全然依據統治社會之權力主體所定而行者也。其所行者。在後者又不可不指導一切之生産亦所勿論。故絕對的所能行者。惟基於極端社會主義之共産的國家而已。然共産的國家。爲社會黨之理想。縱令讓之百步。一時間居然成立。然欲望其持久。恐終有所不能。故自今日觀之。不僅爲極拙劣之手段。且於社會國家之安寧上。亦斷然有不可許者在也。

右二種之分配制度中。現今文明各國所專行者。固爲自然的分配制度。若人爲的即强制的分配。不過太古狹隘之社會或少行之。然時至今日。則已絕其迹矣。但行於自然的之自由分配。亦決非絕對的能行者。其不免於制限。亦已如前所陳。茲更示其重要者如左。

（甲）對於私有財産之總制限

即後之收用法或際戰時及其他事變之公用徵收法等是也。

（乙）某種類契約之禁制

（丙）基於國家之權利可以强制勤勞之制限

例如兵役。即强制勤勞爲國家之壯丁是也。

之手段且於社會國家之安寧上亦斷然有不可許者在也。

右二種之分配制度中現今文明各國所專行者固爲自然的分配制度若人爲的

即強制的分配不過太古狹隘之社會或少行之然時至今日則已絕其迹矣但行

於自然的之自由分配亦決非絕對的能行者其不免於制限亦已如前所陳玆更

示其重要者如左。

（甲）　對於私有財產之總制限

　　　即後之收用法或際戰時及其他事變之公用徵收法等是也。

（乙）　某種類契約之禁制

（丙）　基於國家之權利可以強制勤勞之制限

　　　例如兵役即強制勤勞爲國家之壯丁是也。

（丁）　基於國家之權利以賦課租稅徵收手數料並使用自是等所生之收入之

　　　制限

（戊）　基於强迫教育之制限

《社會經濟學》第 448 頁

（丁）基於國家之權利以賦課租稅徵收手數料並使用自
是等所生之收入之制限

（戊）基於强迫教育之制限

（己）基於一般風俗習慣之制限

（庚）基於一箇人之慈善心之制限

其他如强制保險法之制限等。雖有多種。茲不遑一一舉
之。且在一家內及私人的團體中。亦往往有行强制分配者。

要之今日文明社會所專行者。雖爲自由分配。而强制
分配亦間有之。且一般分配之額。既有等差。則人人所得
之大小種類。亦不能無同異。茲就分配額之種種有差異者
觀察之。果於一般社會。有利耶將有害耶。是亦不能不攻
究之一問題也。

分配額因人而甚懸隔。其有害於文明之發達。亦與立
於其反對者之分配額全然平等者相同。且其弊害。不獨較
之野蠻時代。毫無等差。且有更進一層者。蓋國民之中。
祇有僅少之部分。有適當於爲大事業之教育與財產者。此
社會之常態也。如此。則立於社會之上流者。當爲卓絕於
世俗之事業。以定時勢之所趨。漸次誘導中等以下者。使
執進步之方針。此鑑之各國歷史之大勢所常見也。故所謂
有爲之士。不僅不可阿從時勢而已。且當熟察時勢以啓發
誘導爲己任。而使向我所主張爲善者之理想的方針而進
行。即所謂不被制於輿論。而勉力創造輿論者也。然自一
般論之。則國民經濟分配之結果。人人所得之差異。亦猶
人心之不同如其面焉。故人皆平等之時。其能率先社會全

體。藉事實以喚起興論。使向有秩序的進步之方針而進者。其人物實屬不可必得。則當此之時。社會全體。殆有不能不陷於沈滯之悲觀。是以彼之主張財產平等主義者。終不過一種之空想。苟實行之。即不免有害而無益者此也。反之若財貨之分配上。差異失之過多。則貧富之懸隔過甚。徒使富豪者間。增長社會奢侈之弊風。無論何人之生產。均不能獎勵之使之向於真實且永久之方針而進。則資本勞力。至不能使用於有益之事業。夫亦大可悲己。然自社會全體之上論之。則基於一箇人之勞力。以增加分配額之比例。使基於土地或資本之所有之分配額。其比例稍減少者。此經世家之所當希望者也。然反而觀之於今日之社會。即呈①反對之狀況。而對於土地或資本之所有之分配額。反有過多之事實。則一般之苦情也。

　　關於此點。歐洲各國。已熟察從來之形勢。而由於相續法之性質。以小分貴族所有之土地。於是一箇之所有地之面積。乃漸減少。是蓋不外基於所有廣大之土地者。難於監督之使用之之自然的結果也。然欲防遏此種狀勢。而使貴族之家長。保持其尊嚴之地位。各國中或設貴族世襲財產法以處理之。是説不過因生產之要素苦於無事。不能使之利用於有益故耳。並非一概可以歡迎之制度也。然我國當採用此制度。其利害又不能以一言決定之。須熟思審處之方可耳。

---

① "即呈"，該書正誤表更正爲"却呈"。

富之分配。若全以人爲之法行之。即全然採用强制分
配之制度者。其妨害一箇人之自由。往々不尠。而一般因
之不能得厥公平。故其主義。亦決不得謂爲得當。而亦斷
不能使一般社會之人皆得所滿足焉。反之若分配全屬自
由。而全然採用自由分配主義之時。則又多惹起他之不公
平及種々困難之事。但在此之時。世人多視爲偶然之結
果。而不能覺悟爲時勢所趨之事。使與以分配全然由於人
爲的之惡結果同其嫌疑。而不致惹起社會一般之惡感情。
是以國家干涉分配之事若過煩。則不若全然放任之爲猶勝
也。然在於絕對的自由分配與絕對的强制分配之間。非無
得其中庸者。請於左論之。

分配之得中庸者。即折衷自由强制二主義者也。於前
既略述之。且在今日之分配制度。實際亦多混合二種之主
義而用之。至今日則又更進一步。國家更注意於分配之
事。而適宜以折衷二種之主義。即據之以得善良之影響。
故在今日之經濟社會。若欲望此折衷的方法爲完全通行無
礙。則必要將現行之私有財産制度。全然打破。而以國民
經濟與社會經濟。自其根本上全然革命。或庶幾耳。是即
方今德國社會政策協會①會員所孜々研究。其議論漸爲他國
所容者也。茲舉其重要之方法如左。

第一　相續法之改善

第二　工場法之制定或改正

①　“德國社會政策協會”，即德國社會政策學會（Deutsche Gesellschaft für Sozialpolitik），1873 年
由德國經濟學家組建、旨在調和勞資矛盾的學術組織，1935 年因被納粹黨鎮壓而解散。

第三　國家任命之官吏對於一般國民舉動之改善

第四　租稅之改善且於所得稅必用累進稅率之主義

第五　設勞動者之保險制度

等即是也。

　　右列各種方法。若能充分實行。則分配之情狀。或可
著々改善。然按今日之實際。則決不能斷定爲僅被制於感
情者之多數人之憶測①。其分配之情狀不惡也。即關於相續
之長子特權之制。一般漸被廢止。諸子皆有平等之相續
權。且無論男女。諸子間之甚不平等者。亦既歸於消滅。
則爲人子者皆以平等相續遺產爲原則。其多者或能使均分
所受之習慣一般通行。未可知也。又方今之時勢。不僅以
企業之勞看做人生之快樂。亦務必使財產家以所得之少。
而就財產不增加之職業。且財產家之企業。亦往々有不免
失敗之傾向者。加之農工商諸業。共有遭遇種々之妨害。
不可不冒危險之情事等。皆有使集合於一人之財產。再分
散之於衆人。使少數者之所得。更歸於多數之人之傾向。
故財產並所得之不平均有增加不絶之危險者。自今日之實
際言之。亦有漸逼而來者也。是以國家對於分配。無有如
社會黨之所主張者。極力干涉之之必要。苟強爲之。則亦
終見其有害無益而已矣。現如英國。在第十九世紀間。有
相當所得之中等社會之人。雖已非常增加。然至今日則不
免有抱中產者日漸減少之憂者。然此誠不免過慮也。詎知

---

① "憶測"，有誤，應爲"臆測"。

自入第十九世紀以來。其統計上不獨中産者毫未減少。且
有逐日加多之兆。今日既實有如此之情狀。故分配之事。
往往爲人所恐。而不至陷於極甚之狀態。惟富豪家之財産
益益增加。其大勢比較貧者之財産所得。比較的不增加而
已。即貧富之懸隔。雖實際存在。毫無可疑。然斷非如世
人所唱導者。社會國家因之致滅亡者之甚。其最可恐者。
亦不過被制於感情的之極端論而已。要之吾人之所欲唱道
者非他。即社會經濟上之分配。到底不能如今日之情狀。
可以持久。或有不能謂爲可使之持久者。且今日之情狀。
亦不能謂爲完全無缺也。實際之弊害尚多。故今日之分配
制度。不過欲使之漸次改良。且使之有比較現今更加一層
之善良分配。出現於經濟社會而已。

　　自然的分配制度。其能行於方今之經濟社會。而參與
於生産以浴分配之利益者。企業家、資本家、地主及勞力
者四者是也。爲自然的分配之媒介者。於經濟上直接有責
任者。即企業家。企業家者通常於報酬其他之生産者（廣
義）之資本家、地主、及勞力者之生産額中。以其所豫定
者爲之保證。而其所自得者。則在減去以上三者之報酬以
外之部分也。

　　在經濟社會之實際。一箇人僅具一箇資格以從事財貨
之生産並分配者甚稀。質而言之。寧以一箇人而兼有二三
資格者也。例如資本主而兼有地主之資格。企業家而自爲
資本家且兼爲地主者。於實際往往有之。

　　可分配及當分配於生産者之間之富之一部。爲不生産

者與間接生產的勞力者。其直接歸於不生產者之手者。左
所記者即是也。

（甲）社會國家所必要之勤勞且多有益者是也。然此惟
對於國民經濟上直接不爲生產的與以報酬者耳。例如官吏
公吏之勤勞之報酬。學者教官等之報酬。僅在家庭供使役
之婢僕等之給金等是。

（乙）生產者由於慈善心或他之動念而有所動。故因年
齡或健康之狀態及其他之原因。而不能得自爲生活所必要
之貨物又不欲得之者。以救助保護其生產之結果。

（丙）反於生產者之意思。而爲暴力或詐欺。雖以國家
之力。不能豫防之或禁制之者。因而其生產之結果。遂自
生產者之手。全歸於廢滅或減少者。

所得

第一章　所得

所得也者。在於一定之期間。（所得之算定通常以一年
爲其期間）歸於新生產者之所有。雖全使用之。而毫無損
於其經濟上之地位。如土地、資本、又勞力。無害其爲生
產之要素者。曰一定之財額。然此所謂所得之文字。通常
爲生產者之所得。並非止於一時的而含有迴環輾轉連續不
斷之意義者也。故遺產之相續。及他人之贈與。或其他生
於非常臨時者一時之收入。皆與此所謂所得者大異。蓋所
得者。常循正當之規則而爲收入。收入者。則不期其然而
偶然獲得者也。

所得者、依其凡與生產者之同心協力而生者也。畢竟
其所以爲生產之目的者。即不外得之以供消費而滿其欲
望。然所得之一部分。通常雖當然可供消費。若全然取而
盡消費之。亦決非得策也。

在社會全體總所得之中。其依於提供一個人之生產之
部分。果有幾何。欲精密決定之。而自他之部分分離之。
終屬不可能之事。所謂社會全體之總所得者。與據一箇人
之孤立的活動而生產者之合計。迥乎不同。如此、則社會
全體之總所得果爲如何。不可不先指定之者也。

社會全體之總所得云者。其爲因於凡與生產者之同心
協力而生者。固無可疑。然其額決非依據加於現在之土地
資本勞力等之分量而定者也。然則社會全體之總所得。果
屬何物。即國民經濟全體之生產額是也。畢竟所得也者。
爲得之者即自社會或一箇人觀之之主觀的語。生產額也
者。即自生產的財貨觀之之客觀的語也。是以社會全體之
總所得。即消費或利用人々之所得者也。而其對於社會全
體之總所得之各個人之所有者。不過爲其私有所得。故專
屬於各個人之所得者。畢竟爲其有形的生產額而已。

然欲自社會全體之所得中。明々將各個人之所得自其
外全然分離。實屬不可能之事。即公共團體之所有物。各
個人雖可自由使用之。其因此所生之利益。亦一種之所得
也。例如自公有之道路所生之利用。（Utility）雖爲各人之
自由。然無論何人皆不得而單獨占有之。又不可占有之者
也。故社會全體之總所得之所生。決非悉綜合各個人之所

得也。以各個人之所得。加於如右之所陳述者。而後社會全體之總所得乃始發生。

在今日之社會。欲使自己之經濟全然孤立。與社會毫無關係。實屬絕無之事。而在屬於社會全體之總所得中。其能分配於各個人之額。第一、即依於國家之法制（Rechtsordnung）者是也。在權利之主格的各個人。於法制之範圍內。有種々之差等。且此法制。不僅在一國內。分配各個人之所得。爲必要之條件已也。即世界全體之所得。其分配於各國之間者。亦因與萬國交通。而不能不依據關於此種之國際法而定。此蓋吾人目擊方今之實際。而知各國欲與他國全然分離以成爲孤立的國家經濟區域者。終有所不能故也。

第二章　所得之種類

於各人之所得中。指稱滿足其生活之自然的欲望所必要不可缺者。曰必要所得。減去之尚有剩餘所得之一部分。可以使用於滿足不必要之欲望。或可以儲蓄之者。曰有用所得即羅脩氏所謂自由所得是也。合此兩者之所得。名曰純所得。包含純所得與該當於生產所必要之總費用者。曰總所得。故余之所謂總所得者。與羅脩氏之所謂總所得者大異。氏之所謂總所得者。余不認爲所得也。

依於自其收所得者之經濟的活動。而問其發生與否者以分別之之時。則有原生所得（原始所得又稱第一項所得）與派生所得（亦稱第二項所得）二種。原生所得。更細別爲直接原生所得。與間接原生所得二者。直接原生所得也者。即自生產之結果中爲企業家之所得者。間接原生所得也者。即資本家、勞力者、及地主之所得者也。^{（一）}

　　（一）本文所論。重農學派與社會黨之所否認者也。重農學派。僅以地主爲生產者。故即以之看做生產物之唯一分配者。而可坐收原生所得者也。反之在社會黨。則僅以勞力者看做生產者。故亦以爲原生所得之所當歸屬者。他之社會階級。祇能沐浴派生所得之恩惠者也。在現今之時。自社會上之觀察點言之。其非難之者。至謂爲占有不當之所得者。亦既多矣。

派生所得也者。自他人之經濟的活動而生者。即據生產者之意思或反之而歸於不生產者與間接生產者之手者也。故官吏之所得。與學生之學資金等不過派生所得也。

　　據收取所得者之經濟社會階級之區別以分其種類。經濟學上有最重要之關係當詳細論之。自此點觀之。舊派經濟學者。從來分所得之種類爲三。即地代（Rent）利息（Lnterest^①）勞銀（Wage）是也。然此區別。畢竟不過拘泥關於生產三要素之舊學説。而未斟酌一個人之所得爲依據法律之條件。乃實際確定之事情者也。凡一箇人之所得。所以能確定者。皆由於緒論之所陳而推測者。有如右之手段方法。

---

① "Lnterest"，有誤，應爲 "Interest"。

第一　基於法制之强制手段

即不出於自由意思。而因國家之强制。不得不就職之
官吏公吏。以定其所得之方法也。某種類之公務。例如名
譽職、又陪審官之職務等。往々有不許隨意辭任者是也。
混合此方法與第三方法者。雖基於勞動就職關係之自由契
約。然其報酬則決不然。而依於法律或勅令而定者也。如
官吏之俸給即是。依於法律而被制限者之利率。及公債之利
息亦同。此第一方法。在往昔封建制度或君主專制時代固
多。然即在今日立憲政治之時代。亦往々有出於意外者。

第二　所得由於所有權竝人身之自由直接而生者

即利用自己之資本而生所得。與以自己之勞動加於自
己之資本而生者之結果。及由於自己之勤勞而直接生所得
者是也。^(二)

（二）此第二方法。動輒易與第三混淆。然彼則自
與他人無關係之人身自由動作而直接生所得者。此則
（例如獲得生於原野之貨物及獵於山野漁於河海所得者
皆是也以自己之勞動加於其所自有之資本者亦同）全
與之異而爲相對的也。

第三　基於所得契約者

基於契約之所得之種類。在方今經濟社會所最重要者
也。除既在第一之下所説述之第一與第三相混淆者之外。
茲所謂契約之一個人者。將成立於與一個人之問者耶。抑
又成立於由一個人之相集而組織共同團體之間者耶。此不
可不區別者也。在經濟史上。團體與團體之契約。實際多

有之。如彼之木工組合與他之團體之契約是也。例如在一
町內者。（猶云一街內）與木工之組合爲契約。而一定其賃
銀者。即屬此類。在職工組合發達之處。加入組合之勞動
者。一個人皆不自由締結契約。以團體之組合締結契約而
爲交涉之對手焉。因此故生種々差異之結果。

　　第一與第二類。方今不甚通行。故僅如前所述而止。
若第三類。尚有當詳說者。基於此第三之契約之所得。可
分爲左之三項。

　　（甲）利息（Zins）

　　茲所謂利息者。與通常所謂利息少異。凡債權者之所
得。與債務者依於信用契約而定者皆是也。是以通常所謂
利息。即比照資本之利息。有更廣之意義。如地代、亦包
含其中者也。故利息之語。有種々之意義。如地代、亦不
過爲廣義利息之一種。然在利息之中。常爲獨立之所得
者、不僅自生產的信用業務而生者也。是等者。即依於債
務者借入之資本之扶助而生者之生產結果之一部分也。

　　（乙）勞銀（Arbeitslohn）

　　勞銀也者。依於契約而爲自己當爲之事。對於其結果
之相當報酬。（此相當之語。並非指人々認爲相當者。不過
謂其實有可謂爲相當之意義而已。）而以其所有之或左右之
之權利。得全然讓渡之於他人者。即勞動者之所得也。換
言之。即勞動者。以其勞動或勞動之結果。依於雇傭契
約。而全然讓渡之於雇主以爲其代價。而所得之之報酬
也。元來勞動者。既如生產編所述。即謂其以可以所有之

或左右之之勤勞及其結果之權利賣却於雇主亦可者也。故以其勤勞爲雇主直接利用之。而爲自己之利得。觀之雇用婢僕者甚明。以勤勞之結果使歸於雇主者。在凡從事生產之勞動者。每常見之。是畢竟爲勞動者多數之境遇。當此之時。雇主即不外以生產全然結了之後乃始生者。前貸於勞動者也。

取本項所論之勞銀與前項所論之利息詳細觀察之。其結局。不過一爲勤勞之代價。一爲資本利用之代價。而同屬基於契約之報酬也。故自資本或勤勞而生之所得。在其自身。皆不得謂之爲利息或勞銀。欲決其果然與否。則當一依其契約之存否如何而定。

（丙）企業所得

企業所得也者。謂在於一定之種類之企業所生產者。全然有其所有之或左右之之權利者也。此權利多爲對於有形貨物之所有權。然例外。亦間有對於人之勤勞之權利。例如人夫會社之社長。其對於人夫之勤勞。即有如此之權利者也。當此之時。人夫之勤勞。即得爲社長之企業所得。

企業所得之大小。常依左之條件而定。

（A）能生產之貨物之多少與其價格

能生產之貨物之價格。通常雖由於買賣而決定。若企業者自消費其生產物。或其外無有所剩之時。則其所消費之貨物之價格。即不能不由於推測以算定之。

（B）爲生產之原料及其他被消費之貨物

是即一旦雖歸於損失。而仍可再行恢復者之私有資本之一部分。自總生產額中扣除之。即得知其純生產額者也。

（C）營業者所支付之勞銀並利息之額

企業所得之大小。雖依右所列舉之者而定。要之企業所得。即營業之純生產額之一部分。而當歸於營業者即企業家之手者也。

企業家即僅以自己固有之資本及勞力以爲營業。若不舉其生產物供自己之消費。則其所得。決不屬於第二區別之種類。而當屬於第三區別之種類者也。

利息（廣義）中之一種之地代。將獨立爲農民企業所得之一部分耶。或即土地資本之利息耶。土地資本也者。即以土地看做資本者也。元來所謂耕作地者。必多少放下資本。乃能使之至於現狀。故其變而爲資本之一毫無所疑。若企業利得。則爲企業所得之一部分。即自企業所得中。扣除該本國普通之利息（對於資本者）與對於營業者即企業家之勞力報酬者也。又勞動者提供自己之器具及什物而與於生產。其有與於結果之配當收利之勞銀。非純粹之勞銀。而爲勞銀與企業所得之混合物也。普通謂之割賦金。（即配當利益）又立於利息與企業所得之中間者也。此割賦金之存在之理由。雖誠明白。然勞動者亦得與於利益之配當者。不免稍呈奇怪之觀。然此不過經世家並學者輩欲保護勞動者而出於改良其狀態之苦心計畫。遂發見其結果之一方法也。其中之一種。即所稱爲

（Tantieme^①）者是也。此方法雖有種々。今試舉其一。如作成股票者。其對於勞動者之功勞。當與以報酬乎。或使勞動者以之爲公積金。而以之爲資本使購股票者即是。如此、則浴此恩澤者之勞動者之所得。即立於利息與企業所得之中間者也。又有依於契約而獨立存在之一個人之所得。其在因於勞動或因於對於資本之所有權二者。既不能居其一。則決不得謂爲獨立之所得也。然企業家之多數。大抵皆爲獨立之資本家。故斷定勞銀爲基於勞動。利息爲基於所有權。企業所得爲基於勞動與所有權二者。亦決非過言也。

上所述甲乙丙三者之中。無論在何種類。即使其投以同額之資本。從事同樣之勞動。要其所得。終不相同。或有出於平均額以上者。或有同一者。或有在其以下者。其出於平均額以上者。謂之非常利益。或曰特別利益。利息或企業所得之特別利益。若永久繼續之時。則其用於所生之資本之價。其實際必高。而爲平均以下之所得額。且永久繼續之時。不免有來下落之傾向者。要之此種非常利益。雖不免爲招致財産分配不平均之原因。然能與經濟社會以刺戟。亦大可奏獎勵生産增加之效果。而非常利益。又當依於當時之事情與生産者之技術。並依於僥倖與實力而定者又所勿論也。

如此、則所得雖有種々之種類。然有同種類之所得。

---

① "Tantieme"，德語，意爲版税、紅利。

而利害共通者。則關於其重要之所得問題。即成同一之階級者也。如企業家、勞動者、地主及資本家四階級即是。(三)

　　（三）是等之四種經濟階級。即今日之社會階級也。此社會階級。即經濟階級。至最近時代乃發達者。與往昔之階級（Caste）及特典階級即特別之權利自國家若皇室特與之者大異。此近世之社會階級。間接即依於法制竝既成之財產分配而成立者也。

　　屬於各階級者。不僅互相競爭欲占最多之所得。且各階級對於他之階級。其對於社會全體之所得。亦欲勉力得其最高之分量者也。

　　在今日之社會。各階級共設相當之組織。務必避同一階級之內部競爭。而互相同心協力。以抵制對於他階級競爭之勝利。於是乎社會階級與社會階級之間。遂釀成一大衝突。元來資本家竝地主之多數。其實際同時即企業家或勞動者也。質而言之。即同時有二箇若二箇以上之資格者。實際占其多數。故各自代表其階級之利害。以立於社會而爲競爭者。實非容易可以成功。然其中亦非全無也。如貨幣本位變更問題劇起之時爲最甚。何則。若廢止價值非常下落之紙幣。則有利於資本家之影響不少。觀之方今之情狀。資本甚少之企業家。漸々有失其產業而爲賃雇勞動者。至不能有所滿足。自此更進一步。而觀於教育稍備之勞動者。通常或有幾分之私有資本者。又或依其教育而得資本之利用者。故各自因之。遂得以舉特立獨行之事業。是以在社會階級之間。其利害衝突最甚者。一方爲有

巨額資本者之大資本家竝大企業家。在於他方。則起於從事器械的勞動之無資無產之被雇勞動者之間者即是也。[四]

（四）所謂資本與勞力之競爭者。縱令自他之點觀察之。非無調和利害之方法。然實際則決不得謂爲存在也。如巴斯秋[①]氏者。即主張經濟調和論者之一人。此競爭若單就外形論之。雖亦有可以調和者。然不能一概論之也。況近來之競爭更日甚一日耶。蓋所謂勞動者之語。爲方今專門家普通所使用者。決非僅指凡就勞動者而言之也。寧屬有指稱無資無產及自己毫無資本而從事器械的雇傭勞動者之意義。故此語。比之普通所用之語。似有特別之意義焉。

企業所得

第三章　企業所得[一]

（一）企業所得之事。英國舊派經濟學者。未有特別論述之者。惟德國經濟學者中。已早特別論述之。至近時。爲完全之研究者乃稍輩出。如伊那大學[②]之（Pierstorff[③]）氏。尤長於論述此事者。氏之外。尚有（Gross[④]）氏（Mataja[⑤]）氏（Schroeder[⑥]）氏等。

無論何種類之企業。於真正有利益之企業之結果。當

---

① “巴斯秋”，即弗雷德里克·巴師夏（Frédéric Bastiat，1801—1850），法國自由貿易派經濟學家。
② “伊那大學”，即耶拿大學（Universität Jena）。
③ “Pierstorff”，即尤利烏斯·皮爾斯托夫（Julius Pierstorff，1851—1926），德國經濟學家。
④ “Gross”，即古斯塔夫·格羅斯（Gustav Gross，1856—1935），奧地利經濟學家、政治家。
⑤ “Mataja”，即維克托·馬塔亞（Viktor Mataja，1857—1934），奧地利經濟學家和社會政治家。
⑥ “Schroeder”，不詳。

減去必要之土地之地代與所費之資本之利息。及所使役勞動者之勞銀。尚有餘裕者也。此餘裕即名之曰企業所得。又曰企業家之所得。企業所得者。畢竟自有其對於組織監督企業之勞之報酬。與對於密着於企業安危之注意用心等之多少之報酬而成者也。故企業所得也者。在一方。則具有對於資本之利息之性質。（如股份公司等之企業所得尤明見之）在他方。則又有勞銀之性質。（如前述之（Tantieme）之營業所得尤近之）然企業所得。究與此二者全然相異。何則。二者在一定之時與一定之場所。雖皆確定。若企業所得則不然。而據一般商業之狀況。竝其他種々之事情而大異者也。故通常在二者下落之時。則企業所得增加。二者昇騰之時。則企業所得減少也。

　　爲企業家而企業所得特存在者。經濟上不可不謂爲至當之事。何則、雖以同額之資本、與同一之勞力、用於一定之企業。然依於其組織之良否。與指揮監督之巧拙。而企業全體之收益乃大異者比々也。故其組織巧妙指揮監督亦極周到者。自比其不然者多得報酬。實當然之事也。

　　近世社會經濟所以能發達之原因。其爲主者。要在企業之組織監督得宜。與精神上之勞力能大發達之故。而此精神上之勞力之中。又並企業之指揮監督等亦包含之者。所勿論也。

　　企業所得。固已如上所述。故所謂一般普通自然額又平均額云者。所不能認也。且其額亦不能歸於單一之原因。此所以企業之收益。有往往失之過多與其損失特甚者之差異也。

企業家對於成功之不確實而為投機者。亦企業之性質上。往々所不免者也。

在長時間中。某企業家之平均所得。必合計對於自己之資本之普通利息。與對於自己之勞力之勞銀金額稍多。即企業所得。通常亦包含其中者也。然此若在市面蕭索之際。固屬不可必得之事實矣。(二)

　　（二）企業家之所得。實際存在之必要。若僅據以特別之功勞與企業家。或對於危險事實之保險料之說。實不能說明之也。又計算凡各種類之企業所得及企業利得實際之額所必要之統計。徵之古來全不存在。獨股份公司之報告書。在大企業之長期間內。其平均利得。有多少出於意外者。然此報告書中。有因種々之事情而成於曖昧之間者。故不能容易遂信以為實也。

進而攻究企業所得之多少。果因如何之事情而定耶。企業收益之全體愈多。則勞銀與利息愈低。與此相應。而企業所得乃多也。更詳言之。則企業所得之增加。有原因於左之事情者。

（甲）勞動活潑。其效果亦大者。

（乙）資本之存在者多而利用大者。

（丙）勞力組織得宜。且向世人一般最多希望之貨物之生產而使用之者。

（丁）由於丙之結果而生產之貨物之分量甚多。且遙超過於其消費的貨物之分量者。

（戊）生產物之賣却於市場。迅速而確實者。

（己）生產物之價值甚高。在貨物之表面上。雖一般騰貴。（謂貨幣之下落之時）然對於資本之利息。及給與於勞動者之勞銀有不速即因之而騰貴之事實。是亦企業家之大有利益者也。

（庚）金利甚低。

（辛）企業家自己之私有資本甚多。

（壬）對於勞動者之成績及勞銀之比例甚低。

要之、企業家在商業活潑之時。則有利益。在市面蕭索之時。則被損失。故其影響於市場之狀況亦甚大也。

以上所述。即一般營業所得之所以增進也。然各種企業家之所得。比較他之企業家所得更多者。即為一般增長營業所得之原因。因而受其影響者多。故其影響愈多。則各種營業之所得亦益加多也。是以有專賣權之企業家之利益特大者。即其增長營業所得之原因最著之影響也。

所得之分配。在不受法令及其他之拘束而能自由行動之制度之下。（即行自由分配之時）企業家即當常占最上之地位者也。何則、企業家者。實決定在如何之企業費其勞力。並如何指揮監督之。及如何放下資本等者是也。（三）

（三）原來經營此事。必要特別之技倆。而後事業之繁榮乃可得而期。此無所於疑之事也。即在强制的生產制度能行之時。亦不可缺。當此之時。遂因之要多數之官吏。而此官吏者。在自由制度之下各私立企

業之外。於郵便制度。爲强制的組織之生產業存在之
時。雖多奏非常之成功。然欲望其支配滿足人生欲望
之全體之生產。悉得其宜。而毫無貽誤。則屬決不能
行之事。

企業家者。大抵爲支付對於資本之利息與對於勞動者
之勞銀者也。其地位、自有大中小之別。小企業家。其部
下本無有一人之被雇勞動者。即同時自爲企業家而又自爲
勞動者也。^(四)

（四）舉我國之實際觀之。例如於店頭製靴爲業
者。或爲竹木細工而販賣之者。即一人同時爲主人而
兼雇人者也。此種之小企業者。或曰小工業家。或曰
家內工業。又此種之小企業家中。亦有不僅限於一
人。而二三人相集設一組合店以營業者。往往有之。

中企業家也者。其被雇勞動雖有數人。而又自與其被
雇勞動者爲同一之事業者也。^(五)

（五）我國此種之企業家最多。即如土木工匠家。
有弟子。有職工。而爲主人翁者。亦同從事於其職
業。是即中企業家也。

大企業家也者。即僅以企業之指揮監督爲其本務。而
不親身爲勞動者之謂也。但其中亦有種種之階級。其最大
者。僅其名目爲當指揮監督之任。而以其實務使他人行之
者也。

今日之社會。企業家之地位。通常但能以資本或土地
之私有爲其基礎者也。方今之大企業家。其壓倒小企業家

而增加其範圍之事實。既相迫而來。則務必使多數人俱能
得企業之地位之機會者。實社會政策上必要之事也。原來
勞動者之所最重要者。不過希望將來欲得企業家之地位而
已。使被役於某種類之企業者。其大多數。皆爲普通勞動
者之時。則其中必有幾分。終身不能脫離勞動者之境遇
者。此所以必使多數者進於企業家之地位。而爲從事一事
業之企業家。同時合二人或二人以上之數人而爲之。是即
共同企業之所以起也。共同企業者。有依於公司或組合之
制者。公司則依於商法之規定。組合、則依於特別組合法
而被支配者也。此二者在實際經濟上之區別舉之如左。

公司也者。由於社員①出幾分之資本金而成立者也。
組合也者。則因結合之後。乃始欲得資本之各個人之集合
體也。

故公司之特色最顯著者。可於股份公司觀之。組合之
特色最顯著者。即生產組合（Productive association）及產
業組合（Industrial partnership）是也。生產組合也者。原欲
除去資本家與勞力者之區別。以調和二者利害之衝突者
也。使其能擴張於社會一般。詎非美事。而無如照之方今
之經濟社會。實屬不可能之事也。故吾人惟使普通勞動
者。一方爲勞動者。同時又爲共同事業家。或使小資本家
共設組合。以確定勞動者之地位。而使之上進。且設教育
彼等之方法。在勞動者之中。雖少亦有幾部分得使之進於

---

① "社員"，該書正誤表更正爲"股東"。

企業家之地位而後能滿足者也。如此、則最足爲勞動者有益之組合模範者。如信用放款組合（單曰信用組合亦可）儲金組合。造家組合。消費組合（即以衣服食物等之物品廉價販賣於組合員間之組織也）等即是也。此數種之組織中。其最廣行於英國者。如（Cooperative store）即其一也。此在<u>華錫特</u>氏之經濟書中。關於起於（Rochdale①）者有所詳説。亦不無一讀之價值。又如信用放款組合。以德國爲最發達。如儲金組合。造家組合二者。皆起於英法兩國者也。至於生産組合。惟法國最多。然其發達最遲。頗有萎靡不振之況。故終不克與德國之信用組合及英國之消費組合相伍也。

利息

第四章　利息

茲所稱爲利息者。與普通所謂利息少異。而有稍廣之意義者也。通常所謂利息者。爲英語之 "Interest"。僅指對於資本（專指金錢）之利息而言。然余之所謂利息者。爲德語之 "Zins"。不僅金利。即地代亦包含其中者也。換言之。則

利息也者。債權者對於自己授與他人之資本或土地或爲其周旋而授之之資本或土地之利用。由於債務者當支付之之代價也。

---

① "Rochdale"，即羅奇代爾，現爲英國英格蘭大曼徹斯特郡一城市。

資本利用之範圍。法律上有種々之規定。故此利用有種々之方法。當締結信用交易之際。債權者履行相當之形式而即可讓渡者。分爲三種。

第一　對於貨幣之一定額之所有權。

第二　對於貨幣以外之代替物之所有權。

此二種即債權者移轉其所有權之時。必使債務者以同貨物之同額至後日返却爲條件者也。如普通貸借即是。

第三　屬於債權者之所有者。依其使用而不容易變更原形原質而爲使用收益之權利。例如租借土地即是。

右三種之中。第二種者實際無特論之之必要也。蓋第二種既與第一種毫無所別。故解了第一種者。第二種自可推知。今略之。特於第一種與第三種各々論述之而已。

第一種所謂利息者。通常皆以貨幣爲支付。故茲所當先研究者。即對於貸與金錢於他人之利息也。

凡資本家者、皆不自爲勞動。而自其放下資本之事業以收得其自己當得之利益之幾分者也。然此所謂當得之幾分者。若自事業之收益全體明分離之。往々不能確定。其能明確定者。即通常觸於吾人之耳目者。對於放款爲支付之利息也。此種利息。即金利。畢竟爲資本家不以其資本即時消費。或自己放下於有利益之生產業以得其收益之代價、而自借主爲支付者也。然此代價之外。尚於金利之中。含有二個之元素。

（甲）對於從事金錢貸借業者之勤勞之報酬。[一]

（一）此即帶有賃銀之性質者也。

（乙）保險料。⁽二⁾

（二）此即依於賃銀之安危如何而異其額。其達於非常之巨額者亦恒有之。

是也。

一國內之普通平均金利。其結局、皆依於資本之平均生產力而決定。而斷不能有踰於此決定之區域者也。然因於需要供給之關係如何。而常低落於其下者往往有之。但其低落之極點以何為限。則不得不謂為在國民儲蓄心之如何。

資本之供給者。（第一）基於國民之儲蓄心。（第二）因其勤勉。（第三）文明進步之影響是也。減少資本之供給者。則戰爭火災等。凡以資本破滅於無益之勢力是也。否則流出於外國者亦屬之。

決定資本之需要。其重要者凡五。

第一　人口之多寡即勞動生產力之大小

第二　國民之企業心與發明力

第三　存在國內之自然物並自然力之多少

第四　可自由使用之土地之廣狹

第五　地下之礦物

是也。

金利者、因文明之進步。不僅通各地方而常得其平均。即在經濟交通各國之間。亦常有均平同一之傾向。在文化尚屬幼稚之國。其金利頗高。其故維何。則（第一）因社會之安寧少而所需之保險料多也。（第二）因未經使用之自然物並自然力。比於資本尚缺乏也。然信用經濟漸次

發達。則社會之安寧秩序。較有鞏固之觀。人々亦遂以僅
少之保險料可以滿足。且所有資本者。亦不自利用之以從
事生產業。而專食其利息者漸多。^(三)

（三）是即所謂資本家之增加也。

然人或謂國民經濟發達。則資本之生產力必漸減少。
金利當因之一般低落者。其說不免大誤。何則、人類之欲
望。原無限增加者也。而人心之發達。其區域亦毫無定。
社會之進步增加無已。則因之以發見滿足無際限之欲望之
新方法亦日出不窮。而講究新利用資本之途亦遂開矣。

以上雖專就金利述之。然此理在一切種類之利息。亦
得適用。

第三種者。對於土地及其他類似於土地之借貸之利
息。若法律並習慣無特別規定之時。則與第一種之金利
同。亦因需要供給之關係而定。就中如小作料。其依於法
律習慣二者而定者實多。然在是等之需要供給關係。與在
金利之需要供給關係。少有所異。即對於土地並其他類似
者各種利用之特別需要與特別供給之關係也。

是等種類之利息。其影響常及於國內普通金利之確定
者。且有反被其影響者。其對於當該貨物之所有權之價。
其利息若不依其貨物而定之時。則此等之種々關係。存在
於當該貨物與其利息之間之時。其後者即與國內普通之金
利全屬脫離獨立而定者也。故在第三種者。以國內普通之
金利爲基礎。而以估計爲資本之利息。定其對於任債務者
使用之資本所有權之價。如此則國內普通之金利。反被支

配於此價。却不能決定彼之利息者亦往々有之。

地代者。一種之利息也。亦即土地純收入之一部分也。地主之受之者。即因貸與土地之報酬而受之。又畢竟以其限於土地。而有獨占之性質存在。即因其不費勞力不放下他之資本而受之者也。欲討究決定此地代之重要原因、厥有二種焉。

第一　一種之土地對於他之土地所有之位置之便否

吾人欲明見之。如家屋之建築場。及<u>華濟連</u>①氏所謂孤立國是也。

第二　土地自然所有之狹義的生産力甚大。扣除所費之資本勞力之報酬。其生産之結果尚有剩餘者。

其故由於需要之增加。故雖最劣等之土地。亦有不得不取而耕種之者。然其産出物。則不可無足以補償生産費之收穫也。且比此稍優之土地。即以其優勝之部分。其地代當較高。而此最劣之地。或有全不要地代者。

地代確定之原因。既由於以上二者。故因社會經濟之繁榮。人口之增殖。而食用品之需要亦漸增加。遂不得不取劣等之土地及遠隔之土地而耕種之矣。至其極。則無論以如何之資本與勞力。費於同一之土地。其不能得相當之生産之增加者。其時期亦當早晚到達。而爲勢之所不免也。

---

① "華濟連"，即約翰·海因里希·馮·杜能（Johann Heinrich von Thünen，1783—1850），德國資產階級經濟學家，研究過農業經濟問題，他在《孤立國家》中提出了按最大利潤原則來配置農業的理論和環狀生産分布的構想。

證明地代之存在於世。且因時勢之進步而漸々騰貴
者。徵之長時間之統計甚明。若依於土地之優劣遠近。而
地代無有不同。則農産物之漸々騰貴。比之製造品之騰
貴。何以尤爲過度。殊不能説明也。然地代亦非可以決定
農産物之價格者。前於物價論中已詳言之。茲不贅。

以建物或土地改良等之形體。爲附着於土地之資本
者。即混入於土地之性質。而因之當見地代變動之結果者
也。然因此變動而直接所得之過分利得。其非純粹之地代
所不待言。

地代之存在。與地代之因時變遷者互相騰貴之時。雖
爲極明瞭之事實。然世人常不免誇大其詞。如彼之英國人
爲尤甚、元來地代之騰貴。其全體固極遲緩。故欲全然防
止之者。其事甚稀。然其下落之時亦非絶無之也。又土地
之所有權若流轉過速而其配分面積又過小者。則一個人之
所得既不利益。其收穫反因之增多者實不多覯也。

資本勞力之結果。密着於耕作地者愈多。則欲明知純
粹之地代甚難。故地代非税源之善者也。資本亦與土地
同。往々因無特別之費用。而唯因社會全體之傾向或獨
占。亦常有得不時之利益者。然兩者之間自有區別。何
則、地代者。與社會經濟全體之發達。有密着之關係。同
時受其影響者。爲各國國民中最占多數之種族、即農民
也。當國家繁榮接續之秋。乃漸々騰貴。故飜觀之於工業
家或其他資本家之情況。則其利益亦僅止於箇人。而其繼
續不過暫時。甚難及於久遠。加之在是等之間者。亦因早

晚之競爭過甚。而利益得其平均。遂再至於下落。如此、
則在土地之大部分。所必無之事也。

第五章　勞銀

（一）舉本章之參考書德文則有：

Lassalle，Zur Arbeiteifrage[①] und andere Schriften und Reden.

Lange Arbeiterfrage.

Brentano，Arbeitslohn und Arbeitszeit.

Engel，Der Preis der Arbeit.

Menger，Das Recht auf den vollen Arbeitsertrag in geschichtlicher Darstellung.

Rösler，Zur Kritik der Lehre vom Arbeitslohn.

Scheel，H Theorie der socialen Frage.

Strassburger，Kritik der Lehre vom Arbeitslohn.

Böhmert，Untersuchungen über Arbeitslohn und Unternehmergewinn.

英文如：

Brassey，Work and Wages.

Walker，Wages-question.

Fawcett，Labor and Wages.

---

① "Arbeiteifrage"，有誤，應爲 "Arbeiterfrage"。

Rogers，Six Centuries of Work and Wages.

J. D. Weeks，Report of the statisties[①] of wages in manufacturing industries，etc. etc.

R. Mayo Smith，Wages statistics and the next centuries.

Thornton，On Labor.

等是也。

勞銀有廣狹二義、廣義之勞銀。爲對於總勞動者之報酬。其明顯於外形者。即吾人日常所目擊。如諸種之俸給（即如官吏之俸給等）與賃雇勞動者所得之勞銀二種是也。故廣義之勞銀者。對於人之以其身體竝精神之勞動爲他人有所盡力之報酬也。若狹義之勞銀。則僅指賃雇勞動者之所得而已。而從事同一事業之勞動者。其同一之勞銀。應皆自生產額之中得之。然實際則不然。而往往有因人之不同而其所得之勞銀亦異者。則何以故。此理甚淺。茲不暇論。要之非經濟上之組織不得其宜。即或因有他之特別事故者也。如官吏之俸給。亦與普通勞動者之所得同。而有多少依於經濟上之法則而被支配者。不過其特別之性質有爲國法上之所附加者而已。[(二)]

（二）官吏之俸給。世人通常多以度外置之。然余則以爲其結局實出於同一之法則而被支配者。更進而欲有一言者。則日[②]雇勞動者。即賃雇勞動者之勞銀是也。

---

① "statisties"，有誤，應爲 "statistics"。
② "則日"，有誤，應爲 "則曰"。

　　賃雇勞動者之存在於人類社會者。畢竟皆基因於左之三要件者也。

　　第一　人身之自由被公認者

　　第二　私有財産之分配全不平等者

　　第三　以多數之勞力常集合於一企業之中者。

　　賃雇勞動者之地位。在勞動期間。關於其勞動有多少束縛身體之自由。而常有依賴他人者也。然比於往昔之奴隸及封建制度之奴僕等。則不得不謂爲遙爲進步。惟彼之終身賃雇契約。或時期無限之賃雇契約。不認勞動者之解雇請求權者。則殊蔑視人身之自由。而使賃雇契約絶無特色者也。

　　人身之自由。一般所當認者也。然僅以勞動而得衣食者。若全無私有財産之時。即在不願就之勞動契約。亦有陷於不得不締結之地位者。實際所不免也。是以欲將賃雇勞動之關係。全然廢止。則照之現今之狀況。似近架空之談。惟在今之時。其實際有可成功之望者。則使勞動者依於自己之勤勉以得上進其地位之機會。而因以制限賃雇契約之區域是也。換言之。即改良勞動者爲賃雇勞動者之地位。且行其確實手段方法。則實際所可望者也。若鍥而不舍以企圖之。其必能奏功也無疑。惟制限賃契約區域之制度。當先斟酌於左之三者。

　　第一　於資本（專指土地）之分割竝買賣讓與相續等設自由之制。即土地解放及關於相續之長子特權之制限等是也。

第二　防止小企業家零落而爲貧民之組合

此種組合現已成立者。如放款組合、什物組合、原料組合、倉庫組合等是也。

第三　增進下級勞動者並貧民之地位使爲企業家之組合。

如消費組合是也。

有謂國家當與補助於是等之組合者。於主義上亦非可以非難之説也。何則。民有鐵道銀行等。凡增進公利公益之種種制度組織。從來既補助之。而其結果亦頗呈良好之狀態矣。然就今日之經濟社會言之。此事果屬必須之事與否。是亦當研究之問題也。

使賃雇勞動者之地位最確實者。進而列舉之。如救助金庫（即雇人遭遇解雇老衰及不時之災害等。有與之以補助金且兼設組合。使之支付勞銀之幾分爲保險料之制度組織也。）亦其一也。英法德三國之救助金庫。其可供參考而最有益者甚多。吾人所當研究者也。其中尤要者。則老衰者及疾病者之救助金庫也。

強制其在某金庫爲一定之出金。而以在他日當得利益爲紹介者。謂之金庫強制（Kassenzwang）所強制之金庫。若在一定之時。謂之強制金庫（Zwangskasse）全任其自由者。曰自由金庫。關於是等制度之最重要者。則在使金庫爲自治組織之一部分。而又使勞動者慣於自助者也。然欲補自治自助之所不及者。則無論何國。皆有公共窮民救助法之存在。世人一般無不認爲必要之事者。此公共窮民救助問題之特重要者。英國也。當已爲世人之所熟知。蓋英國巨富之人雖多。而貧者亦頗不少。故既有救助金庫之設。則貧民據社會之自治。遂有幾分可以匡正弊害之觀。然尚不能得充分之滿足者。則仍不得不仰望於公共之補助也。故謂窮民救助爲補助强制保險之不足亦宜。

且欲改良現今之勞動地位者。舉其他之必要事項則如左。

第一　創設使勞動者一方爲勞動者同時又爲小資本家或小企業家之制度組織也。

例如信用組合、消費組合、儲蓄金庫、建築組合等。則務求其發達。又使深於慈善心之雇主。爲勞動者設立或改良其住居或學校等。並使勞動者得有爲小資本家或小企業家之素養等。皆其最可望者也。

第二　企圖勞銀之增高。與勞動時間之減少。並使之實行其方法、而必有效。

例如設工場條例。禁止其以實物支付。（支付賃銀者不以通貨而以實物者也）竝於飲食店支付勞銀者是也。關於此事。後段更詳述之。^(三)

（三）歐洲各國。在昔時支付賃銀者。往往在勞動時間之後。勞動者受取之。即持往飲食店而恣其醉飽者其恒事也。雇主遂利用其便宜。常至飲食店發給賃銀。多數勞動者。又乘其囊橐之充滿。竟以之供其大嚼。久而久之。不獨飲食店因之以得多金。而雇主亦往往有與飲食店互爲密約。更自其支付於勞動者之賃銀中。坐收得其金額之幾分者。而弊風益自此熾矣。

第三　使賃雇勞動者之地位確實。且改良其所必要

者。即改良凡爲徒弟狀態之制度。並使勞動者相互間及其
與雇主間。當共圖平和的團結之組織。且使勞動者自身之
教育進步。并確守勞動契約而一定其勞銀之額等即是也。

以上所述。即欲使勞動者之地位。比較現在更爲有
望。且於經濟上。務求其善良且確實。凡其所企圖計畫
者。即組成對於現今勞動者問題之政策最重者也。然勞動
者問題。在現今存在之社會上之問題中。爲占最重要之地
位者。故單稱社會問題。即含有勞動者問題之意義。然欲
改良勞動者之地位。其結局。必合勞動者之自助與雇主之
慈善心及國家之干涉三者。同向其方針而進而後可者也。

國家者。爲共同利害者之團體組織。而有使執正當之
方針之責任者也。是以國家於設立徒弟條例、工業仲裁裁
判所條例、組合條例、救助金庫條例、集會結社同盟條例
等。不可不監督注意者此也。

國家者又不可不發禁令行強制以示衆人。而反對偏於
自利心之企業家。與慈善家抱同一之思想。使行於社會之
上者也。吾人觀於方今之實際工場條例。勞動者保護律。
及其他類似於此者自明。

其他尚有勞動契約違反條例（即處分勞動者與雇主間
之契約違反條例）賃金條例等亦所必要也。蓋社會問題。
與普通所謂政治問題稍有所異。而爲政治家所不可片時忽
略者也。現今則以德國爲最盛。歐洲諸國。亦多少有表同
情者。如社會民主黨。畢竟即屬聯合政治上之革命思想與
經濟上之缺乏者。（即經濟上之實力缺乏者）古來即屢々有

之而稍變其形而發生者也。對於此黨之擾亂煽動。其最良之手段方法。即社會之改良是也。據最近經濟學者之攻究。則德意志帝國。自一八七七年以來。依於皇帝與畢士麻克①之力所實行之社會政策。即不外此。然當行此社會政策之時。其對於違反法令之業。或親爲擾亂煽動者。必禁制之。若有犯者。則嚴罰之。俱爲必要之事。所勿論也。換言之。則一方對於社會黨員等之法令與其執行也務從其嚴。他方則必攻究彼等發生之原因。而施改良於社會。務必自其弊害之根柢。鏟除而淨盡之者。尤爲必要也。

　　勞動者在社會上竝經濟上之地位。因其爲精神的勞動者與器械的勞動者之差異而大異者也。精神的勞動者。皆以用智能爲主。故官吏學者等亦包含之。至於器械的勞動者。則專指用身體手足者之職工等也。又有因要特別教育練習之勞動者與不然者之別。而據之以別地位之良否者、亦有之。

　　精神的勞動者之利害。依於其所得勞銀之多少。或則與有恒產者之階級同。或則與器械的勞動等者。又其從事之勞動。亦有要練習之教育者。故在方今之勞動者社會。遂成一種貴族的階級。

　　以上、於勞動者之地位區別。已略述之矣。茲於普通勞動者取得勞銀之支付方法。更詳論之。

---

① "畢士麻克"，即奧托·馮·俾斯麥（Otto von Bismarck，1815—1898），德意志帝國首任宰相（1871—1890），史稱"鐵血宰相"；普魯士和德國國務活動家、外交家，曾任駐聖彼得堡大使（1859—1862）和駐巴黎大使（1862）；普魯士首相（1862—1872、1873—1890），北德意志聯邦首相（1867—1871）和德意志帝國首相（1871—1890）。

支付勞銀之方法。有以實物者。有以貨幣者。或有并二者而混用之者。在方今文明各國。概皆以法令禁止實物支付矣。是雖因實物支付。有種々之弊害。然其不名爲勞銀。而其實對於其一部分。亦以實物給與之而毫不爲法令所禁。亦吾人所常見之事也。例如與日給[1]者以飮食。而減其以貨幣爲支付之勞銀。又如婢僕等。於給金之外。另給以衣食住或與以其一部者（結局即混用二者是也）即此類也。

依於賃雇關係之契約。而定其時期之長短者。即其關係之涉於永久。或止於短期間之差異。皆頗屬重要之事也。此契約若以短時期爲限而締結者。至期限屆滿。而更有可以延期之望之時。則此希望。又於契約之上有多少之影響。而因之當生勞銀之多少焉。雇主與雇人雙方協議以組織同利害之團體既少。則短期之賃雇契約。與以貨幣爲支付勞銀之二種方法。遂得專行。而此關係之上。其影響於移住竝營業之自由交通機關及交通制度之改良者不尠。依於此種之改良。而雇主與雇人之間。比較古來所謂德義上之關係。業已非常薄弱。而勞動者之地位亦極不安全。且其可多得勞銀之能力與機會。均不免被制限矣。

蓋純粹之勞銀。不過對於勞動之成蹟之一定報酬而已。故在此中。如勞動者等對其使用自己之資本之報酬。固不包含之也。又其對於生產結果之全體。其利益分配之額。即（Tantieme）亦不包含之。畢竟勞動者中。如使用自

---

① "日給"，即日薪。

己所持之器具什物等。在自己之工作處爲勞動者。或有與
於利益分配之權利者等。皆一面爲勞動者。同時又爲企業
家者也。彼之所謂從事戶內產業之商工業者。亦屬此種類
中。是等之人之所得收入。蓋非純粹之勞銀。而當加入於
企業家之所得者也。

　　利益分配之方法。行於中等以上之勞動者間。雖常得
善良之結果。然施之於下級勞動者。則絕對的不能是認
之。而在依賴種々之事情乃始成功之複雜企業爲尤甚。

　　定純粹之勞銀。其種別有依於勞動之時間者。有依於
各勞動者之生產上之效果者。或有數人之勞動者。基於生
產上之合力所收之效果之全體者。此甲種之勞銀。名曰時
間付之勞銀。其乙種者。名曰現額付之勞銀。其丙種者。
則乙種之變體。而稍近於企業所得者也。今舉其利益。則
（第一）在大企業。能使善良之勞動者。漸臻於獨立之地位
也。（第二）使勞動者慣於獨立以自保護其利益也。（第
三）使徒弟竝幼工等。能依賴成年之勞動者之類是也。

　　勞銀之時間付。現今普通所行之支付法也。然現額付
之方法。亦往々可以適用。世間之論者。有謂乙之方法。
比於甲之方法爲善良者。其實不然。蓋現額付法。雖可皷
舞勞動者之奮勉心。然一面增大物品之生產額。同時其品
質即不免有流於粗惡之傾向。且欲使勞動者終始不懈。常
循正當之規則。以從事同一之勞動。其道頗難。蓋朝爲過
度之勞動。而夕流於怠慢放逸者。固人之恆情也。加之此
現額付法。亦往往有不能實行者。其爲實行之妨害。則有

左之二原因存在焉。

第一　由於事業之性質而不能實行者

不能確實分離事業之結果者。即不能充分實行現額付法者也。換言之。即此方法。若非在可分業之事。則不能行。如婢僕等。以一人而供種々雜役之時。則不如仍以時間付法。即以日月或年爲期以支付其給料者爲宜。

第二　對於雇主及勞動者之不利

因事業成功額之多少。而勞銀有高低。則勞動者必極力從事生產。以期於速成。即不免如前所述。有流於粗畧之情弊。故現額付方法。若非以丁寧緻密爲主旨。同時其監督又極周到。則雇主即不免有不利之可虞。且勞動者。因其奮勉之程度而勞銀有增加。亦往々有爲過度之勞動。而致傷害身心之健康者。如此、則以身體並精神上之缺點遺傳於子孫。至減少將來一國勞動者之生產力。是亦大可懼矣。

如右所述。則現額付方法。非必不優於時間付法。而實行上往往有遭遇極困難之事。故中世之特典、組合組織之規則。常嚴禁之。然不依時間之多少而定勞銀。僅因其事業之成功額而定勞銀者。雖非方今社會所通行之方法。然概括言之。在某種類之職業。究不得不謂爲勞銀支付法之一進步也。然此方法。既如前述。使生產之分量與勞銀並行。雖頗爲適當之方法。然欲使生產品之品質。趨於善良。則甚不宜。欲除却此缺點。而更見一層之進步。則在勞銀之多少與企業所得之多少。不可不使之持有密着之關係。而於雇主與勞動者之兩者間。不可不案出公平分配利益之方法。此適當之方法。即所謂利益分與法也。此利益分與法。有三種別。請於左分說之。

第一　賞與法　即應利益之比例。雇主於年末或以其他之一定之時爲期。而與以賞金之方法也。日本之鐘淵紡績會社等所實行之賞與法。雖似同一。然其精神骨髓。大有不同。其故維何。則前者。乃應利益之比例而與之者。在受之者。其欲使雇主之利益增大之念慮甚強。若在後者。則非必應利益之比例而僅應勤勉之比例而賞與之者。譬給小兒者然。謂若爲成人。則當與之以菓子。雖非無多少之効驗。然欲使勞動者直接感覺事業之利害。則不能也。

第二　利益分配法　即使勞動者明々得與雇主爲利益配當之方法也。在此等處。勞動者即得以之爲權利。而請求利益之配當。此則比之第一方法。於勞動者更較爲有利益者也。

第三　股份分有法　即雇主發行小金額之股份。使勞動者亦得購求之。雖完全之勞動者。同時亦得使之取得所從事事業之股東資格者也。如此則勞動者一方既受勞銀。一方又爲股東。而得與於利益之配當者。此法、比之第二法尤爲進步。即在使雇主與勞動者之利益。歸於同一之方法中。最完全之方法也。其以之爲圖謀資本家與勞動者之和合手段。頗爲有効。然在方今之社會。欲實行之。恐仍不免有多少之困難焉。

要之、欲使勞動者參與於營業上之利益分配制度得奏厥功。則必也使彼等之智識道德。十分進步發達。非若今日之比。或庶乎其可望。若如今日之情狀。而強欲實行第一以外之方法。則使勞動者負擔業務安危之責任。恐不免有過多之嫌。

　　欲斷定勞動者勞銀之多少。往往因觀察點之異。而可以三種之議論定之。即如左。

　　（甲）自勞動者之自身之點論之

　　勞動者爲實際之辛勞。即勞動者之所以供犧牲者。皆依其與身體並精神之活動之密著苦樂等有多少之差異。因而其相對之報酬。亦有所不同。故精神的美術的勞動。比之純粹器械的勞動。比較的即得最少之報酬亦可滿足。而其在社會上之地位。或相類之他之利益。亦甚影響於勞動焉。換言之、即從事社會上高等地位之職業。其勞銀比例較少。而世人好之。地位卑者。勞銀雖高。而往々嫌之。固一般之人情也。例如辯護士醫師等。其勞銀之額雖少。而懷從事之願望者反多。葬埋死體之土工人夫等。其勞銀雖高。而從事者較少。即此類也。

　　（乙）自雇主之點論之

　　勞銀之多少。因其勞動之結果之關係。不得不異者也。故雇主所出之勞銀雖高。自勞動者視之。則覺其廉。或雇主以爲廉。而勞動者又反覺其甚高者。觀於此點。則勞銀之高低。亦與貨物代價之高低同一理矣。

　　（丙）自一般社會經濟之點論之

　　即自勞銀與勞動者之生計程度之關係。而以某一定之勞

銀。斷定其果能使勞動者保持其生命健康與否。能盡人類之
爲人類之本分與否之論點也。

　　自此點論之。則各國之間。其勞銀之多少。當有非常
之差異。雖於他之點。亦常有不同者。而在於此點。則差
異尤甚。何則、各國間勞動者之生活狀態。往々有當應一
般國民之生計程度。而非常相異者故也。

　　蓋勞銀之多少與勞動之結果之多少間。兩者有互相反
應之交互的關係。衣食住之改良。與智識道德之進步也
者。能使事物之成功額得奏增大之好結果者也。反之事物
之成功額既大增加。而品質亦能趨於良善。則雇主即可增
加勞銀。事物之改良進步。一般既常有之。則對於生產品
之需要。亦當增加也毫無疑義。如此、則在事物供給增加
之際。而勞銀反低落者。實決無之事也。且雇主依於事物
之改良。則當受二重之利益。何則。雇主不僅因事物之結
果善良而得利益。且其同時之利用資本。亦比之從來當愈
臻於完善焉。蓋無所於疑也。

　　雖然、關於勞銀高低之問題。其最重要之一點。惟在
其永久額之如何。而不在其一時之額之如何者也。勞銀若
一時突然騰貴。亦徒見危險增加而已。其利益則毫無之。
其故維何。蓋當此之時。勞銀之所以增加者。常以勞動者
之浪費爲其根源故也。勞銀之種類。因業務之種類、地方
之差異、並個別之勞動者而大異者也。然與事業之結果無
關係之絕對的勞銀。比之對於事業之結果之相對的勞銀。
其高低較爲最甚。其所以差異者。（一）各人能力之大異

也。（二）依於事業之種類。而辛苦之多少不同也。（三）因其勞銀之及於健康之影響而其種類不同也。（四）有不關於時期。而常循正當之規則以行之者或不然者之別也。（五）有要教育與不要教育者之別也。（六）雇傭契約之亘於長期者。有附以恩給金。或限於一時的而不確實者之差異等是也。是等之外。尚於意外有勢力者。則因一般風俗習慣。與關於經濟市場之勞動者之智識頗少。及移轉之費用頗多等之事情也。是等之事。皆足以非常制限其自由競爭之活動。而勞銀不至於過高過低。欲窮究基於是等原因之勞銀之多少。常依勞銀統計可以明之。

據契約以決定勞銀之額。其頗有勢力者。即一般之風俗、習慣、雇主之恩惠、勞動者之節制等是也。然是等事情所及之影響。往々由於世人之誤解。而不覺其多。是等之勢力。若毫不動。則在一方之資本家並企業家之利害。與在他方之勞動者之利害。決定勞動契約之條件之時。則無論絕對的勞銀與相對的勞銀。皆與他種貨物之價同。而當依於需要供給之關係而定。當此之時。其被賣却之財貨。畢竟即屬自由左右勞動者。或其結果之權利也。依於勞動契約而被賣却之財貨。其所以爲特色者。即賣主以其對於自家之身體處分權多少與於買主者也。

然則勞動之需要者維何。即要僕婢等之勤勞之雇主。與各種企業家二者是也。前者、即所謂消費的需要者。以分量的言之非不重要。然企業家之對於勞動者。則實組織重大之需要者也。又國家並其他公共團體。即屬高尚的勞動者。對於其意思發表之機關之需要。即一種特別的也。對於此種精神的勞動者之需要。縱令日見增加。然其報酬則不基於通常純粹之契約。而常依於法令之所規定。

欲定企業家對於勞動之需要之強弱。舉其重要之原因有左之三者。

第一　企業家之數

第二　希望勞動者之勞動効果之多少

第三　企圖將來或將來可望成功之生產之擴張　於此擴張。有重大之影響者。即求生產的用途之資本之多少。與企業所得之有望（即將來有販路之望者）二者是也。

如上所述。則所謂勞銀基金 Wages fund 者。決非有豫先確定之額。其勞銀畢竟不過自企業家之資本而爲前付者也。惟在預期之營業不生收益之時。乃自資本之中實際支付之。

次再舉決定勞動之所供給者凡二。

第一　求爲賃雇勞動或出於不得不求賃雇之被雇口即勞動者之數

第二　欲爲勞動者之多數中其希望之強弱大小

勞動者之數。皆依於一國全體之人口與資本家及企業家之數而決定者也。人口增加。則勞動之數亦當增加。而彼等之社會中。遂不免有多趨於貧困者之傾向。同時對於徒弟條例過於嚴重。對於幼工女工之勞動之立法上之制限及其他之點。雖頗有望。然觀於勞動者之情狀。往往有更陷於不如意之恐者。其故維何。蓋在是等者之勞動中。其得勞銀之區域。更加狹隘故也。

　勞銀之最低額 Mininuum[①] wage 惟僅存在於無業窮民救助法不行之時而已。在勞動者間。對於勞銀之最低額。雖足以漸々樹立尋常一樣之生計。此最低額之理想。不僅使勞動者之自身。即其家族之子女。亦不可不授以相當之教育。然實際則非所及。而往々有一身之不足支者。蓋最低之勞銀。實因時因地而大不同者也。每依於職業之種類、社會文明之程度、風俗習慣等而被支配者較多。又勞銀之最高額也者。亦依於利息並企業所得之低落。而漸次接近於國中之獨立人民之平均所得者也。故所謂勞銀之自然額。有終非可定之於實際者。其決定多少之原因。決非僅屬簡單而頗複雜者也。故欲列舉之。實屬至難。因而其高低。實亦比之貨物之價。有多數之原因而被其影響者也。當生計程度上進之時。則勞銀之情狀。較昔不同。勞動者之階級間。類皆慎重結婚。而於建立一家之時期。每多遲々不進。至於勞銀騰貴。則人口之增加。一時休止。欲從事種々業務之數。或至止於同一。或至歸於減少。皆不可知。故勞動者若自爲主動者。而影響於勞銀之上。則其生計之程度、自多少可使之昇降焉。然當其爲之之時。亦不能與一般社會全相離隔而絕對的自由獨立也。何則、生計之程度也者。蓋基於國民全體之狀態。而一般文明之結果也。縱令勞動者如何奮發。亦不能左右之。反之、若

---

① "Mininuum"，有誤，應爲 "Minimum"。

　　國家擴張强迫教育之制度。嚴定工場條例等。或增加任命官吏之俸給。則於社會全體生計之上。乃得有重大之影響也。

　　勞動者取於勞銀之額。其得謂爲充分者。不僅如前所述。當足以保持生計之程度而已。即至不堪勞動之時。亦不可不豫防之。即平日當繳納保險料。又對於不因自身之過失而至於一時失業之不幸等。皆必要爲之計畫者也。此畢土麻克①之所以熱心關於勞動者保險之立法也。

　　衣食住日用品騰貴之時。勞銀亦不得不大騰貴也必矣。然其騰貴也。必在經過一定之期間。勞動者已飽嘗艱難辛苦之後者其常也。若物價之騰貴。一時休止。而商業停滯。金融緩慢。則勞銀不獨不見騰貴。却反下落焉。馬爾薩司氏常假定云。"勞銀之騰貴。果即爲增速人口之增殖。而使勞動之供給失之過多。因而使其就勞動之念慮遂至減少。而至於減少其生產力耶。即不然。而生計之程度永久過高。遂足改良勞動者之地位耶。是全存在於國民文化之程度。與道德上之教育如何耳。"雖然、氏之所言。究不免偏於厭世的。如理嘉圖氏拉沙兒②氏等。亦留意於勞銀之騰貴。因於生計程度之上進者也。拉沙兒氏之有名的賃銀鐵案（Ehnernes Lohgesetz）③蓋嘗論之。然氏之論旨。以爲決定勞銀之額之原因。不得以博善慈愛之原素包含勞動

---

① "畢土麻克"，有誤，應爲"畢士麻克"，即奧托·馮·俾斯麥。
② "拉沙兒"，即斐迪南·拉薩爾（Ferdinand Lassalle，1825—1864），德國工人運動活動家，1848—1849 年革命的參加者，全德工人聯合會創始人、主席。
③ "賃銀鐵案（Ehnernes Lohgesetz）"，"Ehnernes Lohgesetz"，有誤，應爲"Ehernes Lohngesetz"，即"工資鐵律"。

中也。其無情幾木石之不若焉。此論雖一時爲經濟社會所歡迎。然其明々屬於誤謬者甚多。請於左述其理由。

社會文明愈進步。與人口愈增加。則企業心發達。資本增加。企業之組織亦能改良。人生之欲望亦加上進、因而依其對於生産物之内外需要增加等之事實。其對於勞動之需要。亦不得不大增加。此增加之事實。往々有出於人口增加之比例外者。亦非決不可能之事也。加之此等之增加。亦決非有確定不動之區域者。故因於世運之進步與勞動者之地位。而當不絶改良者。實際所當時々注意者也。

世間之論勞動者。有謂其他位①至於近世。有可思惟爲絶對的退步者。是不過由於暗以事實入於感情論之誤謬者也。據外國之經濟歷史及經濟統計觀之。則勞動者現今之地位。絶對的決不至比往昔之地位有所劣。其故維何。則今日之勞動者。身着相應之衣服。口甘一度之肉食。其比之昔日甘於粗衣惡食之勞動者。雖原因於衣食用品之價格低落。其進步也固無可疑。然自其對於資本家之相對的之點觀察之。則其地位之大退步。又實有不可誣者。而貧富之懸隔。古來不如今日之甚。換言之。則今日富者之地位。雖已非常上進。然貧者之地位上進之程度。不能因之也。貧者亦漸自覺。而今日之所謂重大的社會問題。乃由是發生矣。

勞動者與資本家或企業家。若各自獨立以相對峙之

---

① "他位"，有誤，應爲"地位"。

時。則後者常爲强者而得制其優勝。何則、彼等之數。較之勞動者之數少。而其結合也不難。且其智識道德亦較優。故其相對競爭之時。自有充分之餘裕。以靜待有利益之機會。

　企業家之權力特大者。在有大規模之産業與歸於一手的機械之所有也。其在例外。企業家之獨見弱者。惟對於生産物之需要急驟增加。而不可不速供給之時爲然耳。若在平時。雖明爲勞動者之豫備軍。然汲汲欲以勞動求糊口者頗占多數也。前者之現狀。每在企業最盛之時。後者之現狀。則金融緩慢市場沈靜之時也。

　如右所述。則勞動者之在經濟社會。其所以往往立於不利之地位者。全由於其孤立也。是以勞動者間。若能組織團體。以爲合同一致之活動之時。則其得占有利益之地位。決非難事。換言之。即勞動者、能各自脫離一身之孤立。以避相互者間之競爭。則可免於不利益之影響。故能如此作成永久之團體。雖勞動者亦得與資本家企業家等。同有餘裕。而靜待機會到來之方法。亦容易得望其成立焉。

　需要與供給也者。畢竟爲基於人類之意思活動之結果也。故供給於者[①]勞動者之協同一致。而非常受其影響焉。英美二國。關於勞動者集會結社之法令。與職工組合之歷史。其示吾人以職工組合。即在法令之範圍内。所以保護勞動者之利益之團體也。故此種之團體。同時即爲救助金

---

① "於者"，該書正誤表更正爲"由於"。

庫者。實可謂爲自然之勢。

　　職工組合者。實代表勞動者之利害之團體也。一面維持該社會之名譽品格。以增漲勞銀而短縮勞動時間。同時則分配勞動者於各地方。務必使之得當、且於勞銀現額付。設以制限。以排斥無智無學之勞動者。皆其所有事也。當其爲此等之運動。其組合或不免有流於過激馳於極端之弊害。然此運動。並非違法而有多少出於自然的者。如職工等所常企望之同盟罷工。往々以歸於一般損失亦所不計者。蓋即勞動者間所持爲唯一必要之正當防禦武器也。而對於此等舉動之處置要極愼重注意。減少此同盟罷工而與有力焉者。其能整頓其組織以達真正之目的者。惟在職工組合而已。

　　勞動時間漸々減少。則資本之增加。實際可望成功。而尤以使用器械之産業爲然也。此時間之減少。若在適當之範圍內爲之。則事業之成功額亦未必減少也。惟當此之時。所最要者。則在漸々減少。且有法律以幫助其減少。同時於勞動者之技術的教育並一般教育。（此中於倫理教育亦包含之且爲其中之最要者）其計畫與實施。決不可缺。其所以使之不缺者。不過欲增多事業之成功額。且利用其有餘裕之時間而已。要之不違反法令之勞動者之利害代表團體。實對於政治上爲煽動的運動者之良藥也。(四)

　　（四）同時所謂對於勞動權之請求。又實際上之反證也。

　　關於此點。若比較英德二國之職工組合。則德國之職工組合。其爲政治上之運動至今尤嫌過多。而不得與英國之職工組合同等。故職工組合之進步。必全絕政治上之關係。乃始得見之。

勞動者之組合與雇主之組合。兩兩對立者也。若兩者之間。自最初即成爲一團體。皆依其定欵以締結一般契約。而定其勞銀之多少與其他關於勞動契約之條件。則成立於各箇人相互間之契約必當極少。

如此、則各階級皆因欲各代表其利害而組織團體。即關於產業之新規定之基礎也。在是等之團體以內。以德義與公共心二者。制限利害之衝突。而使產業上之關係全體確固不動。是即勞動者之理想。而即仲裁裁判所勞動會議所之所以必要也。

關於勞銀。而有團體締結之協同契約與一個人締結之個別契約之差異。即社會的共同經濟與個人的微分子的經濟之相反對。可謂深切著明矣。然一個人的利害競爭。即自然階級的利害競爭也。欲銷磨社會之勢力。使之益益赴於強盛。則依於後者。即可維持社會之平和。欲求此平和且維持之。則對於集合多數之人類。以組織最高等團體之國家。似非可以默默看過。至於近世。勞動者據合法的手段與合理的方法以爲運動與計畫。尚屬幼稚。而包含有多數之過失誤謬等。實無可疑。然吾人於此點。既以新制代舊制而起。則不抑壓之而使之更向正當之方針而進。實今日之社會所必要也。惟當其爲之之時。所最要者。在以是等之運動。與政治上之煽動全然分離。而設定包含全屬於

同一之產業者。為一般公益以處理其業務之制度組織而
已。此新組織新制度之原則。當較往時有所異。而不可限
於一地方。且其入此團體與否。亦不可任聽各人之自由
也。而是等之團體組織。於選舉產業上之仲裁裁判所之委
員等尤與有力。且與之有密着之關係。亦自然之勢也。又
關於工業裁判所並救助金庫之方法。其間接之影響。實有
重大之關係。此救助金庫、職工組合、並一般產業組合。
實近代社會的自助之三大設備也。因此、則以一定普通之
規則為法律而施行之。且設置記錄局同時又以之為監督官
廳。皆其所必要也。如此、則實際所以制限產業上之紛亂
混雜者。比於以法律廢止或制限一個人之所有權者。或尤
為必要也歟。

第六章　結論

各種社會階級。依其勤勉盡力。而欲使社會全體之所
得增高者。以其有共同的利害也。然同時在社會之總階級
並各個人間。於此全體之所得中。又有各所欲應得之分
子。而有特殊之利害者也。故稱此各社會階級之利害相一
致之狀態。名曰經濟調和。其利害相反對之狀態。名曰階
級衝突之狀態。惟社會全體之所得。在所得之重要種類
中。其分配多少。每依於舊國與新國而大異。又依於進步
之國民與退步之國民而大異者不少。是以彼之勞銀。有常
保有一定之額而更無增減者。有依於所有財產而生所得。

其自土地所有所生之所得最多增加者。或其總所得爲絕對
的增加。而勞銀亦不能不同時相對的增加者是也。一般之
法則。在現實進步不絕之時。其對於富之益益增加之國。
殊多有不能證明者。何以故。私有資本之分配。既有種々
之不同。而國家之法制。又多有非常之差異故。若欲求其
可以證明。則非有所得分配之統計不爲功也。惜也。現今
各國。其關於所得分配之精確統計。至今猶少也。

　　一個人之所得。若有多少之差異。其於一般之利害
上。亦有望之事也。然社會之中。若使少數之富裕者與多
數之貧困者全然分離。頗屬危險。已如前述。今舉社會健
全之狀態所必要之條件。則以左之四者爲主。

　　第一　經濟上獨立之人民中。最下等之階級。即普通
勞動者。亦充分得有衣食住之必要品。且與以高尚的文明
的之快樂。而有足以得有私有資本者。

　　第二　最下級之勞動者階級與最上級之富貴者階級間
之中等社會。不可不使之由於多數者而成立。今通觀各國
之情狀。上級社會之人。每多流於奢侈。紊亂風儀。品行
不修。道德腐敗。徒爲外觀之虛飾。而下等社會。又多屬
無智無識之輩。幾不解風儀道德之爲何。是以風儀最正。
道德充分。獨中等社會爲然耳。故中等社會之人愈多。則
國家之元氣乃能增進。社會之健康。乃可得而保持焉。[一]

　　（一）然觀於我國之狀態。其可稱爲中等社會者果
　　爲如何之階級耶、今後姑勿論。以目前言之。則向來
　　所謂士族者是也。故謂日本之精神。全在士族。亦決

非過言。然則此士族者。若能具備同一之精神。務求
合於武士道而使之愈加振興發達。以爲全國國民之模
範。位於此階級者。竟能日々增多。此則吾人所日夜
馨香禱祝之者也。

　　然而貧富之懸隔。尚留有幾分之存在。自一個人
之幸福言之。亦屬必要之事也。若社會中毫無此種懸
隔。則人皆平等。即婢僕亦幾於無可使役。此非吾人
日常所最感不便者耶。惟然。則此中等社會者。又立
於他之社會階級之間。使是等之社會相互得知人己之
事情之媒介者也。是實中等社會之對於社會之一大必
要也。

　　一個人若占有巨大之富之時。則對於經濟上社會
全體。亦所最要者。而在於幫助新資本之增殖有所助
力之際尤然。故決非漫然可以非難者也。然因大資本
之存在。致使下等社會。大感困難。中等社會。亦有
漸々減少之現象。則實可憂也。何以故。後之二者之
狀態若健全。則多數人類之精神的身體的道德的幸福
乃能增加故。

第三　所得漸々增加。其自社會階級之低級而推移於
高級者。不可不求其容易也。

第四　一旦既達於所得之上等階級。非因於自己之過
失。要不容易有失却所得之患。即不由於自己之過失。必
不至自上級容易降至下級也。

　　基於以上所列舉之四條件。則社會之健康安全。非依
於利己主義之無限而可活動者也。然則在如何之地位。乃

能活動耶。人心一致齊認公共心之必要。且設自由的共同
之組合。鞏固自助之組織。國家亦以同一之精神。發布法
律制度。而自社會上種々之方面以達此目的等。皆其所不
可不盡力者也。蓋所得之分配愈得其宜。則社會全體之所
得。乃能非常增大者。實自然之勢也。

　　生產獨見進步。而分配之公平不因之。則社會之利
益。不獨見少而弊害却大。何以故。以經濟上之富比之。
尤有更欲達此高尚的人類之目的之方便在。而於富之使用
法。遙比此生產額爲要用故。然此使用法也者。當據分配
之如何爲主所勿論也。此所以必有右之結論也。

　　社會分解爲貴族的階級的。不僅最爲有望。且屬必要
之事也。然此分解。要出於自然的天爵的。若其差異過
甚。而以人爲的階級分解之。則決非好現象也。故縱令居
於上級社會。若於法律上及實際上。與他之階級全相隔絕
而不交通。則不可不思所以避之也。其對於各階級並其全
體。亦不可不努力認定其高尚之目的。並維持其地位焉。
是以對於貧困者之陷於空想之平等願望。與富貴者之馳於
極端之自由思想。即近視眼的利己主義之强權者之渴望。
而爲吾人之所當要求者。即使各箇人各階級。皆立於同一
倫理的理想之下。以圖謀全體之利益者也。畢竟社會經濟
之繁榮。人類之幸福。決非可依於利己主義而可達到者
也。必也更懷抱高尚的倫理思想。或庶乎其可歟。

譯例

原文	譯文	歐文	釋義
株主	股東	Shareholder	
株券	股票	Share Certificate	
株式相場	股票市價	Stock Quotation	
相場	市價	Quotation	
差引計算	抵銷計算	Discharge	以收支相抵爲計算者
地金銀	生金銀	Bullion	
預主	存主	Depositor	指存款者
預金	存款	Deposit	
保護預	同上①	Giro	代人保管貴重物品者也
割引	折現	Discount	俗稱貼現然此事實將未到期之票以折扣而得現金者改爲折現意較明瞭
爲替	滙兌	Exchange	
手形	票據	Bill，Draft	
爲替手形	上票	Bill of exchange	此字據英文及日文均宜譯作滙票然我國習慣凡隔地滙兌者謂之滙票此票雖有隔地者然亦有不隔地者若徑譯作滙票未免與原來所謂滙票者相混蓋此種票據皆由於債權者發出對於債務者爲支付命令者也茲改爲上票雖爲長沙商業習語然上字似含有請求之意故用之
約束手形	期票	Promissory note	有期限者不僅此種票據然此票類皆有期者故以期票之名當之
小切手	支票	Cheque	上海謂支條然既係票據之一種改爲支票似更妥當
小作料	同上	Rent	
貸付金	放款	Loan	
貸付組合	放款組合	Loan Partnership	
組合	同上	Partnership	間有譯爲合夥者然合夥二字僅限於商業其義較狹且字面亦欠雅馴
兩替商	兌換商	Exchange	
取引	交易	Transaction	取引之義雖較交易稍廣然不如交易二字之可通用也

---

① "同上"，底本原爲竪排，所以"同上"實指同今左欄文字。下同。

續表

原文	譯文	歐文	釋義
取引所	交易所	Exchange	如股票交易所（即日本株式取引所）商品交易所（即日本商品取引所）米穀交易所（即日本米穀取引所）是也
大仕掛	大規模或大工作		
小仕掛	小規模或小工作		
振出人	發出人	Drawer	
指圖人	指定人	Order	
商店之得意	商店之名譽		
支拂人	支付人	Drawee	
仲立人	同上	Broker	立於賣主與買主之中間以經紀其事而以得周旋料爲業者也
仲買商	同上	Factor	以居中買賣爲業者
會社	公司	Company	
借方	同上	Debtor，Credit	
貸方	同上	Creditor	
手數料	同上	Fee，Commission	
裏書	同上	Indorsement	
船荷證書	同上	Bill of lating①	俗稱提單
荷積證書	同上	Ladeschein	
寄托證書	同上	Deposit-receipt	
倉庫預證券	同上	Lagerschein	即存棧貨單
質入證書	同上	Instrument of pledge	即抵當契據
書入	同上	Mortagage	即抵押
投機	同上	Speculation	
所持人	同上	Possessor	即所有者
持參人	同上	Bearer	
引受	同上	Acceptance	指承認付款者
公證人	同上	Public notary	
執達吏	同上	Cheriff	

---

① "lating"，有誤，應爲 "lading"。

續表

原文	譯文	歐文	釋義
拒絕證書	同上	Protest	
參加競賣之入札	同上		競賣俗謂拍賣入札俗謂投標參加競賣之入札則參加於拍賣之投標也
年金	同上	Annunity	
地代	同上	Ground rent	
勞銀	同上	Wage	
賃銀	同上	Wages	即工銀也
通貨	同上	Currency	指一切可流通之貨幣也如證券票據等亦屬之
小作人	同上	Tenant of a farm	租借田地以從事耕作之人也
問屋	行棧	Wholesale merchant	
一覽拂手形	一覽後付票	Demand Bill	
一覽後定期拂	一覽後定期付	Dayment[①] on fixed day aftar[②] sight	
定期拂手形	定期付票	Note for a Term	
割賦金一曰配當利益	同上	Dividend	俗謂花紅一曰紅成
積立金	公積金	Reserve fund	公司店舖等於每屆決算賬目時提其利益之若干儲存之以爲公款者
讓渡	同上	Assignment	
讓受	同上	Acquisition	

---

① “Dayment”，有誤，應爲“Payment”。
② “aftar”，有誤，應爲“after”。

光緒三十四年三月初一日印刷

光緒三十四年三月初五日發行

▲社會經濟學▼
定價大洋貳圓五角

不許
複製

譯述者　　陳家瓚

印刷所　　羣益書社印刷部

發行所　　羣益書社

發賣所

上海　四馬路
　　惠福里　羣益書社

《社會經濟學》版權頁

《社會經濟學》廣告頁

社會經濟學正誤表

葉	行	誤	正
九	一	約束手形	期票（手形約束）
同	同	振出地	發出地
二三	八	而不當據	而不當僅據
二六	一〇	技藝〇校	遺學字
二八	一一	聽聞	旁聽
二九	一〇	應用經濟	應用經濟學
同	七	純正的	的字衍
六三	一一	實毫無	實已毫無
七三	一三	尚有有形財貨	尚有無形財貨
八三	一〇	而全於	而全由於
一一八	九	貨財	財貨
一二八	一二	財產觀察	財產觀念
一六八	一二	株券之價直	股票之價值
一六同	一一	株券	股票
一七二	四	支拂	支付
一八一	八	不下之	不與之
二〇七	三	譬如	譬字衍
二七〇	一五	價直	價值
二八九	一一	加良	改良
二七四	而知	而惟知	
三〇〇	七	下動物	下等動物
三一一	一〇	形腐敗	形字衍
三二二	一一	且為保證	且為之保證
三五四	一	為替券	票據滙兌券
同	同	終無所得	終不可得
三六七	一〇	損傷	毀損
三七四	四	即呈	却呈
四五六	一〇	社員	股東
四七六	一		
五〇九	三	故供給於者	故供給由於

《社會經濟學》正誤表

《社會經濟學》編者説明

劉慶霖　編校

1. 底本描述

　　金井延著、陳家瓚譯《社會經濟學》一書，光緒三十四年三月初五日（1908 年 4 月 5 日）由上海群益書社發行。今據中國人民大學圖書館藏紙本録排。原書高 22.2 厘米，寬 14.7 厘米，從右至左竪排行文，西式裝訂。首有向瑞琨序 7 頁，譯者陳家瓚弁言 27 頁，著者金井延原序 8 頁，凡例 2 頁，目録 6 頁，正文 517 頁，後附譯例 6 頁，版權頁 1 頁，廣告頁 1 頁，正誤表 1 頁。

2. 金井延

　　金井延（1865—1933），日本法學者、經濟學者、社會政策學者。1865 年生於遠江國見付宿（今静岡縣盤田市）。1885 年，入東京帝國大學文學部政治學理財科，畢業後進入東京帝國大學大學院。1886 年赴歐留學，先後在海德堡大學經濟學家卡爾·克尼斯（Karl Knies，1821—1898）門下學習經濟學，在柏林大學經濟學家古斯塔夫·施莫勒（Gustav Schmoller，1838—1917）和阿道夫·瓦格納（Adolf Wagner，1835—1917）門下學習社會政策。1889 年，以倫敦的湯恩比館爲中心進行貧民調查研究。1890 年歸國後，任東京帝國大學法科教授，次年獲法學博士學位。1897 年成立社會政策學會，圍繞"工場法與勞動問題"等主題進行公開演講，并致力於制定《工場法》。1903 年 6 月，正值日俄戰争爆發前夕，金井延支持"開戰論"，與户水寬人、福井政章、寺尾亨、高橋作衛、小野塚喜平次、中村進午等人共同推出鼓動戰争的《七博士意見書》。1919 年，東京帝國大學設立經濟學部，金井延任首届學部部長。1925 年，金井延辭去教授一職。1933 年，他在神奈川縣大磯町逝世，享年 68 歲。

金井延的經濟學思想受德國新歷史學派的影響較深，他批判亞當·斯密的自由主義經濟理論，同時也不贊成馬克思的社會主義。他强調倫理道德和法律對社會經濟發展的作用，主張階級調和及自上而下的社會改良。金井延的主要著作有《經濟學》（水間尚志，1894 年）、《社會經濟學》（金港堂，1902 年）和《財政學講義》（講法會，1903 年）等。此外，金井延長年在《法學新報》《國家學會雜誌》《法學協會雜誌》等雜誌中發表與經濟理論、社會問題、社會政策相關的文章，也産生了較大的影響。

除《社會經濟學》一書有中譯本以外，金井延的文章《財政學之近況》和《經濟學研究法》也曾被譯爲中文，分别在《法政雜誌》（1911 年第 1 卷第 5 期）和《獨立周報》（1913 年第 2 卷第 16—17 號、第 18—19 號）中刊載。

3. 陳家瓚

陳家瓚（1876—？），字子美，湖南善化（今湖南長沙）人。廪貢，曾入學湖南時務學堂，後入選留學日本官費生，赴日學習法政科。1907年，與楊度在東京創辦《中國新報》，宣傳立憲改良思想。1909 年參加宣統元年留洋游學畢業生考試，以員外郎身份被任用。陳家瓚是最早以西方經濟思想促進近代中國金融轉型的經濟學家之一。辛亥革命後曾任湖南財政廳副廳長，負責大清銀行湖南官錢局事務。1933 年，在湖南長沙市創辦長沙私立厚生會計講習所。1938 年長沙"文夕"大火後該講習所停辦。

　　陳家瓚留學日本期間及歸國後翻譯、撰寫了不少經濟學、金融學相關著作。除《社會經濟學》外，還翻譯有河津暹的《貨幣論》（群益書社，1907 年）、吉田良三的《工業簿記》（商務印書館，1924 年）、津村秀松的《商業政策》（全三冊，商務印書館，1928 年）、堀江歸一的《國際經濟問題》（商務印書館，1928 年）、河田嗣郎的《土地經濟論》（與李達合譯，商務印書館，1930 年）、福田德三的《經濟學原理》（曉星出版社，1930 年）等；著有《生聚經濟學》（長沙厚生會計講習所，1933 年）、《統計學講義》（長沙厚生會計講習所，1933 年）、《財務行政講義》（長沙厚生會計講習所，1933 年）、《經濟學大綱》（長沙厚生會計講習所，1934 年）等書；編有《銀行原論》（群益書社，1923 年）、《福特傳》（群益書社，1928 年）等書。

4. 群益書社

　　群益書社是清末和民國時期具有重要文化影響的出版社。1901 年，陳家瓚出資在東京神田區南神保町七番地創辦"群益書社"，在堂兄弟陳子沛、陳子壽的協助下從事書刊銷售，以課本、小説與哲學書爲主。1902 年，陳子沛、陳子壽回長沙，同時運回一批暢銷書，在長沙府正中街開設集益書社，爲群益書社的分店。1907 年，陳子沛、陳子壽兄弟又在上海福州路惠福里設群益分社①。

　　1912 年，群益在上海擴大業務，將社址遷至棋盤街泗涇路西首朝西的

---

① 陳明遠. 文化人的經濟生活[M]. 西安：陝西人民出版社，2013：145.

雙開間門面。自此，群益總社遂設於上海，東京和長沙的群益書社爲分社①。1935 年，群益書社因經營不善而停業。陳子沛後輩陳漢聲將其改稱"求益書社"，抗戰時期移至福州路 400 號樓上繼續經營。1945 年群益書社復業，1951 年歇業②。

群益書社出版了許多有影響的讀物，包括文理科教科書，以及政治、經濟、法律類譯著。除本卷收錄的《社會經濟學》外，還有如日本長澤龜之助著、言渙彰編譯《代數學教科書》（1906 年），日本龜高德平著、陳家燦譯《最新化學教科書》（1908 年），美國夢萊著、陳其鹿譯《美國民主政制大綱》（1911 年），日本津村秀松著、馬凌甫譯《國民經濟學原論》（1915 年）等。

群益書社在近代中國文化史上最大的影響，是印行了"五四"時期由陳獨秀主編的著名刊物《新青年》。1915 年正值中國出版發展的低谷時期，袁世凱就任中華民國正式大總統後，大力扼殺反袁言論，新聞出版自由受到嚴格限制。在這樣的背景下，群益書社擔任《青年雜誌》（第二期更名爲《新青年》）的印刷者和發行者，體現了其負責人作爲出版家非常的勇氣和魄力。綜上所述，群益書社在中國近現代新聞出版和文化傳播方面都產生了重要的影響。

5. 金港堂

金港堂是日本明治時期著名的教科書出版社。《社會經濟學》的日文原書於 1902 年 9 月 20 日由東京金港堂發行。1884 年前後，日本掀起教科

---

① 陳明遠. 文化人的經濟生活[M]. 西安：陝西人民出版社，2013：145.
② 復旦大學歷史學系，復旦大學中外現代化進程研究中心. 中國現代學科的形成[M]. 上海：上海古籍出版社，2007：93.

書革新的高潮，金港堂的創辦人原亮三郎抓住時機，延請相關學者、教育家，設立教科書編輯所，學習歐美教育制度、出版制度和教科書供給制度，大力發展日本的教科書出版業，并得到了日本文部省的認可和資助，在出版行業産生了較大影響。然而，在《社會經濟學》出版後不久，即1902 年底，金港堂因轟動一時的"教科書疑獄案"陷入危機，其教科書出版事業亦大受打擊。1903 年，爲化解危機、走出低谷，金港堂決定接受上海商務印書館的提議，合資經營商務印書館，向商務印書館提供十萬元資本，同時提供先進的印刷技術、人才和新式教科書編輯經驗與方法等方面的支持。金港堂的投資使商務印書館的出版事業，尤其是教科書出版質量得到飛速提升，幫助商務印書館在競争激烈的時期在市場上脱穎而出，也推進了清末教科書出版行業的大力發展。辛亥革命後，日本侵略行徑日益强横，在商務印書館總經理夏瑞芳的艱難溝通下，金港堂所持股權被商務印書館全數購回。

6. 金井延的《社會經濟學》及其中譯本

《社會經濟學》的日文原著寫成於 1901 年 12 月，1902 年 9 月 20 日由東京金港堂發行初版（圖 1）。1903 年再版時在文字方面進行了少量訂正，書後附正誤表，但正文無任何删改。由現存圖書信息可知，日文原書至少再版至第 12 版（1908 年出版）。

《社會經濟學》是一本經濟學教材。原書分上、下卷，上卷爲"總論"，分爲六編，分别介紹經濟學的基本概念、經濟學的定義及分科、經濟學與諸學科的區别及關係、經濟學的研究方法、學界對經濟學的批評、經濟學的沿革等内容。下卷爲"純正經濟學"，分爲四編，介紹經濟學範

圖 1　金井延《社會經濟學》（1902 年初版）封面及版權頁
資料來源：日本國立國會圖書館的網絡公開文獻

疇內關於生産、流通、分配和消費的相關知識（表 1）。該書以金井在大學
授課的講義爲基礎，同時參考大量西方經濟學著作編撰而成。金井認爲，
在日本與歐美諸國競争相當激烈的時局下，提高本國的經濟實力尤爲重
要，但"國民一般不富於正確的經濟思想"，是國家最大缺點之一。因
此，他希望通過該書普及經濟知識，爲"中學教員及其他有志讀者"提供
參考①。金井希望爲讀者提供一本不偏袒西方某一特定國家、學派的經濟
學普及讀物，但從全書章節編排和主要內容上看，金井受德國經濟學者編
寫的經濟學教科書影響較深，在經濟思想上也與德國新歷史學派經濟學家

---

① 金井延. 社會經濟學[M]. 東京：金港堂，1902：5.

相近。作爲該書書名的“社會經濟學”，也是受德國新歷史學派的影響，在 20 世紀初日本經濟學界開始興起的概念。研究“社會經濟學”的學者認爲，西方古典政治經濟學强調人的自然屬性，研究人與物之間的關係，注重數學的分析、統計，并以自然法作爲最適於應用經濟學的方法。相比之下，“社會經濟學”更注重人與社會的關係，强調人的社會屬性，主張經濟學研究要以改善人類的共同生活、提高人民的生活質量爲目的。因此，社會經濟學注重以現實社會爲基礎，研究國家與社會的制度、組織。其中，勞動制度是社會經濟學中最主要的研究内容[①]。“社會經濟學”研究興起的背後，是以德國新歷史學派爲代表的經濟學者對社會改良理論的鼓吹。這與社會主義運動在西方産生的巨大影響不無關係。爲應對社會主義者所提倡的社會革命理論和社會革命運動，社會改良派極力强調不能動摇社會、國家的基本制度，只能進行循序漸進的社會改良。因此，社會經濟學研究的興起，也受到社會主義者的强烈批判和堅決反對。在金井延的《社會經濟學》中，作者并没有特别强調“社會經濟學”概念的内涵和由來。但書中對社會經濟學的介紹及對社會主義的批判，反映了作者的立場。

表 1　金井延《社會經濟學》及其中譯本章節比較

《社會經濟學》 （金井延著，金港堂，1902 年）			《社會經濟學》中譯本 （陳家瓚譯，群益書社，1908 年）		
—			序		
—			弁言		
自序			原序		
—			凡例		
緒論			緒論		
上卷 總論	緒言		上卷 總論	緒言	
	第一編	經濟學上の根本概念		第一編	經濟學上之根本概念
	第一章	欲望		第一章	欲望

---

① シャルル・ジード. 社會經済學[M]. 東京：大日本文明協會，1910：3-5.

續表

《社會經濟學》 （金井延著，金港堂，1902 年）			《社會經濟學》中譯本 （陳家瓚譯，群益書社，1908 年）		
上卷 總論	第二章	財貨	上卷 總論	第二章	財貨
	第三章	價直（又は價值）		第三章	財産及富
	第四章	經濟、經濟的活動、經濟現象、國民經濟及社會經濟		第四章	價值
				第五章	經濟
	第五章	經濟的活動の前提		第六章	經濟的活動之前提
	第一節	社會		第一節	社會
	第二節	國家		第二節	國家
	第三節	私有財産制度		第三節	私有財産制度
	第四節	生産手段の枯渇せざること		第四節	生産手段之不枯渇者
	第二編	經濟學の定義及其の分科		第二編	經濟學之定義並其分科
	第一章	經濟學の定義		第一章	經濟學之定義
	第二章	經濟學の分科		第二章	經濟學之分科
	第三編	經濟學と之に密接する諸學科との區別及關係		—	—
	緒言			—	—
	第一章	經濟學と廣義の技藝學		—	—
	第二章	經濟學と經濟史		—	—
	第三章	經濟學と統計學		—	—
	第四章	經濟學と法學		—	—
	附録	[經濟學と監獄學との關係]		—	—
	第五章	經濟學と倫理學		—	—
	第六章	經濟學と政治學		—	—
	第四編	經濟學の研究法		—	—
	第一章	經濟學の諸學派と其の研究法		—	—
	第二章	純正經濟學に於ける演繹、歸納二論法の地位		—	—
	第三章	應用經濟學に於ける演繹、歸納二論法の地位		—	—
	第五編	經濟學に對する非難		—	—
	第六編	經濟學の沿革		—	—

續表

《社會經濟學》 （金井延著，金港堂，1902 年）			《社會經濟學》中譯本 （陳家瓚譯，群益書社，1908 年）		
上卷 總論	緒言		上卷 總論	一	一
	第一章	太古		一	一
	第二章	中世		一	一
	第三章	近世		一	一
下卷 純正經 濟學	緒言		下卷 純正經 濟學	緒言	
	第一編	財貨の生産		第一編	財貨之生産
	第一章	生産の定義		第一章	生産之意義
	第二章	生産の三要素		第二章	消費之意義
				第三章	生産之三要素
	第一節	自然		第一節	自然
	第二節	勞力		第二節	勞力
	第三節	資本		第三節	資本
	第三章	生産の三要素に關する法則		第四章	關於生産三要素之法則
	緒言			緒論	
	第一節	土地の生産力に關する法則		第一節	關於土地之生産力之法則
	第二節	勞働の生産力に關する法則		第二節	關於勞動之生産力之法則
	第三節	資本の生産力に關する法則		第三節	關於資本之生産力之法則
	第二編	財貨の循環		第二編	財貨之循環
	緒言	緒言		緒論	
	第一章	貨幣論		第一章	貨幣論
	第一節	貨幣の起源		第一節	貨幣之起原
	第二節	貨幣の性質		第二節	貨幣之性質
	第三節	貨幣に關する國家の職務		第三節	國家對於貨幣之職務
	第四節	貨幣の本位		第四節	貨幣之本位
	第二章	信用論		第二章	信用論
	第一節	信用の性質		第一節	信用之性質

續表

《社會經濟學》 （金井延著，金港堂，1902 年）			《社會經濟學》中譯本 （陳家瓚譯，群益書社，1908 年）		
	第二節	信用の種類		第二節	信用之種類
	第三節	信用の利害		第三節	信用之利害
	第三章	交易の媒介を標準とする社會經濟の種類		—	—
	第一節	實物經濟		—	—
	第二節	貨幣經濟		—	—
	第三節	信用經濟		—	—
	第四章	價格の標準竝に物價		第三章	價格之標準並物價
	第一節	價格の標準		第一節	價格之標準
	第二節	價格に關する一般法則		第二節	價格之一般法則
	第三節	自由競爭の行はるゝ貨物の價格如何にして決定さるゝやを論ず		第三節	論貨物之自由競爭其價格當如何決定
下卷 純正經濟學	第四節	競爭に制限ある場合に貨物の價格如何にして決定さるゝやを論ず	下卷 純正經濟學	第四節	論制限競爭其價格當如何決定
	第五節	貴金屬竝に貨幣の價格變動の原因		第五節	貴金屬並貨幣價格變動之原因
	第六節	貨幣の價格變動より生ずる結果		第六節	貨幣價格變動所生之影響
	第七節	貴金屬價格變動の沿革略史		第七節	貴金屬價格變動之沿革史略
	第八節	貴金屬の比價		第八節	貴金屬之比價
	第九節	土地竝に家屋の價格		第九節	土地之價格
	第十節	農産物、林産物及其の他諸雜品の價格		第十節	農産物林産物及其他諸雜品之價格
	第五章	銀行論		第四章	銀行論
	第一節	銀行の沿革		第一節	銀行之沿革
	第二節	銀行の定義		第二節	銀行之定義
	第三節	銀行業務の種類		第三節	銀行業務之種類
	第四節	銀行の種類竝に各種銀行の營業		第四節	銀行之種類並各種銀行之營業

續表

《社會經濟學》 （金井延著，金港堂，1902 年）			《社會經濟學》中譯本 （陳家瓚譯，群益書社，1908 年）		
	第五節	銀行政策		第五節	銀行政策
	第六章	商業		第五章	商業
	第七章	交通		第六章	交通
	第三編	財貨の分配		第三編	財貨之分配
	緒言			緒論	
	第一章	所得		第一章	所得
	第二章	所得の種類		第二章	所得之種類
下卷 純正經 濟學	第三章	企業所得	下卷 純正經 濟學	第三章	企業所得
	第四章	利子（地代をも含む）		第四章	利息
	第五章	勞銀		第五章	勞銀
	第四編	財貨の消費		第六章	結論
	第一章	消費の意義		—	—
	第二章	消費の種類		—	—
	第三章	消費の主體		—	—
	第四章	消費の客體		—	—
	第五章	私經濟的消費の内容		—	—
	第六章	消費と生産との關係		—	—
結論			—		

　　據金井延所言，該書問世之前，坊間已有人抄録其授課的講義，冠以他人的名義出版成書。爲應對這一情況，金井成書較爲倉促，其中也有錯漏及論據不甚充分之處[①]。但該書在日本明治末年仍不失爲一部較爲系統、全面介紹西方經濟學的入門教材。

　　1908 年由陳家瓚翻譯、群益書社出版的中譯本《社會經濟學》，在翻譯原著的基礎上，添加了"序"（向瑞琨撰）、"譯者弁言"和"凡例"，并對日文原書進行了部分删減，章節上也有些許變動（表 1）。

---

① 　金井延. 社會經濟學[M]. 東京：金港堂，1902：3.

　　中譯本翻譯了原書約十分之七的内容。上卷部分，删去了第三至第六編，即介紹經濟學與諸學科的區别及關係、經濟學的研究方法、學界對經濟學的批評、經濟學的沿革等内容。同時，譯者陳家瓚還參考留學時期的聽課講義，增撰第一編第三章"財産及富"，補充論述了勞動與財富的關係；下卷部分，删去了第二編第三章，即論述根據交易媒介劃分社會經濟種類的内容。此外，下卷第四編，即關於"消費"的介紹，陳氏將其縮減爲一章，插入下卷第一編之内。總體而言，中譯本基本保留了原書中關於經濟學基礎知識的内容，這是陳氏認爲中國國民亟須學習、掌握的思想知識，也是他翻譯此書的重要原因。而删去的内容，是原著中論述經濟學外沿問題的部分，陳氏認爲這部分與其翻譯初衷"關係較少"。

　　陳家瓚留學日本時曾師從金井延，他對經濟學的認識也與金井相近。從《社會經濟學》中譯本的譯者"弁言"中可見，一方面，陳氏認爲競争是"宇宙間最上之法則"，但并不主張自由放任的競争，强調國家和政府應加强法律、政策的制定，以引導社會經濟的發展。另一方面，陳氏有强烈的民族危亡意識。1908年《社會經濟學》在中國出版時，中國正面臨被列强瓜分的危機。在内憂外患的局面下，清政府展開新政改革，宣布預備立憲。陳家瓚是立憲派的成員之一，他敦促清政府開立國會、發布憲法。陳氏認爲，20世紀國家間的競争是經濟上的競争，帝國主義列强在20世紀對中國的侵略也更集中地體現爲經濟侵略。因此，他認爲必須從法律政策上保障人民的生命、財産安全；從思想意識上提高人民的經濟觀念。只有這樣，才能提高本國的經濟競争力，進而增强國家的綜合競争力。基於以上觀點，他翻譯了《社會經濟學》，以求爲提高國人經濟思想水平做出貢獻。

7.《社會經濟學》對社會主義的介紹及評價

《社會經濟學》是經濟學的入門教材，金井在部分章節中零散地介紹了社會主義的思想和政策，也發表了他對社會主義、社會黨及馬克思的看法。金井的經濟思想更傾向於德國新歷史學派，他對社會主義的認識并不深入。總體而言，金井一方面肯定社會主義者對社會公平和貧富懸殊問題的關注，但另一方面又認爲社會主義是片面追求公有制的極端主張。他指出，社會主義者反對自由競爭，會影響生產的積極性；社會主義者主張暴力革命，會帶來社會動亂、危害社會的健康發展。他希望能"匡正"世人對經濟學理論的認識，以此阻擋社會黨的"洶洶之勢"、預防社會主義在一般民衆中的蔓延。金井的這種觀點帶有折中主義經濟學的色彩，也是 19世紀末 20 世紀初日本統治階級知識分子對社會主義的主要看法，并且對清末中國知識分子認識、理解社會主義思想也産生了很大影響。

《社會經濟學》日文原書中介紹"經濟學的沿革"的部分，專門論述了"共産黨"和"社會黨"的思想主張。金井認爲，"共産黨"要求完全廢除私有制，追求絶對平等，但主張這種思想的人已不多，"共産主義者"已逐漸轉化爲"社會民主主義者"[①]，即"社會黨"。"社會黨"比起"共産黨"，其主張含有一定的合理性，但從根本上還是"謬誤諸多"。金井指出，與"共産主義"不同，"社會主義"允許個人有一定程度的財産與自由，但個人的權益極其有限；社會主義主張按勞分配，但要如何計算勞動的價值，又極爲困難。因此他認爲，"極端的社會黨"追求絶對的公正，但實際上無法做到真正的公正，其結果與追求絶對平等的"共産黨"并無區别，二者都爲社會帶來嚴重的毒害[②]。在介紹社會黨的思想主張

---

① 金井延. 社會經濟學[M]. 東京：金港堂，1902：439-440.
② 金井延. 社會經濟學[M]. 東京：金港堂，1902：444.

時，他還提到，恩格斯、馬克思、拉薩爾等人的學說都是"主張通過暴力手段達到其目的的極端社會黨"，但比起其他國家的社會黨人，這些德國社會主義者"更注重從學理上精密地論究社會民主主義理論"①。然而，這些對社會主義和馬克思的介紹與評價，在日文原書的上卷第六編，是譯者陳家瓚刪減的部分，因此并未出現在《社會經濟學》的中譯本中。

《社會經濟學》中譯本介紹的社會主義經濟思想的內容主要體現在以下幾個方面。

首先，關於私有制的討論。在探討"私有財産制度"的章節，金井將財産所有制分爲"總和主義"（公有制）和"個人主義"（私有制）兩種，認爲"共産黨"和"社會黨"是"總和主義"的代表，他們主張財産歸國家或其他政治團體所有。金井認爲，公有制在歷史上較爲罕見，主要出現在文明未開化的時代，而當今文明國家實行的主要是私有制。金井指出，"貧富懸隔過甚"，是社會主義者欲消滅私有制的主要原因。但消滅私有制，主張財産共有，會妨礙自由競争、磨滅人類天性。因此，他認爲社會主義很可能會衍生出"人類歷史以來所未曾有之最甚之專制社會"。可見他對社會主義明顯持反對、排斥的態度。但與此同時，他也認爲有必要在一定程度上限制自由競争和私有制的發展，以保護公共利益。他主張采取一定的社會政策，使森林、礦産、鐵路、通信等方面公有化。除此以外，則應保障個人的私有財産不受侵害。

其次，關於貧富懸殊問題的解決對策。在介紹"經濟學之分科"的章節中，金井介紹了"社會政策論"這一研究方向。他所指的"社會政策"是專爲解決貧富懸殊問題而産生的政策，在資本主義發達的近世社會中，

---

① 金井延. 社會經濟學[M]. 東京：金港堂，1902：446.

"社會政策"則主要是爲了解決勞動者與資本家之間的衝突。金井指出，由於貧富懸殊等社會問題日趨嚴重，社會黨的勢力已"非常可恐"。社會黨主張從根本上打破、改造現今社會，并組織同盟罷工，在社會上製造嚴重衝突，并且這種衝突還在日益增加。他認爲要應對這種狀况，必須注重社會政策的制定。此外，在論述"財貨之分配"的章節中，金井進一步探討了解決貧富懸殊問題的方案。首先，金井再次强調他反對"極端社會主義"所提倡的"强制分配"方法，而支持"自由分配"。但同時也認爲，在自由分配制度下，倘若社會財産分配過於懸殊，也會阻礙文明的進步。然而，他不得不承認，當今社會的常態，是僅有少部分人才能接受充分的教育、擁有相當的財産。因此，他敦促這部分社會上層的人必須有强烈的責任心，引導、啓發中下層人民，制定向善的社會政策，合理調整分配比例，以解決社會問題。可以説，金井寄希望於少數大資本家的主動行善，企求通過道德束縛權力者和資本家，以解決分配不公和貧富懸殊的問題、預防社會主義對社會民衆的影響。這種主張顯然是不現實的。他并沒有充分理解科學社會主義，多次指出社會主義不具備現實意義，是空想的理論，但他自身也未能提出具有實踐意義的、解決貧富懸殊等社會問題的經濟政策或經濟理論。

最後，對日本社會主義者的評價。在介紹"生産之三要素"之一"勞力"的章節中，金井肯定了德國新歷史學派經濟學者對勞動問題的研究和探索，同時對日本社會主義者作出尖鋭的批評。金井認爲，勞動者的年齡、性别、人種、飲食、衛生和所處氣候等方面都是影響生産勞動的因素。他指出，如果只從"社會主義"的理論去探討勞動問題，而不了解、考究與勞動相關的其他因素，就無法全面認識到勞動對生産的影響。他贊同"講壇社會主義"（德國新歷史學派的别稱）從各方面考究勞動問題的方法，批評日本社會主義者"徒唱社會主義"，却不注重考察事實。事實上，金井撰寫《社會經濟學》的 1901 年前後，日本社會主義者對社會主義的認識的確還處於比較膚淺的階段。但以幸德秋水和堺利彦爲代表，不少日本社會主義者已經開始深入學習科學社會主義理論，并着手翻譯《共產黨宣言》等馬恩經典文獻。因此，金井對日本社會主義者的批評還是帶有明顯的誤解和偏見。

綜上所述，金井延在《社會經濟學》一書中對社會主義主要持否定態度，他站在德國新歷史學派經濟學的立場，以折中主義的態度，對社會主義作出批判。譯者陳家瓚雖然没有譯出日文原著中最集中論述社會主義和馬克思的章節，但該書還是明顯體現出反對社會主義的觀點和立場。該書在中國的出版和傳播，雖然有助於國人認識與經濟學和社會主義相關的知識、概念，但并不能讓國人正確認識社會主義及馬克思的思想學説，甚至會讓國人對社會主義及馬克思產生誤解與排斥。

8. 研究綜述

目前有關金井延著、陳家瓚譯的《社會經濟學》的研究十分有限。在一些近代中日文化交流史、近代翻譯史和近代學科發展史的研究著作中，該書作爲較早被翻譯成中文的經濟學教科書，被簡單提及[①]。研究者肯定該書與其他中譯日本教科書一樣，都爲中國近代社會科學，尤其是經濟學之初建起到了啓蒙性的作用[②]，但這些研究都只限於列出該書的作者、譯

---

① 參見譚汝謙. 近代中日文化關係研究[M]. 香港：香港日本研究所，1988：124；王克非. 翻譯文化史論[M]. 上海：上海外語教育出版社，1997：232；左玉河. 從四部之學到七科之學：學術分科與近代中國知識系統之創建[M]. 上海：上海書店出版社，2004：277.
② 左玉河. 從四部之學到七科之學：學術分科與近代中國知識系統之創建[M]. 上海：上海書店出版社，2004：277.

者和書名，并没有對書中内容作任何介紹。

對《社會經濟學》作出詳細介紹與評價的研究，僅有談敏著《回溯歷史——馬克思主義經濟學在中國的傳播前史》一書。該書第三編"1908—1911：馬克思經濟學説傳入中國的新起點"第三章"辛亥革命前夕馬克思經濟學説傳入中國的經濟學背景材料"第二節"經濟學著作的例証分析"，詳細介紹了《社會經濟學》中譯本中關於社會主義或共産主義的評價，以及該書對經濟學譯名的説明。一方面，談敏認爲，該書對社會主義的介紹與評價"給反對社會主義的言論點綴上經濟學的理論色彩"，這種觀點"以虚飾形式或從反面傳遞一些有關社會主義思潮的信息，對與馬克思經濟學説的傳入，無非是設置障礙，不可能起到推動作用"。另一方面，談敏也肯定了該書對經濟學名詞的沿革所作出的梳理與説明，認爲該書"儘管對於馬克思經濟學説未置一詞，但它在傳播經濟學概念的規範用法方面，不遺餘力，從而也爲今後至少在概念用語方面比較規範地引進馬克思經濟學説，起了鋪墊的作用"[1]。

綜上所述，除《回溯歷史——馬克思主義經濟學在中國的傳播前史》一書以外，學界對《社會經濟學》的關注與研究并不充分。鑒於作者金井延、譯者陳家瓚在中國經濟思想史和馬克思主義傳播史中的作用，以及《社會經濟學》作爲經濟學教科書在清末時期的影響，該書值得進行更加深入的探討與研究。

---

[1] 談敏. 回溯歷史——馬克思主義經濟學在中國的傳播前史：下册[M]. 上海：上海財經大學出版社，2008：846.

（A-0063.01）

www.sciencep.com

ISBN 978-7-03-075966-5

9 787030 759665 >

定　價：580.00 元